商业秘密维权指南

困境与出路

章建勤　丛　芳　著

GUIDE TO PROTECTING TRADE SECRETS

DILEMMA AND OUTLET

法律出版社 LAW PRESS · CHINA
北京

图书在版编目(CIP)数据

商业秘密维权指南:困境与出路/章建勤,丛芳著
. -- 北京:法律出版社,2024
ISBN 978-7-5197-9022-6

Ⅰ. ①商… Ⅱ. ①章… ②丛… Ⅲ. ①商业秘密-法律保护-研究-中国 Ⅳ. ①D923.404

中国国家版本馆 CIP 数据核字(2024)第 072770 号

商业秘密维权指南
——困境与出路
SHANGYE MIMI WEIQUAN ZHINAN
— KUNJING YU CHULU

章建勤 丛 芳 著

责任编辑 李沂蔚
装帧设计 鲍龙卉

出版发行 法律出版社
编辑统筹 法律应用出版分社
责任校对 张翼羽
责任印制 刘晓伟
经　　销 新华书店

开本 710 毫米×1000 毫米 1/16
印张 20.25 **字数** 330 千
版本 2024 年 5 月第 1 版
印次 2024 年 5 月第 1 次印刷
印刷 北京建宏印刷有限公司

地址:北京市丰台区莲花池西里 7 号(100073)
网址:www.lawpress.com.cn
投稿邮箱:info@lawpress.com.cn
举报盗版邮箱:jbwq@lawpress.com.cn

销售电话:010-83938349
客服电话:010-83938350
咨询电话:010-63939796

书号:ISBN 978-7-5197-9022-6
定价:86.00 元
凡购买本社图书,如有印装错误,我社负责退换。电话:010-83938349

加强商业秘密维权　加快形成新质生产力

习近平总书记关于加快形成新质生产力的重要论断,为我国高质量发展和中国式现代化建设指明了方向,提供了根本遵循。新质生产力的构成要素很多,但其关键因素则是技术创新和知识产权问题。而以专利和技术秘密保护为代表的知识产权创造与保护,则是为国内外公认的激励保护全面创新的基础制度。随着技术创新的不断深入,创新成果越来越内在化,就算借助仪器也很难从上市销售的产品本身推断出创新内容,进而给专利侵权判定带来的困难越来越大。另外,技术迭代越来越快,有些发明创造,到获得发明专利权时,技术可能迭代了。因此,创新主体不得不更加依靠技术秘密来保护创新成果,这一趋势变得越来越明显。由此,专利与技术秘密保护技术创新成果,已成为可以优势互补的两种重要途径。在当下盲目追求专利数量,而总体质量不高、布局不到位特别是国外布局严重不到位的情况下,用好商业秘密保护,其优势更加凸显。

与专利制度相比,以技术秘密为核心的商业秘密保护,面临着亟待破解的难题。首先,不论是作为商业秘密保护对象的技术信息还是经营信息,现有的司法解释都仅仅作了列举。尽管这些列举已经多到令人眼花缭乱,但仍然不能穷尽,研发、生产、销售中遇到的列举对象之外的技术信息,经营信息等是否也属于我国商业秘密保护的对象?换个角度讲,商业秘密的本质或者内涵和外延到底是什么?商业秘密侵权判定中绕不开的"不为公众所知悉"和"同一性"到底如何判定?商业秘密维权中"密点"确定难、取证难、举证难、论证难如何破解?"商业秘密+同一性+接触-合法来源",这一商业秘密侵权责任乃至侵犯商业秘密罪的通行认定模式,到底依据何在?底层逻辑是什么?这一系列问题在很大程度上困扰着我国商业秘密保护的现实实践和理论研究。

《商业秘密维权指南——困境与出路》的作者章建勤和丛芳,也一度被这些商业秘密保护中的现实问题所困扰。但两位律师发挥法律专业优势,直面商业秘密保护的困境，在总结分析大量商业秘密保护，特别是商业秘密鉴定的实际案例基础上，通过与专利保护制度、传统社会对"祖传秘方"保护的对比分析，以及与我国台湾地区商业秘密保护的经验交流等深入研究，结合自己的实践经验，提出了困扰我国商业秘密保护的现实问题的解决方案。作者探究出纷繁复杂、表现多样的技术秘密的本质实为"创新"的技术方案，而经营秘密则为一种竞争优势。将前者比照专利，且结合商业秘密自身特点，逐个破解维权的"不为公众所知悉"和"同一性"难题；后者则通过深入探讨《反不正当竞争法》第32条及相关规定的适用，从实体上明确保护的要件和边界，从程序上细化操作的标准和共识。同时，对于实务中民事诉讼的维权流程与难点提出详尽指南，对于刑事诉讼的侵犯商业秘密罪判定更是提出了新的分析框架与定罪量刑的可行性建议。作者将多年实践和思考经认真梳理，加之以对实际经典案例的深入分析为例证付梓成书，与广大读者分享，给人以启迪，启发人们更多思考探究解决商业秘密保护的课题，这是本书的重要价值所在。实践出真知。很长一个时期，我们的研究工作忽视了这一点，更多的是脱离实际、热衷于空洞抽象的理论研究。让听得见炮声的人提出问题，进而提出解决问题的方案，更具价值和可行性。

相信《商业秘密维权指南——困境与出路》一书的出版，对我国企业更好运用商业秘密有效保护其创新成果，进一步完善我国商业秘密保护制度，从而提升我国新质生产力，有较大裨益。

国家知识产权局知识产权
发展研究中心原主任、研究员　韩秀成

中国商业秘密维权指南及疑难问题解析

——困境与出路

（自序）

作为商业秘密的技术秘密，是不同于"祖传秘方"的现代法律制度的产物。在传统社会，"祖传秘方"被泄密或者窃密后，官府是不提供法律救济的，因此"祖传秘方"只有靠万无一失的保密措施，这样就严重限制了"祖传秘方"效能的发挥；相应地，官府对是否构成"祖传秘方"及如何保护也不会做任何规定。而技术秘密被泄密或者窃密后，公权力会提供法律救济。泄露或者窃取技术秘密者，甚至要承受10年乃至15年的牢狱之苦，以及承担给技术秘密权利人造成损失或者侵权所得的5倍以下的惩罚性赔偿，外加赔偿权利人的合理维权支出。因而对于技术秘密，由于有事后的法律追责乃至严厉的法律惩罚形成的威慑力作保障，就没有必要像传统社会的"祖传秘方"一样采取万无一失的保密措施，由此，技术秘密就能够更大程度地发挥其效能，促进技术进步、造福社会。而构成技术秘密的条件是完全由法律规定的。因此，关于技术秘密的法律规定就极其重要。

但是，我国的技术秘密保护无论从理论认知还是实务保护层面，都还存在很大的不足。笔者作为其中一家商业秘密保护体系建设项目的承担者，在将我国现有商业秘密保护的法律及其司法解释完全梳理清楚的前提下，针对企业商业秘密保护中存在的问题也深感无力。这不仅是因为我国现有的商业秘密法律及其司法解释不够全面系统，更因为现有法律及其司法解释的关键条款存在难以落地实施的问题。为此，笔者对困扰我国商业秘密保护，特别是技术秘密保护的下列问题进行了长时间的求索。为了便于交流分享，在宋健老师、焦洪涛老师、齐梓伊博士和王淇博士等的鼓励帮助下，将求索所得付梓。期望对企业商业秘密保护，特别是技术秘密保护有所帮助，进而对促进技术进步献上绵薄之力。

一、困扰我国商业秘密保护的问题

(一)商业秘密是否为知识产权及是否要像专利一样加强保护

在我国,商业秘密先被《民法总则》,后被《民法典》明确列举为知识产权的一种。此充分体现了我国对商业秘密重要性的认知和国家对商业秘密保护的重视程度。但很多学者至今仍然激烈反对《民法典》将商业秘密列举为知识产权,反对对商业秘密像专利一样加强保护。

市场经济中,技术创新成果如果不转化为知识产权,等于奉献社会。而技术成果通常要么转化为专利,要么转化为技术秘密。随着技术创新越来越内在化,就算借助仪器,创新成果也越来越难以被直接观察到,导致专利侵权技术比对越来越困难;加上技术迭代越来越快,很多技术创新到获得发明专利权时其技术已经迭代了,导致很多创新成果已经越来越不适合专利保护,由此技术创新成果不得不更加依赖技术秘密保护。因此,技术秘密越来越重要,比专利更重要。对此,台积电公司法务长、我国台湾地区营业秘密保护促进协会原理事长方淑华女士多次公开表示:产业界每年有非常多的创新,以台积电公司为例,每年大概只有不到10%的创新是由专利保护的,超过90%其实都是以商业秘密的形式保护。台积电公司副法务长、我国台湾地区营业秘密保护促进协会理事谢福源先生干脆说:企业保护商业秘密就是保命。

笔者认为,学者们之所以反对《民法典》将商业秘密列举为知识产权,原因应该在于对诸如客户信息、投标报价、交易机会等商业秘密当成知识产权的不认可。像客户信息、投标报价、交易机会等这样的经营信息,其实质应该是一种竞争优势,而不是对技术进步作出贡献的智力成果。窃取、使用经营信息的行为实质上应该是一种不正当竞争行为,而不是侵犯知识产权的行为。因此,学者们反对将经营信息当成知识产权,不能说没有道理。

就技术信息而言,如果其不为公众所知悉、具有商业价值并经权利人采取相应保密措施,进而构成商业秘密(技术秘密)的话,除研发失败的研发记录外,其必然是一项不属于现有技术的能解决一定技术问题的"新"技术方案(理由见本书第一章);就研发失败的研发记录,其也具有能避免作类似错误研发的技术价值,其也是对技术进步作出一定贡献的智力成果。这应该是《民法典》将商业秘密明确列举为知识产权的原因。

笔者认为,对技术秘密像专利一样加强保护,而对经营秘密按照不正当竞争处理,应该既符合技术秘密和经营秘密的本质属性和促进创新的国家战略,也更容易达成共识。

(二)看起来千差万别的技术秘密是否具有共同的本质属性及如何确定要求商业秘密保护的技术秘密的内容

《最高人民法院关于审理侵犯商业秘密民事案件适用法律若干问题的规定》(自2020年9月12日起施行)第1条第1款规定:"与技术有关的结构、原料、组分、配方、材料、样品、样式、植物新品种繁殖材料、工艺、方法或其步骤、算法、数据、计算机程序及其有关文档等信息,人民法院可以认定构成反不正当竞争法第九条第四款所称的技术信息。"据此,我国技术秘密的保护对象非常广泛,可以说包括万象。由此导致,在技术秘密维权中,如何确定并呈现要求商业秘密保护的技术信息的内容,即通常说的"密点"的确定和呈现,成为很大的难题。不仅是一些企业的技术人员,甚至一些权威性很高的最高人民法院的判决书中都说,技术秘密可能就是一个技术参数。但脱离相配套的技术内容的孤立技术参数,如何解决其技术问题?如何体现其技术价值?如何判断其不为公众所知悉?如何判断"同一性"?

笔者认为,能得到我国商业秘密保护的技术信息,除研发失败的研发记录外,其必然是一个技术方案,而且通常可以借用专利权利要求的撰写方法进行表述和呈现。

(三)对要求商业秘密保护的技术内容的"不为公众所知悉",能否确立一个可落地实施的判断方法和标准

要求商业秘密保护的技术内容即技术"密点"不为公众所知悉的判定,在我国商业秘密保护实务中是公认的难题之一。其原因不仅在于可能会涉及艰深的技术知识,更在于现有司法解释关于技术信息不为公众所知悉的规定很难落地实施(理由见本书第一章)。诉讼实务中,往往不得不通过知识产权鉴定解决。但由于司法解释的相关规定很难落地实施,知识产权鉴定时同样没有判定依据,鉴定意见只能是鉴定人的经验性判断。我国技术类知识产权鉴定人基本是专利代理师或者专利审查员出身,因此在对技术"密点"是否不为公众所知悉进行鉴定时,基本是按照专利权利要求是否具备新颖性的方法和标准判定的。这样判定是否合理?能否确立一个切实可行又符合技术秘密保护底层逻辑的不为公众所知悉的判断方法和标准?

(四)对技术“密点”与被诉技术信息是否构成相同或者实质相同即“同一性”,能否确立一个切实可行的判断方法和标准

技术“密点”与被诉技术信息是否构成相同或者实质相同即“同一性”的判定,在技术秘密侵权诉讼中,是另一个几乎无法绕过的坎,同样往往不得不通过鉴定解决。同样由于司法解释的相关规定很难落地实施,“同一性”鉴定没有判定依据,鉴定意见同样只能是鉴定人的经验性判断。也同样由于知识背景和职业惯性,一些鉴定人是按照被诉技术方案是否落入专利权利要求保护范围的判定方法和标准来鉴定“同一性”的。笔者认为,对“同一性”,按照这样的方法和标准进行鉴定(判定)是不可取的(理由见本书第一章)。

(五)如何理解适用《反不正当竞争法》第32条

在我国,不论是技术信息还是经营信息,只有构成不为公众所知悉,才能构成商业秘密,才能得到法律保护。但不为公众所知悉属于消极事实,权利人很难证明,严格意义上无法证明。而对于不为公众所知悉的相反方面,即为公众所知悉,则属于积极事实,由被告证明则相对容易得多。同时,权利人很难取得被告窃取或者其他不正当手段获取权利人商业秘密的直接证据,而由被告提供其被诉技术信息或者经营信息的合法来源,即自证清白,则相对容易得多。因此,为了切实加强商业秘密保护,我国在2019年修正《反不正当竞争法》时,增加了第32条,规定在原告举证达到一定标准后,将原告请求商业秘密保护的技术信息或者经营信息,不构成商业秘密的举证责任转移给被告;同时在原告举证达到一定标准后,要求被告自证清白,即证明其不存在侵犯商业秘密的行为。但在该条规定的原告举证所要达到的标准中,出现了“初步证据”“合理表明”“表明”等含义模糊的术语。而据说是争议太大的原因,《最高人民法院关于审理侵犯商业秘密民事案件适用法律若干问题的规定》对该第32条没有进行任何解释。由此,对该第32条如何理解适用,也是商业秘密保护中的一大难题。

(六)可否编写商业秘密侵权诉讼维权指南以帮助破解商业秘密侵权诉讼中的取证难、“密点”确定难、举证难、质证难、论证难的问题

由于商业秘密侵权诉讼中诸如“密点”的确定、“不为公众所知悉”及“同一性”判定等关键问题缺乏可落地的判断方法和标准,加上很多企业将所有技术信息,甚至经营信息,不分青红皂白地像“祖传秘方”一样,力求万无一失的保护,没有为被侵权后的法律救济做好相应的事先准备。导致商业秘密被侵犯后难以及时发现,发现后不知该如何收集梳理自己的证据,不知如何判定谁是嫌疑人及如何获取嫌疑人的侵权证据,不知如何确定并呈现请求商业秘密保护的技术信息或者经营信息的内容即“密点”的内容,更不知在实际诉讼中如何有效举证以及如何对被告的举证有效质证,如何对诉讼请求依据查证属实的证据进行论证。总之,不少企业对如何通过侵权诉讼维护自己的商业秘密没有“谱”。对此,能否编写商业秘密侵权诉讼维权指南,以指导企业通过商业秘密侵权诉讼,维护其商业秘密。

(七)实务中认定侵犯商业秘密罪的底层逻辑是什么及如何破解侵犯商业秘密罪的立案难、破案难、定罪难问题

在侵犯商业秘密罪的刑事诉讼中,很多是通过“商业秘密(不为公众所知悉+商业价值+合理保密措施)+同一性+接触-合法来源+造成重大损失”来认定构成侵犯商业秘密罪的。这样认定的底层逻辑是什么?这样认定是否符合刑事诉讼排除合理怀疑的证明标准及疑罪从无的刑法原则?可否通过对构成侵犯商业秘密罪的具体构成要件,即犯罪主体、犯罪主观方面、犯罪客观方面(包括犯罪行为、犯罪对象、犯罪结果及构成犯罪的情节严重程度)的深入分析梳理,归纳总结出一套认定侵犯商业秘密罪的“模板”,助力破解商业秘密刑事诉讼的立案难、破案难、定罪难问题。

二、对上述问题提出的解决方案即本书的内容

(一)关于技术秘密的本质、技术“密点”的内容、格式及“不为公众所知悉”和“同一性”的解决方案——第一章

经过长时间的思考之后终于认识到,属于我国商业秘密保护对象的技术信息,尽管类型很多、看起来彼此差别很大,但它们都具有一个共同的本质,即除研发失败的研发记录外,都是能够解决一定技术问题的“新”技术方案。以此为基础,便能在现有法律、司法解释的基础上,依据法理,结合技术秘密鉴定的实务做法,建立一套成体系的确定技术“密点”的内容、技术“密点”的呈现格式,以及判定“不为公众所知悉”和“同一性”的可落地实施的方法和标准。这一切的心血转化为本书第一章的内容。参照第一章,企业便可以从其所有技术信息中识别出能得到法律保护的技术秘密,并可以把高价值的技术秘密制作成类似专利授权文件的文本。这样,不仅能使企业对自己的技术家底心中有数,量身定制商业秘密的

合理保护措施,为技术秘密(专有技术)的许可使用、转让、投资、抵押融资等打好基础,为对作出相关贡献的员工进行奖励提供便利,同时,也为企业技术秘密被侵犯后的快速发现和发现后的高效维权打好基础。

(二)《反不正当竞争法》第32条的理解适用——第二章

为了切实加强商业秘密保护,破解商业秘密的维权难,《反不正当竞争法》专门增加了第32条。但该第32条具有很大的模糊性,实务中很难把握,又因争议很大而司法解释未作任何解释,迄今也未见到系统全面的学理解释或者判理解释。面对此难题,只能"舍我其谁"了。由此便有了第二章。

(三)关于商业秘密民事侵权诉讼中的取证难、"密点"确定难、举证难、质证难、论证难的破解方案——第三章、第四章、第五章、第六章

有了第一章、第二章,破解商业秘密民事侵权诉讼中的取证难、"密点"确定难、举证难、质证难、论证难,便有了前提和基础。以第一章、第二章为基础,结合所研读的案例及自身的实战经验,特别是结合商业秘密鉴定的实务经验,便有了第三章。第三章由四节组成:第一节,企业商业秘密遭到侵犯的事实调查及证据的收集整理;第二节,起诉状等起诉材料的准备;第三节,和代理律师共同到法院起诉;第四节,综合审理方式中一审中原告的举证、质证、法庭辩论、变更诉讼请求及利用调解实现利益最大化。

如果仅有第三章的"指南"部分,而没有像教科书中的例题的话,可能会有读者理解掌握比较困难。由此,便有了第四章、第五章、第六章的案例部分。第四章是对"香兰素案"的梳理、评析及二审法官自己的解析,共有十三节。花费如此大功夫对本案梳理评析的原因,不仅在于本案二审判决全部判赔额达到159,321,671.20元,是一审的45.52倍,引起了巨大反响,并且其在我国商业秘密司法保护中具有里程碑的意义并起到了样板作用,该案已经成为指导性案例;还在于本案本身的极其复杂性。第五章是对所精选的侵犯技术秘密案例的述评。第六章是对所精选的侵犯经营秘密案例的述评。除对"音王案"像"香兰素案"一样,对判决书进行全面梳理评析外,其他都是针对该案例中专题的梳理评析。第五章、第六章的案例都是精心挑选的非常珍贵的案例。例如,第五章第四节,读者用心研读就会认识到,商业秘密侵权民事诉讼由哪一个法院审判,有时是事关胜负的,并能深刻体会到确定管辖法院的玄妙;研读该案时,读者如能结合笔者的梳理评析,深入研读相应判决书,对理解掌握前三章的内容,进而对依法保护商业秘密会有更深刻的理解。

(四)关于实务中认定侵犯商业秘密罪的底层逻辑及侵犯商业秘密罪的立案难、破案难、定罪难的破解——第七章

第七章共三节。第一节是对我国关于侵犯商业秘密罪现行法律、司法解释规定的梳理。特别分析说明了我国现行《刑法》规定加强了商业秘密刑事保护的力度,希望借此帮助读者对我国通过刑事手段保护商业秘密的实际现状有更切合实际的把握,对是否通过刑事手段保护商业秘密能更好把控。第二节对认定侵犯商业秘密罪的具体犯罪构成中的主体、主观要件、犯罪对象即“密点”、情节严重、行为表现(侵犯商业秘密罪的六种具体行为)进行了深入解析。其中,针对“商业秘密+接触+同一性-合法来源+情节严重”的认定模式的底层逻辑及原理,以及商业秘密刑事诉讼中为何“鉴定为王”及其鉴定中的相关问题,作了详细深入论述。第三节是对侵犯商业秘密罪样板案例的解析及判决书原文。出于种种原因,特别是出于对涉案商业秘密的保密,公开的商业秘密刑事判决书本身就很少,而其中内容丰富翔实、让人信服的公开判决书更是凤毛麟角。内容丰富翔实、结构清晰、论证严谨、说服力强的判决书如同教科书中的优秀例题,如果读者能够深入研读,不仅对相关法律、司法解释的理解很有帮助,而且能从中感受到具体司法实践经验,甚至还能作为通过刑事手段维护商业秘密权的“模板”。因此对这两个判决书都原文采用。

章建勤　丛　芳

2024年1月于佛山

目 录

第一章

技术秘密维权中的关键问题及解决方案

不论是通过侵权民事诉讼、行政投诉，还是通过刑事报案和控告、刑事自诉追究商业秘密侵权者的法律责任，都必须向法院、市场监督管理机关、公安机关等明确说明权利人请求作为商业秘密保护的技术信息或者经营信息的具体内容，即通常所说的“密点”。“密点”虽然是由权利人自己主张的，但其主张能否得到权力机关的支持，取决于权利人请求商业秘密保护的具体内容是否“不为公众所知悉”，是否具有商业价值，是否被采取了适当的保密措施；同时，在没有直接证据证明犯罪嫌疑人实施了侵犯商业秘密行为的情形下，采用“商业秘密 + 同一性 + 接触 - 合法来源”的方式间接证明嫌疑人实施了侵犯请求商业秘密保护的技术信息或者经营信息时，还要证明请求商业秘密保护的技术信息或者经营信息与嫌疑人的相关技术信息或者经营信息构成相同或者实质相同，即具有通常所说的“同一性”。

是否具有商业价值和是否采取了适当的保密措施的判定，通常难度不是很大，而是否属于“不为公众所知悉”和是否具有“同一性”，对于技术秘密，由于缺乏可具体操作的判断方法和判断标准，技术秘密又涉及技术创新，仅凭常理常识及日常生活经验很难判定，是商业秘密维权中的难点所在。通常说的商业秘密维权难或侵权认定难，很大原因在于对技术秘密缺乏针对“不为公众所知悉”和“同一性”的判断方法和标准。

同时，对于企业商业秘密保护，由于无法判定相关技术信息是否属于“不为公众所知悉”，在确定商业秘密保护对象时完全处于茫然状态，只好将几乎所有的技术信息都当成商业秘密保护。这样不仅保护成本过高、给生产经营造成障碍，商业秘密保护制度或者措施本身也有可能受到业务部门的抵制而常常处于失效状态。而当出现商业秘密侵权时，向法院主张请求作为商业秘密保护的技术内容，即技术“密点”及其载体是否具有商业价值，其是否被采取了合理保密措施，其是否与被告获取、使用的技术内容相同或者实质相同，即具有“同一性”时，都不知该从何做起。就连笔者曾承担的创新企业商业秘密保护体系建设项目中，作为国内顶级、国际知名的科技创新企业，也存在同样的困惑。这成为了写作本书，特别是本章的最重要原因。

“不为公众所知悉”、具有商业价值及被采取了合理保密措施，共同构成商业秘密的充分必要条件。被诉侵权信息与原告请求商业秘密保护的技术信息或者经营信息构成相同或者实质相同，即两者具有“同一性”，则是侵权成立的必要要件。而“不为公众所知悉”和“同一性”的具体判断方法和判断标准，目前可以说仍处于空白状态。对于经营信息，由于其不涉及技术问题，对其内容和性质，相关人员理解起来较为容易；对其进行“不为公众所知悉”和“同一性”的判断，凭借常理常识和日常生活经验通常就能作出准确判断，在商业秘密维权实务中争议较少。就算出现争议，对审案法官依据《最高人民法院关于审理侵犯商业秘密民事案件适用法律若干问题的规定》（自 2020 年 9 月 12 日起施行）（以下简称《审理商业秘密规定》）第 3 条、第 4 条、第 13 条的规定，对“不为公众所知悉”和“同一性”作出的认定及其说理，当事人通常都会接受。而对于技术信息，主要由于其技术属性，对其进行“不为公众所知悉”和“同一性”的认定，在商业秘密维权实务中，常常成为争执的焦点，甚至不得不通过鉴定来解决。因此，本章从请求商业秘密保护的技术信息的本质属性出发，以现有相关法律、司法解释、法理及行业共识为依据，提出技术“密点”的本质属性及其内容格式、“不为公众所知悉”和“同一性”的判断方法和判断标准。

第一节　技术秘密的本质

技术“密点”的实质是能解决一定技术问题的技术方案。《审理商业秘密规定》第 1 条第 1 款规定：“与技术有关的结构、原料、组分、配方、材料、样品、样式、植物新品种繁殖材料、工艺、方法或其步骤、算法、数据、计算机程序及其有关文档等信息,人民法院可以认定构成反不正当竞争法第九条第四款所称的技术信息。”该规定中所列举的能够作为商业秘密保护的客体,尽管表现形式不同,例如“原料”“样品”“工艺”“植物新品种繁殖材料”“数据”“图纸”的表现形式似乎差异很大,但都具有承载能够解决一定技术问题的技术信息的共性。只不过有的更直接地表现为技术信息,例如“工艺”“算法”;有的所承载的技术信息看起来不是很直接,例如“样品”“植物新品种繁殖材料”等,其技术信息和载体实物紧密结合、不易分离。但它们之所以能成为商业秘密保护的客体,在于其具有技术价值,即能够解决一定的技术问题。而且它们通常能够被还原或者转换成一定的技术方案,因此其实质是一个能够解决一定技术问题的技术方案,理由详见下文。因此,能够得到我国商业秘密保护的技术信息,其实质是一个技术方案,只不过其分为研发成功的(即达到预期研发目的技术方案)和研发不成功的(即未达预期研发目的的技术方案)。未达预期研发目的技术方案的载体分为研发未完成的研发记录和研发失败的研发记录。研发未完成的研发记录所承载的技术方案解决的技术问题为预期要解决的总的技术问题中的阶段性技术问题或者局部的技术问题;研发失败的研发记录所承载的技术方案解决的技术问题或者技术价值为避免进行同样的错误研发。

在认识到虽然其表现形式纷繁复杂,不胜枚举,但作为能够得到我国商业秘密保护的技术信息,其实质是一种“技术方案”后,便能对判定其是否“不为公众所知悉”和是否具有“同一性”,建立统一的可操作的方法和标准。

一、能够得到商业秘密保护的研发成功的技术信息应该是能解决一定技术问题的完整技术方案

能够得到商业秘密保护的研发成功的技术信息必须是具有技术价值的,因此,其必须是能够解决一定的技术问题的,因而必须是一个具体的完整技术方案。对此,如果权利人的研发成果本身就是一个技术方案,则不会有什么异议;但如果对于权利人来说,其改进所得的进而请求作为商业秘密保护的研发成功的技术信息,仅仅是一个技术参数,或者一个操作步骤,或者一个操作步骤中的某一操作环节的微小改变等时,技术“密点”似乎就不是一个技术方案了。但只要我们从请求商业秘密保护的技术信息的技术属性本身出发,问题便能迎刃而解。

如果权利人投入一定的人力、物力、时间研发所得的仅仅是一个技术参数，或者一个操作步骤，或者一个操作步骤中的某一操作环节的微小改变的话，说明在研发之前，这一技术参数，或者这一操作步骤，或者这一操作步骤中的某一操作环节要么因缺失而不能解决其所要解决的技术问题，要么对应的技术参数等虽然存在，但由其构成的技术方案的技术效果不如通过研发修正后的技术参数、操作步骤或者操作步骤中的操作环节等所构成的技术方案的好。如果属于缺失的情形，其实质是在研发之前尚不存在（至少是相关研发人员不知道、不掌握）解决所要解决的技术问题的技术方案，因此其研发所得的必然是一个完整的技术方案，是由研发所得的技术参数、操作步骤或者操作步骤中的操作环节与已知的技术知识共同构成的。在这种情形下，由于是新的技术方案，如果仅仅说明其中的某个技术参数、操作步骤或者操作步骤中的操作环节，而不说明完整的技术方案的话，所属领域的技术人员是无法实施的。因此，在这种情形下，所属领域的技术人员通常不会主张其技术秘密仅仅是某个技术参数、操作步骤或者操作步骤中的操作环节的。对于某个技术参数、操作步骤或者操作步骤中的操作环节属于改进所得的情况，作为改进基础的技术方案，在所属领域是已知的，甚至是熟知的。只要一提该改进所得的技术参数、操作步骤或者操作步骤中的操作环节等，所属领域的技术人员通常便会知道与其配套的技术内容。因此权利人的技术人员往往会认为其技术秘密就是该技术参数、操作步骤或者操作步骤中的操作环节。但就算对于这种研发所得的是修正后的技术参数、操作步骤或者操作步骤中的操作环节等，其也必然是在其技术背景或者技术环境中，和其配套的技术内容共同组成完整的技术方案，才能发挥作用，实现其技术功能。因此，对于权利人来说，改进前的技术参数或者操作步骤等连同其赖以发挥技术功能必不可少的配套技术信息，构成一个旧的技术方案；而改进后的技术参数或者操作步骤等连同其赖以发挥技术功能必不可少的配套技术信息，共同构成了一个新的技术方案。只不过对于权利人的技术人员来说，其赖以发挥技术功能的必不可少的配套技术信息是已知的，甚至是不言而喻的，因而似乎是没有价值的。同时，在权利人的技术人员看来，对于该技术领域的技术人员来说，除改进后的技术参数或者操作步骤等外，其赖以发挥技术功能必不可少的配套技术信息似乎是没有价值的。但实际上，改进后的技术参数或者操作步骤不可能离开其赖以发挥技术功能的配套技术信息而发挥技术功能。如果仅仅是在同行之间（所属技术领域的技术人员之间）进行技术交流，只要说明了研发所得的技术参数或者操作步骤,其赖以发挥技术功能的必不可少的配套技术信息似乎不言而喻。但作为审案的法官等,其很可能不是这一技术领域的技术人员,则未必知道研发所得的技术参数或者操作步骤赖以发挥技术功能的必不可少的配套技术信息,因而很可能就不知道该技术参数或者操作步骤是如何发挥技术功能、解决其所要解决的技术问题的,甚至不知道这些技术参数或者操作步骤或者操作步骤中的操作环节是否有用。就算审案法官等是所属技术领域的技术人员,对其来说,赖以发挥技术功能的必不可少的配套技术信息也是不言而喻的,但其判案必须要说理讲法以论述其判决理由。因此,其应该还原出对于所属技术领域的技术人员来说,不言而喻的赖以发挥技术功能的必不可少的配套技术信息,连同该技术参数或者操作步骤等组成一个完整的、对于不属于所属技术领域的技术人员易于理解的技术方案。

因此,对于研发成功的技术信息,作为权利人请求商业秘密保护的技术"密点",应该是一个完整技术方案。其内容应该既包括通过研发或者其他途径创新所得的"新"的技术信息,也包括该创新所得的"新"的技术信息赖以发挥技术功能、解决其所要解决的技术问题的必不可少的"旧"的配套技术信息。

二、能够得到商业秘密保护的研发未完成的技术信息同样是一个技术方案,其内容构成、表述格式以及"不为公众所知悉"和"同一性"的判断标准和方法与应该研发成功的相同

研发未完成的技术信息,是能够解决整体研发所要解决的整体技术问题的阶段性的技术问题或者局部的技术问题,其仍然属于研发成功的技术信息。对其要求商业秘密保护的技术信息的内容构成、表述格式以及"不为公众所知悉"和"同一性"的判断标准和方法,应该与研发成功的解决整体技术问题的整体技术方案相同。

三、能够得到商业秘密保护的研发失败的技术信息的内容构成、表述格式以及"不为公众所知悉"和"同一性"的判断标准和方法有其特殊性

对于研发失败的研发记录,虽然其仍然属于技术方案,但由于其不能实现研发目的(包括阶段性目的和局部目的),不能解决研发所要解决的技术问题(包括阶段性技术问题和局部技术问题),因此其没有必要转换或者还原成一个技术方

案。对其应该以整体记录文件记载的所有信息作为一个整体,作为要求商业秘密保护的技术信息。其"不为公众所知悉"和"同一性"的判断方法和标准,与研发成功的技术信息不同,具体内容见下文。

第二节 技术"密点"的内容、格式

一、一个研发成功的技术"密点"相当于发明专利的一个权利要求

在商业秘密民事侵权诉讼中,原告只有明确了请求商业秘密保护的技术信息或者经营信息的内容即"密点",法院才能认定其是否构成受法律保护的商业秘密,进而判定其诉讼请求是否成立。因此,在商业秘密民事侵权诉讼中,原告首先要确定其请求保护的"密点"内容。正如前文所述,虽然请求商业秘密保护的技术信息或者经营信息是由原告自己决定的,但其诉讼请求得到法院支持的前提是,其主张的请求保护的"密点"是"不为公众所知悉"、被采取了合理保护措施、具有商业价值,并与被诉信息具有"同一性"并得到了其提交的技术信息或者经营信息载体的支持。正如前文所述,对于经营信息,其是否"不为公众所知悉"、是否具有商业价值、是否被采取了合理保密措施、是否与被诉信息构成"同一性",相关人员根据常理常识和日常生活经验就能判断,而且通常容易达成共识,因此对于经营信息,其"密点"确定和表述通常不是难题,原告根据现有的司法解释并根据常理常识和日常生活经验就能确定。

而对于技术信息,也正如前文所述,由于其涉及技术问题,其"不为公众所知悉"和"同一性"的判定是难题,导致其"密点"的内容和表述格式的确定也同样是一个难题。笔者经过长期深入思考后发现一个研发成功的技术"密点",相当于发明专利的一个权利要求,可以借用专利权利要求的表述方法和格式,来确定并呈现一个研发成功的技术"密点"的内容。理由如下所述。

起初的专利授权文件中是没有权利要求书的,仅有相当于现在专利申请程序中发明人提交给专利代理师的技术交底书(充其量仅相当于现在的说明书内容),导致在专利侵权诉讼中,很难判定一个被诉行为是否落入了据以起诉的专利权的保护范围。被这一难题困扰很久后,人们终于想出了办法,即在专利授权之前,要求专利申请人在专利申请文件中声明该专利的保护范围,由此便诞生了专利权利

要求书。而在商业秘密侵权诉讼中,确定请求作为商业秘密保护的技术内容即技术“密点”,也是为了确定请求商业秘密保护的技术范围,也就是商业秘密权的保护范围,其法律实质是提出商业秘密保护的权利要求,与专利权利要求具有同样的法律性质。而且,虽然专利是公开换保护,技术秘密是保密才保护,但它们的共同本质前提都是创造出了一个解决技术问题的“新”的技术方案。其“新”,不论对于专利还是对于技术秘密,都是相对的。对于专利,“新”是相对于专利审查员的检索结果的;对于技术秘密,“新”(不为公众所知悉)是相对于法官的审查能力的。在我国2019年修正的《反不正当竞争法》增加第32条之后,“新”在很大程度上是取决于被告的反证能力的。而且专利的权利要求一定要以其说明书为依据、得到说明书的支持;技术“密点”即请求保护的技术范围也一定要以被采取了保密措施的载体记载的技术信息为依据,得到其载体记载的技术信息的支持。

因此,一个研发成功的技术“密点”应该是相当于发明专利的一个权利要求。对于技术改进而得的技术“密点”,其内容也应该如改进型专利权利要求的内容,既包括区别于现有技术的研发所得的技术信息(对应专利权利要求的区别技术特征),也包括其赖以发挥技术功能解决其所要解决的技术问题必不可少的配套技术信息(对应专利权利要求中和最接近的现有技术共同的技术特征)。

二、可以借用专利权利要求的内容及其表述方法和格式来表述技术“密点”

技术“密点”的表述格式可以采用改进型专利权利要求的格式。《专利法实施细则》(2023年修订)第24条第1款规定:“发明或者实用新型的独立权利要求应当包括前序部分和特征部分,按照下列规定撰写:(一)前序部分:写明要求保护的发明或者实用新型技术方案的主题名称和发明或者实用新型主题与最接近的现有技术共有的必要技术特征;(二)特征部分:使用‘其特征是……’或者类似的用语,写明发明或者实用新型区别于最接近的现有技术的技术特征。这些特征和前序部分写明的特征合在一起,限定发明或者实用新型要求保护的范围。”对于改进型技术“密点”的内容,可以参照此规定表述。

如果是原创型的技术“密点”,则不采用这样的格式,而是按照技术逻辑顺序完整描述解决其所要解决的技术问题,达到其技术效果的完整技术方案。

三、研发失败的研发记录的技术“密点”的内容和格式

研发失败的研发记录的技术“密点”的内容和格式就是其记录文本的内容和格式。

第三节　技术“密点”的“不为公众所知悉”判定方法和判定标准

截至目前，我国尚未有任何法律规定或者解释了《反不正当竞争法》第 9 条第 4 款所规定的“不为公众所知悉”的含义。《审理商业秘密规定》也仅在其第 3 条中作了“权利人请求保护的信息在被诉侵权行为发生时不为所属领域的相关人员普遍知悉和容易获得的，人民法院应当认定为反不正当竞争法第九条第四款所称的不为公众所知悉”这样的正向列举（很多人都认为该条是对商业秘密“不为公众所知悉”的定义）。同时，也仅在其第 4 条第 1 款中作了“不为公众所知悉”的反向列举：“（一）该信息在所属领域属于一般常识或者行业惯例的；（二）该信息仅涉及产品的尺寸、结构、材料、部件的简单组合等内容，所属领域的相关人员通过观察上市产品即可直接获得的；（三）该信息已经在公开出版物或者其他媒体上公开披露的；（四）该信息已通过公开的报告会、展览等方式公开的；（五）所属领域的相关人员从其他公开渠道可以获得该信息的。”在业界享有盛誉的《江苏省高级人民法院侵犯商业秘密民事纠纷案件审理指南》（2021 年修订）（以下简称《江苏高院商业秘密审理指南》）也未对何为技术信息“不为公众所知悉”作出说明。截至本书出版，笔者尚未见到有判决书或者学术文章，对作为商业秘密必要条件的“不为公众所知悉”的判定方法和标准作出具体的分析说明。对此难题，笔者经过深入研究后发现，技术“密点”“不为公众所知悉”的判断方法和标准与判断专利权利要求是否为现有技术的标准和方法应该基本相同。详细说明如下所述。

一、研发成功的技术“密点”“不为公众所知悉”的判断方法和判断标准

除了“反向工程”的例外情况，应该将我国《专利审查指南》规定的现有技术

的判断方法和判断标准作为研发成功的技术“密点”的“不为公众所知悉”的判断方法和判断标准。

《审理商业秘密规定》第14条规定:“通过自行开发研制或者反向工程获得被诉侵权信息的,人民法院应当认定不属于反不正当竞争法第九条规定的侵犯商业秘密行为。前款所称的反向工程,是指通过技术手段对从公开渠道取得的产品进行拆卸、测绘、分析等而获得该产品的有关技术信息。被诉侵权人以不正当手段获取权利人的商业秘密后,又以反向工程为由主张未侵犯商业秘密的,人民法院不予支持。”通过“反向工程”即通过技术手段对从公开渠道取得的产品进行拆卸、测绘、分析等而获得的该产品的有关技术信息,不属于为公众所知悉的信息。而根据我国《专利审查指南》的规定,对从公开渠道取得的产品进行拆卸、测绘、分析等而获得该产品的有关技术,属于使用公开的现有技术。除了这一例外情况,我国商业秘密保护中的为公众所知悉的技术信息与专利保护中的现有技术完全一致。

正如上文分析指出的,除研发失败的研发记录外,任何形式的技术“密点”,其实都是一项技术方案,而且通常可以按照《专利法实施细则》规定的专利权利要求的内容和格式来撰写技术“密点”方案。同时,只要是属于现有技术的技术方案,就不应该对其进行法律保护,不论是作为商业秘密保护还是作为专利保护。只有不属于现有技术的技术方案,才可能给予法律保护,不论是商业秘密保护还是专利保护。这是当且仅当对技术进步作出贡献,才应当给予保护,即赋予权利的公平原则所决定的。由此,完全可以将专利法中专利权利要求的新颖性判断方法和判断标准中的不属于现有技术的方法和标准,作为研发成功的技术“密点”的“不为公众所知悉”的方法和标准(上述“反向工程”的例外情况除外)。这完全符合我国《反不正当竞争法》和《审理商业秘密规定》的相关规定。这也是判断商业秘密是否“不为公众所知悉”的鉴定中,普遍采用的鉴定方法和标准。

按照我国《专利审查指南》的规定,现有技术应当是在专利申请日以前公众能够得知的技术内容。相应地,在采取适当保密措施前,如果一个技术方案不属于现有技术,那么其就应该属于商业秘密的“不为公众所知悉”。这与《审理商业秘密规定》第3条正向列举、第4条反向列举的“为公众所知悉”一致。

(一)不属于《专利审查指南》规定的现有技术即为《审理商业秘密规定》的不为公众所知悉

1.《审理商业秘密规定》第3条所列举的不为公众所知悉实际即为不属于《专利审查指南》规定的现有技术

《审理商业秘密规定》第3条规定:"权利人请求保护的信息在被诉侵权行为发生时不为所属领域的相关人员普遍知悉和容易获得的,人民法院应当认定为反不正当竞争法第九条第四款所称的不为公众所知悉。"首先,该条之所以是对"不为公众所知悉"的正向列举,而不是定义的理由在于:该条规定"……不为所属领域的相关人员普遍知悉和容易获得的,人民法院应当认定为反不正当竞争法第九条第四款所称的不为公众所知悉。"而不是"……不为所属领域的相关人员普遍知悉和容易获得的",为《反不正当竞争法》第9条第4款所称的"不为公众所知悉"。据此,"……不为所属领域的相关人员普遍知悉和容易获得的",人民法院应当认定为《反不正当竞争法》第9条第4款所称的"不为公众所知悉";并不是只有"……不为所属领域的相关人员普遍知悉和容易获得的",人民法院才能认定为《反不正当竞争法》第9条第4款所称的"不为公众所知悉"。该条并没有限制,人民法院将不属于"……不为所属领域的相关人员普遍知悉和容易获得的",不能认定为《反不正当竞争法》第9条第4款所称的"不为公众所知悉"。"……不为所属领域的相关人员普遍知悉和容易获得的",仅仅属于《反不正当竞争法》第9条第4款所称的"不为公众所知悉"的部分,而不是其全部。其次,该条的关键词"普遍知悉和容易获得",其真实意思应该是"普遍知悉"或者"容易获得";只要属于"普遍知悉"或者"容易获得",就应该属于《反不正当竞争法》第9条第4款所称的"不为公众所知悉"。不然就与其第4条的规定相矛盾。

最高人民法院第220号指导性案例"香兰素案"二审判决书关于"不为公众所知悉"的论述为:"不为公众所知悉"是指有关信息不为其所属领域的相关人员普遍知悉和容易获得。一般来说,普遍知悉或者容易获得均不要求商业秘密已必然为某个具体的人所知悉或获得,只要该商业秘密处于所属领域相关人员想知悉就能知悉或者想获得就能获得的状态,或者所属领域相关人员不用付出过多劳动就能够知悉或者获得该商业秘密,就可以认定其为所属领域的相关人员普遍知悉或者容易获得。该论述也认为,只要"为所属领域的相关人员普遍知悉或者容易获得”的就属于“不为公众所知悉”。而且该论述认为，“所属领域相关人员想知悉就能知悉或者想获得就能获得的状态，就可以认定其为所属领域的相关人员普遍知悉或者容易获得”，这与《专利审查指南》(2023 年修订，下同)关于“现有技术”的定义完全一致。

2.《审理商业秘密规定》第 4 条所列举的人民法院可以认定为“为公众所知悉”的 5 种情形中，4 种属于“容易获得”而不属于“普遍知悉”

(1)“该信息在所属领域属于一般常识或者行业惯例的”，其属于普遍知悉和容易获得。(2)“该信息仅涉及产品的尺寸、结构、材料、部件的简单组合等内容，所属领域的相关人员通过观察上市产品即可直接获得的”，仅仅属于容易获得而不属于普遍知悉。(3)“该信息已经在公开出版物或者其他媒体上公开披露的”，仅仅属于容易获得而不属于普遍知悉。(4)“该信息已通过公开的报告会、展览等方式公开的”，仅仅属于容易获得而不属于普遍知悉。(5)“所属领域的相关人员从其他公开渠道可以获得该信息的”，仅仅属于容易获得而不属于普遍知悉。

3.《审理商业秘密规定》第 4 条所列举的属于公众所知悉的 5 种情况全部属于我国《专利审查指南》规定的现有技术的情形

(1)《审理商业秘密规定》第 4 条第 1 款第 1 项规定的“该信息在所属领域属于一般常识或者行业惯例的”，由于《审理商业秘密规定》是针对技术信息和经营信息作出的共同规定，其用的是上位的“所属领域”。对于作为商业秘密的技术信息而言，则对应的应该是“所属技术领域”。在所属技术领域属于一般常识或者行业惯例的，对应《专利审查指南》所规定的现有技术中的所属技术领域的公知常识。只不过，在商业秘密保护中，判断的时间基准应该是采取适当的保密措施之前，而对于专利的现有技术的时间基准则为专利申请日之前。(2)第 4 条第 1 款第 2 项规定的“该信息仅涉及产品的尺寸、结构、材料、部件的简单组合等内容，所属领域的相关人员通过观察上市产品即可直接获得的”，对应《专利审查指南》规定的现有技术中的使用公开。(3)第 4 条第 1 款第 3 项规定的“该信息已经在公开出版物或者其他媒体上公开披露的”，对应《专利审查指南》规定的现有技术的出版物公开。(4)第 4 条第 1 款第 4 项规定的“该信息已通过公开的报告会、展览等方式公开的”，对应《专利审查指南》规定的现有技术的其他方式公开和使用公开。(5)第 4 条第 1 款第 5 项规定的“所属领域的相关人员从其他公开渠道可以获得该信息的”作为兜底规定，与《专利审查指南》关于现有技术的兜底规定，即其他方式公开对应和一致。既然所属技术领域的技术人员从其他公开渠道可以获得信息,该信息也必然属于《专利审查指南》规定的现有技术中的申请日以前处于能够为公众获得,并包含能够使公众从中得知实质性技术内容的信息。总之,该第4条所列举的属于公众所知悉的技术信息,全部属于《专利审查指南》规定的现有技术。

(二)不属于《专利审查指南》(2023年修订)第二部分第3章第2.1节规定的现有技术即属于技术"密点"的"不为公众所知悉"

《反不正当竞争法》第9条第4款所称的"公众"与《专利审查指南》现有技术中的所称的"公众",应该是相同的含义。我国《反不正当竞争法》(2019年修正)第9条第4款、《反不正当竞争法》(2017年修订)第9条第3款、《反不正当竞争法》(1993年9月2日通过,1993年12月1日起施行)第10条第3款都规定:"本条所称的商业秘密,是指不为公众所知悉……"而我国《专利法》(1984年3月12日发布,1985年4月1日实施)第22条第2款、一直到《专利法》(2020年修正)第22条第2款规定:"新颖性,是指该发明或者实用新型不属于现有技术;也没有任何单位或者个人就同样的发明或者实用新型在申请日以前向国务院专利行政部门提出过申请,并记载在申请日以后公布的专利申请文件或者公告的专利文件中。"据此,在我国1993年制定并颁布《反不正当竞争法》时,"公众"一词已经成为国家正式使用的法律术语,其含义已经为社会公众所掌握(法律推定),最起码应该被社会公众所掌握(法律设定的义务)。因此,在1993年颁布并实施的《反不正当竞争法》第10条及其后修订的第9条所用的"公众"的含义,应该与在其之前已经颁布实施多年的《专利法》的含义相同,《反不正当竞争法》所规定的"不为公众所知悉"与《专利法》规定的"不为公众所知"应该含义相同,这是我国法制统一性的必然要求。

特别需要说明的是,《审理商业秘密规定》自身仅是对《反不正当竞争法》规定的商业秘密的解释,而不是对商业秘密的含义进行新的规定或者创设。而且《审理商业秘密规定》第3条仅仅是对属于《反不正当竞争法》第9条第4款所称的"不为公众所知悉"的一种正向列举,而不是定义。其内容为:"权利人请求保护的信息在被诉侵权行为发生时不为所属领域的相关人员普遍知悉和容易获得的,人民法院应当认定为反不正当竞争法第九条第四款所称的不为公众所知悉。"也就是说，对于“不为所属领域的相关人员普遍知悉和容易获得的”，人民法院应当认定为“不为公众所知悉”，而不是说“不为所属领域的相关人员普遍知悉和容易获得的”就是“不为公众所知悉”，或者说“不为公众所知悉”仅限于“不为所属领域的相关人员普遍知悉和容易获得的”。《反不正当竞争法》规定的“不为公众所知悉”应该是包括但不限于《审理商业秘密规定》第 3 条规定的“不为所属领域的相关人员普遍知悉和容易获得的”。

（三）《专利审查指南》（2023 年修订）第二部分第 3 章第 2.1 节规定属于保密状态的技术内容不属于现有技术，也就属于“不为公众所知悉”

该规定为：“应当注意，处于保密状态的技术内容不属于现有技术。所谓保密状态，不仅包括受保密规定或者协议约束的情形，还包括社会观念或者商业习惯上被认为应当承担保密义务的情形，即默契保密的情形。然而，如果负有保密义务的人违反规定、协议或者默契泄露秘密，导致技术内容公开，使公众能够得知这些技术，这些技术也就构成了现有技术的一部分。”据此，在某一时点，例如采取保密措施时点存在的技术方案，如果该技术方案处于保密状态，则不属于现有技术，同时也就属于“不为公众所知悉”；如果不处于保密状态，则属于现有技术，同时也属于“为公众所知悉”。

该规定清晰显示，在制定《专利审查指南》时，已经充分考虑到了《专利法》中“为公众所知”与《反不正当竞争法》中“为公众所知悉”的一致性。

因此，《专利审查指南》（2023 年修订）第二部分第 3 章第 2.1 节规定的在申请日之前不属于现有技术的，就应该属于《反不正当竞争法》第 9 条第 4 款所称的“不为公众所知悉”。只不过，商业秘密的“不为公众所知悉”的判断基准时间为采取保密措施之前。这样，就将是否属于“为公众所知悉”的判断转化为是否属于现有技术的判断。现有技术的判断基于专利制度几百年的发展，有非常成熟的方法和标准，例如我国《专利审查指南》（2023 年修订）第二部分第 3 章第 2.1 节所规定的。

（四）将技术“密点”“不为公众所知悉”的判断方法和标准神秘化甚至玄幻化的做法不可取

有论者，特别是个别鉴定人，将技术信息的“不为公众所知悉”判定方法弄得复杂而神秘,甚至很玄幻。例如,以《商业秘密之秘密性与新颖性关系辨析》为题的文章,将技术信息不为公众所知悉与发明或实用新型专利的新颖性关系说得神秘而复杂,一会说它们是不同法域的同义词,一会又特意切割两者之间的关系,但最终,到底如何判断技术信息的“不为公众所知悉”,即《审理商业秘密规定》第3条所述的“所属领域相关人员普遍知悉和容易获得”并没有给出切实可行的方案。如果将一个法律概念的含义弄得神秘而复杂,以致不能确立切实可行的确定方法,而只能通过具有一定资格的人例如鉴定人,凭经验确定,则不利于降低技术秘密的维权成本并增加技术秘密维权的确定性。因而是不利于保护技术秘密的,进而是不利于促进创新的。

我们不能忘记,将一项技术信息确定为“不为公众所知悉”,仅仅可能导致被告对被诉技术信息的合法来源承担举证责任。只要被诉技术信息具有合法来源,其就不会承担侵权责任。因此,对原告主张的技术信息是否构成“不为公众所知悉”的判断标准确定为明确易行的《专利审查指南》规定的现有技术的判断方法和标准,并不会使被告受冤屈。同时,主张的技术信息不属于现有技术,应该是原告对其享有权利的最起码的前提。如果对其认定为本不应该被认定为的“为公众所知悉”,则其就失去了所有的救济途径。

二、研发失败的研发记录“不为公众所知悉”的判断方法和标准

“幸福的家庭都一样,不幸的家庭各有各的不幸”,这句对家庭生活属性的表述所蕴含的哲理完全适用于研发失败的研发记录的“不为公众所知悉”的判断。正如“幸福的家庭都一样”,研发成功的技术信息,因其必然符合技术规律,因而其与他人的技术信息,特别是现有公知的技术信息可能构成相同或者实质相同。换个角度讲,一个要求商业秘密保护的研发成功的技术信息,有可能和所属领域已知的技术信息相同或者实质相同,因而可能是为公众所知悉的。同样,与“不幸的家庭各有各的不幸”一样,研发失败的研发记录,通常各有各的失败原因,因此所记录的失败表现通常会各有不同,而且记录文本也通常是因人而异,各有各的风格。因此,对于一个请求商业秘密保护的技术信息,只要原告解释说明且有证据证明其属于研发失败的研发记录,而且有证据证明对其采取了适当的保密措施且合理表明其作为商业秘密被被告侵犯,则就应该认定原告举证符合《反不正当竞争法》第32条第1款的举证责任,将该技术信息为公众所知悉的举证责任转移给

被告。如果被告不能举证证明或者解释说明原告请求商业秘密保护的研发记录不属于研发失败的记录，或者被告对其获取、披露、公开的相关记录为何记录了与原告请求商业秘密保护的研发失败的记录中同样的错误做法作出合理的解释说明，则可以认定原告请求商业秘密保护的研发失败的记录“不为公众所知悉”。

第四节　商业秘密维权中技术信息“同一性”的判断方法和判断标准

一、现有司法解释关于“同一性”判定的规定操作性不强，难以实际应用

在商业秘密侵权诉讼中，认定被诉侵权信息与原告请求保护的商业秘密构成相同或者实质相同，是必不可少的环节，如果被诉侵权信息与原告请求保护的商业秘密不构成相同或者实质相同，则被告不构成侵犯原告的商业秘密。但如何判定被诉侵权信息与原告请求保护的商业秘密是否构成相同或者实质相同现阶段没有法律规定。现有司法解释也只有《审理商业秘密规定》第13条规定：“被诉侵权信息与商业秘密不存在实质性区别的，人民法院可以认定被诉侵权信息与商业秘密构成反不正当竞争法第三十二条第二款所称的实质上相同。人民法院认定是否构成前款所称的实质上相同，可以考虑下列因素：（一）被诉侵权信息与商业秘密的异同程度；（二）所属领域的相关人员在被诉侵权行为发生时是否容易想到被诉侵权信息与商业秘密的区别；（三）被诉侵权信息与商业秘密的用途、使用方式、目的、效果等是否具有实质性差异；（四）公有领域中与商业秘密相关信息的情况；（五）需要考虑的其他因素。”就该条规定而言，其第1款“被诉侵权信息与商业秘密不存在实质性区别的，人民法院可以认定被诉侵权信息与商业秘密构成反不正当竞争法第三十二条第二款所称的实质上相同”对判定是否构成实质相同帮助不大，“不存在实质性区别”与“实质上相同”应该是换个说法而已。第2款第1项“被诉侵权信息与商业秘密的异同程度”的作用被第2款第2项所涵盖。第2款第2项“所属领域的相关人员在被诉侵权行为发生时是否容易想到被诉侵权信息与商业秘密的区别”给出了一定的判断方法和标准：第一，判断主体为“所属领域的相关人员”；第二，判断被诉侵权信息与原告主张的商业秘密存在区别；第三，所存在的区别是否属于所属领域的相关人员在被诉侵权行为发生时容易想到的。

按照该第2款第2项的规定，如果被诉信息与原告主张的商业秘密的区别在于被诉侵权行为发生时，属于容易想到的，则被诉信息与原告主张的商业秘密构成实质相同；如果被诉信息与原告主张的商业秘密的区别在被诉侵权行为发生时，属于不容易想到的，则被诉信息与原告主张的商业秘密不构成实质相同。但是属于容易想到还是属于不容易想到，判断标准是什么？第2款第3项"被诉侵权信息与商业秘密的用途、使用方式、目的、效果等是否具有实质性差异"，提示在判定被诉信息与原告请求保护的商业秘密是否构成实质性差异时，从被诉信息与原告主张的商业秘密在用途、使用方式、目的、效果等组成要素上是否具有实质性差异来判定，但判断该实质性差异的标准又是什么？第2款第4项要求判断者要考虑"公有领域中与商业秘密相关信息的情况"，其用意可能是判断被诉信息与原告主张的商业秘密是否构成实质相同时，不能脱离其公知的背景信息。第2款第5项"需要考虑的其他因素"是在提醒判断者应该考虑尽可能多的因素，考虑问题尽可能周全。但尽管有了上述司法解释，在商业秘密维权中，如何判断被诉技术信息与原告请求保护的商业秘密保护的研发成功的技术信息构成实质相同，仍然是难以落地的。

二、技术秘密维权中研发成功的技术方案"同一性"的判断应该采用《专利审查指南》规定的专利权利要求新颖性判断中相同技术方案的判断方法和标准

根据《专利审查指南》的规定，在判断发明专利权利要求是否具备新颖性时，判断专利权利要求的技术方案与某一项现有技术是否构成相同技术方案的判断方法和判断标准不仅与《审理商业秘密规定》第13条的规定相一致，而且更加具体成熟，也被更多的人所掌握和认可。具体分析如下所述。

（一）单独比对的原则

按照《审理商业秘密规定》第13条，判断被诉信息与请求商业秘密保护的技术信息是否构成实质相同时，应该将被诉信息与原告主张作为商业秘密保护的技术信息逐个单独比对；不应该将被诉技术信息与原告主张作为商业秘密保护的两个以上的技术信息进行组合比对，也不应该将被诉技术信息与原告主张作为商业秘密保护的其中一个技术信息与其他公知技术组合后比对。这与《专利审查指

南》规定的判断权利要求新颖性时，一项权利要求与现有技术的一项技术方案是否属于相同技术方案完全一致。《专利审查指南》(2023 年修订)第二部分第 3 章 3.1 节规定：判断新颖性时，应当将专利申请的各项权利要求分别与每一项现有技术的相关技术内容单独地进行比较，不得将其与几项现有技术内容的组合或者与一份对比文件中的多项技术方案的组合进行对比。

（二）应该采用专利权利要求是否具有新颖性时相同技术方案的判断方法和标准，分十种情况具体判断《审理商业秘密规定》第 13 条第 2 款第 2 项的“是否容易想到”

《审理商业秘密规定》第 13 条第 2 款第 2 项规定的“所属领域的相关人员在被诉侵权行为发生时是否容易想到被诉侵权信息与商业秘密的区别”，对于商业秘密的研发成功的技术信息而言，其中的“是否容易想到”，应该采用《专利审查指南》判断新颖性时相同发明的判断方法和标准。

具体说明如下所述。

1. 如果其区别仅仅是简单的文字变换，或者仅仅是信息载体不同，或者是信息表述方式不同（例如设计图与包括文字、数字、公式等的文本表述；或者类似专利权利要求的技术方案记载的技术信息与样品、植物繁殖材料等实物载体承载的技术信息），则该区别应该是所属领域的相关人员（对于要求商业秘密保护的是研发成功的技术信息，则所属领域的相关人员应该是所属领域的技术人员，下同）容易想到的。

2. 如果对应被诉技术信息与原告要求商业秘密保护的研发成功的技术信息相比，所多出的技术内容是所属领域的技术人员从原告主张作为商业秘密保护的研发成功的技术信息（包括附图）或者其载体中毫无疑义的确定（分析、归纳、总结）出来的内容，则其区别应该是所属领域的相关人员容易想到的。

3. 如果其区别为原告要求商业秘密保护的研发成功的技术信息用的是一般（上位）概念，被诉技术信息用的是一般（上位）概念中的具体（下位）概念且是常用的具体（下位）概念，则其区别应该是所属领域的相关人员容易想到的。

4. 如果其区别为原告要求商业秘密保护的研发成功的技术信息用的是具体（下位）概念，被诉技术信息用的是相应的一般（上位）概念，则其区别应该是所属领域的相关人员容易想到的。

5. 如果其区别是对技术秘密整体技术方案中的部分技术内容的通常置换，而且该部分置换带来的技术功能或者技术效果的差别，是所属技术领域的技术人员能预见到的，则其区别应该是所属领域的相关人员容易想到的。

6. 如果其区别为被诉技术信息的对应参数或者参数范围包括了原告主张商业秘密保护的研发成功的技术信息中参数的数值或者数值范围，则其区别应该是所属领域的相关人员容易想到的。

7. 如果其区别为被诉技术信息中的参数或者参数范围落在原告要求商业秘密保护的研发成功的技术信息的对应的参数数值范围内，并且被诉技术信息中的参数或者参数范围是原告要求商业秘密保护的研发成功的技术信息对应的数值或者数值范围内的通常选择且被诉技术信息所选择的数值或者数值范围没有取得所属领域的技术人员预料不到的技术效果的，则其区别应该是所属领域的相关人员容易想到的。

8. 如果其区别为对应的参数范围不同，但被诉技术信息的参数范围与原告要求商业秘密保护的研发成功的技术信息的参数范围部分重叠或者有一个共同的端点，则其区别应该是所属领域的相关人员容易想到的。

9. 如果其区别为被诉技术信息比原告要求商业秘密保护的研发成功的技术信息的技术内容多，但多出的技术内容及其实现的技术功能，对所属领域的技术人员来说，是符合所属领域的技术知识和技术规律的，则其区别应该是所属领域的相关人员容易想到的。

10. 如果其区别为被诉技术信息比原告要求商业秘密保护的研发成功的技术信息的技术内容少，但缺少的技术内容导致缺少相应的技术功能，并且这种改变对所属领域的技术人员来说，是符合所属领域的技术知识和技术规律的，则其区别应该是所属领域的相关人员容易想到的。

如果被诉技术信息与原告主张商业秘密保护的研发成功的技术信息的差异属于上述十种情况之一种或者几种，则一般可以认定两者不具有实质性差异，属于实质相同，具有“同一性”；其差异不属于上述十种情况之任何一种的，则一般可以认定两者具有实质性差异，不属于实质相同不具有“同一性”。

关于“被诉侵权信息与商业秘密的用途、使用方式、目的、效果等是否具有实质性差异”，如果被诉技术信息的用途、使用方式、目的、效果等是所属领域的技术人员对原告要求商业秘密保护研发成功的技术信息，根据现有技术知识和技术规律能够预见到，则其用途、使用方式、目的、效果等不具有实质性差异；如果不能预见到，则用途、使用方式、目的、效果等具有实质性差异。

（三）按照是否落入专利权保护范围的判定方法判定“同一性”不可取

需要说明的是，在技术信息“同一性”的判定中，有些人甚至有些鉴定人，是将被诉技术信息与原告请求商业秘密保护的技术方案，按照判定被诉技术方案是否落入专利权利要求保护范围的判定方法，先进行各自技术特征的划分，再进行对应技术特征是否构成相同或者等同的判定，在发现有对应技术特征不相同也不等同时，则判定为不具有“同一性”。显然，这种做法是不可取的。

1. 这种做法不符合商业秘密侵权诉讼中“同一性”认定的目的

在商业秘密侵权诉讼中，判定“同一性”是为了判定被诉技术信息是否不正当来源于权利人请求商业秘密保护的技术方案；而在专利侵权诉讼中，判定被诉技术方案是否落入专利权利要求的保护范围，是为了判定被诉技术方案是否进入了法律赋予专利权人的权利边界。就算被诉信息与请求商业秘密保护的技术信息完全相同，但只要被告对被诉技术信息有正当（合法）来源，则被告就不可能侵犯原告的技术秘密；而在专利侵权诉讼中，只要被诉技术方案落入了原告专利权利要求的保护范围，哪怕是被告对被诉技术方案具有正当（合法）来源，甚至被诉技术方案完全是被告独立研发的，而且根本就不知道原告的相关专利，被告也可能构成侵犯原告的专利权。

2. 商业秘密侵权诉讼中判定为“同一性”与落入专利权利要求保护范围的法律后果不同

在侵犯商业秘密民事侵权诉讼或刑事侵权诉讼中，认定被诉侵权技术信息与原告的技术秘密构成相同或者实质相同，仅仅导致被告对其被诉侵权技术信息合法来源承担举证责任。如果被告的被诉侵权技术信息是合法、正当获取的，例如是通过自己研发、合法受让、许可等获得的，则其必然能提供合法来源及其证据。只要能提供合法来源及其证据，其就不构成侵犯商业秘密权。因此，在商业秘密侵权诉讼中假定将本不构成实质相同认定成了构成实质相同，对被告也仅承担合法来源的证明责任。何况被告承担合法来源证明责任，还得具备原告请求保护的技术信息构成技术秘密、被告有接触原告技术秘密条件的前提。但假定将本应该构成实质相同认定成为不构成实质相同，则会直接认定被告不构成侵犯原告的商业秘密权。在这种情形下，原告虽然实际被侵权，而且还为维权付出了通常是巨大的代价，但认定结果却不构成侵权，而且原告再没有其他的救济途径。如果这样，等于一定程度上怂恿、包庇侵犯商业秘密权，打击技术创新。而在专利侵权诉讼中，只要认定被诉技术方案落入了原告专利权利要求的保护范围，则除非被告的不侵权抗辩成立，则就一定构成侵犯原告的专利权；而在被告的专利不侵权抗辩中是不包括合法来源抗辩的，即被告不能用被诉技术方案具有合法来源作为不侵犯原告专利权的抗辩理由。

因此，这种只要被诉技术信息与原告的技术秘密中对应的一个技术特征不构成专利法上的技术特征的相同或者等同，就认定为商业秘密侵权诉讼中的不相同或者不实质相同，显然是不可取的。

3.《江苏高院商业秘密审理指南》明确反对采用专利侵权比对中逐一比对每一个技术特征的方法

《江苏高院商业秘密审理指南》5.2 节“技术鉴定的方法”第二段明确说明“一般而言，在对被告的技术信息与原告主张的技术秘密是否相同或实质性相同进行技术比对时，……不应当采用专利侵权比对中逐一比对每一个技术特征的方法”。

三、对于原告要求商业秘密保护的研发失败的记录的“同一性”的判断

如果被诉文件记录了与原告要求商业秘密保护的研发失败的记录文件所记载的同样的错误技术内容（包括研发过程中错误的技术路线、工艺参数、操作步骤、条件参数等），且被告对此不能作出合理解释的话，则推定被诉记录与原告要求商业秘密保护的研发失败记录构成相同或者实质相同，即具有“同一性”。否则，不构成“同一性”。

第二章

《反不正当竞争法》第 32 条的理解与适用

《反不正当竞争法》第 32 条规定当原告举证达到一定标准后，被告就得证明原告请求商业秘密保护的技术信息或者经营信息不构成商业秘密，否则被告就得证明其不存在侵犯原告商业秘密的行为，不然被告就得承担侵犯原告商业秘密的责任。此规定对于化解商业秘密维权中原告的举证难，可以说具有划时代的意义。但由于《反不正当竞争法》第 32 条规定的转移条件不是很明确，而《审理商业秘密规定》对该第 32 条没有进行解释，就笔者所涉猎的实际案例中也未发现有判决书对此作出明确的解释说明。特别是对其中的"提供初步证据""合理表明""表明"等表述该如何理解和适用，笔者尚未见到令人信服的学术文章和判理阐释。而如何理解适用该第 32 条，就成为商业秘密侵权民事诉讼绕不过的坎。对此，依据法理和商业秘密保护的底层逻辑在本章提出个人见解，期望能帮助到读者，也期望能在对该 32 条深入讨论的基础上出台相应的司法解释。

2019 年 4 月 23 日修正的《反不正当竞争法》增加了第 32 条，"在侵犯商业秘密的民事审判程序中，商业秘密权利人提供初步证据，证明其已经对所主张的商业秘密采取保密措施，且合理表明商业秘密被侵犯，涉嫌侵权人应当证明权利人所主张的商业秘密不属于本法规定的商业秘密。商业秘密权利人提供初步证据合理表明商业秘密被侵犯，且提供以下证据之一的，涉嫌侵权人应当证明其不存在侵犯商业秘密的行为：（一）有证据表明涉嫌侵权人有渠道或者机会获取商业秘密，且其使用的信息与该商业秘密实质上相同；（二）有证据表明商业秘密已经被涉嫌侵权人披露、使用或者有被披露、使用的风险；（三）有其他证据表明商业秘密被涉嫌侵权人侵犯”。

第一节 《反不正当竞争法》增加第 32 条的必要性、正当性及重大意义

一、增加第 1 款的必要性、正当性及重大意义

有了该第 1 款的规定,对于权利人来说,证明其请求商业秘密保护的技术信息或者经营信息不为公众所知悉这一难题终于有了突破途径。商业秘密侵权诉讼作为侵权诉讼的一种,按照传统侵权诉讼的要求,原告首先得证明其请求商业秘密保护的技术信息或者经营信息属于商业秘密,因而必须证明其属于“不为公众所知悉”。但“不为公众所知悉”属于消极事实,严格意义上原告是无法证明的。在增加此款规定之前,这是商业秘密侵权诉讼原告胜诉难的重要原因之一。在具体诉讼实务中,当被告对原告请求商业秘密保护的技术信息或者经营信息“不为公众所知悉”不予认可时,法院要么依赖鉴定机构的鉴定意见进行判定,要么由审案法官根据原告所举证据“主观”认定。如果是依赖鉴定意见进行认定,结论是否准确可靠暂且不论,对于原告来说,要花费通常数以十万元的鉴定费及配合鉴定的相应人力;对法院来说要耗费不少的司法资源;对于被告来说,也会增加不少的诉累,而且最终鉴定的结果如果是构成“不为公众所知悉”,进而构成侵权的话,鉴定费最终还要由被告承担。如果是根据原告举证由审案法官“主观”认定,虽然能减少当事人的诉累和减少对司法资源的耗费,但由于没有法律依据和判断标准,除个别非常明显的“不为公众所知悉”或者“为公众所知悉”的情形,对于大量的属于临界状态或者中间状态或者非黑非白的灰色状态,对于敬业的法官来说作出认定时纠结犯难,对认定结果往往内心不安,在当事人质疑甚至流露怨恨时更是如此。

实质上,对于原告请求商业秘密保护的技术信息或者经营信息的“不为公众所知悉”,如果被告不予认可,即被告主张其“为公众所知悉”的话,其应该掌握原告请求商业秘密保护的技术信息或者经营信息“为公众所知悉”的证据,最起码在被诉侵权行为发生之前,被告是知道其是如何知悉该信息的。只要被告将其如何知悉的方法或者渠道如实提供出来,并用证据加以证明,如果其知悉的方法或者

渠道是合法合理的，并且换成所属领域的其他普通人员也能通过被告知悉的方法或者渠道知悉原告请求商业秘密保护的技术信息或者经营信息的话，则就能认定原告请求商业秘密保护的技术信息或者经营信息“为公众所知悉”，进而不构成商业秘密，驳回其诉讼请求。如果被告不能，则推定原告请求商业秘密保护的技术信息或者经营信息“不为公众所知悉”。通过这样的机制作出的认定结论，不论对于原告还是相关公众，应该是能心服口服的；相反，对于被告来说，也应该是无话可说的；同时，减少了原告、被告的诉讼成本和诉累，并减少了敬业的法官的犯难纠结。

因此，对于原告请求商业秘密保护的技术信息或者经营信息“不为公众所知悉”这一消极事实的证明，在被告否认即被告主张“为公众所知悉”时，转换成被告对“为公众所知悉”这一积极事实的证明，由对这一积极事实的主张者被告承担举证责任合理可行。但是，如果对于只要有人提起商业秘密侵权诉讼，都要被告对原告要求商业秘密保护的技术信息或者经营信息“为公众所知悉”无条件承担证明责任，举证不能时就要承担相应的不利后果的话，则可能会导致竞争对手利用商业秘密侵权诉讼打击，最起码骚扰竞争对手，进而扰乱经济秩序的情况发生。如果要被告无条件承担对“为公众所知悉”的举证责任，如果被告举证不能，则很可能要承担侵权责任的不利后果；就算能证明，也将被告折腾了一把，而原告却不需付出相应代价承担相应后果，这显然是不公正的，不利于维护正常生产经营秩序。因此，对于原告请求商业秘密保护的技术信息或者经营信息“不为公众所知悉”的举证责任转移给被告必须设定一定的条件。只有在原告的相应举证符合一定条件或者达到一定标准时，才应当转移给被告。因此，《反不正当竞争法》第 32 条第 1 款规定，只有原告举证符合一定条件或者达到一定标准时，才将该证明责任转移给被告。

二、增加第 2 款的必要性、正当性及重大意义

商业秘密权不具有专利权的绝对排他性。对于专利权来说，只要被诉的技术方案落入原告的专利权利要求的保护范围，就可能构成专利侵权，而不论被告使用的技术方案是自己研发所得，还是合法受让所得，抑或合法许可所得。但对于商业秘密来说，不论被告使用的技术信息或者经营信息与原告要求商业秘密保护的技术信息或者经营信息构成相同或者实质相同与否，只要被告使用的技术信息

或者经营信息是合法取得的，例如通过自主研发或者开发所得、通过合法受让所得、通过合法许可所得等，都不构成侵犯原告的商业秘密权。因此，按照传统的侵权诉讼要求，就算：①原告证明并被法院认定了其请求商业秘密保护的技术信息或者经营信息构成商业秘密，即“不为公众所知悉”，“具有商业价值”（具有实用性）并被“采取了合理保密措施”；②在此基础上，原告还能证明并被法院认定被告使用的技术信息或者经营信息与原告请求商业秘密保护的技术信息或者经营信息构成相同或者实质相同；③如果不能证明被告所使用的技术信息或者经营信息是从原告处违法取得的话，也不能认定被告侵犯了原告的商业秘密。在实际的商业秘密侵权诉讼中，原告要达到①和②的要求就已经非常困难了，还要达到③的要求，就更加困难了，在很多情况下几乎不可能。在这样的商业秘密侵权诉讼及判定的情形下，正如过去大量实际发生的，通过合法合理的手段或者途径维护商业秘密，可以说是“蜀道难，难于上青天”。而随着技术迭代的加快和创新主要发生在通过直观观察难以判断的领域，在历史长河中曾发挥了巨大作用的专利制度越来越不能激励和保护创新。因此，加强商业秘密保护就成为促进创新、增加人类福祉的必然要求。

与《反不正当竞争法》第32条第1款规定的将对“不为公众所知悉”的证明责任有条件地转化为被告对“为公众所知悉”的证明，便会解决对于是否为公众所知悉的证明难题一样，要求原告证明被告所拥有、使用、披露、公开的技术信息或者经营信息从原告处违法取得非常困难，而要求被告证明其拥有、使用、披露、公开的技术信息或者经营信息的合法来源，则没有多大困难，只需被告提供其如何获得的方法或者途径并提供相应证据就可以了。如果被告能证明其拥有、使用、披露、公开的技术信息或者经营信息的合法来源，当然就不构成侵犯原告的商业秘密；被告不能证明其拥有、使用、披露、公开的技术信息或者经营信息的合法来源，这本身就不合道理；除非其故意隐瞒，否则必然能够提供相关证据。因此，在被告不能证明时，推定其拥有、使用、披露、公开的技术信息或者经营信息是通过违法手段取得，是绝对合理的。再加上被告拥有、使用、披露、公开的技术信息或者经营信息与原告构成商业秘密的技术信息或者经营信息构成相同或者实质相同，被告有接触原告商业秘密的机会，在此前提下，判定被告侵犯原告的商业秘密，是完全符合民事侵权诉讼高度盖然性的证明标准的，因而是符合公平正义的。

与第1款相同，如果不设定任何条件就要求被告对其拥有、使用、披露、公开的技术信息或者经营信息的合法来源承担证明责任的话,同样不利于维持正常的生产经营秩序,更不利于促进创新。因此该第 2 款也对被告承担合法来源证明责任设定了一定的条件。

第二节 《反不正当竞争法》第 32 条第 1 款的理解与适用

《反不正当竞争法》第 32 条第 1 款规定:"在侵犯商业秘密的民事审判程序中,商业秘密权利人提供初步证据,证明其已经对所主张的商业秘密采取保密措施,且合理表明商业秘密被侵犯,涉嫌侵权人应当证明权利人所主张的商业秘密不属于本法规定的商业秘密。"

据此,在商业秘密民事侵权诉讼中,商业秘密权利人即原告举证达到所规定的标准后,如果涉嫌侵权人即被告主张原告请求商业秘密保护的技术信息或者经营信息不构成商业秘密,应该由被告承担不属于商业秘密的证明责任。对此,应该对其从以下三方面进行理解。

一、第 1 款规定的适用条件

本款规定适用于民事诉讼,不适用于刑事诉讼。原因在于,适用该款规定作出的民事生效判决,就算和理想状态的真正符合公平正义的判决结果不符,对被告来说也仅涉及钱的问题,即不该赔钱而要赔钱的问题,而不涉及被告的刑事问题,即不会造成被告的牢狱之灾和对被告人格的最强烈的否定性评价。如果没有该款规定,则原告的权利很难得到保护,等于变相扼杀创新,不利于社会进步,在兼顾效率和公平的原则下,在民事诉讼中适用该款规定是利大于弊的。此规定和民事诉讼中证明标准的优势证据原则是相一致的。

之所以不能适用于刑事诉讼,是因为刑事诉讼将导致被告的刑事责任,即牢狱之灾和对人格的最强烈的否定性评价。如果出现和理想状态下真正的正义不符,则对被告造成的损失往往难以弥补,尤其是难以用钱弥补,所以在刑事诉讼中是效率服从于正义的。因此,我国刑事诉讼的证明标准是排除合理怀疑,不能要求嫌疑人自证清白以实行疑罪从无的原则。因此,刑事诉讼不能适用该款规定,即不能依据该款规定推定的结果定罪量刑。

笔者认为,该款规定也应该适用于关于商业秘密的行政处理程序和行政诉讼中。原因在于,我国关于商业秘密的行政处理程序和行政诉讼,与民事诉讼一样,也仅涉及钱的问题,在效率和公正兼顾,特别是促进创新的时代背景下,行政处理程序和行政诉讼适用该款规定有利于促进创新,增加全社会福祉。

二、第1款规定要求原告尽到的证明责任

"商业秘密权利人提供初步证据,证明其已经对所主张的商业秘密采取保密措施,且合理表明商业秘密被侵犯",是对原告要尽到的证明责任的规定。对此,笔者认为,其中的"提供初步证据""合理表明"含义不是很清楚。笔者尚未见到对其该如何理解和适用的令人信服的学术文章和判理阐释。《审理商业秘密规定》没有对其进行解释,不能不说是一大遗憾。在此前提下,只能就依据法理和商业秘密的本质属性提出个人见解。

第一,原告要提供证据,以证明其已经对所主张的商业秘密采取保密措施,并且合理表明商业秘密被侵犯。也就是说,是要拿证据说话的。其中的"合理表明",也是要用证据表明,而不是空口白说,用诉讼中的专业术语讲,不能仅主张或者质疑、否定。

第二,对"其已经对所主张的商业秘密采取保密措施"的证明,要达到民事诉讼的证明标准。按照《审理商业秘密规定》第6条的规定进行证明[第6条规定,具有下列情形之一,在正常情况下足以防止商业秘密泄露的,人民法院应当认定权利人采取了相应保密措施:(1)签订保密协议或者在合同中约定保密义务的;(2)通过章程、培训、规章制度、书面告知等方式,对能够接触、获取商业秘密的员工、前员工、供应商、客户、来访者等提出保密要求的;(3)对涉密的厂房、车间等生产经营场所限制来访者或者进行区分管理的;(4)以标记、分类、隔离、加密、封存、限制能够接触或者获取的人员范围等方式,对商业秘密及其载体进行区分和管理的;(5)对能够接触、获取商业秘密的计算机设备、电子设备、网络设备、存储设备、软件等,采取禁止或者限制使用、访问、存储、复制等措施的;(6)要求离职员工登记、返还、清除、销毁其接触或者获取的商业秘密及其载体,继续承担保密义务的;(7)采取其他合理保密措施的]。第32条第1款虽然文字表述是"提供初步证据"证明,但笔者认为此处原告应当尽到的是"证明"责任。因为首先,对于采取保密

措施，本身是一"积极事实"，本应由主张者证明；其次，采取保密措施是构成商业秘密进而得到法律保护的先决条件之一，如果没有采取保密措施，就不应当作为商业秘密保护；再次，采取保密措施的证据都由原告掌握，原告举证证明并不困难；最后，被告只能对原告的采取了保密措施的证据进行质证，而没有采取保密措施，本身是一消极事实，被告无法举证证明。

需要注意的是，此处原告证明的对象是采取了保密措施，而不是采取了万无一失的保密措施。另外，原告采取的保密措施过于笼统抽象，以至于接触相关信息的人不能知晓该信息已被权利人当成商业秘密给予保护；或者权利人宣告其所有信息都是商业秘密，而接触到其信息的人不能分辨到底哪些是权利人的商业秘密的，不能认为原告采取了适当或者合理或者相应的保密措施，不产生将原告主张保护的信息不属于商业秘密的证明责任转移给被告的效力。

第三，关于"合理表明商业秘密被侵犯"，笔者的理解是原告要根据其提交的证据进行相应的解释说明和论述。其效果要达到所属领域具有正常理性且善良公允的人士，根据原告提交的证据及相应的解释说明，认为原告的商业秘密被侵犯的可能性较大。换个角度解释，在原告的举证及相应解释说明论述后，所属领域具有正常理性且善良公允的人士在不需要说明理由的前提下，进行无记名投票表决原告的商业秘密是否被侵犯时，多数票是认定被侵犯的。但在实际民事侵权诉讼中，不可能由所属领域具有正常理性且善良公允的人士进行无记名投票，只能是审案法官以其设想的所属领域具有正常理性且善良公允的人士进行无记名投票结果，来判定原告的举证及论述是否达到了"合理表明"的程度。而对于原告来说，也应该秉承"人同此心、心同此理"的理念，以设想的所属领域具有正常理性且善良公允的人士进行无记名投票结果，来引导自己的举证及相应的解释说明论述。如果原告确信，作为所属领域具有正常理性且善良公允的人士，根据原告的举证及相应的解释说明论述，认为原告的商业秘密被侵犯的可能性较大，则审案法官也应该能够产生同样的确信，进而要求被告对原告所主张的商业秘密不属于商业秘密承担举证责任。

三、关于涉嫌侵权人应当证明权利人所主张的商业秘密不属于本法规定的商业秘密

首先需要说明的是，这种情况下被告承担的是证明责任。如果被告的证明不

能达到使法官确信原告主张的商业秘密不属于商业秘密的程度,法官就应该认定原告主张的商业秘密属于商业秘密。这与原告承担证明其主张的商业秘密属于商业秘密的责任不同。在原告承担证明责任的前提下,只要原告的证明不足以使法官产生其主张的商业秘密属于商业秘密的确信,或者被告的反证和(或)质证动摇了法官产生的这种确信,则法官就应该认定其不属于商业秘密。而在被告承担其不属于商业秘密的证明责任的前提下,只要法官没有产生其不属于商业秘密的确信,或者虽然产生了,但原告针对被告举证的反证和(或)质证,动摇了法官产生的不属于商业秘密的确信,就应该认定属于商业秘密。

被告可以从以下三方面证明原告所主张的商业秘密不属于商业秘密。

1. 被告可以从证明原告请求商业秘密保护的技术信息或者经营信息为公众所知悉的途径,来证明原告请求商业秘密保护的技术信息或者经营信息不属于商业秘密。

2. 被告可以从原告没有采取合理保密措施的途径,来证明要求商业秘密保护的技术信息或者经营信息不属于商业秘密。通常情况下,被告很难从这一角度来实现证明目的。因为,没有采取合理保密措施本身是一消极事实,消极事实很难证明,甚至无法证明。但被告可以举证证明,最起码质疑原告的保密措施不合理,不能使相对人知晓要保密的确切对象,或者达不到不采取违法或者不正当手段难以获得的保密程度等。被告可以参照《审理商业秘密的规定》第 6 条对采取了合理保密措施的证明进行反证和(或)质证,进而动摇法官对原告证明产生的确信。例如,在中山世达模型制造有限公司诉苏某瑜侵害经营秘密纠纷案[中山市第一人民法院(2019)粤 2071 民初 1446 号民事判决书]中,法院认定:"仅仅有所列的商业秘密的范围广而复杂,其中包括了很多显然不属于商业秘密资料的格式化的保密协议,不属于采取了合理的保密措施。"(具体内容见本书第六章第五节)又如,在济南思克测试技术有限公司诉济南兰光机电技术有限公司侵害技术秘密纠纷案[最高人民法院(2020)最高法知民终 538 号民事判决书]中对判定是否采取了合理保密措施非常难得。(具体内容见本书第五章第二节)

3. 被告可以从原告请求商业秘密保护的技术信息或者经营信息不具有商业价值来证明原告请求商业秘密保护的技术信息或者经营信息不属于商业秘密。

其实,被告更难从这一角度来实现证明目的。因为,不具有商业价值本身是一消极事实,消极事实很难证明,甚至无法证明。何况,对于不为公众所知悉且原告采取了适当保密措施的技术信息或者经营信息，更无法说明其不具备潜在的商业价值。对于一个“不为公众所知悉”且采取了适当保密措施的技术信息或者经营信息，现实的商业价值，任何一个严谨负责的人都不敢认为对其已经认识穷尽，即认识完全，更何况对其潜在的商业价值的认识。被告在很大程度上只能对原告的证明进行反证和（或）质证，进而动摇法官对原告证明产生的确信。

但确有原告要求商业秘密保护的信息不具有商业价值的实际案例。如在广东科捷龙机器人有限公司诉何某、东莞三润田智能科技股份有限公司侵害经营秘密纠纷案［中山市第一人民法院（2019）粤2071民初11169号民事判决书］中，原告要求保护的商业秘密为其销售计划，而判决认为其销售计划不具有商业价值。（具体内容见本书第六章第九节）

第三节 《反不正当竞争法》第32条第2款的理解与适用

首先要说明的是，第2款是建立在第1款的基础上的。如果原告的举证没有达到第1款的要求，或者被告的举证满足了第1款的要求，即被告证明了原告要求商业秘密保护的信息不属于商业秘密，就没有适用第2款的前提或者必要。

第32条第2款规定：“商业秘密权利人提供初步证据合理表明商业秘密被侵犯，且提供以下证据之一的，涉嫌侵权人应当证明其不存在侵犯商业秘密的行为：（一）有证据表明涉嫌侵权人有渠道或者机会获取商业秘密，且其使用的信息与该商业秘密实质上相同；（二）有证据表明商业秘密已经被涉嫌侵权人披露、使用或者有被披露、使用的风险；（三）有其他证据表明商业秘密被涉嫌侵权人侵犯。”

与第1款的理解与适用一样，第2款同样分为三方面的问题。第一，适用领域；第二，实现举证责任转移给被告的条件；第三，被告的举证责任和实现举证责任的途径。

一、适用于民事侵权诉讼，不适用于刑事诉讼

笔者认为第32条第2款应适用于民事侵权诉讼，不适用于刑事诉讼。此外，第32条第2款同样应适用于商业秘密侵权的行政处理程序和行政诉讼程序，理

由与第 32 条第 1 款的理由相同。

二、实现举证责任从原告转移给被告的条件

实现证明责任从原告转移给被告分如下三种情况。

(一)原告提供初步证据合理表明商业秘密被侵犯,并且有证据表明涉嫌侵权人有渠道或者机会获取商业秘密,同时其使用的信息与该商业秘密实质上相同

对于原告提供初步证据合理表明商业秘密被侵犯,其"表明"方法或者途径及"表明"标准与上文中笔者对第 1 款的解释说明相同。对于有证据表明涉嫌侵权人有渠道或者机会获取商业秘密,参照本章后续关于原告对被告有渠道或者机会获取商业秘密的证明部分。但需要注意的是,此处要求的是"表明"而不是"证明"。证明,需要达到使法官确信被告有渠道或者机会获取商业秘密的可能性较大;而"表明",只需达到使法官认为被告有渠道或者机会获取商业秘密的可能性,但不能确定可能性较大。

对于被告使用的信息与该商业秘密实质上相同,其应该仍然是"表明"而不是"证明"。首先,从"有证据表明涉嫌侵权人有渠道或者机会获取商业秘密,且其使用的信息与该商业秘密实质上相同"的文法分析,其主语都是商业秘密权利人或者原告,其谓语都是"表明",而"涉嫌侵权人有渠道或者机会获取商业秘密"与"且其使用的信息与该商业秘密实质上相同"是并列宾语。其次,从证明责任分配的合理性分析,由于原告很难准确掌握被告使用的信息的具体内容尤其是其内容细节及其证据,很难完成证明被告使用的信息与原告商业秘密实质上相同的证明责任。而对于被告,由于原告已经向法院提交了其请求保护的信息的内容,即"密点",在此前提下,由被告承担被诉信息与原告的"密点"不具有"同一性"则具有可行性。如果对该"同一性"的证明责任仍然分配给原告,而原告又很难完成,此与 2019 年修正《反不正当竞争法》增加的第 32 条所表明的减轻原告的证明责任,加强商业秘密保护的修法宗旨不符。

此外,最为重要的是,在原告合理表明而不是证明被告的被诉信息与原告要求保护的商业秘密构成相同或者实质相同的条件下,要求被告证明其不存在侵犯商业秘密的行为,并不会导致错误认定被告侵犯了原告的商业秘密。因为,只要

被告掌握、使用、披露、公开的技术信息或者经营信息是合法所得的，其就一定能够提供相关合法来源的证据，其就能证明其不存在侵犯原告商业秘密的行为。如果被告对其掌握、使用、披露、公开的技术信息或者经营信息不能证明是合法所得，在认定其构成侵犯商业秘密的其他条件满足的前提下，认定其侵犯商业秘密，对被告也不冤枉。如果在只有原告证明被告的被诉信息与原告的商业秘密构成相同或者实质相同的前提下，才能要求被告对其不存在侵犯商业秘密的行为承担举证责任，则完全存在被告拥有、使用、披露、公开的技术信息或者经营信息是从原告非法取得，而原告不能证明被告的被诉信息与原告的商业秘密构成相同或者实质相同的可能。如果这样，实际情况是被告侵犯了原告的商业秘密，却不能认定被告侵犯原告的商业秘密，而且原告还没有其他救济途径。此不利于保护商业秘密，进而不利于促进创新，与《反不正当竞争法》第 32 条的宗旨不符。

（二）原告提供初步证据合理表明商业秘密被侵犯，并且有证据表明商业秘密已经被涉嫌侵权人披露、使用或者有被披露、使用的风险

需要注意的是，该要求被告承担举证责任的条件由两项构成。第一项是，原告已经提供初步证据合理表明了商业秘密被侵犯；第二项是，“有证据表明商业秘密已经被涉嫌侵权人披露、使用或者有被披露、使用的风险”。可能令读者困惑的是，后一项被前一项所包含。“提供初步证据合理表明”与“有证据表明”，应该是相同的含义；“商业秘密被侵犯”包含了“商业秘密已经被涉嫌侵权人披露、使用”；“有被披露、使用的风险”相对于“商业秘密被侵犯”，应该更容易认定，对于原告来说更容易证明而不是更难证明。但这两项是有实质性区别的。其区别在于，第一项是要表明原告的商业秘密被侵犯，不需要表明是被谁侵犯的；第二项是要表明嫌疑人是侵权人，即本案被告侵犯了原告的商业秘密权。表明第一项并不等于已经表明了第二项，因此在第一项举证要求的基础上增加第二项是合理的。

（三）商业秘密权利人提供初步证据合理表明商业秘密被侵犯，并且有其他证据表明商业秘密被涉嫌侵权人侵犯

与第二种情况类似，第三种条件也由两项组成。第一项是要表明原告的商业秘密被侵犯，不需要表明是被谁侵权的；第二项是要表明嫌疑人是侵权人，即本案被告侵犯了原告的商业秘密。第三种与第二种情况的区别在于“有其他证据”。

这是一种兜底规定，表明了立法者的审慎开放态度。

对于该第 32 条第 2 款，广州晟视电子科技有限公司诉刘家某等侵害商业秘密纠纷案[广州知识产权法院(2021)粤 73 民终 5578 号民事判决书]对理解掌握该款非常有帮助(具体内容见本书第六章第一节)。

三、被告需要承担的证明责任及证明途径

第 32 条第 2 款转移给被告的证明责任为“涉嫌侵权人应当证明其不存在侵犯商业秘密的行为”。对此，首先需要注意的是，此时被告承担的是完全的民事证明责任，而不是“合理表明”或者“初步证明”或者“表明”责任。其次，在第 1 款已经将证明原告请求商业秘密保护的技术信息或者经营信息不属于商业秘密的证明责任转移给被告的前提下，被告就不能再从“为公众所知悉”、合理保密措施、商业价值角度进行证明。在第 2 款，被告就只有从其使用的技术信息或者经营信息具有合法来源，或者其使用的信息与原告请求保护的信息即“密点”不具有“同一性”，证明其不存在侵犯原告的商业秘密的行为了。

被告对其合法来源的证明方法和证明标准与原告对要求商业秘密保护的技术信息或者经营信息的合法来源的证明方法和证明标准相同，具体内容可见本书第三章所述的原告对要求商业秘密保护的技术信息或者经营信息的合法来源的证明部分。被告对其使用的信息与原告请求保护的信息即“密点”不具有“同一性”的证明方法和标准见本书第一章。

第三章

企业商业秘密侵权民事诉讼维权指南

第一节　企业商业秘密遭到侵犯的事实调查及证据的收集整理

一、当出现企业的商业秘密被侵犯迹象时的初步调查及相应的处理方案——企业商业秘密遭到侵犯的事实调查及证据的收集整理

（一）企业的商业秘密可能被侵犯的通常表现

当企业发现某款与自己的重要产品或者服务相同或者接近的产品或者服务，在市场上突然多了起来，而且售价更低；自己的客户突然不正常减少，或者客户要求不合理降价；自己的员工，特别是重要技术人员或者管理人员，提出不正常离职申请，甚至是不辞而别；自己的员工或者前员工违反竞业禁止协议；自己的员工或者前员工在竞争对手处出没，甚至任职等情况；自己的保密技术被他人申请了专利或者被以其他形式公开；自己的重要商务安排被他人事先公布；自己的重要经营信息被他人精准“预见”等时，就很可能是自己的商业秘密已被侵犯，最起码是有被侵犯商业秘密的潜在可能。

（二）进一步调查确定企业的商业秘密是否被侵犯及确定嫌疑人

发生上述情况之一，就不能掉以轻心了。应该核查突然低价销售的产品或者服务是否有可能用到了自己的商业秘密；客户流失或者要求降价销售的原因是否

因为有了“更好的选择”;离职的员工是否为掌握自己重要商业秘密的人员等。如果核查的结果是肯定的,那么自己的商业秘密很可能已经被侵犯或者即将被侵犯。这时就要进一步确定侵犯商业秘密的嫌疑人了。

确定嫌疑人的途径包括:(1)从市面上销售的产品或者提供的服务追踪产品的生产者或者服务的源头提供者,该产品的生产者或者服务的源头提供者即为嫌疑人。(2)拜访客户,从客户处了解不正当竞争者,突然出现的不正当竞争者即嫌疑人。(3)向尚在本企业供职的离职员工的前同事了解离职员工的去处,离职员工的去处即为嫌疑人。向在职的离职员工的前同事求助非常重要,往往非常有效,如果企业平时善待员工且求助时工作到位的话,通常不仅能够得知离职员工的去处即侵权嫌疑人,甚至还能得知离职员工窃密或者泄密的具体行为、泄密或者窃密的内容,更有得到重要证据的可能性。(4)通过调查重要离职员工的行踪了解离职员工的去处,即嫌疑人。(5)调查公开了自己技术秘密的专利的申请人、发明人、权利人、代理人,以及其他方式公开的相关人,从中确定侵犯自己商业秘密的嫌疑人。(6)调查关于自己企业的技术信息或者经营信息的“消息灵通人士”,消息灵通人士很可能就是侵犯自己商业秘密的嫌疑人。

(三)针对调查结果采取不同处理方案

调查进行到这一步,根据调查结果,可能出现应该分别处理的七种可能情况:(1)自己的商业秘密未被侵犯或者找不到嫌疑人,出现这种情况,就应该暂时不进行调查并密切关注动向。(2)确定了嫌疑人,但惹不起或者不值得,这时也应该暂时不进行调查并密切关注动向。(3)高射炮打麻雀得不偿失,这时也应该密切关注动向,不妨等待时机成熟。(4)侵权行为应该被制止但能得到的赔偿很少,这时不妨进行适当警告使其收手。(5)采取适当的商业安排,将嫌疑人予以吞并。(6)发现嫌疑人的其他严重违法行为,通过依法举报等手段将嫌疑人清出市场,并对相关个人发出严厉警告阻止其继续利用或者扩散商业秘密。(7)确信嫌疑人侵权情节严重,应该采取法律手段维权,这时可供选择的法律手段有:①向法院提起民事侵权之诉或者违约之诉;②向市场监管机构依法投诉请求依法处理;③向公安机关依法报案、控告或者直接向法院提起刑事附带民事自诉追究其刑事责任及民事赔偿责任;④向仲裁机构提起商事仲裁追究违约责任或者侵权责任;⑤向劳动仲裁机构提起劳动仲裁。通过向公安举报、控告追究侵犯商业秘密罪见本书第七章，本章就向法院提起民事侵权诉讼的相关问题予以解释说明。

向法院提起侵权民事诉讼通常应当提供嫌疑人获取、披露、公开、使用、允许他人使用的与权利人商业秘密相关的技术信息或者经营信息，以供法院进行侵权比对，即通常所说的“同一性”的比对。而要获得嫌疑人使用的与权利人商业秘密相关的技术信息或者经营信息，是商业秘密维权中最难的，以下予以详细说明。

二、对嫌疑人拥有、使用、允许他人使用的与权利人商业秘密相关信息内容证据的获取

（一）证明嫌疑人拥有、使用、允许他人使用的与权利人商业秘密相关信息的内容证据的获取途径

嫌疑人拥有、使用、允许他人使用的与权利人商业秘密相关信息的内容，是判定嫌疑人侵犯商业秘密必不可少的。证明嫌疑人拥有、使用、允许他人使用的与权利人商业秘密相关信息的内容的证据，应该由权利人向法院提供。权利人获得这方面的证据通常是比较困难的。权利人可以采用的取证途径通常包括：促使侵权团伙“窝里反”取得，向市场监管机关依法举报后由市场监管机关依法调查取得，向公安机关刑事报案后由公安机关侦查取得，向法院申请证据保全后通过法院证据保全取得。对于市场监管机关调查或者公安机关侦查所得的证据，在民事侵权诉讼中需要时，可以申请法院调取。本节就“窝里反”和向法院申请证据保全取得嫌疑人拥有、使用、允许他人使用的技术信息和经营信息作详细说明。关于如何向市场监管机关依法举报或者如何向公安机关报案，以及所需证据的调查提交，争取到市场监管机关的立案调查和公安机关的立案侦查，可以在本节内容的基础上，依据相关法律规定实施。已经有不少执法机关或者专业机构制定的企业商业秘密维权指南可供参考。

（二）通过“窝里反”取得嫌疑人拥有、使用、允许他人使用的与权利人商业秘密相关的技术信息或者经营信息

此处所述的通过“窝里反”取得嫌疑人拥有、使用、允许他人使用的与权利人商业秘密相关的技术信息或者经营信息，是指通过嫌疑人的侵权团伙成员、上游供应商、下游客户或者代工厂、合作伙伴、招标机构，嫌疑人的员工等，即嫌疑人的自己人或者自己一方的人提供嫌疑人拥有、使用、允许他人使用的与权利人的商

业秘密相关的技术信息或者客户信息。虽然通常情况下,通过"窝里反"取得证明嫌疑人拥有、使用、允许他人使用的很可能侵犯权利人商业秘密的技术信息或者经营信息的证据似乎可遇不可求,甚至是"天上掉馅饼"。但在商业秘密维权的重大实际案例中,很多关键证据往往都是以"窝里反"方式取得的。例如著名的"香兰素案","窝里反"证人冯某义"主动"向公安机关提供的证据及其向法院出庭作证的内容,是原告维权成功的关键,详见本书第四章。绝大多数人是有一定程度的正义感的,至少相当多的人具有正义感的一面。当他们得知嫌疑人的违法甚至犯罪行为且违法所得较多或者给权利人造成很大损失时,他们通常会选择站在正义的一方。只不过通常下,这些知情人往往被蒙在鼓里,不知道嫌疑人的行为是违法甚至犯罪的。当他们得知相关行为是不正当且违法甚至犯罪的情况时,在打消了对个人得失的顾虑后,"弃暗投明"的可能性是很大的。有的情况下,就算是嫌疑人的死党,也会由于"分赃不匀"而"窝里反",或者感到被追究法律责任的风险时为了自救"将功补过"而"窝里反",甚至为加入权利人而"窝里反"。

商业秘密维权本身就具有取证难的天然属性,通过合理合法的途径实现"窝里反"取证,是商业秘密维权中不应该轻易放弃的取证途径。实务中具体如何操作,就要看权利人和代理律师的维权决心和能力了。其实,通过"窝里反"取证可行性和性价比都很高。

(三)通过向法院申请证据保全取得嫌疑人拥有、使用、允许他人使用的与权利人商业秘密相关的技术信息或者经营信息的内容的证据

《最高人民法院关于知识产权民事诉讼证据的若干规定》(自 2020 年 11 月 18 日起施行)第 11 条规定:"人民法院对于当事人或者利害关系人的证据保全申请,应当结合下列因素进行审查:(一)申请人是否已就其主张提供初步证据;(二)证据是否可以由申请人自行收集;(三)证据灭失或者以后难以取得的可能性及其对证明待证事实的影响;(四)可能采取的保全措施对证据持有人的影响。"据此规定,只要在符合该条所规定的四个条件的情形下,向法院申请关于嫌疑人所拥有、允许他人使用、使用的与权利人商业秘密有关技术信息或者经营信息的证据时,法院通常会支持权利人的证据保全申请,实施证据保全。尤其在江苏、浙江、上海、广东、福建等制造业发达的省市,通常会支持证据保全的申请。关键在于是否满足该条规定的四个条件。以下就如何满足该条所规定的四个条件进行解释说明。

1. 关于“申请人是否已就其主张提供初步证据”

这是向法院申请诉前证据保全最重要也是最难满足的一个条件。这里所述的初步证据，对于商业秘密侵权而言，是指嫌疑人很可能侵犯了权利人商业秘密的证据。可以从以下方面向法院提交证据；只要符合其中一种情况，通常就会满足该条件的要求。①掌握权利人商业秘密的员工或者前员工跳槽到嫌疑人，或者嫌疑人是掌握权利人商业秘密的员工、前员工，或者嫌疑人与掌握权利人商业秘密的员工、前员工有某种密切关系；权利人的客户不正常转移到了嫌疑人，或者嫌疑人突然生产销售与权利人相同或者实质相同的产品或者提供相同或者实质相同的服务，或者相关的产品或者服务是用权利人采取了保密措施的技术生产或者支持的，而嫌疑人的成立时间、注册资金、生产、研究开发能力不具备突然开发出相关深度客户信息、突然研发出相关技术方案的条件。②嫌疑人的股东或者嫌疑人的高管、高级技术人员，是掌握权利人商业秘密的员工、前员工，或者嫌疑人的高管、高级技术人员是权利人的高管、高级技术人员，或者是权利人前高管、前高级技术人员的近亲属等关系密切的人；权利人的客户不正常转移到了嫌疑人，或者嫌疑人突然生产销售与权利人相同或者实质相同的产品或者提供相同或者实质相同的服务，或者相关的产品或者服务是用权利人采取了保密措施的技术生产或者支持的，而嫌疑人的成立时间、注册资金、生产经营、研究开发能力不具备突然开发相关客户深度信息、突然研发相关技术方案的基本条件。③能提供权利人的员工或者前员工将权利人的商业秘密转移给了嫌疑人的电子邮件、微信、QQ 聊天记录等证据，证明权利人的客户不正常转移到了嫌疑人，嫌疑人突然生产销售与权利人相同或者实质相同的产品或者提供相同或者实质相同的服务，或者相关的产品或者服务是用权利人采取了保密措施的技术生产或者支持的，而嫌疑人的成立时间、注册资金、生产经营、研究开发能力不具备突然开发相关客户深度信息、突然研发相关技术信息的基本条件。④掌握权利人商业秘密的员工或者前员工与嫌疑人有过不正当接触；权利人的客户不正常转移到了嫌疑人，或者与掌握权利人商业秘密的员工或者前员工不正当接触的嫌疑人或者突然获取权利人客户的嫌疑人突然生产销售与权利人相同或者实质相同的产品或者提供相同或者实质相同的服务，或者相关的产品或者服务是用权利人采取了保密措施的技术生产或者支持的，而嫌疑人的成立时间、注册资金、生产、研究开发能力不具备突然开发相关客户深度信息、突然研发相关技术信息的基本条件。

以上是关于"申请人是否已就其主张提供初步证据"的不穷尽列举。收集、整理、提交这类证据的原则是:权利人自己到底是通过哪些事实或者证据确信嫌疑人侵犯了自己的商业秘密的;将所有使权利人产生这种确信的事实、信息、证据等全部挖掘固定后,按照一定的逻辑体系进行整理后提交法院。人同此心、心同此理,能使秉持公正之心的权利人产生这种确信的证据,通常也能使专业公正的法官产生这种内心确信。当然,这种工作最好由权利人和专业律师共同完成。

2. 关于"证据是否可以由申请人自行收集"

所申请保全的证据不能通过权利人自行收集,相比较应该是很好证明的。例如,嫌疑人与权利人的客户达成交易或者交易磋商所需的深度客户信息,被嫌疑人掌握且采取了保密措施;嫌疑人生产、销售与权利人相同、实质相同的产品所需的技术不能通过反向工程得到,同时由于被嫌疑人采取了保密措施,权利人不能通过其他合法正当的途径获得等。

3. 关于"证据灭失或者以后难以取得的可能性及其对证明待证事实的影响"

对此,需要向法院证明、表明或者解释说明,嫌疑人所获取使用的、很可能侵犯权利人商业秘密的技术信息或者经营信息的证据的性质,决定了相关证据很容易被毁灭或者隐匿,而且其对证明嫌疑人侵犯权利人商业秘密必不可少,申请保全的证据与权利人的商业秘密高度相关。需要向法院提交支持这种证明、表明、解释说明的证据、依据和情况说明等。

4. 关于"可能采取的保全措施对证据持有人的影响"

对此,需要向法院详细说明所申请证据保全的实施方案,按照该实施方案对嫌疑人可能造成的不利影响、该不利影响不会造成嫌疑人的商业秘密的泄露,以及对嫌疑人可能会造成的最大经济损失,承诺对因所申请的证据保全错误给嫌疑人造成的损失承担赔偿责任,并主动提供相应担保。

三、对嫌疑人拥有、使用、允许他人使用、披露、公开的信息来源于权利人的证据的收集整理

商业秘密与专利权的一个不同点在于,专利权具有绝对的排他性,而商业秘密仅具有相对排他性。属于专利权利要求保护范围的技术方案,就算是使用人自己研发的,而且使用人根本不知道该专利权的存在,在未获得专利权人许可的前提下,实施该自己研发的技术方案也是侵犯了该专利权的;而对于商业秘密,实施

人使用的技术信息或者经营信息，就算是与权利人的商业秘密内容完全相同，但只要是在其具有合法来源的情况下，例如是自己研发所得、合法受让所得等，其使用行为完全是合法而受法律保护的。由此，商业秘密权利人要想证明商业秘密侵权成立，即商业秘密维权成功，不仅要证明嫌疑人使用或者拥有的信息与其商业秘密相同或者实质相同，还要证明嫌疑人使用或者拥有的信息是从权利人处非法获取的。

但如果此证明责任要由权利人完全承担，权利人几乎不可能完成，对商业秘密的保护就会基本落空。由此，司法实践中是在权利人证明了嫌疑人使用或者拥有的信息与权利人的商业秘密相同或者实质相同，并且嫌疑人接触过权利人的商业秘密或者有接触到权利人商业秘密的途径或者条件（以下简称实质相同 + 接触）的前提下，由嫌疑人证明其使用或者拥有的信息有合法来源，或者嫌疑人证明权利人主张的商业秘密"为公众所知悉"。如果嫌疑人不能或者拒绝提供合法来源证据，或者不能证明权利人主张的商业秘密"为公众所知悉"，则推定嫌疑人使用的信息是不正当获取权利人的商业秘密，进而判定嫌疑人侵犯了权利人的商业秘密权。司法实践中的这一做法，在 2019 年修正《反不正当竞争法》时被写进了法律，即该法第 32 条。从此，能将对权利人商业秘密保护付诸实际的这一变通做法就有了法律层面的依据。

当然，如果权利人有直接证据证明嫌疑人从权利人处非法获取了其商业秘密，就不需要再采用"实质相同 + 接触 - 合法来源"的间接证明方式。

由此，权利人可以收集整理以下方面的证据用以证明嫌疑人拥有、使用、允许他人使用、披露、公开的信息来源于权利人。

（一）嫌疑人是权利人的员工或者前员工及其有渠道或者机会获取权利人商业秘密证据的收集整理

权利人主张嫌疑人为其员工、前员工的证据包括劳动合同、社保凭证、工资福利领取凭证、上班打卡记录等。权利人主张员工、前员工有渠道或者机会获取权利人商业秘密的，可以举证证明存在以下事实：①其职务、职责及权限与权利人的商业秘密相关；②其承担的本职工作或者单位分配的任务与权利人的商业秘密相关；③其参与过和权利人的商业秘密相关的生产经营活动；④其曾保管、使用、存储、复制、控制或者以其他方式接触、获取权利人的商业秘密及其载体；⑤其有渠道或者机会获取权利人的商业秘密的其他事实。

(二)嫌疑人使用或者拥有的信息是从其他渠道或者途径从权利人处获取的证据的收集整理

能证明嫌疑人拥有、使用、允许他人使用、披露、公开的信息是从权利人处获取的其他证据包括:权利人与拥有、使用、允许他人使用、披露、公开权利人商业秘密的嫌疑人存在合同关系或其他关系的证据;权利人保护商业秘密的密钥、限制访问电子系统或物理保密装置等被嫌疑人破解、规避的证据;能反映权利人的商业秘密被嫌疑人窃取、使用的证人证言;嫌疑人教唆、引诱、帮助掌握权利人商业秘密的人员获取、使用、提供、披露、公开商业秘密的录音录像、聊天记录、邮件等证据。

四、对被侵犯的构成原告商业秘密的技术信息内容的确定及证据的收集整理

(一)原告的技术信息构成商业秘密必须符合的法定条件

1. 法律对原告的技术信息构成商业秘密的总体要求

受法律保护的构成商业秘密的技术信息主要包括,与技术有关的产品结构、原料、组分、配方、材料、样品、样式、植物新品种繁殖材料、工艺、方法或其步骤、算法、数据、计算机程序及其有关文档等信息。但不是权利人所掌握的所有这类信息都属于权利人的商业秘密而受法律保护,只有符合"不为公众所知悉"、具有商业价值并在被诉侵权行为发生前采取了适当的保密措施的相关信息,才属于受法律保护的权利人的商业秘密。

2. 关于"不为公众所知悉"

技术信息"不为公众所知悉"的含义及判定方法和判定标准见本书第一章。

3. 关于"商业价值"

《审理商业秘密规定》第7条规定:"权利人请求保护的信息因不为公众所知悉而具有现实的或者潜在的商业价值的,人民法院经审查可以认定为反不正当竞争法第九条第四款所称的具有商业价值。生产经营活动中形成的阶段性成果符合前款规定的,人民法院经审查可以认定该成果具有商业价值。"

4. 关于采取了适当的"保密措施"

《审理商业秘密规定》第6条规定:"具有下列情形之一,在正常情况下足以防止商业秘密泄露的,人民法院应当认定权利人采取了相应保密措施:(一)签订保密协议或者在合同中约定保密义务的;(二)通过章程、培训、规章制度、书面告知等方式,对能够接触、获取商业秘密的员工、前员工、供应商、客户、来访者等提出保密要求的;(三)对涉密的厂房、车间等生产经营场所限制来访者或者进行区分管理的;(四)以标记、分类、隔离、加密、封存、限制能够接触或者获取的人员范围等方式,对商业秘密及其载体进行区分和管理的;(五)对能够接触、获取商业秘密的计算机设备、电子设备、网络设备、存储设备、软件等,采取禁止或者限制使用、访问、存储、复制等措施的;(六)要求离职员工登记、返还、清除、销毁其接触或者获取的商业秘密及其载体,继续承担保密义务的;(七)采取其他合理保密措施的。"

《江苏高院商业秘密审理指南》第2.6节"保密措施的认定原则"规定,原告为防止商业秘密泄露,在被诉侵权行为发生以前所采取的合理保密措施,应当认定为《反不正当竞争法》第9条第4款所称的相应保密措施。法院应当根据商业秘密及其载体的性质、存在形态、商业秘密的商业价值、保密措施的可识别程度、保密措施与商业秘密的对应程度以及原告的保密意愿等因素,认定原告是否采取了相应保密措施。保密措施的合理性审查可以参考以下因素:(1)有效性,原告所采取的保密措施要与被保密的客体相适应,以他人不采取不正当手段或不违反约定就难以获得为标准;(2)可识别性,原告采取的保密措施,在通常情况下足以使相对人意识到该信息是需要保密的信息;(3)适当性,保密措施应当与该信息自身需要采取何种程度的保密措施即可达到保密要求相适应,这需要根据案件具体情况具体判别,通常情况下,适当性原则并非要求保密措施万无一失。

《江苏高院商业秘密审理指南》第2.6节"保密措施的认定原则"还规定,对于原告在信息形成一段时间以后才采取保密措施的,应当结合具体案情从严掌握审查标准,如无相反证据证明该信息已经泄露,可以认定保密措施成立。

上述《江苏高院商业秘密审理指南》关于保密措施的规定,不仅是对《审理商业秘密规定》关于保密措施的具体化,而且是通过众多商业秘密审判实践的总结而来。对此,笔者如众多专业人士一样深表认同。

在济南思克诉济南兰光侵害技术秘密纠纷案[最高人民法院(2020)最高法知

民终538号民事判决书]中,原告虽然就保密措施提交了大量的证据,但因保密措施与保密对象不相适应,法院判决保密措施不属于合理保密措施,进而判定被告不构成侵犯商业秘密。具体内容见本书第五章第三节。该案二审判决书中关于"合理保密措施"的论述堪称经典,对理解"合理保密措施"非常有帮助。

(二)关于被侵犯的构成权利人商业秘密的技术信息内容的确定及证据的收集整理

被侵犯的构成权利人商业秘密的技术信息内容的确定,其实就是通常所说的技术"密点"的确定,也就是《江苏高院商业秘密审理指南》所述的权利人要求的商业秘密保护范围的确定。权利人采取了保密措施的具有商业价值、"不为公众所知悉"的技术信息可能很多,但只有其中与有证据证明的嫌疑人以不正当手段获取、使用、允许他人使用、披露、公开的技术信息构成相同或者实质相同的技术信息,才有可能被法院依法认定为被嫌疑人侵犯的商业秘密。因此,确定权利人据以起诉的技术信息的保护范围,就应该结合商业价值、"不为公众所知悉"、合理保密措施,以及嫌疑人获取、使用、允许他人使用、披露、公开的技术信息确定。将具有商业价值、"不为公众所知悉"、采取了合理保密措施的,并且很可能被嫌疑人不正当获取、使用、允许他人使用、披露、公开的信息作为要求商业秘密保护的信息技术的范围。由此,关于被侵犯的构成原告商业秘密的技术信息的确定及证据确定,就需要收集整理所确定的"密点"内容及其证据。其包括:承载要求商业秘密保护的技术信息的载体,对所述信息享有合法权利的证据,采取了适当保密措施的证据,不为公众所知悉的证据,具有商业价值的证据。分述如下。

1. 请求商业秘密保护的技术信息的载体

请求商业秘密保护的是符合法律要求的信息,虽然它本身是无形的,但一定要能以某种客观的有形的方式呈现并被感知,特别是要能被法官、技术调查官感知,因此就必须准备承载所述信息的载体。这些载体包括但不限于纸质文件、光盘、U盘、磁盘、硬盘,或者网盘、区块链提存凭证等。如果是在公司内网、邮箱等存贮的信息,则需要公证保全后以公证书的形式呈现;对于不担心被删除、篡改、销毁的信息,可以下载到光盘、U盘、硬盘或打印成纸质文件提交,届时如果被告不承认,可以申请法院到现场勘验或者应法院要求公证保全后以公证书的方式提交。

2. 对所主张的技术信息享有合法权利的证据

如果某一信息具有合法来源，则对所述信息享有合法权利。因此所述信息来源合法的证据就可以是享有合法权利的证据。来源合法的证据包括但不限于：自己研发的研发立项文件、研发实施人员名单及劳动合同、研发过程记录、研发结果测评验收记录、研发经费投入等证据；合作研发、委托研发的，则要收集相应的合作合同书、委托合同书（特别是其中关于权利义务约定的内容）及合同履行、付出代价方面的证据；通过合法受让所得的受让合同、付款凭证、验收记录等；通过实施许可获得合法使用权的合同书、付款凭证等，一般包括排他许可、独占许可、特殊情况下的普通许可的相关凭证。

3. 采取了保密措施的证据

采取了适当保密措施的证据，包括但不限于：(1)签订的保密协议或者包括保密条款的其他合同；(2)对能够接触、获取商业秘密的员工、前员工、供应商、客户、来访者等提出保密要求的工作章程、培训手册、规章制度、书面告知书等；(3)对涉密的厂房、车间、办公室等生产经营场所，限制来访者或者进行区分管理的管理办法，门卫制度等；(4)以标记、分类、隔离、加密、封存、限制能够接触或者获取的人员范围和权限等方式，对商业秘密及其载体进行区分和管理的相关凭证；(5)对能够接触、获取商业秘密的计算机设备、电子设备、网络设备、存储设备、软件等，采取禁止或者限制使用、访问、存储、复制等措施的相关凭证；(6)要求离职员工登记、返还、清除、销毁其接触或者获取的商业秘密及其载体，继续承担保密义务的规章制度、实施记录等。

需要特别说明的是，尽管签订保密协议是权利人采取保密措施的通常做法，但对权利人的商业秘密负有保密责任是法定责任，而不是约定责任。保密措施的关键在于使相关人知晓哪些信息属于权利人的商业秘密。

4. 所主张的信息具有商业价值的证据

如果所述信息是权利人付出了一定代价才获得的，不论是自己研发、合作研发、委托研发，还是合法受让、有偿实施许可所得，并且采取了相应的保密措施而不为公众所知悉，则所述信息对权利人必然具有好处，具有价值。由此，来源合法的证据，特别是研发所得的证据，或者合法有偿受让所得的证据，加上合理保密措施的证据，就构成了具有商业价值的证据。

5. 所主张的信息不为公众所知悉的证据

不为公众所知悉，本身是一消极事实，严格意义上，权利人是无法证明的。在以往的商业秘密民事侵权诉讼中，通常由鉴定机构来鉴定所述信息是否具备“不为公众所知悉”。此对权利人极不公平，非常不利于商业秘密的依法保护。因此，2019 年修正的《反不正当竞争法》第 32 条第 1 款规定：“在侵犯商业秘密的民事审判程序中，商业秘密权利人提供初步证据，证明其已经对所主张的商业秘密采取保密措施，且合理表明商业秘密被侵犯，涉嫌侵权人应当证明权利人所主张的商业秘密不属于本法规定的商业秘密。”据此，在权利人举证证明对所主张的商业秘密采取了保密措施且合理表明商业秘密被侵犯的，如果被告不能举证证明原告所主张的商业秘密不符合法律规定，则推定权利人主张的商业秘密不为公众所知悉。为此，权利人需要收集整理的证据中，除了以上述及的采取了保密措施的证据，还包括合理表明商业秘密被侵犯的证据。合理表明商业秘密被侵犯的证据包括，嫌疑人拥有、使用、允许他人使用、披露、公开的信息和权利人处采取了保密措施的信息相同或者实质相同的证据，或者嫌疑人拥有、使用、披露、公开的证据是从权利人处不当获取的证据等。

五、对被侵犯的构成原告商业秘密的经营信息内容的确定及证据的收集整理

虽然被侵犯的构成原告商业秘密的经营信息的内容和载体因不具有技术内容，与技术信息有较大差别，但其构成权利人商业秘密必须符合的法定条件，即“不为公众所知悉”“商业价值”“适当保密措施”与技术信息完全相同。同时，由于经营信息不像技术信息那样受技术规律制约，不同的权利人的经营信息具有很强的独立性。此外，不需要高深的技术知识和技术思维，对于一项经营信息是否“不为公众所知悉”“商业价值”“适当保密措施”，依据常理常识及日常生活经验法则就可以准确判定，对相关人不存在困难。在商业秘密的民事侵权诉讼的实际案例中，各方当事人也很少发生争议。由此，关于被侵犯的构成原告商业秘密的经营信息的确定及证据的收集整理，可以参照上述关于技术信息的实施。不再赘述。

六、调查收集因侵犯商业秘密给原告造成损失、被告侵权所得及侵权情节的证据

（一）调查收集因侵犯商业秘密给原告造成损失的证据

原告侵权损失的证据包括：原告商业秘密价值的证据，具体有技术信息研发费用的证据，经营信息收集、整理、开发成本的证据；因财务数据、经营决策等泄露导致生产经营成本上升、竞争力下降的证据；证明原告的产品或者服务生产成本的证据；如果不被侵权，原告可得销售利润的证据；被侵权后原告销售利润的证据；如果不被侵权原告销售数量的证据；被侵权后原告销售数量的证据；被告销售数量的证据；原告技术转让、技术许可的合同及履行合同的发票；原告为维权合理支出的证据，具体有公证费、鉴定费、因调查取证或出庭而发生的交通费、食宿费、误工费、档案查询费、材料印制费、翻译费、签订的律师代理合同和付费发票；关于原告侵权损失的鉴定报告、评估报告；相关生效判决书、生效市场监管机关的行政处理决定书。

对于原告因侵权所受损失的证据，在收集整理时，除收集原告自己保存的相关档案外，特别要注意相关的外部客观证据的收集整理。特别是能从海关、税务机关、环保机关、市场监管机关、证券管理机关、银行等获取或者得到印证的证据。税务发票、银行流水、支付宝和微信等电子支付记录经常被忽略，但却是非常关键的证据。

（二）调查收集被告侵权所得的证据

被告侵权所得的证据包括：被告的财务账簿、会计凭证、销售合同、进出货单据、销售发票、银行流水、支付宝和微信等电子支付记录、上市公司年报、招股说明书、网站或者宣传册等的相关记载，设备系统存储的交易数据，第三方平台统计的商品流通数据，知识产权许可使用合同以及市场监管、税务、金融部门的登记、记录等，关于被告侵权所得的个人陈述、证人证言，关于被告侵权所得的鉴定报告、评估报告，相关生效判决书、生效市场监管机关的行政处理决定书。

对于被告保存的侵权所得的证据，原告可以申请法院证据保全或者责令被告向法院提交。对于由第三方持有或者保存，原告不能自行取得的证据，原告可以通过代理律师向法院申请调查令，由代理律师持法院调查令调取后移交法院。

(三)被告侵权属于恶意且情节严重的证据

认定侵权行为属于恶意(故意+情节恶劣)的证据包括:被告经原告或者利害关系人通知、警告后,仍继续实施侵权行为的证据;被告或其法定代表人、管理人是原告或者利害关系人的法定代表人、管理人、实际控制人的证据;被告与原告或者利害关系人之间存在劳动、劳务、合作、许可、经销、代理、代表等关系,并且接触过原告的商业秘密的证据;被告与原告或者利害关系人之间有业务往来或者为达成协议等进行过磋商,并且接触过原告的商业秘密的证据;被告通过敲诈、胁迫、盗窃、贿赂手段获取原告商业秘密的证据;被告利用设置圈套控制相关人员的手段获取原告商业秘密的证据;被告利用派人卧底等商业间谍手段获取原告商业秘密的证据;被告为了获取原告商业秘密而与相关人员进行业务磋商的证据;被告以投资、并购、合作等的名义对有关企业利用进行"尽职调查"的手段获取原告的商业秘密的证据。

被告侵权属于情节严重的证据包括:因侵权被行政处罚或者法院裁判承担责任后,再次实施相同或者类似侵权的;以侵害知识产权为业的;侵权行为持续时间长的;伪造、毁坏或者隐匿侵权证据的;拒不履行证据保全裁定的;侵权获利巨大或者权利人受损巨大的;侵权行为可能危害国家安全、公共利益或者人身健康的。

特别需要说明的是,在每个具体案子中不需要也不可能调查收集上述所有证据,而是根据具体情况,尽可能多地收集整理。

第二节 起诉状等起诉材料的准备

一、对企业商业秘密被侵犯具备起诉条件的确认

如果按照本章第一节所述进行调查核实,并通过对相关证据收集整理,则需确认对如下六方面的问题能否得出肯定的结论:(1)他人使用、拥有、披露、公开的技术信息或者经营信息与权利人合法拥有的技术信息或者经营信息构成相同或者实质相同的可能性很大,即构成"同一性"的可能性很大;(2)该他人使用、拥有、披露、公开的技术信息或者经营信息很可能来源于权利人;(3)权利人对该与他人使用、拥有、披露、公开的技术信息或者经营信息很可能构成相同或者实质相

同的技术信息或者经营信息采取了适当的保密措施；(4)权利人的该技术信息或者经营信息很可能不为公众所知悉；(5)该他人获取、使用、披露、公开的技术信息或者经营信息的行为给权利人造成的损失有相应证据证明，或者该他人因获取、使用、披露、公开该技术信息或者经营信息的获利有相应证据证明；(6)该他人获取、使用、披露、公开技术信息或者经营信息的行为是否属于恶意及其情节轻重，有相应的证据证明。

如果对上述六个问题都得出了肯定的初步判定，则可以初步得出发生了权利人商业秘密被侵犯的事实，具备提起民事侵权诉讼的前提。如果在判断上述问题时，仅权利人的人员，包括法务人员、技术人员、管理人员、财务人员，不能得出明确的初步结论时，则应聘请专业的商业秘密维权律师予以协助。特别注意的是，如果涉及技术秘密，最好聘请理工科出身的专业律师。判定技术信息是否“不为公众所知悉”和“同一性”的方法和标准见本书第一章。

二、判定是否需要以提起民事侵权诉讼的方式维护商业秘密

在初步判定侵犯商业秘密的事实存在及具备起诉条件的前提下，需要和专业律师一起共同对起诉所需的证据、获得法院支持的可能性大小、获得胜诉生效判决所需的大致时间、维权成功所得收益或所避免的损失、维权需要付出的成本、不进行维权可能遭受的后果等，作初步判断。如果初判的结果是提起民事诉讼利大于弊，应该向法院提起民事侵权诉讼，则与专业律师签订代理合同，着手准备起诉。

三、配合律师确定“密点”及准备所需证据

（一）确定技术“密点”及准备所确定技术“密点”不为公众所知悉、具有商业价值、被采取了合理保密措施的证据

1. 确定技术“密点”及其载体

被嫌疑人所获取、使用、披露、公开的权利人的技术信息中，不为公众所知悉、被采取了适当保密措施且具有商业价值的技术内容，就可以确定为技术“密点”。确定技术“密点”是商业秘密维权诉讼中最难、最关键的环节之一，一定要花足气力。

(1)参照专利独立权利要求和从属权利要求确定请求商业秘密保护的技术信

息的内容即技术“密点”

除研发失败的研发记录外，权利人合法拥有且①不为公众所知悉，②具有商业价值，③并被采取了合理保密措施的技术方案，就应该构成权利人的商业秘密，该技术方案就可以确定为技术“密点”。如果还具备④与嫌疑人拥有、使用、披露、公开的技术信息构成相同或者实质相同，和⑤嫌疑人接触过或者有接触权利人的具备①、②和③的技术方案的条件，则在嫌疑人不能证明其有合法来源时，法院就应该判定嫌疑人侵犯权利人的商业秘密成立；如果仅具备①、②和③，而不具备④和⑤，则法院虽然不能判定嫌疑人侵犯权利人的商业秘密，但应该认定权利人具备①、②和③的技术方案属于受法律保护的商业秘密。

技术“密点”的格式，不为公众所知悉的判断方法和标准，被告拥有、使用、披露、公开的技术信息与权利人请求商业秘密保护的技术“密点”是否相同或者实质相同，即“同一性”的判断方法和标准，见本书第一章。以下就确定技术“密点”内容的原则予以说明。

一个技术“密点”相当于一个专利权利要求；商业秘密中的技术“密点”所包含的技术特征，类似于专利的权利要求中所包含的技术特征。可以参照专利权利要求确定并撰写技术“密点”的内容。

专利的权利要求，是由技术特征组成的，这些技术特征既包括与最接近的现有技术方案共有的技术特征，也包括与最接近的现有技术方案相区别的技术特征；当然专利权利要求也可能完全是由现有技术中的技术特征组合而成的，其新颖性和创造性完全取决于组合本身。专利权利要求中的技术特征越多，其具备新颖性和创造性，进而获得专利授权的可能性越大，所获得的专利权的稳定性也越好，但其所限定的专利权保护范围就越小，该专利所公开的技术方案被他人变相使用而又不构成专利侵权的可能性就越大。一个专利权利要求包含的技术特征越少或者其技术特征越上位或越抽象，其限定的保护范围就越大，其所公开的技术方案被他人变相使用但不构成侵权的可能性就越小，但其具备新颖性、创造性进而获得专利权的可能性就越小；就算获得专利权，因其权利稳定性较小，被他人宣告无效成功的可能性就较大。为了使专利权利要求的稳定性和保护范围都尽可能大，可以采用独立权利要求和从属权利要求相结合的办法撰写专利权利要求。在得到说明书支持的前提下，独立权利要求所述保护范围最大而授权的可能性最小，同时稳定性也最低；从属权利要求则将保护范围依次减小而授权的可能性依次增大、稳定性依次增大；最后的一个从属权利要求保护范围最小，而授权的可能性最大、稳定性最大。

构成商业秘密的技术方案通常包含自己创新的技术特征，也必然包含所属技术领域公知的技术特征，有时其创新内容是对公知技术特征的组合，即创新性在于组合本身。商业秘密维权中技术“密点”的确定，也应该借鉴专利权利要求的撰写。如果确定的一个请求商业秘密保护的技术方案即技术“密点”，其解决的技术问题越大，其技术方案就越复杂，其包含的技术特征通常就越多，则其不为公众所知悉的可能性就越大，但其被他人替换或省略其中的部分技术特征的可能性就越大。这样，在最后判定是否构成侵权时，其与被告拥有、使用、披露、公开的技术信息构成相同或者实质相同的可能性就越小，进而侵权成立的可能性就越小。相反，如果确定的技术“密点”，所解决的技术问题越小，其技术方案越简单，其包含的技术特征通常就越少，其不为公众所知悉的可能性就越小；但一旦构成不为公众所知悉，被告使用时替换或者省略其中的技术特征的可能性就越小，则其与被告拥有、使用、披露、公开的技术信息构成相同或者实质相同的可能性就越大，被告侵权成立的可能性就越大。

因此，在确定技术“密点”的内容时，可以参照撰写专利独立权利要求和从属权利要求的方法，在得到技术信息载体支持的前提下，确定“不为公众所知悉”的可能性依次递减，同时“同一性”依次递增的多个技术“密点”。尤其是在《反不正当竞争法》第 32 条之后，不需要原告就“不为公众所知悉”和“同一性”提供鉴定意见的情形下。

(2)针对被告拥有、使用、披露、公开的技术信息所解决的技术问题确定技术“密点”的内容

通常情况下，原告很难在起诉前确切掌握被告拥有、使用、披露、公开的技术信息的具体内容，但通过本章第一节所述的调查取证，能够推断出被告拥有、使用、披露、公开的技术信息所解决的技术问题。在确定原告的技术“密点”时，最好针对被告拥有、使用、披露、公开的技术信息的具体内容；退而求其次，一定要针对被告拥有、使用、披露、公开的技术信息所解决的技术问题进行。通常情况下，只有解决的技术问题与被告拥有、使用、披露、公开的技术信息所解决的技术问题相同或者实质相同的技术方案即技术“密点”，才能符合“同一性”要求。

据上述理由，确定技术“密点”时，一定要由原告的法务人员、技术人员、销售

人员、所聘请的代理律师,针对原告的秘密技术方案本身,参照所掌握的被告实际拥有、使用、披露、公开的技术信息,参照所掌握的所属技术领域的相关公知技术的情况,结合原告所采取的保密措施,反复磋商研讨后确定。为了保险起见,应该确定依次替补的多个技术“密点”。

由于确定技术“密点”的疑难和重要,很多情况下,即使企业自身的人员连同代理律师精诚团结、通力合作,也很难恰当确定技术“密点”。遇到这种情况,最好向行业专家或者鉴定专家进行咨询,根据咨询意见确定技术“密点”。

(3)一个技术“密点”的技术内容只能来源于一套技术文件即一个载体

确定技术“密点”时,一定要注意,一个“密点”的技术内容只能来源于一套技术文件即一个载体。所述的一套文件或者一个载体并不是指一页文件,或者一页图纸,而是指不超出解决所确定的技术问题的全部技术文件范围。所确定的技术问题,要与被告拥有、使用、披露、公开的技术方案所解决的技术问题对应,最好是相同或者实质相同。所依据的载体,一定是被采取了合理保密措施的载体。所谓的合理保密措施,实质上是对载体的保密措施。

2. 确定其技术“密点”有合法来源、具有商业价值、不为公众所知悉、被采取了适当保密措施的证据

一旦据以起诉的技术“密点”被确定下来,相应的该技术“密点”的载体、保密措施、合法来源、其在原告企业中所发挥的功用(具有商业价值)就能够被确定了。同时,能够证明原告合法拥有该技术“密点”(一个或者数个)的证据、该技术“密点”构成不为公众所知悉的证据、采取了适当保密措施的证据、该技术“密点”具有商业价值的证据也就可以确定了。至于证据的形式或者外在特征要求,应该以所聘请的专利代理律师的意见为准。按照《反不正当竞争法》第 32 条第 1 款的规定,只要原告提供证据证明其对请求商业秘密保护的技术方案采取了适当的保密措施,所请求商业秘密保护的技术方案具有合法来源,并合理表明被告侵犯了原告的商业秘密,对原告请求商业秘密保护的技术方案属于公众所知悉的举证责任便转移至被告。此处所述的合理表明,是指根据日常生活经验法则、常识常理、行业惯例、法律规定等进行论述说明。

(二)确定经营信息“密点”及准备所确定经营信息“密点”不为公众所知悉、具有商业价值、被采取了合理保密措施的证据

《审理商业秘密规定》第 1 条第 2 款规定,与经营活动有关的创意、管理、销

售、财务、计划、样本、招投标材料、客户信息、数据等信息，人民法院可以认定构成《反不正当竞争法》第 9 条第 4 款所称的经营信息。因此，只要具备不为公众所知悉、被采取了合理保密措施，并具有商业价值，但不是用来解决技术问题的与经营活动有关的信息都属于受商业秘密保护的经营信息。虽然构成商业秘密的经营信息比技术信息的形式更多、内容更广泛，但对其法律属性，即具备不为公众所知悉、被采取了合理保密措施，并具有商业价值的判定，相关人员根据日常生活经验法则、常识常理、行业惯例等就可以判定，判定难度不大，并且实务中也很少发生争议。

以"客户信息"为例，如果该信息包括客户的名称、地址、联系方式以及交易习惯、意向、内容等，譬如客户的独特需求、供货时间、价格底线等，就可以确定其为受商业秘密保护的经营信息。

因此，经营信息"密点"的确定，以及经营信息"密点"不为公众所知悉、具有商业价值、被采取了合理保密措施的证据确定，相关人员根据其法律属性，结合具体情况确定就可以了。

（三）准备被告拥有、使用、披露、公开的技术信息与原告要求商业秘密保护的技术信息构成相同或者实质相同及被告的信息可能来源于原告的证据

被告拥有、使用、披露、公开的技术信息与原告要求商业秘密保护的技术信息构成相同或者实质相同的证据应该包括三方面的内容：①证明被告拥有、使用、披露、公开的技术信息内容的证据；②表明原告请求商业秘密保护的技术信息即技术"密点"的内容及其载体的证据；③对被告拥有、使用、披露、公开的技术信息和原告技术"密点"构成相同或者实质相同的分析说明。对于①，由于被告对其使用的相关技术信息通常会予以保密，原告自身很难直接确定被告使用的完整技术信息，特别是信息的细节，此时确定的证据通常只能是初步的，但应当达到根据现有证据，任何一个公正理性的所属领域技术人员能够得出被告使用的技术方案与原告据以起诉的技术"密点"构成相同或者实质相同的可能性较大的推论。对于③，如果原告的分析说明足够清楚明白（必要时借助专家辅助人），在法官及技术调查官具有足够判断能力的情况下，被告通常会予以承认；如果法官及技术调查官判断能力欠缺，被告又不予承认，就应该在起诉后审理程序中申请法院委托鉴定机

构作“同一性”鉴定。

准备被告的信息可能来源于原告的证据，例如被告实际接触过（包括间接接触过）或者有接触原告的技术秘密的条件的证据。

（四）准备被告拥有、使用、披露、公开的经营信息与原告请求商业秘密保护的经营信息构成相同或者实质相同及被诉的信息可能来源于原告的证据

和技术信息相比，由于经营信息不涉及专业的技术知识，相关人特别是审案法官通常具有对经营信息“同一性”等的判断能力。因此，参照上述技术“密点”，相关人员结合具体情况确定就可以了。

（五）确定原告请求商业秘密保护的技术信息或者经营信息具有商业价值的证据

构成商业秘密的技术信息或者经营信息具有商业价值，是指该信息能够给权利人带来实际利益，或者说能给权利人带来竞争优势。对于技术信息来说，证明具有商业价值的证据包括，原告实际使用或者准备使用该技术的证据，该技术的使用能够给原告的产品生产提高产量、良品率、质量、效率、降低成本等的证据，或者证明该技术信息能够帮助少犯错误、避免无效研发、节省研发时间、避免无效劳动、提高安全性、减少环境污染等的证据。另外，能够证明原告为获得该技术信息所付出代价的证据，也是该技术信息具有商业价值的证据；被告以非法或者不正当手段获取原告技术信息的证据，也是原告技术信息具有商业价值的间接证据。

经营信息具有商业价值的证据包括能够给权利人带来竞争优势的证据。例如，能够证明权利人的客户信息可以增加交易机会、减少交易成本的证据；权利人的员工福利待遇方案能够使其员工队伍积极性更高、更稳定等方面的证据。另外，能够证明原告为获得该经营信息所付出代价的证据，被告非法或者不正当手段获取原告经营信息的证据，也是原告经营信息具有商业价值的间接证据。

（六）确定原告因侵权所受到的损失数额及证据或者被告因侵权所得的数额及证据

在确定原告因侵权所受到的损失的证据时，最好咨询相关的鉴定或评估机

构,按照其咨询意见收集整理证据。原告因侵权所受的损失数额及证据难以确定的,转向对被告因侵权所得及其证据的确定。如果在起诉前被告的侵权所得难以确定,可以先向法院起诉,留待起诉后向法院申请调查令,用法院的调查令到市场监管、税务、海关等部门调取被告的销售、纳税、出口等财务资料。如果被告是上市企业的话,被告依法公开的信息通常也具有重要证据价值。如果此途径仍不能确定被告侵权所得的数额及其证据,可以向法院申请证据保全,申请法院保全被告的财务会计资料。

(七)确定被告侵权属于恶意且情节严重的证据

具体内容可见本章第二节第六部分。

四、配合律师确定起诉状及其证据

(一)确定起诉状初稿及其证据

1. 确定诉讼请求

诉讼请求是诉讼追求的目的,在商业秘密侵权诉讼中通常只能请求认定商业秘密、停止侵害和赔偿损失。对于认定商业秘密,需要确定商业秘密的保护范围,该保护范围就是上文所述的"密点"。对于停止侵害,需要明确停止侵害的时间和空间范围。对于赔偿损失,如果该商业秘密尚未被泄密而为公众所知悉,赔偿额为原告因该商业秘密被侵犯所受到的损失,或者被告因侵犯该商业秘密的违法所得;如果原告的商业秘密被被告违法获取,尚未使用也尚未向他人披露或者公开,给原告造成的损失或者被告的侵权所得参考该商业秘密许可费确定;若该商业秘密因被诉侵权行为而为公众所知悉,其赔偿数额为该商业秘密在被侵权时间点的全部价值。如果侵权行为属于恶意且情节严重,可以按照上述方法确定数额的一倍以上五倍以下确定赔偿。原告所得的赔偿额,除上述原告因侵权所受的损失或者被告的侵权所得数额外,还包括原告维权的合理支出(包括律师费)。不论哪种情况,原告主张的赔偿额都要有证据支持。

如果原告确实没有证据,则按照现有的法律规定和司法解释,由法院根据侵权的具体情况,在500万元以下酌定赔偿数额。如果现有证据尚不能准确确定赔偿损失的数额,可以预定一个赔偿损失的数额,随着诉讼的深入,根据不断查明的证据,在诉讼中再调整要求赔偿的数额。但这种调整只能在一审法庭辩论结束前。

由于侵犯技术秘密民事诉讼通常由中级人民法院的知识产权庭或者知识产权法院受理,侵犯经营秘密民事诉讼通常由基层人民法院受理,在确定赔偿数额时通常没有必要顾及级别管辖的问题。但如果请求赔偿的数额特别大,则按照当地法院的级别管辖标准,技术秘密侵权诉讼可能属于高级人民法院管辖,经营秘密侵权诉讼可能属于中级人民法院管辖;对此,可以查阅当地级别管辖标准或者咨询相关法院后确定。

2. 确定被告

侵犯技术秘密往往是团伙行为,因此确定商业秘密民事侵权诉讼的被告就大有玄机。这其中涉及的因素不仅是判决能够得到实际执行,还涉及对被告分化瓦解促使其"窝里反"、管辖法院的确定等,是关乎诉讼成败的关键因素,需要通盘考虑。本书所选案例中,圣奥化学科技有限公司诉山西翔宇化工有限公司破产管理人侵犯技术秘密纠纷案[最高人民法院(2020)最高法知民辖终68号二审民事裁定书]以及著名的"香兰素案"等都充分体现了确定被告的重要性。

3. 确定管辖法院

如上所述,确定管辖法院通常只需考虑地域管辖的问题。侵犯商业秘密民事诉讼由侵权行为地或者被告所在地法院管辖,侵权行为地又包括侵权行为实施地和侵权结果发生地。如果是侵犯技术秘密,则由侵权行为地、被告所在地的知识产权法院或者中级人民法院的知识产权法庭管辖;如果是侵犯经营秘密,则由侵权行为地或者被告所在地的基层人民法院管辖。如果有几个共同被告,可以选择其中一个被告所在地的法院管辖。因此,应该配合代理律师,在侵权行为实施地、侵权结果发生地、被告所在地中,选择一个专业性强、公正性好,又尽可能有利于原告而不利于被告的法院作为管辖法院,向其起诉。

需要特别注意的是,技术秘密民事侵权诉讼往往有多个被告,可能多个法院有管辖权,不同法院的审理能力及判决结果可能有天壤之别,而确定管辖法院大有玄机,例如增加一个被告或者减少一个被告往往就能改变管辖法院,在确定管辖法院时要特别慎重、通盘考虑。圣奥化学科技有限公司诉山西翔宇化工有限公司破产管理人侵犯技术秘密纠纷案[最高人民法院(2020)最高法知民辖终68号二审民事裁定书]就是明证,详见本书第五章第四节。

4. 确定据以起诉的事实和理由

据以起诉的事实和理由用以说服法官支持所确定的诉讼请求,因此应该尽可能翔实具体，但同时必须要得到现已掌握证据的支持。总的原则是，有确凿充分可靠的证据支持的事实和理由应尽可能写得具体翔实，否则，适当地抽象概括，为以后根据被告的答辩及其证据、法院保全的证据或者勘验的结果、原告后续追加的证据予以细化或者调整留有余地。

5. 确定起诉时提交的证据

原告起诉能否得到立案，特别是在起诉时申请调查令及申请证据保全能否得到法院的支持，很大程度上取决于原告起诉时提交的证据。但原告提交的证据完全可能会被被告用来作为抗辩的理由反击原告，也可能会成为被告据以销毁或者隐藏其侵权证据的提示；又由于对证据，特别是有关技术秘密方面的证据，对其认识和理解有逐渐加深的过程，因此开始提交的证据最好以刚好能够达到使法院立案且法院能够据以支持相关的证据保全的申请为限。可以采用在诉讼的后续过程中，按照法院的审理节奏逐步补充的策略。在准备提交的证据及法院对所提交证据的处理方式时，一定要注意对原告商业秘密的保护。

另外，在商业秘密侵权诉讼中，存在相关诉讼参与人泄露原告商业秘密的可能，因此需要确定相应的举证方案，即向法院说明，哪些证据何时以何种方式转交给被告，哪些证据不能转交给被告；对于非转交给被告不可的证据，请求法院依据《最高人民法院关于知识产权民事诉讼证据的若干规定》（自 2020 年 11 月 18 日起施行）第 26 条的规定，对接触原告证据的人员范围作出限制，并请求法院要求相关诉讼参与人在接触该证据前签订保密协议、作出保密承诺，或者以裁定等法律文书责令其不得出于本案诉讼之外的任何目的披露、使用、允许他人使用在诉讼程序中接触到的秘密信息。

在上述内容确定后，就可以拟定起诉状及其证据的初稿。

（二）起诉状及所附证据定稿

由于商业秘密侵权诉讼非常复杂和艰难，而对企业又非常重要，对起诉状就要非常慎重。因此，对于特别重大的诉讼，如果条件许可，企业最好聘请另一个律师事务所的专业律师充当“反方”律师，协助对起诉状定稿。当代理律师完成起诉状初稿后，由企业组织“模拟法庭”予以预演。由代理律师代理企业起诉；“反方”律师“代理”被告进行抗辩，特别是针对起诉状初稿及其证据找破绽；由企业的管理人员、法务人员、技术人员以及提供了咨询意见的技术专家、鉴定专家等组成

"陪审团"听审,并作出"审理意见"及理由。然后由代理律师参考"陪审团"的"审理意见"及理由对起诉状及其证据予以修正补充后定稿。

第三节 和代理律师共同到法院起诉

一、与代理律师共同到法院递交起诉状及相关申请材料

到法院起诉及递交相应的财产保全申请及证据保全申请时,最好由企业负责该项事务的责任人和代理律师共同到法院递交。这样便于掌握法院反馈的第一手信息并协助代理律师作出相应判断,与代理律师共同决定后续需要采取的措施。

二、与代理律师共同配合法院调取或者保全证据

对于侵犯商业秘密的起诉及其相关证据保全的申请,法院通常需要对被告侵权的证据或者侵权所得证据予以保全,有时需要原告方到保全现场进行见证或者对保全过程予以协助。因此原告企业对该事务的负责人应该与代理律师共同做好配合工作。企业负责人尽可能地全程参与,了解掌握诉讼进程,特别是其中的细节,有利于对整个维权过程的掌控。

三、配合代理律师对据以起诉的商业秘密点及证据进行修正

在商业秘密侵权诉讼过程中,由于商业秘密案的疑难性,法院为了提高诉讼效率和正确维护商业秘密权利,在收到被告的答辩状及其证据之后,特别是对被告进行证据保全之后,往往会根据其对法律的理解及对证据的把握,对商业秘密的含义、商业秘密侵权构成要件、相关的证据要求等予以释明,甚至直接对原告提出相关建议。如何对待法官的释明或者建议,对于原告非常重要。一方面,由于法官的权威性及专业性,应该听从其建议;另一方面,审理法官对相关问题及证据,特别是其中的技术问题可能尚未吃透,其判断及建议可能是不正确的,还可能存在其他因素影响法官的判断和观点。因此,此时最好组织类似于对起诉状初稿进行定稿时那样的"听证会"。按照听证结果决定遵从法官的意见,还是坚持原来起诉的意见,或者是作出修正但不完全按照法官的意见。如果决定不听从法官的

意见，就需要非常耐心地与法官沟通，尽可能耐心细致地阐明不接受法官意见的理由。如果法官仍坚持原来的意见而代理律师认为仍不能接受法官的意见时，就要在后续的诉讼中有礼有节、不卑不亢地据理力争，同时为二审上诉做好必要的准备。

大连滨海起重机吊具公司诉大连星航机电设备公司侵犯技术秘密案[最高人民法院(2022)最高法知民终719号民事判决书]就是这方面的典型案例。该案中，原告主张全套技术图纸所承载的所有技术信息作为一个整体，是原告请求商业秘密保护的技术“密点”。该主张得不到一审法院的认可和支持，最终被一审法院驳回诉讼请求，而原告坚持其所主张的全套技术图纸所承载的所有技术信息作为一个整体，是原告请求商业秘密保护的技术“密点”，并上诉到最高人民法院。最终，得到最高人民法院的认可和支持，并判决被告侵犯了原告的该技术“秘密”。

四、配合法院做好鉴定

对于较为复杂的侵犯商业秘密案件，法院往往要根据司法鉴定结果来定案。有时要对原告主张的技术“密点”是否不为公众所知悉，被告拥有、使用、披露、公开的技术方案与原告主张的技术“密点”是否构成相同或者实质相同，原告因侵权所受损失或被告侵权所得进行司法鉴定。有时还需要对被告提交的技术方案的真实性及完整性，即被告提交的技术方案是否是其实际使用的真实完整的技术方案，也即其能否生产出涉案产品或者达到被告所称的技术效果进行鉴定。技术方案真实性的鉴定通常是应原告的请求而进行的。

在按照《反不正当竞争法》第32条审理时，关于原告要求商业秘密保护的技术信息是否不为公众所知悉，在原告提供了请求商业秘密保护的技术信息合法来源的证据、具有商业价值的证据、对其采取了合理保密措施的证据，并合理表明被告侵犯了原告的商业秘密的前提下，如果法院要求原告提交关于不为公众所知悉的鉴定报告，原告应该予以拒绝，并有理有节地依据该第32条的规定说明理由。如果在被告就要求商业秘密保护的技术信息为公众所知悉提供证据后，法院认为需要就是否为公众所知悉进行鉴定，通常应该由被告提出鉴定申请并预交鉴定费。如果法院释明要求原告预交鉴定费，则慎重决定是否服从法院的该决定。

在原告举证达到《反不正当竞争法》第32条第2款规定的要求后，如果被告需要从不具有“同一性”角度证明其不存在侵犯商业秘密的行为，不具有“同一性”的证明责任也在被告。如果被告需要通过鉴定证明不具有“同一性”,则应该由被告提出申请并预缴鉴定费。

进行鉴定通常涉及以下五方面的问题:

1. 决定是否需要进行相关鉴定

鉴定不是商业秘密侵权民事诉讼必须进行的事项。但遇到对原告主张的技术“密点”是否不为公众所知悉、被告使用的技术方案与原告主张的技术“密点”是否构成相同或者实质相同、原告因侵权所受损失或被告的侵权所得、被告提交的技术方案是否真实完整等问题,原、被告之间不能达成一致,法院认为根据现有证据和自己的专业知识不能作出判断时,一般会提出进行相关司法鉴定的释明。对此,作为原告的企业应该配合其代理律师对法院要进行鉴定的事项进行评估,必要时向相关行业专家、鉴定专家进行咨询。评估结果如果对于要鉴定的问题,根据现有证据加上专家证人等的专业知识就能得出肯定的结论,不管该结论是有利的还是不利的,可以不接受法院提出鉴定的要求,而是与审案法官对此进行耐心细致地沟通,通过具有专门知识的人(专家辅助人)出庭说明相关问题以补足法官相关专门知识不足的方式,而不是通过鉴定的方式解决。特别是涉及原告主张的商业秘密是否具有不为公众所知悉的鉴定,一定要坚持按照《反不正当竞争法》第 32 条第 1 款的规定,在原告尽到了一定的举证责任后,由被告承担为公众所知悉的反证;在反证不能时,依法推定不为公众所知悉,而不是进行鉴定。如果法官仍要坚持相关鉴定,如果预判鉴定结果对于原告有利,则就配合法官作相关鉴定;如果预判鉴定结果对原告明显不利,则就不应该进行相关鉴定。对于鉴定意见无法预判的情况,原告企业就要慎重决定。如果该诉讼对企业有重大影响,而被告又是竞争者或者恶意侵权者,则就应该配合法院进行相关鉴定。

对于“同一性”的鉴定,按照《反不正当竞争法》第 32 条第 2 款的规定,对于不具有“同一性”的证明责任在被告。当被告申请鉴定时,如果预判鉴定意见具有“同一性”,则原告支持鉴定;如果判断鉴定意见确定不具有“同一性”,则建议原告撤诉;如果无法预判鉴定意见,则可根据具体情况审慎决定。

对于侵权损失或者侵权所得,如果预判数额很大、证据充足而且计算很复杂,则原告最好申请评估,以便为法院确定判赔金额提供依据。

2. 鉴定费用的预交

鉴定费用通常是由提出鉴定的一方预交。具体来说,对于“为公众所知悉”和不具有"同一性",在按照《反不正当竞争法》第32条的规定将证明责任转移给被告的情况下,通常由被告提出申请,应该由被告预交鉴定费,否则被告要承担不利后果。对于侵权所得或者侵权损失的评估,通常应该由原告提出申请并预交,否则由原告承担不利后果。当原告对被告提供的供侵权对比的生产技术等持有异议,认为按照该技术无法生产出涉案产品或无法达到被告所称技术效果时,原告和被告都可以就该问题请求进行司法鉴定,如果法庭决定鉴定,则应该由负有举证责任的一方预交鉴定费。

鉴定费的多少与鉴定的"密点"数量及技术复杂程度有关,"密点"越多鉴定费就越多,技术越复杂鉴定费越多。

3. 鉴定机构及鉴定人的确定

确定鉴定机构是非常重要的。第一,鉴定专家也是人,难免受各种因素的影响而有一定的倾向性;第二,需要鉴定的问题往往不是非黑即白,而是处于灰色地带,鉴定意见可能会因人而异。不同鉴定机构的专业水准和敬业精神往往也有很大差异,应选择最高人民法院对外委托专业机构专业人员信息平台(人民法院诉讼资产网:司法技术——专业机构)或中国知识产权研究会鉴定机构库中的鉴定机构,优选通过知识产权鉴定管理体系认证的鉴定机构。对于鉴定人的审查应考察其是否具有从事相关技术领域的研究的丰富经验,或通过专利审查、复审无效、专利代理等在知识产权领域研究和实务经验的长期积累,优选具有科学技术和法律的双重教育和从业背景,能够迅速理解复杂的技术问题,并对知识产权相关法律法规具有深刻理解的鉴定人。所以,对法院备选名单中的鉴定机构和鉴定专家预先进行了解就非常必要。有了事先的了解,就有可能通过申请回避等方式将对己不利的鉴定机构或者鉴定人员予以排除,同时争取对己有利的鉴定机构和鉴定人员。

4. 对鉴定材料的确定

在明确需要鉴定的问题、预交鉴定费用、确定鉴定机构及鉴定人员的前提下,对鉴定所依据的材料的确定就变得非常关键。通常法院会通过证据交换,甚至法庭审理,原、被告双方举证、质证的方式确定鉴定所依据的材料。未经质证的材料,不得作为鉴定的根据。其中不为公众所知悉的鉴定材料,包括原告主张的技术"密点"的内容及其被采取了适当保密措施的载体等。如果通过质证,法院对"密点"内容与其载体是否具有一致性,即"密点"内容是否得到其载体的支持不能作出肯定结论,则原告主张的“密点”内容是否得到其载体的支持也可属于鉴定的内容。“同一性”的鉴定材料包括已经被认定具有“不为公众所知悉”、具有商业价值并被采取了适当保密措施的“密点”和被质证确定的被告拥有、使用、披露、公开的相关技术方案。“同一性”鉴定的是这两者是否相同或者实质相同,这两者的鉴定材料是否符合法律规定,不属于“同一性”的鉴定内容。

此时,对于原告企业来说,有了上述的充分准备,虽然相关问题已经了然于胸,但也不能掉以轻心,仍要认真对待。必要时,要对预先准备好的鉴定材料根据举证、质证的情况作适当调整。

5. 鉴定过程中的配合

在鉴定过程中,往往需要对鉴定材料进行调整或者补充,有时还需要对原、被告双方的技术作进一步的了解,甚至需要到生产现场进行勘验。对此,原告一方面要积极予以配合,另一方面也要做好防范。最好每次都应有代理律师和技术人员在场,在第一时间作出判断和应对。另外,有些谨慎敬业的法官,一般会在正式的鉴定报告作出之前,对鉴定报告初稿进行预审或者组织原、被告双方进行听证,以防止鉴定报告出现失误。对此,原告企业要非常重视,最好由代理律师和专家辅助人共同参加听证,以便在听证中就将对己不利的失误予以及时消除,而不要等正式的鉴定报告出来后再提出修正甚至提出重新鉴定。

第四节　综合审理方式一审中原告的举证、质证、法庭辩论、变更诉讼请求及利用调解实现利益最大化

一、由“保姆式”分段审理方式到按照《反不正当竞争法》第 32 条的综合审理方式

(一)《反不正当竞争法》第 32 条只能采用综合式审理方式而不是分段式审理方式

商业秘密民事侵权诉讼作为侵权诉讼的一种,证明原告享有所主张的权利、被诉行为构成侵权、因被告的侵权行为给原告造成了损失的举证责任通常都应该

由原告承担,如果原告的举证达不到相应的证明标准,则原告的诉讼请求就不应该被法院支持。

出于上述侵权诉讼规则的要求以及原告、被告对商业秘密民事侵权诉讼的陌生,在过去法院通常采用分段式审理方式。在分段式审理中,通常分如下三步进行:第一步,在原告明确其请求商业秘密保护的技术信息或者经营信息的内容即请求保护的"密点"的前提下,审查和认定原告是否有权就该"密点"主张权利及该"密点"是否符合商业秘密构成要件,以及被告的抗辩理由是否成立;第二步,在原告有权主张权利且商业秘密成立的前提下,审查和认定原告主张侵权的举证是否成立,以及被告不侵权的抗辩是否成立,进而认定侵权是否成立;第三步,在被告侵权成立的前提下,审查和认定被告应当承担的民事责任。

上述分段式审理方式,虽然条理清晰、逻辑顺畅,却非常不利于商业秘密保护。例如上述分段式审理的第一步中,原告必须证明其主张的"密点""不为公众所知悉"。但"不为公众所知悉"是消极事实,严格意义上原告无法证明,特别是对于技术秘密。另外,通常情况下原告很难取到被告侵犯其商业秘密的直接证据。为了解决商业秘密侵权诉讼原告举证太难,商业秘密很难得到保护的问题,过去在司法实践中也采用一种变通的做法,即在原告举证符合一定的要求后,将部分本应由原告承担的举证责任转移给了被告。针对所转移的举证责任,如果被告举证达不到要求,则由被告承担不利后果。2019 年修正的《反不正当竞争法》第 32 条则以法律的形式予以确定:在原告举证符合一定要求后,将证明权利人所主张的商业秘密不属于该法规定的商业秘密的证明责任转移给了被告;以及原告的举证符合一定标准后,要求被告证明其不存在侵犯商业秘密的行为。

按照《反不正当竞争法》第 32 条的规定,将证明原告请求保护的技术信息或者经营信息不构成商业秘密的举证责任转移给被告的前提条件之一,却是原告合理表明其商业秘密被侵犯。本来要解决的问题是,原告请求保护的技术信息或者经营信息是否构成商业秘密,但其前提条件又是其商业秘密被侵犯。由此,以前的分段式审理方式就不再适应于这样的前后纠缠、因果交织的情况。如果用原告综合举证、被告综合举证、法庭综合认证、认定的综合式审理方式,这一难题便能得到有效解决。由此便出现了按照该《反不正当竞争法》第 32 条审理的综合式审理方式。

在综合式审理方式中,由原告一次性完成所有的举证,被告一次性完成所有的反证及抗辩,法庭根据原告的所有举证、被告的所有反证及抗辩作出判决;而不是按照上述分段式审理,先就第一步的原告是否有权就某一“密点”主张权利并且该“密点”是否符合商业秘密构成要件,在原告举证,被告质证、反证、抗辩后作出认定后,再进行第二步。

尽管到底采用哪一种审理方式最终由法庭决定,但法庭也应该按照案件本身的情况,结合原告的诉讼能力、原告提出的审理方式、被告的诉讼能力以及提出的审理方式综合决定。过去采取分段式审理方式,主要是因为当事人包括其代理律师,对商业秘密侵权诉讼不专业,例如在某个案子中原告主张整个游艇的制造技术都是它的商业秘密,法庭不得已采用逐段式审理方式,便于采用逐步释明的方式,手把手引导甚至教导当事人及其代理人如何“正确”地诉讼。例如引导原告正确地提出要求商业保护的技术方案,即“正确”地提出技术“密点”,如何就其要求“密点”构成商业秘密,即“不为公众所知悉”、采取了适当的保密措施并具有商业价值进行正确举证等。

(二)综合式审理方式是由《反不正当竞争法》第32条的本质属性所决定的

按照《反不正当竞争法》第32条第1款的规定,将原告所主张的商业秘密不属于本法规定的商业秘密的证明责任转移给被告的前提是,原告举证证明其已经对所主张的商业秘密采取合理保密措施且合理表明商业秘密被侵犯。就逻辑而论,原告主张的商业秘密,在被诉侵权行为之前是否不为公众所知悉,是由该商业秘密的本身属性决定的,充其量与原告的行为有关,而与被告的行为无关。但由于不为公众所知悉属于消极事实,原告很难证明甚至无法证明,而被告证明原告主张的商业秘密为公众所知悉则相对更为容易。但是否成为被告,很大程度上是由原告决定的;如果成为被告就要承担举证责任,举证不能就要承担不利后果,则商业秘密侵权诉讼可能会沦为商家打击竞争对手的工具,甚至成为讹诈社会公众的工具。为了避免这种情况的发生,必然要对举证责任转移给被告设定一定的条件,这个条件不仅要取决于原告主张的商业秘密的属性及原告的行为,还应该取决于被告的行为,例如被告的不当行为或者违法行为、违约行为等。因此,《反不正当竞争法》第32条第1款规定的被告对原告所主张的商业秘密不属于本法规定的商业秘密承担证明责任的前提有二:第一,原告证明其已经对所主张的商业秘密采取保密措施;第二,原告合理表明商业秘密被侵犯。其中,第一个条件就是原告主张的商业秘密本身的属性及原告的行为,而与被告无关;第二个条件就与被告的行为有关。而在商业秘密民事侵权诉讼的分段式审理中,第一步本来要解决的问题是原告主张的商业秘密是否符合法定要件,特别是是否“不为公众所知悉”,以便具备第二步侵权是否成立的审理前提。但按照《反不正当竞争法》第32条第1款的规定,原告主张的商业秘密是否符合法定条件的认定,却是取决于分段式审理中第二步要审理的被告的侵权行为。

过去的分段式审理是在当事人及其代理人不专业的情形下不得已的办法,其实,在现实中也常常是变通适用的。例如,在2019年修正《反不正当竞争法》之前,如果被告使用的技术是从原告处撬锁入室盗窃所得,面对这种情况,如果完全不顾被告的行为,而要原告证明其主张的商业秘密不为公众所知悉,哪怕采用鉴定的方式,显然也是不合理的。

综上分析,今后的商业秘密民事侵权诉讼可按照《反不正当竞争法》第32条的规定,采用综合式审理方式。

二、原告在商业秘密侵权诉讼中的举证、质证、法庭辩论

(一)在“保姆式”分段审理中原告的举证、质证和法庭辩论

法庭之所以采用分段式审理方式,是为了便于逐步地向当事人,特别是原告,就审理中遇到的法律及事实问题进行释明,并逐步引导原、被告正确行使诉讼权利,以便正确维护当事人的合法权利。正如上文所述,采用“保姆式”分段审理方式,是以原告及其代理人不够专业为前提的。如果原告足够专业,就不应当接受这种“保姆式”分段审理的方式,而可要求按照《反不正当竞争法》第32条的规定进行综合审理。

如果接受了分段式审理方式,就应遵从法庭的释明和引导,先就原告是否有权对其“密点”主张权利及其“密点”是否具备商业秘密构成要件进行举证、质证、反证、认证;接下来就被诉侵权行为是否成立,进行举证、质证、反证、认证;最后就被告的侵权责任进行举证、质证、反证、认证。

（二）按照《反不正当竞争法》第32条规定进行综合审理中原告的举证、质证、法庭辩论

1. 根据《反不正当竞争法》第32条综合举证

虽然《反不正当竞争法》第32条只规定了关于是否构成侵犯商业秘密的举证责任中的部分举证责任转移给被告承担，以及转移的条件。但是一旦构成侵权，确定赔偿数额时，如果被告恶意侵权且侵权情节严重，可以在原告因被侵权所受到的实际损失或者被告侵权所得的数额的一倍以上五倍以下确定赔偿数额，以及赔偿原告为制止侵权行为所支付的合理开支。如果无法证明原告因侵权受到的损失或者被告因侵权所得数额，则按照侵权情节在500万元以下酌定赔偿数额。因此，被诉行为的具体情节，不仅关乎法院是否将一定的证明责任转移给被告，进而认定被告是否构成侵犯商业秘密，也是判决赔偿额的依据。而被告是否恶意侵权及侵权情节是否严重是原告通过被告的各种行为表现来证明的。因此，原告应该根据《反不正当竞争法》第32条进行综合举证，即一次性出示如下所有证据，供被告质证、法庭认证。

需要特别说明的是，按照《反不正当竞争法》第17条的规定，被告承担惩罚性赔偿的前提是"恶意"且情节严重。而《民法典》第1185条规定："故意侵害他人知识产权，情节严重的，被侵权人有权请求相应的惩罚性赔偿。"《最高人民法院关于审理侵害知识产权民事案件适用惩罚性赔偿的解释》（自2021年3月3日起施行）（以下简称《适用惩罚性赔偿的解释》）第1条规定："原告主张被告故意侵害其依法享有的知识产权且情节严重，请求判令被告承担惩罚性赔偿责任的，人民法院应当依法审查处理。本解释所称故意，包括商标法第六十三条第一款和反不正当竞争法第十七条第三款规定的恶意。"对此，业界普遍认为，《适用惩罚性赔偿的解释》第1条将《反不正当竞争法》第17条规定的恶意解释为"故意"，或者用"故意"取代了"恶意"。笔者认为业界的该普遍看法不够严谨。《民法典》第1185条规定的是"故意……有权请求……"，同时《适用惩罚性赔偿的解释》第1条第1款规定的是"原告主张被告故意侵害……请求判令被告承担惩罚性赔偿责任的，人民法院应当依法审查处理"，而不是说被告故意侵害原告依法享有的知识产权且情节严重，被告就应该承担惩罚性赔偿责任。理论上说，按照《民法典》第1185条及《适用惩罚性赔偿的解释》第1条的规定，就算原告证明了被告故意侵害原告

依法享有的知识产权且情节严重,也存在不判令被告承担惩罚性赔偿责任的可能。更为明确的是,《适用惩罚性赔偿的解释》第1条第2款明确解释说:"本解释所称故意,包括商标法第六十三条第一款和反不正当竞争法第十七条第三款规定的恶意。"据此,《适用惩罚性赔偿的解释》所述的"故意"应该是《反不正当竞争法》第17条规定的"恶意"的上位概念;构成"恶意"一定构成"故意",但属于"故意"的不一定是"恶意"。《适用惩罚性赔偿的解释》第1条的规定,不仅尊重了语言常识,也体现出了对法律规定的尊重,并且也为这一难题的解决给出了一个出路。

按照笔者的认识,"恶意"必然属于"故意",但何为"恶意"似乎只可意会、不可言传,而"故意"是一个有明确内涵和外延的法律概念。有了《适用惩罚性赔偿的解释》,至少原告知道了如何向法院主张,而法院至少也有了是否进行审查处理的标准。据此,在原告主张惩罚性赔偿时,不仅要主张并证明被告故意,而且要用具体侵权情节说明情节恶劣,因此,"故意+恶劣"很可能就等于"恶意"。

在引起较大关注的商业秘密第一次顶格适用惩罚性赔偿的"卡波案"中,二审审判长徐卓斌法官认为适用惩罚性赔偿的"恶意"应为"主观故意"。详见本书第五章第七节。

(1)对请求商业秘密保护的"密点"的准确表述及记载原告主张的"密点"的载体

对于这一组证据,应该明确说明原告主张的商业秘密的具体内容(技术信息或者经营信息)并清楚指明在所举载体中的具体体现。如果是技术秘密的话,最好按照本书第一章第一节提出的内容和格式,表述要求商业秘密保护的技术方案即技术"密点"。

在南京天谱弘盛网络科技有限公司诉余某冉、南京言蹊企业管理咨询有限公司不正当竞争纠纷案[南京铁路运输法院(2019)苏8602民初496号一审民事判决书]中,原告主张客户名单及培训技巧为其经营秘密但未提交任何载体,法院认定不能导致举证责任转移,进而判决被告不侵权,详见本书第六章第四节。

(2)原告主张的"密点"以及记载该"密点"载体的合法来源的证据

这一组证据非常重要,不仅是为了证明原告是请求保护的商业秘密的权利人,有权起诉并请求法院依法保护,还是证明请求保护的商业秘密具有价值,不为公众所知悉,被告侵权是否具有恶意以及侵权情节严重的重要证据。

在提交这一组证据时，如果其中包括被告尚未掌握的原告的商业秘密，原告可以根据《最高人民法院关于知识产权民事诉讼证据的若干规定》第 26 条（证据涉及商业秘密或者其他需要保密的商业信息的，人民法院应当在相关诉讼参与人接触该证据前，要求其签订保密协议、作出保密承诺，或者以裁定等法律文书责令其不得出于本案诉讼之外的任何目的披露、使用、允许他人使用在诉讼程序中接触到的秘密信息。当事人申请对接触前款所称证据的人员范围作出限制，人民法院经审查认为确有必要的，应当准许）请求法院作出相关知悉该组证据的人员承担保密责任的裁定；原告也可以向法庭提出请求，将其中构成原告商业秘密但不为被告所知悉的信息，不交给被告及其代理人，请求由法庭对其证明效力作出认定，或者由法院聘请的相关专家作出认定。

在著名的"香兰素案"及音王电声股份有限公司诉惠州市辉特电子科技有限公司等侵害商业秘密纠纷案［浙江省宁波市中级人民法院（2021）浙 02 民初 1093 号一审民事判决书］中，法院对被告判处巨额或者高倍惩罚性赔偿，而笔者感觉判得很公正的原因之一，是原告对其请求保护的技术秘密的来源特别是所付出代价的充分举证，详见本书第四章及第五章第一节。

（3）关于采取了适当保密措施的证据

只要是能证明权利人采取了合理措施，以使相关人知晓其接触的信息是权利人的商业秘密的证据，都属于采取了适当保密措施的证据。其包括但不限于：签订的保密协议或者约定保密义务的其他合同；通过章程、培训、规章制度、书面告知等方式，对能够接触、获取商业秘密的员工、前员工、供应商、客户、来访者等提出保密要求的证据；对涉密的厂房、车间等生产经营场所限制来访者或者进行区分管理的证据；以标记、分类、隔离、加密、封存、限制能够接触或者获取的人员范围和权限等方式，对商业秘密及其载体进行区分和管理的证据；对能够接触、获取商业秘密的计算机设备、电子设备、网络设备、存储设备、软件等，采取禁止或者限制使用、访问、存储、复制等措施的证据；要求离职员工登记、返还、清除、销毁其接触或者获取的商业秘密及其载体，继续承担保密义务的证据。

（4）被告接触过或者有接触原告保密信息的条件的证据

被告接触过或者有接触原告保密信息的条件的证据包括但不限于：被告为原告的员工、前员工以及具有劳动关系的其他人员的劳动合同、社保证明、相关劳务合同及付款证明，以及职务、职责及权限与涉案商业秘密相关的证据；所承担的本职工作或者单位分配的任务与涉案商业秘密相关的证据；参与和商业秘密相关的生产经营活动的证据；曾保管、使用、存储、复制、控制或者以其他方式接触、获取商业秘密及其载体的证据；在技术合作开发、技术委托开发、技术许可实施合同履行、技术培训、设备安装、设备调试、设备维修、售后服务、承揽合同履行、代工合同履行、技术服务合同履行、法律咨询合同履行、经营咨询合同履行、工程项目合作、销售代理合同履行、法律服务合同履行以及各种协议的缔约过程中、参观来访中接触或者有可能接触原告保密信息的证据。

（5）被告获取、使用、披露、公开原告商业秘密的证据

被告获取原告的商业秘密的证据包括：原告通过监控系统记录的被告将原告采取了保密措施的信息发到自己或者他人个人邮箱、微信、QQ、网盘等的证据，将采取了保密措施的信息下载到存储设备的证据，对采取了保密措施的信息进行截屏、录屏及截屏、录屏的内容的证据，对采取了保密措施的信息进行拍照、摄像及拍照、录像的内容的证据，对采取了保密措施的证据进行复印及复印内容的证据，对采取了保密措施的信息不是出于工作需要而刻意记忆以及所刻意记忆内容的监控录像等证据。

被告使用原告的商业秘密的证据包括但不限于：被告在生产经营活动中直接使用商业秘密的证据；被告对商业秘密进行修改、改进后使用的证据；被告根据商业秘密调整、优化、改进有关生产经营活动的证据。

被告获取、使用、披露、公开的原告的商业秘密内容的证据，包括原告申请法院证据保全所得的证据，市场监管机关依法调查所得的证据，公安机关侦查所得的证据，相关人员主动提供的证据，原告及其代理律师调查所得的证据，其他案件中出现的证据，被告及相关人员无意中泄露的证据，被告推广宣传其产品或者服务时泄露的证据，被告及相关人自我炫耀泄露的证据，被告或者相关人为了显示专业度、消息灵通、引起关注、增加流量等而公开的证据，被告及相关人为了获得诸如工作岗位、交易机会披露的证据，被告及相关人在投标时使用相关信息的证据，被告及相关人使用相关信息申请专利的证据，被告及相关人对获取的商业秘密进行非法交易的证据，相关执法部门例如海关依法查获的文件、资料的证据，被告及相关人丢失或者遗弃的文件、资料中显示被告使用了相关信息的证据，被告及相关人为了泄愤或者报复故意公开的内容的证据等。

(6)被告及其相关人侵犯原告商业秘密的证据

这一组证据包括:①以盗窃、贿赂、欺诈、胁迫、电子侵入或者其他不正当手段获取原告的商业秘密的证据;②披露、使用或者允许他人使用以①所述手段获取的原告的商业秘密;③违反保密义务或者违反原告有关保守商业秘密的要求,披露、公开、使用或者允许他人使用其所掌握的商业秘密;④教唆、引诱、帮助他人违反保密义务或者违反原告有关保守商业秘密的要求,获取、披露、公开、使用或者允许他人使用原告的商业秘密;⑤证明被告获取商业秘密的方式违反法律规定或者商业惯例、商业道德的证据;⑥被告生产或者制作的,使用了原告商业秘密的产品、产品手册、宣传材料、计算机软件、文档等;⑦被告与第三方订立的能证明获取或者使用了原告商业秘密的合同;⑧被告所使用的信息与原告商业秘密相同或实质上相同的鉴定报告、评估意见、勘验结论;⑨被告与获取、披露、公开、使用或允许他人使用原告商业秘密的主体存在合同关系或其他关系的材料;⑩原告商业秘密的密钥、限制访问系统或物理保密装置等被被告破解、规避的记录;⑪能反映原告商业秘密被被告窃取、披露、使用、公开的证人证言;⑫能证明使用了原告商业秘密的被告的产品说明书、宣传介绍资料、投标文件;⑬能证明被告明知或应知他人侵犯原告的商业秘密仍提供帮助的相关材料;⑭能证明被告教唆、引诱、帮助他人侵犯原告商业秘密的录音录像、微信聊天记录、QQ 聊天记录、邮件;⑮能证明被告违反规定,将原告的采取了保密措施的信息发给自己或他人的个人邮箱、QQ、微信、网盘、公司外部网络、外网信息存储设备等的证据。

(7)被告侵权属于恶意且情节严重的证据

认定侵权行为属于恶意(故意+情节恶劣)的证据包括但不限于:被告经原告或者利害关系人通知、警告后,仍继续实施侵权行为的证据;被告或其法定代表人、管理人是原告或者利害关系人的法定代表人、管理人、实际控制人的证据;被告与原告或者利害关系人之间存在劳动、劳务、合作、许可、经销、代理、代表等关系且接触过原告的商业秘密的证据;被告与原告或者利害关系人之间有业务往来或者为达成协议等进行过磋商且接触过原告的商业秘密的证据;被告通过敲诈、胁迫、盗窃、贿赂手段获取原告商业秘密的证据;被告利用设置圈套控制相关人员的手段获取原告商业秘密的证据;被告利用派人卧底等商业间谍手段获取原告商业秘密的证据;被告为了获取原告商业秘密而与相关人员进行业务磋商的证据;被告以投资、并购、合作等的名义对有关企业利用进行“尽职调查”的手段获取原告的商业秘密的证据。

被告侵权属于情节严重的证据包括:因侵权被行政处罚或者法院裁判承担责任后,再次实施相同或者类似侵权的;以侵害知识产权为业的;侵权行为持续时间长的;伪造、毁坏或者隐匿侵权证据的;拒不履行证据保全裁定的;侵权获利巨大或者权利人受损巨大的;侵权行为可能危害国家安全、公共利益或者人身健康的。

(8)原告因侵权所受损失或者被告侵权所得的证据

原告侵权损失的证据包括:原告商业秘密价值的证据;证明原告的产品或者服务生产成本的证据;如果不被侵权,原告销售利润的财务分析报告;被侵权后原告销售利润的证据;如果不被侵权,原告销售数量的财务分析报告;被侵权后原告销售数量的证据;被告销售数量的证据;原告技术转让、技术许可的合同及履行合同的发票;原告为维权合理支出的证据,包括公证费,因调查取证或出庭而发生的交通费、食宿费、误工费等,档案查询费、材料印制费,翻译费,签订的律师代理合同和付费发票;关于原告侵权损失的鉴定报告、评估报告;相关生效的判决书、市场监管机关的行政处理决定书。

被告侵权所得的证据包括:被告的财务账簿、会计凭证、销售合同、进出货单据、上市公司年报、招股说明书、网站或者宣传册等有关记载,设备系统存储的交易数据,第三方平台统计的商品流通数据、评估报告,销售发票,知识产权许可使用合同以及市场监管、税务、金融部门的登记、记录等;关于被告侵权所得的个人陈述、证人证言;关于被告侵权所得的鉴定报告、评估报告;相关生效的判决书、市场监管机关的行政处理决定书。

对于由被告保存的关于侵权所得的证据,原告可以申请法院证据保全或者责令被告向法院提交。对于由第三方持有或者保存,原告不能自行取得的证据,原告可以通过代理律师向法院申请调查令,由代理律师持法院调查令调取后交法院。

特别需要说明的是,在每个具体案子中不需要也不可能向法院提交上述所有证据,而是有多少举多少,多多益善,尽量多举。

著名的"香兰素案"中,一审仅判决赔偿3,500,000元,而二审判决赔偿超过1.5亿元,与原告对所受损失的举证,特别是在二审中追加大量证据有关,详见本书第四章第十节。

2. 根据《反不正当竞争法》第 32 条向法院提交上述所有证据时需要向法院作出的说明

在向法院提交上述证据时，需要向法院说明每个证据的名称、证据来源和每个证据中起证明作用的内容及具体信息；关于证明目的，则可将上述证据作为一个整体，用来证明原告主张的商业秘密不为公众所知悉、具有商业价值、采取了合理的保密措施、被告侵犯了原告的商业秘密、被告侵犯原告商业秘密属于恶意且情节严重（如果属于恶意且情节严重）、原告因侵权所受的损失或者被告的侵权所得。其中，如果被告不认可其获取、使用、披露、公开的技术信息与原告商业秘密的技术信息构成相同或者实质相同即"同一性"，并且按照《反不正当竞争法》第 32 条第 2 款规定对不具有"同一性"举证，由于技术疑难复杂，法院可能作出利于被告的错误认定的话，原告可以向法院提出申请，由原告指派技术人员或者聘请技术专家向法院作出解释说明。在此基础上，对于被告不具有"同一性"的举证，如果法院由于技术原因仍可能作出利于被告的错误认定的话，原告可以主动或者经法院释明后，申请法院确定鉴定机构，通过鉴定意见加以认定。另外，如果原告对被告提供的供侵权对比的技术信息或者法院证据保全的被告的技术信息等持有异议，认为按照该技术信息无法生产出涉案产品或无法达到被告所称技术效果，可以就该问题申请鉴定，以证明被告提供了虚假的技术信息欺骗法庭。

关于申请鉴定，原告需要注意的问题包括：通过原告、被告的举证、质证及法庭辩论确定需要鉴定的问题、作为鉴定依据的材料以及鉴定所用的方法；缴纳鉴定费用，如果举证责任在原告，原告不预交鉴定费而导致不鉴定的话，通常原告要承担不利后果，很可能会导致驳回诉讼请求。其中，鉴定所用的方法应当是，在对被告的技术信息与原告主张的技术秘密是否相同或实质上相同进行技术比对时，应当针对原告主张的每一个技术秘密内容，即原告要求保护的每个技术"密点"与被告的对应技术信息整体进行技术比对、分析，不应当采用专利侵权比对中将专利权利要求记载的每个技术特征与被诉技术方案中对应的技术特征逐一比对的方法。需要特别说明的是，由于目前尚未有法律、司法解释，乃至部门规章、指导性案例对在将原告要求保护的每个技术方案即"密点"与被告的对应技术信息整体进行技术比对、分析到底如何实施作出规定、指导，原告应该力争说服法院采用本书第一章的相关方法。鉴定中需要进行技术检测的，经法院准许或者双方当事人同意，鉴定人可以将鉴定所涉部分检测事项委托其他检测机构进行检测，鉴定人对根据检测结果出具的鉴定意见承担法律责任。

原告向法院提交了上述全部证据，并作出上述说明后，如果被告对原告主张的商业秘密不为公众所知悉予以否认，则根据《反不正当竞争法》第 32 条第 1 款的规定，由被告对原告所主张的信息属于为公众所知悉进行举证。如果被告的举证不能使法官确信原告所请求保护的信息为公众所知悉，则依法应该推定原告请求保护的信息不为公众所知悉。在原告提交了上述全部证据，并合理表明原告主张的商业秘密被侵犯，并表明被告有途径或者机会获取原告的商业秘密且能够论证或者有鉴定意见认定被告使用的信息与原告主张的商业秘密相同或者实质上相同；或者有证据表明原告的商业秘密已经被被告披露、使用、公开或者有被披露、使用、公开的风险；或者有其他证据表明原告的商业秘密被被告侵犯的，则由被告证明其不存在侵犯原告商业秘密的行为。被告的证明途径包括被诉信息具有合法来源或者被诉信息与原告请求保护的信息不具有"同一性"。如果被告举证不能，则推定被告侵犯了原告的商业秘密。

3. 原告在根据《反不正当竞争法》第 32 条综合举证后对被告所举证据的质证

（1）对被告为了证明原告请求商业秘密保护的信息为公众所知悉的证据的质证

对于被告对原告主张的商业秘密不为公众所知悉的否认，即主张原告的商业秘密在被诉侵权行为发生时已为公众所知悉，被告通常会提出的主张及证据包括：①原告未采取相应保密措施；②原告主张的商业秘密在所属领域属于一般常识或者行业惯例；③原告商业秘密仅涉及产品的尺寸、结构、材料、部件的简单组合等内容，所属领域的相关人员通过观察上市产品即可直接获得；④原告商业秘密已经在包括文献资料、宣传材料、网页等公开出版物或者其他媒体上公开披露；⑤原告商业秘密已通过公开的报告会、展览等方式公开；⑥原告的商业秘密已经被专利公开文件或者授权文件所公开；⑦所属领域的相关人员从其他公开渠道可以获得原告商业秘密；⑧原告请求保护的技术信息，在被诉侵权行为发生之前，已经属于《专利审查指南》规定的现有技术。

对于被告的上述主张和/或证据，原告可以作如下质证、辩驳。

对于被告关于原告主张的技术信息为公众所知悉所举证据的质证，原则上可按照本书第一章关于要求商业秘密保护的技术信息不为公众所知悉的判断方法和判断标准进行。具体说明如下。

对于①原告未采取相应保密措施。由于这属于被告的单纯主张,被告没有也无法举证证明,原告只需按照已经综合举证的关于所针对的商业秘密所采取的保密措施作具体说明就可以。具体说明的内容包括:有效性,原告所采取的保密措施的保密强度与被保密的客体相适应,他人不采取不正当手段或不违反约定就难以获得;可识别性,原告采取的保密措施,在通常情况下足以使相对人意识到该信息是需要保密的信息;适当性,原告采取的保密措施与所保密的信息自身性质相适应。

对于②原告主张的商业秘密在所属领域属于一般常识或者行业惯例。此属于被告的积极主张,原告应该要求被告举证证明,并对被告所举证据除从关联性、真实性、合法性质证外,还要从被告所举证据是否是在被诉侵权行为之前公开,所举证据是否属于教科书、技术手册、技术词典、国家强制性标准等公知常识性证据进行质证;特别重要的是,要向法庭说明并重申,原告主张的商业秘密是原告通过投入了很大的人力、物力,才研发、开发或者受让、被许可所得,既然原告主张的商业秘密属于所属领域一般常识或者行业惯例,原告就没有必要付出如此大代价获取,被告更没有必要通过不正当手段甚至违法手段直接或者间接从原告一方获取。

对于③原告商业秘密仅涉及产品的尺寸、结构、材料、部件的简单组合等内容,所属领域的相关人员通过观察上市产品即可直接获得。对此,可以要求被告解释说明被告是如何通过观察上市产品即可直接获得原告所主张的商业秘密的。应该要求被告对原告技术“密点”的所有技术特征在涉诉产品中如何被观察到的作出逐一清楚、充分的说明,如果其中任何一个技术特征不能被清楚、充分的说明,被告的该主张就不能成立。必要时,原告可以申请相关技术专家出庭对被告的解释说明进行质证。同样特别重要的是,要向法庭说明并重申,既然原告的商业秘密属于所属领域的相关人员通过观察上市产品即可直接获得,为什么被告要通过不正当手段甚至违法手段直接或者间接从原告一方获取。

特别需要注意的是,如果被告是以不正当手段获取了原告的商业秘密,则被告的反向工程抗辩不能成立。对此,原告应该以已经提交的证据证明被告是以不正当手段获取原告的商业秘密的,说明被告所谓的反向工程是为了掩盖其侵权行为,并以此说明被告侵权属于恶意。

对于④原告主张的商业秘密已经在包括文献资料、宣传材料、网页等公开出版物或者其他媒体上公开披露。此属于被告的积极主张,原告应该要求被告举证证明，并对被告所举证据除从关联性、真实性、合法性质证外，还要从被告所举证据是否是在被诉侵权行为之前公开进行质证。

特别需要注意的是，原告要求商业秘密保护的技术方案是否在这些载体中被作为一个技术方案完整公开。如果不是被作为一个技术方案完整公开，对这些载体分别披露的信息，如果所属技术领域的技术人员没有动机组合出原告要求商业秘密保护的技术方案，或者虽然有动机，但依据这些资料公开的信息不能轻易得到原告请求商业秘密保护的技术方案，则被告的该举证不能成立。

同样特别重要的是，要向法庭说明并重申，既然原告的商业秘密已经在包括文献资料、宣传材料、网页等公开出版物或者其他媒体上公开披露，并被所属领域的相关人员普遍知悉和容易获得，为什么被告要通过不正当手段甚至违法手段直接或者间接从原告一方获取。

对于⑤原告主张的商业秘密已通过公开的报告会、展览等方式公开。原告除对被告所举证据从关联性、真实性、合法性质证外，还应重点针对该公开时间是否在被诉侵权行为之前，公开的报告会、展览等是否限定了参会、参展的人员范围，参会、参展的人员是否负有明示的或者默契的保密义务，公开的报告会、展览等是否在被告已经不正当获取原告的商业秘密后自行举行，原告主张的商业秘密在公开的报告会、展览的报告或者展出是否是在被告违法或者不正当获取后故意展出，公开的报告会、展览等是否属于被告正当获取原告的商业秘密后违反保密义务所为等进行质证。

特别需要注意的是，原告要求商业秘密保护的技术方案是否在这些报告会、展览会中被作为一个技术方案完整公开。如果所属技术领域的技术人员从这些报告会、展览会所公开的信息中，没有动机组合出原告要求商业秘密保护的技术方案，或者虽然有动机，但不能依据报告会、展览会公开的信息轻易得到原告要求商业秘密保护的技术方案，则被告的该举证不能成立。

同样特别重要的是，要向法庭说明并重申，既然原告的商业秘密已经在报告会、展览上公开披露，并被所属领域的相关人员普遍知悉和容易获得，为什么被告要通过不正当手段甚至违法手段直接或者间接从原告一方获取。

对于⑥原告主张的商业秘密已经被专利公开文件或者授权文件所公开。对此，应该从该专利文件的公开时间是否在被诉侵权行为之后；专利文件的公开是否是在被告违法或者不正当获取原告的商业秘密后故意公开；在专利公开文件中是否是作为一个完整技术方案公开等方面进行质证。如果不是作为一个完整技术方案公开,若所属技术领域的技术人员从专利公开文件中所公开的信息中,没有动机组合出原告要求商业秘密保护的技术方案,或者虽然有动机,但不能依据专利公开文件所公开的信息轻易得到原告要求商业秘密保护的技术方案,则被告的该举证不能成立。

同样特别重要的是,要向法庭说明并重申,既然原告主张的商业秘密已经在专利公开文件中公开,并被所属领域的相关人员普遍知悉和容易获得,为什么被告要通过不正当手段甚至违法手段直接或者间接从原告一方获取。

对于⑦所属领域的相关人员从其他公开渠道可以获得原告主张的商业秘密。对于被告主张从除上述途径或者方式外的其他公开渠道获得原告商业秘密,原告应当针对被告所举证据的具体情况,首先对其证据的关联性、真实性、合法性进行质证,接下来质证被告举证证明的原告主张的商业秘密公开的时间早于原告举证证明的被告获取或者公开原告的商业秘密的时间。还可以质证被告主张的其他途径的公开,是否属于被告出于不正当目的所为或者被告出于不正当目的教唆所为。

特别需要注意的是,原告要求商业秘密保护的技术方案是否在这些其他途径或者方式中被作为一个技术方案完整公开。如果所属技术领域的技术人员从这些其他途径或者方式所公开的信息中,没有动机组合出原告要求商业秘密保护的技术方案,或者虽然有动机,但不能依据其他途径或者方式公开的信息,轻易得到原告要求商业秘密保护的技术方案,则被告的该举证不能成立。

同样特别重要的是,要向法庭说明并重申,既然原告的商业秘密已经在除上述明确列举外的其他途径或者方式中公开披露,并被所属领域的相关人员普遍知悉和容易获得,为什么被告要通过不正当手段甚至违法手段直接或者间接从原告一方获取。

(2)对被告为了证明其不存在侵犯商业秘密行为的证据的质证

被告为了证明其不存在侵犯商业秘密行为,其一般会提供的证据包括:①有资质的鉴定机构、评估机构出具的被诉侵权信息与原告商业秘密不同或者不实质上相同的鉴定意见、评估报告;②被告获取、披露、使用或者允许他人使用、公开的商业秘密经过合法授权或者合法受让所得的授权书、合同书;③证明被告自行开发、研制或者反向工程等的开发文件、研发记录、音视频文件;④客户基于对离职员工个人的信赖而自愿与被告进行市场交易的说明、证人证言；⑤被诉信息属于员工个人的劳动技能或者知识。

对于①有资质的鉴定机构、评估机构出具的被诉侵权信息与原告商业秘密不同的鉴定意见、评估报告，原告应当在以下方面进行质证：鉴定或者评估事项是经过法院决定后委托实施的还是被告自行委托实施的；鉴定机构或者评估机构是经过法院征求当事人意见后决定的还是被告自行决定的；鉴定机构或者评估机构是否具有符合法律要求的鉴定、评估资质并具有资质证明；鉴定书或者评估书是否由鉴定机构或者评估机构盖章并由从事鉴定或者评估的人员签名；鉴定人或者评估人是否属于依据《民事诉讼法》第 47 条应该回避的情形；鉴定人或者评估人在鉴定或者评估的过程中有无徇私舞弊或者其他影响公正鉴定或者评估的情形；鉴定人或者评估人是否具备解决相关专门性问题的知识、经验及技能；鉴定方法或者评估方法是否与本书第一章关于"同一性"的判断方法和标准相一致，鉴定或者评估程序是否合理、正确；鉴定或者评估针对的材料是否经过当事人质证、法院的认证且符合鉴定或者评估的条件；鉴定或者评估意见的依据是否充分；鉴定书或者评估书的内容是否完整，是否包括委托法院的名称，是否包括委托鉴定或者评估的内容、要求，是否包括鉴定或者评估针对的材料，是否包括鉴定或者评估所依据的原理、方法，是否包括对鉴定或者评估过程的说明，是否包括鉴定或者评估的意见承诺书。

原告对于被告的鉴定意见或者评估报告在质证时，应该由原告的代理律师和原告的技术人员共同进行，必要时应该聘请相关技术专家或者鉴定专家提供技术支持。原告应该按照上述项目逐一有理有据地发表对被告不利的质证意见，以动摇法官对鉴定报告或者评估报告结论的确信。

对于②被告获取、披露、公开、使用或者允许他人使用的商业秘密经过合法授权或者合法受让的授权书、合同书，原告应该质证的内容包括：所举授权书、合同书的真实性、合法性、关联性；所举委托书、合同书及其附件是否包含了原告的商业秘密；被告通过所举授权书或合同书获取与原告商业秘密相同或者实质相同的信息的时间是否早于被诉被告获取、披露、公开、使用或者允许他人使用原告商业秘密的时间；被告获取、披露、公开、使用或者允许他人使用与原告商业秘密相同或者实质相同的信息，是否符合所举授权人或者合同其他方的真实意思表示；被告获取、披露、使用或者允许他人使用与原告商业秘密相同或者实质相同的信息，是否违反了明示或者默示的保密义务。

特别需要注意的是,原告要求商业秘密保护的技术方案是否在授权书、合同书中被作为一个技术方案完整公开。如果所属技术领域的技术人员从授权书、合同书所公开的信息中,没有动机组合出原告要求商业秘密保护的技术方案,或者虽然有动机,但不能依据授权书、合同书公开的信息轻易得到原告要求商业秘密保护的技术方案,则被告的该举证不能成立。

对于③证明被告自行开发、研制或者反向工程等的开发文件、研发记录、音视频文件。

对被告自行开发、研制的质证包括:被告是否具有自行研发的设备、材料、仪器等技术条件和技术人才,被告的研发开发计划、研发开发记录,研发开发经费的支出,研发开发速度是否合理等方面。

对反向工程的质证包括:被告是否以不正当手段知悉了原告商业秘密之后,又以反向工程为由主张其行为合法;被告的反向工程针对的是否为法律、行政法规明确禁止反向工程的客体;依据被告所用的反向工程所用的设备、方法、技术能否得到原告的商业秘密;被告是否具备实施所举反向工程的技术人才和技术条件;被告实施反向工程是否违反了不得实施反向工程的约定义务或者商业道德。

对于④客户基于对离职员工个人的信赖而自愿与该个人或者其新单位进行市场交易的说明、证人证言,原告质证的内容包括:被告所举说明、证人证言的关联性,即该说明、证人证言是否与客户基于对离职员工个人的信赖而自愿与该个人或者其新单位进行市场交易相关;被告所举说明、证人证言的真实性,未经说明人或者证人出庭接受质证的说明、证人证言,对其真实性不予认可;被告所举说明、证人证言的合法性,即证人是否在被告利诱、胁迫下作证,证人和被告之间是否存在利害关系;被告所举说明、证人证言内容的合法性,即客户自愿与该个人或者其新单位进行交易是否违反了法律规定、合同约定或者商业道德,客户和该离职员工是否存在不正当勾结、商业贿赂等;客户基于对离职员工个人的信赖而自愿与该个人或者其新单位进行市场交易是否符合常识、常理,该情况常发生在医疗、法律服务等较为强调个人技能的行业领域;与客户进行交易的权利是否不应当属于该员工个人或者其新单位,如果员工是利用原告提供的物质条件、商业信誉、交易平台等,才获得与客户交易机会,依据保密协议或者商业道德,该客户信息应该属于原告而不属于该员工个人。

关于⑤被诉信息属于员工个人的劳动技能或者知识。如果被告使用、披露、公开的信息虽然属于原告前员工掌握的技能、知识,但根据原告与该前员工之间的约定、法律行政法规的规定、行业惯例、职业道德,该技能、知识属于原告的商业秘密,被告以属于员工个人的劳动技能或者知识的抗辩不能成立。

(3)对被告关于其侵权所得所举证据的质证

对于被告关于侵权所得的证据,可能是被告主动提供的,也可能是被告应法院要求提供的,还可能是法院证据保全或者从其他机构(如公安机关、市场监管机关、税务机关、海关、网络交易平台、电子支付平台流水、银行交易流水、上市公司年报、招股说明书、实体商城或者超市等)依法调取所得的。不论是哪一种情况所得,都可能存在被被告隐瞒所得或保全、调取存在遗漏的情况。被告隐瞒侵权所得主要体现在被告提供的销售数量比实际的数量少、利润率比实际的低、侵权出于过失且情节轻微等。对此,原告应该依据原告自己提交的证据,重点依据其中的审计报告、上市公司年报、招股说明书、财务账簿、会计凭证、销售合同、进出货单据、电子支付平台流水、银行交易流水、知识产权许可使用合同、设备系统存储的交易数据、公司网站、产品宣传册或其他媒体上公开的经营信息,以及第三方平台统计的商品流通数据,评估报告,市场监管、税务、金融部门的记录等,质证被告提交证据的不真实和/或不全面。

4. 原告的法庭辩论

在原告按照《反不正当竞争法》第 32 条综合举证的情形下,被告通常也会相应地综合举证。接下来是原、被告对双方综合举证的质证。再接下来就到了法庭辩论阶段。法庭辩论通常分两轮进行。在第一轮法庭辩论中,对于原告,应当是依据之前法庭调查查明的事实,即依据原告举证、被告质证、法庭认证以及被告举证、原告质证、法庭认证后的证据,结合相关法律规定、司法解释以及最高人民法院的相关案例中确定的裁判规则进行论述,以说服法院支持其诉讼请求。而被告则通常也会根据法庭查明的事实,结合相关法律规定、司法解释以及最高人民法院的相关案例中确定的裁判规则进行论述,特别是对原告的主张提出否定的意见及其理由,以说服法院不支持原告的诉讼请求。在第二轮法庭辩论中,对于原告,通常为对在第一轮法庭辩论中,被告对原告主张的否定、抗辩中涉及的内容进行澄清、补充解释说明,用法庭调查中查明的事实结合相关法律规定、司法解释以及最高人民法院的相关案例中确定的裁判规则进行进一步的论述,进一步强化法官对原告有利的内心确信,进一步动摇法官对原告不利的内心确信;同时,对被告在第一轮法庭辩论中提出的主张进行辩驳,用法庭调查中查明的事实结合相关法律规定、司法解释以及最高人民法院的相关案例中确定的裁判规则论述被告的主张依法不能成立,明确提出法官依法不应该采信被告的主张。

有的庭审会采取法庭调查和法庭辩论合并进行,即法庭辩论穿插在法庭调查过程中,逐项分步进行,而不单独组织专门的法庭辩论的庭审方式。不管是采用全部法庭调查结束后,就法官总结的争议焦点进行专门集中的法庭辩论,还是穿插在法庭调查中的分散分步辩论,对原告来说,其法庭辩论的内容和原则都是一样的。但对于按照《反不正当竞争法》第 32 条规定的综合式审理方式,不太适合法庭调查和法庭辩论合并进行,原告应当尽量说服法官采用综合举证,法庭调查结束后,专门进行法庭辩论的审理方式。

(1)第一轮法庭辩论中原告发言要点及"密点"的调整

在第一轮法庭辩论中,通常法庭会征求各方当事人的意见后确定法庭辩论的争议焦点。对此,原告如果认同法庭总结的辩论焦点,则围绕总结的辩论焦点进行法庭辩论。如果不认同,则通过和法庭及被告沟通焦点后,根据达成一致的焦点问题进行法庭辩论。但无论如何,以下要点是原告应该尽力论述的。原告论述的要点,按照有充分确凿的直接证据证明被告的侵权行为,和没有充分确凿的直接证据证明被告的侵权行为两种情况,具体如下。

在有充分确凿的直接证据证明被告侵犯原告的商业秘密的情况下,原告第一轮法庭辩论的要点包括:①原告主张的"密点"不为公众知悉、具有商业价值,并被采取了适当的保密措施,进而构成受法律保护的商业秘密,原告对该商业秘密享有权利;②被告以盗窃等违法手段或者不正当手段获取了原告的商业秘密,或者被告获取并使用原告的商业秘密,或者被告获取并允许他人使用原告的商业秘密,或者被告获取并公开原告的商业秘密,侵犯了原告的商业秘密,应当依法承担侵权责任;③被告的侵权行为给原告造成损失的数额或者被告侵权所得的数额;④被告侵权属于恶意且情节严重;⑤被告应承担的法律责任。

在没有充分确凿的直接证据证明被告侵犯了原告的商业秘密的情况下,原告第一轮法庭辩论的要点包括:①原告主张的"密点"不为公众知悉、具有商业价值,并被采取了适当的保密措施,进而构成受法律保护的商业秘密,原告对该商业秘密享有权利;②被告掌握、知悉、接触过原告的商业秘密,或者有接触原告商业秘密的途径、条件；③被告拥有、使用、披露、公开的技术信息或者经营信息与原告主张的技术"密点"或者经营"密点"构成相同或者实质相同；④被告对其拥有、使用、披露、公开的与原告主张的商业私密构成相同或者实质相同的技术信息或者经营信息不能证明有合法来源；⑤被告的侵权行为给原告造成损失的数额或者被告侵权所得的数额；⑥被告侵权属于恶意且情节恶劣；⑦被告应承担的法律责任。

经过法庭调查，原告可能会发现，针对其主张的部分或者全部"密点"，被告不构成侵权。这时就要考虑当庭调整"密点"或者撤诉后重新起诉。如果在得到现有证据支持的前提下，调整"密点"后，能够有效维护其合法权利，则调整"密点"并按照调整后的"密点"进行法庭辩论；如果"调整"密点"后也不能有效维护其合法权利，则就要考虑撤诉，在补充证据并重新确定"密点"后，重新起诉。

上述法庭辩论发言要点，是对各种可能发生的侵犯商业秘密行为的概括总结，在具体诉讼中，应该根据被告的具体侵权情形和原告所举证据进行，其中与原告证据证明的被诉具体侵权情形无关的内容是不需要说的。

(2)第二轮法庭辩论中原告发言要点及"密点"的调整

原告第二轮法庭辩论的内容根据第一轮法庭辩论的情况来确定。对于原告第一轮法庭辩论中论证过的问题，虽然被告对其进行了否定和辩驳，但如果原告仍然确信其依法成立，就没有必要重复发言，特别是没有必要重复已经说过的话，但对个别特别重要之处提醒法庭注意还是必要的；对支持诉讼请求理由的全面系统论述可在书面代理词中进行。如果对于原告第一轮法庭辩论中论证过的问题，经过被告对其进行否定和辩驳已经确信不能成立，就算再次进行论述，也不会增加法官确信其成立，也没有必要进行重复发言。对于被告否定和辩论的内容，如果经过补充发言后，能够使法院对原告的主张更会采信，对被告的主张更加不会采信，就要进行第二轮补充发言，补充发言不能是对第一轮发言的重复。

需要注意的是，如果被告在第一轮法庭辩论中引述了对原告不利的裁判规则，则在第二轮法庭辩论中，就要针对该裁判规则进行辩驳。辩驳要点主要包括所引判决的裁判效力，被告对裁判要点的总结是否准确，所述裁判要点的适用条件是否和本案相符，所述裁判要点是否和指导性案例、司法解释、法律规定相冲突，所述裁判要点是否符合法理、立法宗旨等。

在庭审法官专业且对案情足够熟悉的情况下，往往会释明第二轮辩论的要点。这时，对于原告来说就要判断法官的该释明是否准确全面。如果法官的释明准确全面，则按照法官释明的内容进行第二轮发言就可以了；如果不够准确全面，则要提出意见及理由，争取除按照法官释明的内容作为第二轮发言的内容外，对认为必要的其他内容也要作补充发言。毕竟，一审法官存在专业度不够和公正度欠缺的可能，要为一审不能依法公正判决时，进行上诉做好准备。为此，对庭审笔录核实后再签字是必须的。当然，随着技术的进步，由于对整个庭审过程有录音录像记录，同时用人工智能将发言内容转化为文字，出现了不需对庭审记录签字确认的趋势。

经过第一轮法庭辩论，原告可能会发现，针对其主张的部分或者全部“密点”，被告不构成侵权。这时同样要考虑当庭调整“密点”或者撤诉后重新起诉。如果在得到现有证据支持的前提下，调整“密点”后，能够有效维护其合法权利，则调整“密点”并按照调整后的“密点”进行法庭辩论；如果调整“密点”后也不能有效维护其合法权利，则就要考虑撤诉。在补充证据并重新确定“密点”后，重新起诉。

三、原告的最后陈述、诉讼请求的变更及利用调解机制实现利益最大化

（一）法庭最后陈述、诉讼请求的变更及是否接受调解

法庭辩论结束，法官会要求双方对各自主张进行最后陈述，而且通常法院还会在原、被告都接受的前提下组织调解。对于原告来说，此时应该是对整个诉讼结果有基本的判断和预期了。原告此时要把握好以下两个关键问题。

1. 决定是坚持原来的诉讼请求还是对诉讼请求作出修正

诉讼请求是原告提起诉讼追求的目标，之前的所有活动或者付出都是为了达到其诉讼请求。但由于商业秘密侵权民事诉讼的复杂性，之前所确定的诉讼请求都是预判性的。而诉讼到了这一阶段，所有的证据基本都已固定，相关法律事实及法律依据基本已经清楚，被告方的观点和态度也应该已经明朗，此时就需要对之前提出的诉讼请求重新审视并决定是否加以修正。如果不需修正，则坚持原来的诉讼请求作为最后陈述；如果需要修正，则以修正后的诉讼请求作为向法庭最后陈述的内容。

2. 决定是否接受调解

调解是原告争取经济利益最大化的一个机会，可以在调解时提出比预料的判决结果更为有利的调解要求，在对方最后不接受时，再要求法院判决不迟。而且接受法院提出的调解建议还会给法官等留下较好印象，同时避免了在市场上给人

以不良印象。因此，一般不要拒绝法院的调解建议，而要充分利用调解实现利益最大化。

（二）充分利用商业秘密侵权案件的特殊性及调解制度实现利益最大化

如果被告以侵权为业，且侵权情节特别恶劣，则就不要接受调解，特别是在给原告因侵权造成损失或者被告侵权所得，个人担责的在30万元以上，单位担责的在90万元以上的情况下，就要在侵权民事判决惩罚性赔偿的基础上启动刑事追究程序彻底杜绝其再次侵权。否则，为了实现经济利益的最大化，此时就要和代理律师共同根据诉讼形式的利弊，原告的研发、生产、销售各方面的战略目标和布局，从被告处所能得到的好处等，确定调解所要达到的目标及调解过程中的策略。如下三方面是在调解中特别要注意的。

1. 充分利用侵权判决的威慑力实现利益最大化

如果判定侵权成立，对原告只能就相关“密点”获得法院的判决确认，判决被告停止侵权行为及赔偿损失，对原告的商誉提升一般不会有很大帮助，而对被告的商誉却会有很大负面影响，特别是对个人被告，甚至可能还会因侵权记录而被纳入黑名单。判决侵犯商业秘密成立，就意味着窃取他人智力成果，这应该是被告尽力避免的。这点应该被充分利用，以实现调解目标。

2. 充分利用被告相关人员可能面临的牢狱之灾实现利益最大化

法律规定，个人侵犯商业秘密给权利人造成的损失或者侵权所得达到30万元的，就会构成犯罪，可能会被判处3年以下有期徒刑，并处或者单处罚金；造成损失或者违法所得250万元以上或有其他特别严重后果的，处10年以下有期徒刑，并处罚金；单位侵犯他人商业秘密，给权利人造成损失或者违法所得90万元以上的，给单位判处罚金，并对其直接负责的主管人员和其他直接责任人员按照个人犯罪予以定罪量刑。只要民事判决侵权成立，并且被告的赔偿额达到30万元，在此基础上追究有关责任人的刑事责任成功的可能性很大。

3. 充分利用判决的不确定性实现利益最大化

如果侵权成立，就会对被告个人声誉、企业商誉产生负面影响，甚至会危及人身自由。原告利用判决的不确定性，实现利益最大化的可能性是比较大的。另外，由于公认的商业秘密维权的成本高、难度大、周期长，社会各界特别是法官一般都是对商业秘密侵权的受害人高度同情的，法官通常是“支持”原告通过合法途径实现利益最大化。

需要说明的是,实现利益最大化不仅仅是得到尽可能多的钱款类财产。有时,对原告更有利的商务安排对原告会带来更大利益。例如,原告将被告收购,以某种有利方式和被告合作等。

四、收到一审判决书后的工作

如果判决结果是所有诉讼请求全部得到了支持,则第一阶段的维权取得了圆满成功,此时需要应对的只是被告可能提出的上诉,而且只需在收到被告的上诉状副本后,针对其上诉的请求和理由应对,因此难度就不怎么大了,只需"见招拆招"即可。此时还需要考虑是否在一审民事判决的基础上启动其他追责,例如刑事追责程序,并作相关准备。总之,要充分利用、发挥好来之不易的胜利成果。

如果诉讼请求的主要部分或者全部没有得到判决支持,就要考虑是否提出上诉。如果判决结果按照一审诉讼中原、被告所举证据、理由陈述、法庭辩论,判决结果是正确的,通常就不要上诉了。当然,有时虽然一审判决正确,但出于某种商务目的需要上诉的,也应该上诉。如果是原告的证据不足导致的,可以在补充证据并对当事人和(或)诉讼请求做"技术处理"(避免构成重复起诉)后另行起诉。如果判决是不正确的且在商务上有必要,就应该提起上诉。决定要上诉时,必须要考虑之前的维权工作,特别是代理律师的工作是否有失误,是否要更换代理律师。这项工作可能比一审时选择代理律师更难。这时比较可行的做法是,要求一审代理律师起草出上诉状,另选一个代理律师团队按照全部的案卷材料另行起草出一份上诉状,然后对两份上诉状进行比较。哪份起诉状更优,就让哪个律师团队代理二审诉讼。当然,如果两个上诉状都不能令人满意,还可以选第三个律师团队。此时需要特别注意的是,要尽力控制自己的失败情绪,力争做到客观理性的判断,尽量不要被自己的不满情绪及后来者的"中听话"所影响,而要以其上诉状的优劣客观理性地决定由谁来代理二审维权。但无论如何都要在上诉期内递交上诉状,而且最好不要拖到最后一天。一些上诉理由和证据可以在上诉之后补充。

提起上诉之后,二审过程中配合代理律师的工作,有了一审配合过程中的经验教训应该是难度不大了,但这时需要注意的是克制自己的负面情绪。

第四章

最高人民法院 220 号指导性案例“香兰素案”的梳理、评析及二审法官的解析

本案已被最高人民法院确定为第 220 号指导性案例。其裁判要旨为：

1. 权利人举证证明被诉侵权人非法获取了完整的产品工艺流程、成套生产设备资料等技术秘密且已实际生产出相同产品的，人民法院可以认定被诉侵权人使用了全部技术秘密，但被诉侵权人提供相反证据足以推翻的除外。

2. 被诉侵权人构成故意侵害技术秘密的，人民法院可以被诉侵权人相关产品销售利润为基础，计算损害赔偿数额；销售利润难以确定的，可以依据权利人相关产品销售价格及销售利润率乘以被诉侵权人相关产品销售数量为基础，计算损害赔偿数额。

笔者认为，“香兰素案”之所以引起了巨大的关注和反响，应该是基于以下原因：第一，一审全部判赔额为 3,500,000 元，而二审全部判赔额达到 159,321,671.20 元，是一审的 45.52 倍；第二，本案核心人物王某军，一审判决不承担任何个人责任，而二审判决其对全部赔偿额承担 100% 的连带赔偿责任；第三，二审判决中直接认定“本案被诉侵权行为已涉嫌侵犯商业秘密犯罪，本院将依法将相关线索移送公安机关处理”；第四，二审判决认定被告年产数千万吨售价不低产品的全部技术几乎都是侵权所得，被告全部使用了从原告非法获取的技术秘密；第五，被告侵权行为不仅恶意且情节严重，不仅对一审判决不予接受，对停止侵权的司法裁定更是不予理睬。

针对一审判决本身查明的如此严重的侵权事实，一审判决全部赔偿仅仅

3,500,000元,而核心人物王某军不承担任何个人责任,这对权利人来说连弥补维权费用都不够。如果本案一审判决得以生效,无疑会给像本案这样的系统性侵犯技术秘密者起到"保驾护航"的作用,而对本案权利人这样的技术创新者无疑是一大打击。

基于基本相同的事实,适用相同的法律,仅就判赔额一项,二审判决是一审判决的45.52倍,达159,321,671.20元;而且并未包括自2018年以来的判赔额,且没有适用惩罚性赔偿。那么,二审判决是否正确?是否符合公平正义?本案二审判决是否代表一种趋势进而成为一种常态?如果代表一种趋势进而会成为常态的话,无疑会对本案这样的系统性侵犯技术秘密者起到很大的震慑作用。

如果二审判决是正确适用法律,其必然会代表一种趋势进而会成为一种常态;如果其并没有正确适用法律,其就相当于统计数据中的一个畸点(因与大多数数据相差太大,没有统计价值的数据),将会是昙花一现。为此,本章用共十一节的篇幅对本案的重要问题,特别是作为一审和二审判决依据的问题进行了梳理;在此梳理的基础上,对二审判决结果是否符合法律规定进行分析。经过这样的梳理和分析后,笔者坚信本案二审判决是合理合法、符合公平正义的,因而其将会是我国保护商业秘密司法进程中的一座里程碑,具有巨大的示范效应。同时,该案二审判决呈现出审案法官的专业能力和敬业精神令笔者肃然起敬。

笔者确信,读者在用心阅读笔者对本案梳理、分析及二审法官对本案解析的基础上,再潜心研读本案判决书,定可以更好地理解掌握商业秘密民事侵权诉讼。

第一节 当事人及其关系、"窝里反"证人

一、一审原告、被告

(一)原告

1. 嘉兴市中华化工有限责任公司(以下简称中华公司)。
2. 上海欣晨新技术有限公司(以下简称欣晨公司)。

(二)被告

1. 王龙集团有限公司(以下简称王龙集团公司)。

2. 宁波王龙科技股份有限公司(以下简称王龙科技公司)。
3. 喜孚狮王龙香料(宁波)有限公司(以下简称喜孚狮公司)。
4. 王某军。
5. 傅某根。

二、二审上诉人、被上诉人

(一)上诉人

1. (原审原告)中华公司。
2. (原审原告)欣晨公司。
3. (原审被告)王龙集团公司。
4. (原审被告)王龙科技公司。
5. (原审被告)喜孚狮公司。
6. (原审被告)傅某根。

(二)被上诉人

1. (原审被告)王某军。
2. (原审原告)中华公司。
3. (原审原告)欣晨公司。
4. (原审被告)王龙集团公司。
5. (原审被告)王龙科技公司。
6. (原审被告)喜孚狮公司。
7. (原审被告)傅某根。

三、当事人之间的相互关系

(一)原告之间的相互关系

两原告因共同研发而对请求商业秘密保护的技术信息共同享有权利。

(二)被告之间的相互关系

王某军系王龙集团公司的控股股东(占股97.28%)和监事、王龙科技公司的股东和法定代表人及喜孚狮公司的法定代表人。

王某军与王龙集团公司于 2009 年 10 月 21 日共同成立王龙科技公司。

喜孚狮公司是王龙科技公司与喜孚狮欧洲股份公司(CFS Europe S. P. A.)、凯美菱精细科学有限公司(Camlin Fine Sciences Limited)共同组建的中外合资企业。

傅某根从原告中华公司辞职并于次月加入王龙科技公司,成为香兰素生产车间的核心技术骨干,协助王龙科技公司迅速开展香兰素生产。

(三)被告与原告之间的关系

被告傅某根原系原告中华公司香兰素车间副主任,熟知中华公司香兰素生产工艺的技术细节。

四、"窝里反"证人冯某义

依据本案查明的事实,涉案商业秘密载体是由傅某根交给冯某义,再由冯某义交给王某军的,同时冯某义又将从王某军拿到的钱给自己留了一部分,因而是共同侵权人之一,但本案却没有将冯某义作为被告,而仅仅将其作为证人。这可能是由于冯某义将其备份的本案商业秘密全部交给公安机关、充分交代其掌握的本案关键事实并积极到公安机关和法院作证,原告与其达成了不追究其法律责任的协议。

第二节　诉讼请求、判决结果、不适用惩罚性赔偿的理由及二审判决关于涉嫌构成侵犯商业秘密犯罪等的认定处理

一、一审诉讼请求及判决结果

(一)二原告起诉时的共同诉讼请求

1. 五被告立即停止一切侵害两原告商业秘密的行为;

2. 五被告赔偿两原告经济损失,包括为调查、制止侵权行为所支付的合理费

用共计502,000,000元;

3. 本案诉讼费用由五被告承担。

(二)两原告在第一次庭审中明确的诉讼请求

1. 诉讼请求中的商业秘密指通过其香兰素生产设备图、工艺管道及仪表流程图直接体现的技术信息,五被告的侵权行为包括获取、披露、使用、允许他人使用两原告技术秘密的行为;

2. 诉讼请求中的赔偿数额包括侵权损害赔偿499,516,804元,两原告为调查、制止侵权行为支付的合理费用2,483,196元,由被告王龙集团公司、王龙科技公司、王某军、傅某根对以上损失额的93%即466,860,000元承担连带赔偿责任,喜孚狮公司对其中7%即35,140,000元承担连带赔偿责任。

(三)一审判决结果

(1)被告王龙集团公司、王龙科技公司、喜孚狮公司、傅某根立即停止侵害原告中华公司、欣晨公司的技术秘密的行为,即停止以不正当手段获取、披露、使用、允许他人使用涉案设备图和工艺管道及仪表流程图记载的技术秘密(详见一审判决书附件2、3);该停止侵害的时间持续到涉案技术秘密已为公众所知悉时止。

(2)被告王龙集团公司、王龙科技公司、傅某根自本判决生效之日起10日内连带赔偿原告中华公司、欣晨公司经济损失3,000,000元、合理维权费用500,000元,共计3,500,000元。喜孚狮公司对其中7%即245,000元承担连带赔偿责任。

(3)驳回原告中华公司、欣晨公司的其他诉讼请求。

(4)如果未按本判决指定的期间履行给付金钱义务,应当依照2017年《民事诉讼法》第253条之规定,加倍支付迟延履行期间的债务利息。

(5)本案案件受理费2,551,800元,由中华公司、欣晨公司负担1,258,109元;由王龙集团公司、王龙科技公司、傅某根负担1,293,691元,喜孚狮公司对其中90,558元承担连带责任。鉴定人员出庭费用20,000元(已由中华公司垫付给鉴定机构),由王龙集团公司、王龙科技公司、喜孚狮公司、傅某根负担。

注意:一审未判决被告王某军承担任何责任。

二、上诉请求及判决结果

（一）上诉请求

1. 一审二原告的上诉请求

（1）依法改判原审判决第一项，判令王龙集团公司、王龙科技公司、喜孚狮公司、傅某根、王某军停止以不正当手段获取、披露、使用、允许他人使用原审判决书附件 2 所示设备图和工艺流程图记载的技术秘密；

（2）依法改判原审判决第二项，判令王龙集团公司、王龙科技公司、喜孚狮公司、傅某根、王某军赔偿经济损失 175,287,031.92 元，合理支出 2,483,196 元，合计 177,770,227.92 元；

（3）判令王龙集团公司、王龙科技公司、喜孚狮公司、傅某根、王某军负担全部诉讼费用。

2. 除王某军外的一审四被告的共同上诉请求

撤销原审判决第一项、第二项，改判驳回中华公司与欣晨公司全部诉讼请求，并负担全部诉讼费用。

（二）二审判决结果

1. 撤销浙江省高级人民法院（2018）浙民初 25 号民事判决。

2. 王龙集团公司、王龙科技公司、喜孚狮公司、傅某根、王某军立即停止侵害中华公司、欣晨公司技术秘密的行为，即停止以不正当手段获取、披露、使用、允许他人使用涉案设备图和工艺管道及仪表流程图记载的技术秘密（详见本判决附件 1），该停止侵害的时间持续到涉案技术秘密为公众所知悉时止。

3. 王龙集团公司、王龙科技公司、傅某根、王某军自本判决生效之日起 10 日内连带赔偿中华公司、欣晨公司经济损失 155,829,455.20 元，合理维权费用 3,492,216 元，共计 159,321,671.20 元，喜孚狮公司对其中 7% 即 11,152,516.98 元承担连带赔偿责任。

4. 驳回中华公司、欣晨公司的其他诉讼请求。

5. 驳回王龙集团公司、王龙科技公司、喜孚狮公司、傅某根的上诉请求。

6. 如果未按本判决指定的期间履行给付金钱义务，应当依照 2017 年《民事诉讼法》第 253 条之规定，加倍支付迟延履行期间的债务利息。

7.一审案件受理费2,551,800元,由中华公司、欣晨公司负担551,800元;由王龙集团公司、王龙科技公司、傅某根、王某军负担2,000,000元,喜孚狮公司共同负担其中的140,000元。

8.二审案件受理费947,951元,由中华公司、欣晨公司负担47,951元;由王龙集团公司、王龙科技公司、傅某根、王某军负担900,000元,喜孚狮公司共同负担其中的63,000元。

9.鉴定人员出庭费用20,000元(已由中华公司垫付给鉴定机构),由王龙集团公司、王龙科技公司、喜孚狮公司、傅某根、王某军负担。

三、本案因诉讼请求的原因未适用惩罚性赔偿

本案一审、二审判决都未适用惩罚性赔偿,二审判决对此给出的理由如下。

从法院查明事实来看,涉案侵权行为本可适用惩罚性赔偿,但因当事人的诉讼请求及新旧法律适用衔接的原因,本案不宜适用惩罚性赔偿。具体理由是:第一,中华公司与欣晨公司在原审及本案二审中所主张的损害赔偿数额仅计算至2017年年底,并未包括自2018年以来仍在持续的被诉侵权行为给其造成的损失。第二,在中华公司与欣晨公司所主张计算损害赔偿数额的侵权行为期间之后,我国相关法律才明确规定符合特定条件的侵害技术秘密行为可以适用惩罚性赔偿。2019年《反不正当竞争法》明确规定侵害商业秘密案件可以主张惩罚性赔偿,该法于2019年4月23日起施行;《民法典》明确规定侵害知识产权案件可以主张惩罚性赔偿,该法于2021年1月1日起施行。

四、二审判决关于涉嫌构成侵犯商业秘密犯罪等的认定及处理

(一)对于2018年以来仍在持续的侵害涉案技术秘密行为

中华公司与欣晨公司可以依法另行寻求救济。

(二)关于王龙集团公司、王龙科技公司、喜孚狮公司、傅某根拒不履行原审法院生效行为保全裁定问题

原审法院可以另行依法予以处理。

（三）本案被诉侵权行为已涉嫌侵犯商业秘密犯罪

二审法院将依法将相关线索移送公安机关处理。

第三节 关于请求商业保密保护的技术信息内容即“密点”及其载体的主张、举证、抗辩、认定

一、一审中原告请求商业秘密保护的技术信息的内容即“密点”及其载体

（一）两原告请求商业秘密保护的技术信息的内容即“密点”

本案中，两原告主张共同研发了乙醛酸法制备香兰素的新工艺，包括缩合、中和、氧化、脱羧等反应过程，还包括愈创木酚、甲苯、氧化铜和乙醇的循环利用过程。两原告主张的技术秘密包括6个秘密点。

1. 缩合塔的相关图纸，主要包括缩合塔总图以及部件图，还包括缩合液换热器、木酚配料釜、缩合釜、氧化中间釜。

2. 氧化装置的相关图纸，主要包括氧化釜总图及部件图，还包括亚铜氧化釜、氧化液槽、氧化亚铜料斗、填料箱。

3. 粗品香兰素分离工艺及设备，主要设备包括甲苯回收塔、甲苯蒸馏塔、脱甲苯塔、脱苯塔、苯脱净分层器、香兰素溶解槽/废水中和槽/甲醇回收溶解槽、脱苯塔再沸器、甲苯冷凝器、二结冷凝器、甲苯回收冷凝器、甲醇回收冷凝器、脱甲苯冷凝器。

庭审中两原告明确放弃该“密点”中关于工艺部分的权利主张。

4. 蒸馏装置的相关图纸，主要包括蒸馏装置总图及部件图，还包括甲醇塔、冷水槽/热水槽/洗涤水槽、香油萃取甲苯分层塔、水洗槽、头结过滤器/香油头结过滤器、蒸馏成品槽、蒸馏头子受器。

5. 愈创木酚回收工艺及相应设备，包括设备甲苯回收塔、甲苯蒸馏塔、脱水塔再沸器、脱甲苯塔、木酚塔、脱低沸物塔、托苯塔、脱水塔、汽水分离器、苯脱净釜、木酚脱净釜、甲苯脱净槽、木酚脱净釜、甲苯脱净釜、木酚萃取分层塔、苯脱净分层器、木酚熔解釜、低沸物冷凝器、低沸塔再沸器、甲苯冷凝器、二结冷凝器/甲苯回

收冷凝器/甲醇回收冷凝器、脱甲苯冷凝器。

庭审中两原告明确放弃该“密点”中关于工艺部分的权利主张。

6. 香兰素合成车间工艺流程图，包括：缩合、木酚萃取、氧化、木酚回收工段（一）、木酚回收工段（二）、亚铜分离、亚铜氧化、脱羧、香兰素萃取、头结、头蒸、水冲、二蒸、二结及甲醇回收、香油头蒸、甲苯结晶、甲苯回收、香油二蒸、醇水结晶、甲醇回收、干燥包装、硫酸配置工段的工艺管道及仪表流程图。

（二）两原告请求商业秘密保护的技术信息内容即“密点”的载体

两原告请求商业秘密保护的技术秘密载体为，涉及58个非标设备的设备图287张（包括主图及部件图）、工艺管道及仪表流程图（第3版）25张。设备图的技术内容包括：设备及零部件的尺寸、大小、形状、结构，零部件位置和连接关系，设备进出口位置、尺寸、设备型式，搅拌器型式和电功率，设备、零部件和连接件的材质、耐压、耐腐蚀性、耐高温性能、耐低温性能等技术信息。工艺管道及仪表流程图的技术内容包括：各设备之间的位置关系和连接关系，物料和介质连接关系，控制点位置、控制内容和控制方法，标注的反应条件，基于上述连接关系形成的物料、介质的流向、控制参数等技术信息。

庭审中，两原告明确设备图涉密信息范围仅限于其上直接记载的技术信息，不包含对应的工艺等其他技术信息。

二、五被告针对原告请求商业秘密保护的技术信息内容即“密点”及其载体的共同抗辩内容

五被告共同主张：两原告主张的技术秘密不符合法定构成要件。具体理由如下：

（1）两原告提交的设备图、工艺管道及仪表流程图的技术信息属于行业内常用设备和普遍采取的工艺流程，均属于公开的技术信息。

（2）涉案技术秘密包含了案外人浙江嘉兴中华化工集团有限责任公司（以下简称中华集团公司）在2002年与欣晨公司签订的技术开发合同中的内容，该公司亦属于涉案技术信息的共有人。但从现有证据来看，中华集团公司、欣晨公司均未对诉争技术信息采取合理、有效的保密措施。

三、一审中关于要求商业秘密保护的技术信息内容即“密点”、载体的原告的举证、被告的质证、法院的认证

（一）原告的举证

原告以第三组证据（证据28、94），拟证明两原告技术秘密的内容。证据28的内容为：香兰素生产设备图287张、工艺管道及仪表流程图25张及存储光盘、香兰素生产操作作业指导书3本。证据94的内容为：两原告与华东理工大学工程设计研究院签订的《建设工程设计合同》、香兰素工程非标设备加工制作协议和合同、南通平潮压力容器制造有限公司出具的说明、“密点”载体图存储光盘。

（二）被告的质证

五被告质证认为，对证据28真实性没有异议，对关联性不予认可。对证据94的“三性”和证明目的均不认可。

（三）一审法院的认证如下

本院经审查认为，证据28系两原告主张的技术秘密的载体，对涉案技术秘密的内容具有证明力，本院予以认定。证据94中的光盘是对证据28的补强证据，内容系两原告提交的设备图、工艺流程图电子版，本院予以认定。证据94中的建设工程设计合同、香兰素工程非标设备加工制作合同均为原件，其中的情况说明、记账凭证、成品入库通知单用于佐证上述合同的内容，合同中的设计单位与两原告技术秘密载体图记载一致，本院对该些证据效力予以认定。关于建设工程设计合同的签订时间晚于两原告主张的技术秘密形成时间的问题，两原告解释称该合同是对双方长期合作的总结，其中概括了前期已实际履行的义务，华东理工大学工程设计研究院在2007年11月前已经交付的中华公司《年产1万吨甲基香兰素项目可行性研究报告书》中已包含了涉案工艺管道及仪表流程图。本院认为，现有证据显示两原告提交的技术秘密载体图电子版的最后修改时间普遍在2007年，相关生产设备于2008年已经完成制造并交付，结合化工产品生产线建设的一般规律，两原告关于在此之前工艺管道及仪表流程图已经设计完成的解释具有合理性，在五被告未提交相反证据的情况下，本院对该组证据均予以认定。

基于以上举证、质证、认证，一审法院对原告主张要求商业秘密保护技术信息

内容，即上述 6 个“密点”予以认定。

（四）二审中关于请求商业秘密保护的技术信息内容即“密点”、载体的举证、质证、认定

二审中，双方当事人针对请求商业秘密保护的技术内容即“密点”、载体没有提交新的证据，没有就此问题发生新的争议，一审判决关于此问题的认定得到二审判决的支持。

第四节　关于原告请求商业秘密保护的技术信息内容即“密点”合法来源、不为公众所知悉的举证、质证、认证、认定

一、一审中原告的举证

本案被诉行为发生于 2019 年 4 月 23 日修订《反不正当竞争法》之前，当时适用的反不正当竞争法尚未有在原告举证达到一定条件后将证明原告请求商业秘密保护的技术信息内容即“密点”为公众所知悉的举证责任转移给被告的第 32 条。由此，对“密点”不为公众所知悉的举证责任完全在原告。但由于不为公众所知悉属于消极事实，原告其实无法直接证明。本案中，原告是用请求商业秘密保护的技术信息内容是其花了巨大代价研发所得和请求保护的技术具有先进性的证据，以及法院从公安机关调取的鉴定报告，来间接进行证明的。原告所举证据如下。

（一）原告用其第二组证据（证据 4—27）拟证明两原告技术的先进性和环保性

具体如下：

证据 4—22：中华公司的荣誉证书 18 份；

证据 23：ISO9001：2008 认证证书；

证据 24：ISO22000：2005 认证证书；

证据 25—27：ISO4001：2004 认证证书 3 份。

（二）原告用其第四组证据拟证明关于请求商业秘密保护的技术信息内容即"密点"的合法来源及研发成本

具体包括如下证据。

证据29—31：中华集团公司与欣晨公司2002年11月22日签订的香兰素合成新工艺技术开发合同、技术转让合同、补充合同共3份；

证据32：技术开发费用发票；

证据33：中试设备发票；

证据34：两原告2006年9月26日签订的《技术转让合同》；

证据35：《关于同意嘉兴市中华化工有限责任公司要求扩建年产1万吨合成香料（乙醛酸法）生产线技改项目立项的批复》；

证据36：《关于嘉兴市中华化工有限责任公司10000t/a合成香料（乙醛酸法）新技术技改项目环境影响报告书初审意见的函》；

证据37：《关于嘉兴市中华化工有限责任公司10000t/a合成香料（乙醛酸法）新技术技改项目环境影响报告书审查意见的函》；

证据38：技术转让发票；

证据39：两原告关于企业长期合作的特别合同以及承诺和保证书；

证据40：技术开发费发票；

证据82：香兰素新工艺研发、维护成本投入汇总表；

证据83：技术开发费、非专利技术发票；

证据84：1万吨/年合成香料技改项目工程造价咨询报告书；

证据85：一万吨乙醛酸固定资产－机器设备登记表；

证据94：两原告与华东理工大学工程设计研究院签订的《建设工程设计合同》、香兰素工程非标设备加工制作协议和合同、南通平潮压力容器制造有限公司出具的说明、"密点"载体图存储光盘；

证据95：中华集团公司工商登记档案资料，包括企业改制批复、决议、资产评估报告、债权债务承担承诺、验资报告等。

二、被告针对原告用以证明“密点”合法来源的证据的质证意见

（一）一审中被告对原告第二组（证据4—27）拟证明两原告技术的先进性和环保性证据的质证意见

五被告质证认为，对证据4—17、19—25、27的真实性、合法性没有异议，但不认可其与本案的关联性。证据18、26没有原件，对真实性不予认可。

（二）一审中被告针对原告的第四组（证据29—40、82—85、95）拟证明涉案技术秘密的研发过程及研发和维护成本证据的质证意见

五被告质证认为，证据34系复印件，证据32、33、38、40、83无实际付款凭证佐证，证据82、85系原告单方制作，证据95无法确定与原件是否相符，对以上证据的真实性均不予认可。对证据29—31、35—37、39、84的关联性不予认可。

三、一审法院的对原告证据的认证

（一）针对原告的第二组（证据4—27）拟证明两原告技术的先进性和环保性的证据，一审法院的认证意见如下

本院经审查认为，证据4—7、9、11、12、19的真实性可以确定，对于中华公司香兰素生产技术的先进性和商业价值具有证明力，本院予以认定。证据18、26缺乏原件，证据8、10、13—17、20—27与本案诉争的技术秘密不具有直接关联性，本院不予认定。

（二）针对原告的第四组（证据29—40、82—85、95）拟证明涉案技术秘密的研发过程及研发和维护成本的证据，一审法院的认证意见如下

本院经审查认为，证据29—31、39的真实性可以确定，与本案具有关联性，本院予以认定。证据34虽为复印件，但有付款发票佐证，且内容与证据29—31相互印证，本院予以认定。证据32、33、38系增值税发票原件，本院予以认定。证据35—37均为相关政府机关的审批文件，对于两原告技术秘密的来源和形成时间具有证明力，本院予以认定。证据40、83、84与本案缺乏关联性，本院不予认定。证据82、85系原告自行制作，真实性不能确定，本院不予认定。证据95系中华集团

公司在成立和改制时向政府主管部门报送的审批文件，与中华公司的主体情况具有关联性，本院予以认定。

二审法院对一审法院关于原告请求商业秘密保护的技术信息内容及其载体合法来源的的认定予以确认。

四、被告对原告请求商业秘密保护的技术信息内容即“密点”为公众所知悉的举证、原告的质证、一审法院的认证

(一)被告用证据6、7、11、13拟证明两原告的技术秘密已经被公开，具体证据如下

证据6：专家意见；

证据7：公证书及网页截图；

证据11：“制备任选取代的对青基扁桃酸型化合物及其衍生物的方法”发明专利申请材料；

证据13：CN105797661A号专利证书。

(二)原告对被告的拟证明为公众所知悉的证据的质证意见如下

两原告质证认为，对证据的真实性无异议，但与本案缺乏关联性，不能实现其证明目的。

(三)一审法院对被告拟证明为公众所知悉的证据的认证意见如下

本院审查认为，证据6系专家意见，五被告的专家辅助人单某、卢某明出庭对于香兰素生产技术问题进行了陈述。单某的专家意见主要涉及香兰素的生产工艺，其提交的技术资料并未公开香兰素设备图和工艺流程图的具体参数信息。卢某明在庭审中述称，中华公司香兰素生产的主要设备均属于常规化工设备，其整体和零部件结构在正式出版物中非常容易找到，不属于不为公众所知的技术信息。但卢某明用于佐证其上述观点的公开出版物内容并不完整，且附图显示的尾气吸收塔、成品塔结构与中华公司的缩合塔结构存在明显不同，附图显示的水解锅、氨分离－蒸发器与中华公司主张的设备用途、结构也不同，不能证明中华公司的技术秘密已经被公开，故本院对证据6的效力不予认定。证据7中豆丁网网页内容的公证时间为2016年5月13日，网页显示的内容分享时间为2010年3月21

日,均晚于原告主张的技术秘密形成时间,且该证据亦未披露与两原告的设备图、工艺流程图相同的技术信息,故本院对该证据不予认定。证据11的技术主题、技术内容与两原告诉称技术信息不同,也未包含具体的香兰素生产设备图和工艺流程图参数信息,本院不予认定。证据13没有披露缩合塔详细的参数信息,且形成时间在被诉侵权行为发生之后,不能证明原告的缩合塔设备图记载的技术信息已经被公开,本院对该证据效力不予认定。

五、针对一审法院向南湖区公安分局调取的涉及不为公众所知悉证据的质证、认证

一审法院向南湖区公安分局调取的19份证据中第18、19份涉及不为公众所知悉,具体如下:

证据18:上海市科技咨询服务中心知识产权司法鉴定所出具的〔2017〕沪科咨知鉴字第48-1号、第48-2号、第48-3号《知识产权司法鉴定意见书》;

证据19:上海市浦东科技信息中心出具的知识产权检索报告。

(一)原告的质证意见

两原告对证据18、19的“三性”均予以认可。

(二)五被告对证据18、19的质证意见

证据18、19因鉴定机构不合法,鉴定依据不充分,对其效力不予认可。

(三)一审法院针对证据18、19的认证意见

证据18、19系依公安机关委托出具,鉴定机构和鉴定人员具有知识产权司法鉴定资质,鉴定人员亦出庭对于鉴定依据、鉴定过程、检索情况接受质询,本院予以认定。证据19对于涉案技术秘密的认定具有证明力,本院予以认定。

六、关于原告请求商业秘密保护的技术信息内容即“密点”不为公众所知悉一审法院作出的认定

涉案技术信息不为公众所知悉。

根据2007年《最高人民法院关于审理不正当竞争民事案件应用法律若干问

题的解释》第9条①的规定，有关信息不为其所属领域的相关人员普遍知悉和容易获得，应当认定为《反不正当竞争法》规定的“不为公众所知悉”。本院认为，中华公司的设备图和工艺管道及仪表流程图属于不为公众所知悉的技术信息。首先，涉案技术信息是企业自行设计的非标设备及工艺流程参数信息，主要为计算机应用软件绘制、表达的工程图形信息，经上海市浦东科技信息中心检索未查到有相同文献报道。其次，对于不同香兰素生产企业而言，其使用的生产设备及连接方式、工艺流程的步骤和控制方法往往基于公司的规模、技术实力、实践经验等具有各自的特点。中华公司的设备图、工艺管道及仪表流程图的尺寸、结构、材料信息是根据自身生产工艺对参数优选数值的有机组合，需要经过大量技术研发、检验筛选才能够获得。市场上没有商品化的成套香兰素工业化生产设备技术图纸以及工艺流程图销售，涉案技术信息无法从公开渠道获取，也无法通过观察香兰素产品直接获得。最后，根据〔2017〕沪科咨知鉴字第48－1号《知识产权司法鉴定意见书》的鉴定意见，涉案香兰素生产设备技术图纸在2015年5月30日和2017年8月21日之前分别构成不为公众所知的技术信息。

七、二审判决关于不为公众所知悉的举证、质证、认证、认定

（一）二审期间关于不为公众所知悉的举证

二审举证期间两原告就不为公众所知悉没有提交新的证据。在二审庭审前夕，五被告的委托诉讼代理人向二审法院提交了如下新证据中的3、4、5用以证明原告要求商业秘密保护的技术信息内容即”密点“为公众所知悉。具体如下。

证据3：硕士论文《乙醛酸法香兰素新工艺技术研究》，用以证明香兰素乙醛酸法主干生产工艺和主要生产设备的布置连接关系在2003年已经为公众所知。

证据4：化工设备图册、化工设备结构图册、管壳式换热器国家标准，用以证明早在1974年就已经大量存在与中华公司香兰素生产线主要设备结构组成相同、尺寸和开口位置相似的设计，中华公司的设备图纸不构成技术秘密。

证据5：化工制图（华东化工学院、武汉化工学院），用以证明化工生产中设备的设计规范，只要提出基本要求，就可以画出相应的施工图，常见化工设备并不属

① 该条已被《最高人民法院关于审理侵犯商业秘密民事案件适用法律若干问题的规定》（法释〔2020〕7号）第3条取代。

于不为公众所知悉的内容。

（二）二原告在二审中针对被告二审期间提交证据3、4、5的质证意见

证据3论文公开了使用改性片麻岩作为催化剂及利用空气作为氧化剂的催化氧化法，与涉案技术秘密采用硫酸铜化学氧化法的工艺不同；证据4存在原件与复印件不一致的情形，且无具体公开时间，所有图纸均与香兰素生产无关，同时其未完整公开涉案香兰素的生产工艺；证据5中武汉化工学院编制的“化工制图”无原件，故不认可其真实性，认可华东化工学院编制的“化工制图”的真实性和公开性，同时上述“化工制图”中的所有设备图、流程图等均与香兰素生产无关，且王龙集团公司、王龙科技公司、喜孚狮公司、傅某根与王某军未提交上述“化工制图”中与涉案香兰素生产工艺的技术比对说明。

（三）二审法院对五被告的二审证据3、4、5的认证

证据3公开的技术与涉案工艺不同；证据4与证据5中华东化工学院编制的“化工制图”虽然存在原件与复印件不一致的情形，但王龙集团公司、王龙科技公司、喜孚狮公司、傅某根、王某军的委托诉讼代理人的解释尚属合理，本院对其真实性予以确认，但证据4及证据5中华东化工学院编制的“化工制图”均与香兰素生产无关，同时证据5中武汉化工学院编制的“化工制图”无原件，故不能确认其真实性。

（四）二审法院针对两原告请求商业秘密保护的技术信息内容即“密点”不为公众所知悉作出的认定

中华公司和欣晨公司的设备图和工艺管道及仪表流程图属于不为公众所知悉的技术信息。首先，涉案技术信息是企业自行设计的非标设备及工艺流程参数信息，主要为计算机应用软件绘制、表达的工程图形信息，现有证据不能证明其已经在先公开。其次，对于不同香兰素生产企业而言，其使用的生产设备及连接方式、工艺流程的步骤和控制方法往往基于企业的规模、技术实力、实践经验等具有各自的特点。中华公司的设备图、工艺管道及仪表流程图的尺寸、结构、材料信息是根据自身生产工艺对参数优选数值的有机组合，需要经过大量技术研发、检验筛选才能够获得。市场上并不存在标准化的成套香兰素工业化生产设备技术图

纸以及工艺流程图，涉案技术信息无法从公开渠道获取，也无法通过观察香兰素产品直接获得。最后，根据〔2017〕沪科咨知鉴字第48－1号《知识产权司法鉴定意见书》的鉴定意见，涉案香兰素生产设备技术图纸在2015年5月30日和2017年8月21日之前分别构成不为公众所知的技术信息。当然，时至今日也没有证据证明上述涉案香兰素生产设备技术图纸已经被公开并为相关公众所普遍知悉。

第五节　关于采取了合理保密措施的主张、举证、抗辩、认证、认定

一、一审中原告对采取了合理保密措施的主张和举证、被告的质证、法院的认证

（一）两原告的主张

两原告主张对本案要求商业秘密保护的技术信息内容即"密点"采取了合理保护措施。

（二）两原告的举证

两原告用第五组（证据41—67、96）进行证明。所举证据具体如下：

证据41、45、50：文件控制程序；

证据42、46、53：记录控制程序；

证据43、48、55：各部门职责与目标、岗位职责；

证据44：质量和食品安全手册；

证据49：食品安全、质量和环境管理手册；

证据47、54：设备/设施管理程序；

证据51、52：香兰素作业指导书；

证据56：档案与信息化管理安全保密制度；

证据57：2007年贯标培训记录；

证据58：职工手册；

证据59：傅某根劳动合同和辞职报告；

证据 60—66:中华公司与李某军等 7 名员工的劳动合同和保密协议;
证据 67:仲某英询问笔录;
证据 96:欣晨公司与员工签订的劳动合同、补充协议、保密协议。

(三)五被告的质证意见

五被告对证据 59 无异议;证据 41—56、58、96 系原告单方提供,五被告对其真实性不予认可。证据 57、60—67 与本案不具有关联性,五被告认为此证据不能实现其证明目的。

(四)一审法院的认证意见

对原告关于采取了合理保密措施所举证据,一审法院经审查认为:证据 41—56、58、96 为原件,虽系原告单方提供,但企业对于商业秘密采取的保密措施属于企业内部管理制度,通常以内部规范性文件等形式体现,本院对该些证据予以认定;证据 57、59—66、96 的真实性本院予以确认,能否实现其证明目的将结合争议焦点在后评述;证据 67 因相关证人未出庭作证,笔录内容的真实性不能确定,本院不予认定。

二、被告对采取了合理保密措施的抗辩及举证、质证、认证

(一)五被告的抗辩主张

五被告主张原告对要求商业秘密保护的技术信息内容即“密点”没有采取合理保密措施,主张涉案技术秘密包含了案外人中华集团公司在 2002 年与欣晨公司签订的技术开发合同中的内容,该公司亦属于涉案技术信息的共有人。但从现有证据来看,中华集团公司、欣晨公司均未对诉争技术信息采取合理、有效的保密措施。

(二)五被告就原告没有采取合理保密措施的举证

五被告用其证据 10,拟证明中华公司未采取保密措施。

(三)两原告的质证意见

两原告质证认为该证据无法实现其证明目的。

（四）一审法院的认证意见

本院经审查认为，因相关证人未出庭作证，该证据的真实性不能确定，本院不予认定。

三、一审法院就原告采取的保密措施查明的事实及作出的认定

（一）一审法院就保密措施查明的事实

自2003年起，中华公司先后制定了文件控制程序、记录控制程序、食品安全、质量和环境管理手册、设备/设施管理程序等文件。文件控制程序规定，将公司文件进行编号、按受控、非受控分类管理，凡与质量体系运行紧密相关的文件列为受控文件，香兰素作业指导书上标有“受控”字样。由文件管理员负责文件的发放、更改、回收及原件的存查管制工作；文件的发放、回收建立登记记录；文件领用人须妥善保管领取的文件，不得涂改或擅自更改，不得私自转让、外借，不得改变文件的原装订形式，不可私自复印。由企业管理部负责管理性文件、技术部负责工艺文件管理等。记录控制程序规定，公司人员查阅记录时，须经保管部门主管同意；所有记录的原件一律不予外借。设备/设施管理程序规定，设备动力部负责对生产、工艺设备、环境运行设备等的归口管理，建立设备档案；设备说明书、合格证、安装图及其他相关资料交设备部设备管理员归入设备档案。食品安全、质量和环境管理手册规定，建立档案室和档案与信息化管理安全保密制度，设有专职档案管理人员。各部门岗位职责规定，技术部负责公司产品技术文件的标准化审查工作和标准化资料的登记、备案、存放、查阅等。职工手册规定，由安全员检查、督促员工遵守安全生产制度和操作规程，做好原始资料的登记和保管工作。中华公司就其内部管理规定对员工进行了培训，傅某根于2007年参加了管理体系培训、环境管理体系培训、宣传、教育培训、贯标培训。

2010年3月25日，中华公司制定《档案与信息化管理安全保密制度》，内容包括，对于公司纸质或电子形式存在的技术方案、操作规程、设备图纸、实验数据、操作记录等作为公司涉密信息，公司所有职工必须保守秘密；任何部门及个人不得私自窃阅公司档案信息；公司工作人员发现公司秘密已经泄露或者可能泄露时，应当立即采取补救措施；公司与接触相关技术和操作规程的员工签订《保密协议》等。同年4月起，中华公司与员工陆续签订保密协议，对商业秘密的范围和员工

的保密义务作了约定。中华公司曾要求傅某根签订保密协议，傅某根以打算辞职为由拒绝签订。

两原告之间签订的《技术开发合同》《技术转让合同》《关于企业长期合作的特别合同》均有保密条款的约定。欣晨公司法定代表人以及主要技术人员向中华公司出具《承诺和保证书》，保证为中华公司已开发的所有技术成果及其他知识产权不被泄露或披露给任何第三方。欣晨公司管理条例、与员工的劳动合同中订有保密条款，明确公司商业、管理及技术资料为涉密信息。

（二）一审法院就保密措施作出的认定如下

根据2007年《最高人民法院关于审理不正当竞争民事案件应用法律若干问题的解释》第11条[①]规定，权利人为防止信息泄漏所采取的与其商业价值等具体情况相适应的合理保护措施，应当认定为反不正当竞争法规定的“保密措施”。人民法院应当根据所涉信息载体的特性、权利人保密的意愿、保密措施的可识别程度、他人通过正当方式获得的难易程度等因素，认定权利人是否采取了保密措施。本院认为，涉案技术信息属于两原告共有，双方均应采取相应的保密措施。首先，关于中华公司的保密措施，中华公司制定了文件控制程序、记录控制程序等管理性文件，对于公司重要文件、设备进行管理；由专人对文件的发放、回收进行管理和控制，上述规定通过培训等方式向员工公开，表明其对自身商业秘密具有保密意愿。具体到涉案技术信息，两原告之间签订的技术开发合同约定有保密条款。中华公司也制定了《档案与信息化管理安全保密制度》，虽然傅某根因自身原因未与中华公司签订保密协议，但中华公司与其他员工签订了保密协议，对于保密范围、保密措施以及违反保密义务的后果作了约定，明确技术方案、操作规程、设备图纸等为公司涉密信息。从效果来看，傅某根在庭审中陈述涉案图纸有专门部门保管，其无法轻易获取，且涉案技术信息至今仍未被公开，表明中华公司的保密措施与涉案技术信息价值基本相适应，客观上起到了保密效果。其次，关于欣晨公司的保密措施，该公司管理条例中有关于保密纪律的规定，与员工的劳动合同中也订有保密条款。欣晨公司自2008年起仅为中华公司一家提供技术服务，自身

① 该条已被《最高人民法院关于审理侵犯商业秘密民事案件适用法律若干问题的规定》（法释〔2020〕7号）第5条取代。

并不从事实际生产，在经营中或与第三方交易中泄密的可能性较小，其采取的措施符合保密措施的程度要求。最后，五被告辩称中华集团公司系涉案图纸的共有人之一，亦负有保密义务。本院认为，中华集团公司在涉案技术信息形成前已经注销，其权利义务由中华公司承继，本案无须考虑中华集团公司的保密措施，五被告该项抗辩理由不能成立。

综上所述，涉案技术信息系不为公众所知悉、具有商业价值并经权利人采取相应保密措施的技术信息，符合《反不正当竞争法》规定的技术秘密的构成要件，应受法律保护。

四、二审中被告对保密措施的主张、法院认定

（一）保密措施

二审期间两原告没有就保密措施提交新的证据。

（二）二审中被告的主张

1. 一审五被告中除王某军外的四被告上诉主张，中华公司与欣晨公司没有对涉案技术秘密采取合理的保密措施。被告王某军同意该上诉主张。

2. 五被告在二审期间就保密措施没有提交新的证据。

五、二审判决关于保密措施作出的认定如下

二审判决对一审判决关于保密措施查明的事实予以确认，并就保密措施作出如下论述。

“保密措施”一般是指权利人为防止信息泄漏所采取的与其商业价值等具体情况相适应的合理保护措施，通常应当根据商业秘密及其载体的性质、商业秘密的商业价值、保密措施的可识别程度、保密措施与商业秘密的对应程度以及权利人的保密意愿等因素，认定权利人是否采取了相应保密措施。

中华公司对涉案技术信息采取了相应的保密措施。中华公司制定了文件控制程序、记录控制程序等管理性文件，对公司重要文件、设备进行管理；由专人对文件的发放、回收进行管理和控制，并规定通过培训等方式向员工公开，表明其具有保密意愿且采取了保密措施。具体到涉案技术信息，中华公司与欣晨公司之间签订的技术开发合同约定有保密条款，中华公司也制定了《档案与信息化管理安

全保密制度》等管理规定,并对职工多次进行保密宣传、教育和培训。傅某根在原审庭审中陈述涉案图纸有专门部门保管,其无法轻易获取。由于上述保密措施,涉案技术信息至今仍未被公开。可见,中华公司的保密措施与涉案技术信息价值基本相适应,客观上起到了保密效果。

欣晨公司对涉案技术信息采取了相应的保密措施。欣晨公司管理条例中有关于保密纪律的规定,其与员工的劳动合同中也订有保密条款。欣晨公司自2008年起仅为中华公司一家提供技术服务,自身并不从事实际生产,没有证据表明其在经营中或者与第三方交易中披露过涉案技术秘密,其采取的措施合理且有效。

综上所述,涉案技术信息系不为公众所知悉、具有商业价值并经权利人采取相应保密措施的技术信息,符合技术秘密的法定构成要件,依法应受法律保护。王龙集团公司、王龙科技公司、喜孚狮公司、傅某根有关涉案技术信息不构成技术秘密的上诉主张缺乏事实和法律依据,本院不予支持。

第六节　关于具有商业价值的举证、质证、认证、认定

一、一审中关于请求商业秘密保护的技术信息内容即“密点”具有商业价值的举证、质证、认证

(一)原告的举证

一审中两原告用第二组证据(证据4—27)证明两原告技术的先进性和环保性,用第四组证据(证据29—40、82—85、95)证明涉案技术秘密的研发过程及研发和维护成本,并主张,具有技术先进性和环保性,同时付出巨大研发和维护成本的技术,必然具有商业价值。

1. 第二组证据(证据4—27)具体如下。

证据4—22:中华公司的荣誉证书18份;

证据23:ISO9001:2008认证证书;

证据24:ISO22000:2005认证证书;

证据25—27:ISO4001:2004认证证书3份。

2. 第四组关于技术秘密的合法来源及研发成本的证据。

证据29—31:中华集团公司与欣晨公司2002年11月22日签订的香兰素合成新工艺技术开发合同、技术转让合同、补充合同共3份;

证据32:技术开发费用发票;

证据33:中试设备发票;

证据34:两原告2006年9月26日签订的《技术转让合同》;

证据35:《关于同意嘉兴市中华化工有限责任公司要求扩建年产1万吨合成香料(乙醛酸法)生产线技改项目立项的批复》;

证据36:《关于嘉兴市中华化工有限责任公司10000t/a合成香料(乙醛酸法)新技术技改项目环境影响报告书初审意见的函》;

证据37:《关于嘉兴市中华化工有限责任公司10000t/a合成香料(乙醛酸法)新技术技改项目环境影响报告书审查意见的函》;

证据38:技术转让发票;

证据39:两原告关于企业长期合作的特别合同以及承诺和保证书;

证据40:技术开发费发票;

证据82:香兰素新工艺研发、维护成本投入汇总表;

证据83:技术开发费、非专利技术发票;

证据84:1万吨/年合成香料技改项目工程造价咨询报告书;

证据85:一万吨乙醛酸固定资产—机器设备登记表;

证据94:两原告与华东理工大学工程设计研究院签订的《建设工程设计合同》、香兰素工程非标设备加工制作协议和合同、南通平潮压力容器制造有限公司出具的说明、“密点”载体图存储光盘;

证据95:中华集团公司工商登记档案资料,包括企业改制批复、决议、资产评估报告、债权债务承担承诺、验资报告等。

(二)被告对第二组证据和第四组证据的质证意见

1. 对第二组证据的质证意见

五被告质证认为,对证据4—17、19—25、27的真实性、合法性没有异议,但不认可与本案的关联性;证据18、26没有原件,对其真实性不予认可。

2. 对第四组证据的质证意见

五被告质证认为，证据34系复印件，证据32、33、38、40、83无实际付款凭证佐证，证据82、85系原告单方制作，证据95无法确定与原件是否相符，对以上证据的真实性均不予认可；对证据29—31、35—37、39、84的关联性不予认可。

（三）一审法院对原告第二组和第四组证据的认证

1. 对第二组证据的认证

本院经审查认为，证据4—7、9、11、12、19的真实性可以确定，对于中华公司香兰素生产技术的先进性和商业价值具有证明力，本院予以认定。证据18、26缺乏原件，证据8、10、13—17、20—27与本案诉争的技术秘密不具有直接关联性，本院不予认定。

2. 对第四组证据的认证

本院经审查认为，证据29—31、39的真实性可以确定，与本案具有关联性，本院予以认定。证据34虽为复印件，但有付款发票佐证，且内容与证据29—31相互印证，本院予以认定。证据32、33、38系增值税发票原件，本院予以认定。证据35—37均为相关政府机关的审批文件，对于两原告技术秘密的来源和形成时间具有证明力，本院予以认定。证据40、83、84与本案缺乏关联性，本院不予认定。证据82、85系原告自行制作，真实性不能确定，本院不予认定。证据95系中华集团公司在成立和改制时向政府主管部门报送的审批文件，与中华公司的主体情况具有关联性，本院予以认定。

（四）商业价值

被告在一审中就原告要求商业秘密保护的技术信息内容即“密点”不具有商业价值没有进行举证。

二、一审法院关于原告要求商业秘密保护的技术信息内容即“密点”具有商业价值查明的事实及作出的认定

（一）一审法院就原告要求商业秘密保护的技术信息内容即“密点”具有商业价值查明的事实

一审法院虽然没有专门就要求商业秘密保护的技术信息内容具有商业价值

查明相关事实，但一审法院就两原告的主体情况及涉案技术信息的研发过程查明的以下事实，其实就是请求商业秘密保护的技术信息内容具有商业价值的事实。

中华公司成立于2003年2月19日，注册资本5000万元，经营范围：年产邻氨基苯甲醚1万吨、氮气288万立方米、氧气180万立方米、氢气720万立方米、邻硝基苯酚600吨、甲醇（回收）1万吨、乙醇（回收）8000吨、甲苯（回收）3.5万吨（凭有效许可证经营）。黄樟油、愈创木酚、氯化铵、食品添加剂、香兰素、乙基香兰素、5－醛基香兰素的生产（凭有效的生产许可证经营）；化工产品及化工原料的销售；乙醛酸、硫酸钠、氯化钠、香精的销售；市场投资与管理；道路货物运输；自有房屋租赁。中华公司前身为嘉兴市中华化工总厂，1995年，该厂经浙江省嘉兴市秀城区人民政府批准组建成立中华集团公司，嘉兴市中华化工总厂厂名继续保留。2003年2月19日，嘉兴市中华化工总厂改制后成立中华公司，所有债权债务由中华公司承继，其后中华集团公司被注销。

中华公司系全球主要的香兰素制造商，具有较强的技术优势。2003年1月，嘉兴市中华化工总厂四分厂的“食品添加剂香兰素”经浙江省科学技术厅认定为高新技术产品。2008年、2011年中华公司连续获得浙江省科学技术厅、财政厅联合颁发的“高新技术企业”证书。2010年，中华公司被中国轻工业联合会评为“2009年度中国轻工业香料香精行业十强企业”第一名。2011年，中华公司和欣晨公司的“香兰素清洁生产新技术及工程应用”项目获浙江省科学技术奖二等奖。同年，中华公司的“香兰素生产绿色工艺”获“中国轻工业联合会科学技术进步一等奖”。2013年，中华公司、欣晨公司作为完成单位的“香兰素分离技术及工程应用”通过中国轻工业联合会科学技术成果鉴定。

欣晨公司成立于1999年11月5日，注册资本100万元，经营范围生物、化工专业领域内的技术服务、技术咨询、技术开发、技术转让及新产品的研制。

2002年11月22日，中华集团公司（甲方）与欣晨公司（乙方）签订《技术开发合同》《技术转让合同》及补充合同，主要内容包括：乙方以交钥匙方式向甲方交付年产3000吨香兰素新工艺的工艺配方、操作规程、质量控制要求、原材料质量要求、生产装置的设计技术要求和参数等的技术资料；技术成果的归属由乙方所有；专利权归甲方共同申请并所有；项目中的技术资料由双方共有；工业化项目工程设计、设备非标设计由双方协商指定相当资质的设计单位进行正规系统设计，设计费由甲方支付。合同约定的研究开发经费及报酬500万元由中华集团公司、中华公司先后付清。2005—2006年期间，中华公司为其技改项目购买设备、工程安装支付了相关费用。2006年9月26日，中华公司与欣晨公司签订《技术转让合同》，委托欣晨公司在已有研发成果基础上，设计采用乙醛酸法生产香兰素新工艺的生产线，合同约定：由欣晨公司在合同签订240天内向中华公司交付可行性研究报告、工艺流程图、设备布置图、设备一览表、非标设备条件图、土建基础施工图，以及工艺、土建、仪表、电器、公用工程等全套工程设计文件；相关技术仅在甲方（中华公司）用乙醛酸法生产甲基香兰素车间内使用；相关技术属双方共有。2007年2月8日，浙江省嘉兴市南湖区经济贸易局批复同意中华公司扩建年产10000t/a合成香料（乙醛酸法）新技术技改项目，项目建设期1年。同年6月19日，浙江省嘉兴市环境保护局批准中华公司1万吨合成香料（乙醛酸法）新技术技改项目，新建甲基香兰素生产装置2套，乙基香兰素生产装置1套及配套设施，项目建成后产能达到甲基香兰素9000吨/年，乙基香兰素1000吨/年。2007年10月，中华公司委托通州市平潮压力容器制造有限公司制造香兰素生产所需非标设备共199种，合同约定两个月内交货。设备图由南通职大永泰特种设备设计有限公司根据中华公司提供的条件图设计完成。华东理工大学工程设计研究院接受两原告委托设计完成项目所需工艺管道及仪表流程图。2007年12月，中华公司新技术技改项目土建、安装工程竣工。中华公司于同年12月29日前向欣晨公司支付了技术转让款350万元。

2008年7月16日，中华公司与欣晨公司签订《关于企业长期合作的特别合同》，约定欣晨公司放弃对外一切经营业务，仅作为为中华公司一家进行技术研发的企业，在合同规定的合作期间研发的所有技术成果知识产权归中华公司所有，合同期10年；双方合作之前签署所有技术合同履行、结算与新的合作合同无关。

（二）一审法院就原告要求商业秘密保护的技术内容具有商业价值作出的认定

技术信息能够给经营者带来经济利益或者竞争优势，应当认定具有商业价值。中华公司系香兰素行业的龙头企业，其投入大量时间和成本研发的生产设备和工艺流程，具有转化制造和间接进行产品生产的价值，能够提高生产效率，降低生产成本，从而为企业带来经济利益和竞争优势，具有明显的商业价值。

三、二审期间关于请求商业秘密保护的技术信息内容即“密点”具有商业价值的举证、质证、认证及认定

（一）二审期间原告没有就具有商业价值提交新的证据

被告虽然主张要求商业秘密保护的技术信息内容即“密点”不具有商业秘密的法定要件，但没有就不具有商业价值提出新的证据。

（二）二审法院就一审法院针对请求商业秘密保护的技术信息内容具有商业价值查明的事实予以确认，并就具有商业价值作出的认定

中华公司和欣晨公司的涉案技术信息具有极高的商业价值。中华公司系香兰素行业的龙头企业，其投入大量时间和成本研发的生产设备和工艺流程已经实际投入生产，提高了其香兰素产品的生产效率，并为企业形成市场优势、创造可观利润，从而为企业带来经济利益和竞争优势，故涉案技术信息明显具有极高的商业价值。

第七节　关于被告对原告技术秘密获取的主张、举证、质证、抗辩、认证、认定

一、原告对报告获取原告涉案技术秘密的举证、被告的质证、法院的认证

（一）原告的举证

本案一、二审中，原告都没有专门对被告获取原告涉案技术内容进行举证，而是用其第六组证据（证据68—77、86、86—1、86—2、86—3、88、92），证明五被告实施了侵害两原告技术秘密的行为。其中，证据68—71李某、傅某根、吴某根、曹某林询问笔录可能与被告获取原告涉案技术内容的举证有关，但根据一审、二审判决书无法判断其内容；其余证据应该与被告获取原告涉案技术内容的举证无关。

(二)被告的质证意见

五被告质证对证据68、70、71内容的真实性不予确认,并认为证据69部分内容与实际情况不符。

(三)一审法院的认证意见

法院经审查认为,证据68、70、71因相关证人未出庭作证,故对其不予认定。证据69系傅某根本人陈述,法院予以认定。

二、一审法院向南湖区公安分局调取的证据对被告获取原告涉案技术内容的证明

(一)一审法院从南湖区公安分局调取的下列证据应该与被告获取原告涉案技术内容有关

证据1:南湖区公安分局对冯某义的询问笔录4份以及冯某义提交的领条、银行汇票、现金支票、银行进账单和账号流水;

证据2:南湖区公安分局大桥派出所对冯某义的询问笔录2份以及冯某义提交的香兰素生产设备图纸200张,嘉兴智英公司企业名称预先核准通知书、《香兰素技术合作协议》、银行汇票、主要设备清单、工艺流程图14张;

证据3:王某军、费某良、傅某根的询问笔录;

证据4—8:对五家相关企业员工的询问笔录、买卖合同、技术协议、技术文件、记账凭证及发票;

证据9:浙江杭特容器有限公司(以下简称杭特公司)员工的询问笔录、买卖合同、报价单、设备条件图105张、设计图80张;

证据10:曹某林等证人询问笔录3份及其提交的材料;

证据11:王某俊等证人询问笔录4份;

证据14:《宁波王龙科技股份有限公司年产6万吨乙醛、4万吨丁烯醛、2万吨山梨酸钾、0.6万吨香兰素生产项目环境影响报告书》(报批稿)及附件。

(二)原告的质证意见

两原告质证认为,除证据3王某军、傅某根、费某良证言中否认窃取涉案技术

秘密的内容不真实外,对其他证据的"三性"均予以认可。

(三)被告的质证意见

五被告质证对证据1、2的形式真实性无异议,但冯某义的证言存在虚假陈述;对证据3无异议。另外,认为证据4—8、9与本案没有关联性;证据10、11笔录内容的真实性无法确定;对证据14"三性"无异议。

(四)一审法院的认证意见

本院经审查认为,证据1、2冯某义的证言及其提交的图纸等均系本案的关键证据,本院认为冯某义系本案相关事实的经历者和参与者,有义务客观陈述其亲身感知的事实,故本院通知冯某义作为证人出庭作证。冯某义出庭陈述称:其对证据1、2中询问笔录的内容以及相关书证、物证的真实性均予以认可。冯某义为浙江省嘉兴市湖区大桥镇中华村(以下简称中华村)村民,从2009年起开始联络中华公司的员工并寻找利用中华公司的香兰素生产技术赚钱的机会。后来找到傅某根、费某良,三人一起到王龙科技公司,以其女婿王某俊筹建的嘉兴市智英工程技术咨询有限公司(以下简称嘉兴智英公司)名义与王某军签订了《香兰素技术合作协议》,主要目的是把中华公司的香兰素技术转让给王龙科技公司并从中获利。傅某根是中华公司员工,熟悉中华公司的香兰素生产技术,主要负责提供技术资料。协议签订后,冯某义通过背书现金支票的方式领取了王龙集团公司支付的100万元,从中分给傅某根40万元、费某良26万元。随后,傅某根交给冯某义一个U盘,其中存有中华公司香兰素生产技术图纸和技术资料,冯某义转交给了王某军,自己也复制了一个U盘。三人随后都加入王龙科技公司,一起工作了三个多月,主要进行香兰素生产线的建设,傅某根负责生产技术,冯某义负责一些销售工作,起初月工资2万元。本院认为,冯某义出庭作证并接受当事人质询,其所作的证言与公安机关询问笔录的内容基本一致,且与本案中的相关书证、U盘、设备图和工艺管道及仪表流程图、《香兰素技术合作协议》、支票、收款凭证等客观证据相互印证,同时傅某根、王某军、费某良对于签订《香兰素技术合作协议》、支付和收取钱款、到王龙科技公司任职等事实也予以认可,故以上证据能够形成完整的证据链,本院对证据1、2的效力均予以认定。

证据3的形式真实性本院予以认定。证据4—9系公安机关依职权制作,笔录内容与相关买卖合同、技术文件、发票、设备图等客观证据相互印证,真实性可以确定,本院予以认定。证据 10—11 中王某俊的证言与冯某义的证言及其提交的证据能够相互印证,本院予以认定;其他询问笔录因相关证人未出庭作证,笔录内容真实性无法确定,本院不予认定。

三、被告对其从原告获取的技术内容的举证

被告没有对其从原告获取的技术内容进行举证。

四、一审法院就被告从原告获取的技术内容查明的事实及作出的认定

(一)查明的事实

被告傅某根自 1991 年进入中华公司(1995 年之前名为嘉兴市中华化工总厂)工作,2008 年起担任香兰素车间副主任,主要负责香兰素生产设备维修维护。2010 年春节前后,冯某义与傅某根、费某良开始商议并寻求香兰素生产技术的交易机会。同年 4 月 12 日,三人前往王龙集团公司与王某军洽谈香兰素生产技术合作事宜,以嘉兴智英公司作为甲方,王龙集团公司香兰素分厂作为乙方,签订《香兰素技术合作协议》,主要内容包括以下几条:第 1 条,甲方以其所持有国内外最新、最先进生产香兰素新工艺技术为该项目入股王龙集团公司香兰素分厂,甲方暂定为该项目技术价值 500 万元,8% 作为香兰素产品的股份。第 2 条,甲方提供有关的技术资料,进行技术指导、传授技术诀窍,使该技术顺利转让给乙方。掌握所有产品的工艺技术,包括产品工艺流程图、设备平面布置图、非标设备加工图、涉及香兰素项目的所有技术资料……第 7 条,甲方技术人员小组(四人)应跟乙方一起联合,筹建该项目各种事务及筹备销售业务渠道等确保甲方帮助销售 1 年 1000 吨以上销量及各方面工作。落款处甲方由“嘉兴市智英工程技术咨询有限公司(筹)”签章,法定代表人处由冯某义签字,乙方由“王龙集团”签章,保证人栏由冯某义、傅某根、费某良签字。同日,王龙集团公司向嘉兴智英公司开具 100 万元银行汇票,冯某义通过背书转让后支取 100 万元现金支票,从中支付给傅某根 40 万元、费某良 24 万元。随后,傅某根交给冯某义一个 U 盘,其中存有香兰素生产设备图 200 张、工艺管道及仪表流程图 14 张、主要设备清单等技术资料,冯某义转交给了王某军。同年 4 月 15 日,傅某根向中华公司提交辞职报告,同年 5 月傅某根从中华公司离职,与冯某义、费某良进入王龙科技公司香兰素车间工作。

（二）一审法院就被告从原告获取的技术内容作出的认定

一审法院认定，被告从原告获取的技术内容包括 185 张设备图和 15 张工艺流程图（详见一审判决书附件 2）。

一审法院作出上述认定的依据如下：原告涉案技术秘密的载体为 287 张设备图和 25 张工艺管道及仪表流程图，被诉侵权技术信息载体为被告获取的 200 张设备图和 14 张工艺流程图。经比对，各方当事人均认可被诉侵权图纸中有 184 张设备图与涉案技术秘密中设备图的结构型式、大小尺寸、设计参数、制造要求均相同，设备名称和编号、图纸编号、制图单位等也相同，共涉及 40 个非标设备；有 14 张工艺流程图与中华公司的工艺管道及仪表流程图的设备位置和连接关系、物料和介质连接关系、控制内容和参数等均相同，其中部分图纸标注的图纸名称、项目名称、设计单位也相同。

需要明确的是，王龙科技公司提供给杭特公司的脱甲苯冷凝器设备图、王龙科技公司环境影响报告书附 15 氧化单元氧化工序流程图虽然未包含在冯家义提交的图纸之内，但均属于两原告涉案技术秘密的范围，鉴于王龙科技公司已在设备加工和环评申报中加以使用，可以确定被告获取到了该两份图纸。故本院认定，被告获取的技术秘密包括 185 张设备图和 15 张工艺流程图（详见一审判决附件 2）。

五、二审判决对一审判决关于被告从原告获取的技术内容查明的事实和作出的认定予以确认

二审判决认为，一审判决认定王龙集团公司等被诉侵权人从原告非法获取的技术秘密包括 185 张设备图和 15 张工艺流程图，并无不当。二审判决予以确认。

第八节　关于被告使用涉案技术秘密的举证、质证、认证、认定

本案中原告没有就被告使用的涉案技术内容直接进行举证，而是通过申请一审法院向公安机关调取的证据认定被告使用的涉案技术内容，被告也没有就其使用的涉案技术内容提交证据、申请法院现场勘验。关于被告使用的涉案技术方案

内容的证据的举证,是由一审法院在庭审时出示并由原告质证、被告质证后予以认证的。

一、一审中就一审法院向公安机关调取的关于被告使用的涉案技术方案内容的证据的出示、质证、认证

(一)一审法院出示的证据名称

以下证据编号和名称与一审判决书所附的一审法院从南湖区公安分局调取的证据的编号和名称一致。

证据9:杭特公司员工的询问笔录、买卖合同、报价单、设备条件图105张、设计图80张;

证据12:《关于宁波王龙科技股份有限公司年产6万吨乙醛、4万吨丁烯醛、2万吨山梨酸钾、0.6万吨香兰素生产项目环境影响报告书的批复》;

证据13:《关于宁波王龙科技股份有限公司年产6万吨乙醛、4万吨丁烯醛、2万吨山梨酸钾、0.6万吨香兰素生产项目环境影响报告书初审意见的函》;

证据14:《宁波王龙科技股份有限公司年产6万吨乙醛、4万吨丁烯醛、2万吨山梨酸钾、0.6万吨香兰素生产项目环境影响报告书》(报批稿)及附件;

证据15—16:《关于下达宁波市2013年度第二批科技项目经费计划的通知》及王龙科技公司乙醛酸法新工艺技术制备香兰素及产业化项目申报材料。

(二)原告的质证意见

两原告对以上证据的“三性”均予认可。

(三)被告的质证意见

五被告认为证据9与本案没有关联性;对证据12—16“三性”无异议。

(四)一审法院的认证意见

证据9系公安机关依职权制作,笔录内容与相关买卖合同、技术文件、发票、设备图等客观证据相互印证,真实性可以确定,本院予以认定。

一审判决书中没有记载对上述证据12—16的认证意见。

二、一审法院关于被告使用的涉案技术方案内容查明的事实

2010年5月9日,王龙科技公司与案外人上海宝丰机械制造有限公司签订买卖合同,购买一批非标压力容器。同年6月4日,王龙科技公司与杭特公司签订买卖合同,购买一批非标设备。合同均约定供方按需方的工艺条件图设计图纸,经需方确认后按图施工。南湖区公安分局调取了王龙科技公司向杭特公司提供的设备图105张,其中部分设备图显示设计单位为南通职大永泰特种设备设计有限公司,部分图纸上有傅某根、费某良签字或"技术联系傅工 015168590182 王龙"字样,傅某根确认该移动电话号码系其所有。同期,王龙科技公司向其他厂家购买了离心机、干燥机等设备。以上合同均实际履行完毕。

2011年3月15日,宁波市环境保护局批复同意王龙科技公司山梨酸(钾)、醋酐、双乙烯酮及醋酸衍生产品、香兰素建设项目环境影响报告书,批准香兰素年产量为5000吨。同年6月,王龙科技公司开始生产香兰素。2013年4月,浙江省宁波市科学技术局批复对王龙科技公司"乙醛酸法新工艺技术制备香兰素及产业化"科技项目给予经费支持,项目负责人包括王某军、傅某根等3人,王龙科技公司在申报材料中自称傅某根曾任中华公司香兰素项目技术负责人之一,参与年产1万吨乙醛酸法合成香兰素连续化生产线设计及建设。

2015年8月18日,宁波市环境保护局批准王龙科技公司新建2套共0.6万吨香兰素生产装置,香兰素的生产采用愈创木酚乙醛酸法。王龙科技公司向该局申报的《年产6万吨乙醛、4万吨丁烯醛、2万吨山梨酸钾、0.6万吨香兰素生产项目环境影响报告书》(以下简称环境影响报告书)包含了碱化与缩合酸化单元、木酚萃取单元、氧化单元氧化工序、氧化单元亚铜回收工序、脱羧单元、香兰素萃取、分馏单元、香兰素结晶和乙醇回收单元、辅助工段9张工艺流程图。

三、一审法院就被告使用的涉案技术内容作出的认定

本院认为,两原告在举证期限内没有申请对王龙科技公司的生产装置和工艺流程进行证据保全或现场勘验,被告对于涉案技术秘密的使用情况仅能根据现有证据认定。首先,王龙科技公司向杭特公司提供了设备图,杭特公司据此设计制造并交付了相应的设备,可以认定王龙科技公司使用了该些设备图。其次,环境影响报告书系王龙科技公司向宁波市环境保护局提交,则王龙科技公司负有如实

申报义务,该项目经过审查批准,已完成建设并实现了工业化生产,王龙科技公司庭审中亦认可后续没有进行过项目变更,故可以认定王龙科技公司使用了环境影响报告书中的工艺流程图。再次,考虑到香兰素生产设备和工艺流程通常具有配套性,如果证据之间能够形成证据链,也可以对被告的使用情况进行合理推定。根据查明的事实,王龙科技公司委托上海宝丰机械制造有限公司制造了非标压力设备,虽然未获取到设计图,但其中脱低沸物塔、木酚塔、氧化釜、缩合塔、苯脱净釜、木酚溶解釜、木酚萃取分层塔、脱苯塔、脱水塔再沸器、低沸物冷凝器 10 个设备从名称上看包含在被告获取的侵权图纸范围内,除缩合塔外的 9 个设备在王龙科技公司环境影响报告书的工艺流程图中也有相应记载,在王龙科技公司拒绝提交设备图进行反证的情况下,足以推定王龙科技公司使用了中华公司以上 9 个非标设备的设计图。最后,被告获取的图纸涉及 40 个设备,明显少于原告主张以及香兰素生产线所需的设备数量,在被告尚未获取原告生产线全部设备图纸的情况下,全套复制原告生产装置的客观条件并不充分。从比对情况来看,王龙科技公司交给杭特公司的设备图和其环境影响报告书中的工艺流程图仍有部分与中华公司的技术图纸既不相同也不相似,故本案不足以推定王龙科技公司使用了其获取的全部技术秘密。综上所述,根据现有证据,本院认定,被告使用的技术秘密包括 17 个设备的设计图和 5 张工艺流程图(详见一审判决书附件 3)。

一审判决书附件 3

被告使用的技术秘密清单

序号	被告使用的设备图(主图)名称	被告使用的设备图(主图)图号
1	脱水塔再沸器	PXR0708.0
2	木酚塔	PXR0711.0
3	脱低沸物塔	PXR0712.0
4	脱苯塔	PXR0715.0
5	脱水塔	PXR0716.0
6	冷水槽/热水槽/洗涤水槽	PXR0718.0
7	缩合液换热器	PXR0720.0
8	氧化釜	PXR0727.0
9	苯脱净釜	PXR0730.0

续表

序号	被告使用的设备图(主图)名称	被告使用的设备图(主图)图号
10	木酚脱净釜	PXR0731.0
11	甲苯脱净槽	PXR0731A.0
12	木酚萃取分层塔	PXR0733.0
13	苯脱净分层器	PXR0736.0
14	木酚溶解釜	PXR0740a.0
15	低沸物冷凝器	PXR0744.0
16	甲苯冷凝器	PXR0750A.0
17	脱甲苯冷凝器	PXR0752.0
序号	被告使用的流程图名称	被告使用的流程图图号
1	氧化工段工艺管道及仪表流程图	ECD06306－801AE03－3
2	亚铜氧化工段工艺管道及仪表流程图	ECD06306－801AE03－7
3	脱羧工段工艺管道及仪表流程图	ECD06306－802AE03－1
4	香兰素萃取工段工艺管道及仪表流程图	ECD06306－803AE03－1
5	二结及甲醇回收工段工艺管道及仪表流程图	ECD06306－803AE03－6

四、二审法院关于被告使用涉案技术内容的认定

二审法院认为一审法院认定的上述一审判决附件3(二审判决附件2)属于被告使用的涉案技术内容,还认为一审判决附件2(二审判决附件1)的技术内容也属于被告使用的涉诉技术内容。二审法院认定及论述的内容如下。

原审法院在考虑本案具体情形后,认定王龙集团公司等被诉侵权人使用的技术秘密包括17个设备的设计图和5张工艺流程图,二审法院经审查对上述认定予以认可。在此基础上,二审法院进一步认定王龙集团公司等被诉侵权人实际使用了其已经获取的全部185张设备图和15张工艺流程图。具体理由是:

第一,香兰素生产设备和工艺流程通常具有配套性,其生产工艺及相关装置相对明确固定,王龙集团公司等被诉侵权人已经实际建成香兰素项目生产线并进行规模化生产,故其必然具备制造香兰素产品的完整工艺流程和相应装置设备。

第二,王龙集团公司等被诉侵权人拒不提供有效证据证明其对香兰素产品的完整工艺流程和相应装置设备进行了研发和试验,且其在极短时间内上马香兰素

项目生产线并实际投产。王龙集团公司自傅某根2010年5月到岗后即启动香兰素项目,随后又从中华公司招聘了多名与香兰素生产技术有关的员工,到2011年3月浙江省宁波市环境保护局批准其香兰素年产量为5000吨,再到2011年6月王龙科技公司开始生产香兰素,王龙科技公司的香兰素生产线从启动到量产仅用了1年左右的时间。与之相比,嘉兴市化工总厂自2002年11月与欣晨公司签订《技术开发合同》等合同,到2007年2月经浙江省嘉兴市南湖区经济贸易局批复同意扩建年产10000t/a合成香料(乙醛酸法)新技术技改项目,涉案技术秘密从研发到建成生产线用了长达4年的时间。

第三,王龙集团公司等被诉侵权人未提交有效证据证明其对被诉技术方案及相关设备进行过小试和中试,且其又非法获取了涉案技术图纸,同时王龙科技公司的环境影响报告书及其在向杭特公司购买设备的过程中均已使用了其非法获取的设备图和工艺流程图。综合考虑技术秘密案件的特点及本案实际情况,同时结合王龙集团公司等被诉侵权人未提交有效相反证据的情况,可以认定王龙集团公司等被诉侵权人使用了其非法获取的全部技术秘密。

第四,虽然王龙集团公司、王龙科技公司的香兰素生产工艺流程和相应装置设备与涉案技术秘密在个别地方略有不同,但其未提交证据证明这种不同是基于其自身的技术研发或通过其他正当途径获得的技术成果所致。同时现有证据表明,王龙集团公司等被诉侵权人是在获取了涉案技术秘密后才开始组建工厂生产香兰素产品,即其完全可能在获得涉案技术秘密后对照该技术秘密对某些生产工艺或个别配件装置做规避性或者适应性修改。这种修改本身也是实际使用涉案技术秘密的方式之一。

综上所述,在原审法院认定王龙集团公司等被诉侵权人使用的涉案技术秘密包括17个设备的设计图和5张工艺流程图的基础上,二审法院根据现有证据进一步认定,王龙集团公司等被诉侵权人从中华公司处非法获取的涉案技术秘密,即185张设备图和15张工艺流程图均已被实际使用。需要指出的是,在中华公司与欣晨公司未在举证期限内申请现场勘验的情况下,原审法院未进行现场勘验并无不当,故中华公司与欣晨公司有关原审法院未进行现场勘验导致事实认定错误的上诉主张不能成立,二审法院不予支持。但是,中华公司与欣晨公司有关王龙集团公司等被诉侵权人使用了其从中华公司处非法获取的185张设备图和15张工艺流程图的上诉主张具有事实和法律依据,二审法院予以支持。

一审判决书附件 2(二审判决书附件 1)

被告获取的技术秘密清单

序号	被告获取的设备图名称	被告获取的设备图图号
1	蒸馏装置	PXR0706A.0
2	蒸馏装置	PXR0706B.0
3	蒸发器	PXR0706.2
4	管板	PXR0706.2－1
5	折流板	PXR0706.2－2
6	拉杆 M16	PXR0706.2－4
7	分布板	PXR0706.2－3
8	冷凝器	PXR0706.3
9	管板	PXR0706.3－1
10	折流板	PXR0706.3－2
11	拉杆 M16	PXR0706.3－3
12	初冷器	PXR0706.4
13	甲苯蒸馏塔	PXR0707.0
14	测温套管	PXR0707.1
15	塔顶	PXR0707.2
16	分布器	PXR0707.2.1
17	进料塔节	PXR0707.3
18	耳座	PXR0707.4
19	栅板	PXR0707.5
20	栅板	PXR0707.5
21	塔釜	PXR0707.6
22	甲苯蒸馏塔	PXR0707A.0
23	塔顶	PXR0707A.1
24	进料塔节	PXR0707A.2
25	栅板	PXR0707A.3
26	塔釜	PXR0707A.4

续表

序号	被告获取的设备图名称	被告获取的设备图图号
27	脱水塔再沸器	PXR0708.0
28	管板	PXR0708-1
29	拉杆	PXR0708-2
30	折流板	PXR0708-3
31	脱甲苯塔	PXR0709.0
32	塔顶	PXR0709.1
33	进料塔节	PXR0709.2
34	栅板	PXR0709.3
35	塔釜	PXR0709.4
36	甲醇塔	PXR0710.0
37	塔顶	PXR0710.1
38	塔节Ⅱ	PXR0710.2
39	进料塔节	PXR0710.3
40	塔节Ⅳ	PXR0710.4
41	塔釜	PXR0710.5
42	木酚塔	PXR0711.0
43	测温套管	PXR0711.1
44	塔顶	PXR0711.2
45	分布器	PXR0711.2.1
46	塔节Ⅱ	PXR0711.3
47	进料塔节	PXR0711.4
48	塔釜	PXR0711.6
49	脱低沸物塔	PXR0712.0
50	塔顶	PXR0712.1
51	栅板	PXR0712.2
52	再分布段Ⅰ	PXR0712.3
53	再分布段Ⅱ	PXR0712.4
54	进料塔节	PXR0712.5

续表

序号	被告获取的设备图名称	被告获取的设备图图号
55	塔釜	PXR0712.6
56	脱苯塔	PXR0715.0
57	脱水塔	PXR0716.0
58	测温套管	PXR0716.1
59	塔顶	PXR0716.2
60	栅板	PXR0716.3
61	进料塔节	PXR0716.4
62	栅板	PXR0716.4
63	塔釜	PXR0716.6
64	6 立方米水槽	PXR0718.0
65	人孔盖	PXR0718.1
66	缩合液换热器	PXR0720.0
67	换热段	PXR0720.1
68	拉杆	PXR0720.1 –1
69	折流板	PXR0720.1 –2
70	管板	PXR0720.1 –3
71	缩合塔	PXR0721.0
72	缩合塔裙座基础模板	PXR0721.0
73	裙座	PXR0721.1
74	筛板组件	PXR0721.2
75	月牙筛板	PXR0721.2 –1
76	侧筛板	PXR0721.2 –2
77	中间筛板	PXR0721.2 –3
78	汽水分离器	PXR0725.0
79	折流板	PXR0725 –1
80	拉杆	PXR0725 –2
81	管板	PXR0725 –3
82	氧化釜	PXR0727.0

续表

序号	被告获取的设备图名称	被告获取的设备图图号
83	裙座	PXR0727.3
84	下轴	PXR0727.6－1
85	安放座	PXR0727.9.1
86	上轴	PXR0727.9－1
87	缩合釜	PXR0728.0
88	下轴	PXR0728.2－1
89	轴套	PXR0728.2－2
90	凸缘	PXR0728.5.1
91	上轴	PXR0728.5－1
92	亚铜氧化釜	PXR0729.0
93	下轴	PXR0729.2－1
94	法兰盖	PXR0729.4
95	填料箱部分	PXR0729用
96	上轴	PXR0729.5－1
97	苯脱净釜	PXR0730.0
98	栅板	PXR0730.2
99	木酚脱净釜	PXR0731.0
100	栅板	PXR0731.2
101	栅板	PXR0731.2
102	栅板	PXR0731.2
103	变径段	PXR0731.3
104	变径段	PXR0731.3
105	换热段	PXR0731.4
106	换热段	PXR0731.4
107	拉杆	PXR0731.4－1
108	拉杆	PXR0731.4－1
109	折流板	PXR0731.4－2
110	折流板	PXR0731.4－2

续表

序号	被告获取的设备图名称	被告获取的设备图图号
111	管板	PXR0731.4-3
112	管板	PXR0731.4-3
113	甲苯脱净槽	PXR0731A.0
114	木酚脱净釜	PXR0731B.0
115	甲苯脱净釜	PXR0732.0
116	塔顶 PXR0732.3	塔顶 PXR0732.3
117	木酚萃取分层塔	PXR0733.0
118	香油萃取甲苯分层塔	PXR0734.0
119	水洗槽	PXR0735.0
120	苯脱净分层器	PXR0736.0
121	安放座	PXR0736.1.1
122	轴	PXR0736.2-1
123	轴套	PXR0736.2-2
124	过滤器	PXR0738.0
125	过滤器底部放大图	PXR0738.0
126	轴	PXR0738.1-1
127	安放座	PXR0738.2.1
128	打浆槽	PXR0739.0
129	安放座	PXR0739.1.1
130	轴	PXR0739.2-1
131	木酚溶解釜	PXR0740a.0
132	轴套	PXR0740a.2-2
133	香兰素溶解釜	PXR0740b.0
134	轴套	PXR0740b.2-2
135	安放座	PXR0740ab.1.1
136	轴	PXR0740ab.2-1
137	蒸馏成品槽	PXR0741.0
138	蒸馏头子受器	PXR0742.0

续表

序号	被告获取的设备图名称	被告获取的设备图图号
139	氧化亚铜料斗	PXR0743.0
140	轴	PXR0743－1
141	轴承座Ⅰ	PXR0743－2
142	轴承压盖Ⅰ	PXR0743－3
143	轴承压盖Ⅰ	PXR0743－3
144	轴承座Ⅱ	PXR0743－7
145	低沸物冷凝器	PXR0744.0
146	管板	PXR0744－1
147	折流板	PXR0744－2
148	拉杆	PXR0744－3
149	低沸塔再沸器	PXR0746.0
150	管板	PXR0746－1
151	拉杆	PXR0746－2
152	折流板	PXR0746－3
153	脱苯塔再沸器	PXR0747.0
154	管板	PXR0747－1
155	拉杆	PXR0747－2
156	折流板	PXR0747－3
157	甲苯冷凝器	PXR0750A.0
158	管箱部分	PXR0750A.1
159	管板	PXR0750A－1
160	拉杆	PXR0750A－2
161	折流板	PXR0750A－3
162	甲苯冷凝器	PXR0750.0
163	下管板	PXR0750－1
164	垫片	PXR0750－2
165	上管板	PXR0750－3
166	拉杆	PXR0750－4

续表

序号	被告获取的设备图名称	被告获取的设备图图号
167	折流板	PXR0750 - 5
168	管箱部分	PXR0752.1
169	管板	PXR0752 - 1
170	分程隔板	PXR0752.1 - 1
171	垫片	PXR0752 - 4
172	拉杆	PXR0752 - 2
173	折流板	PXR0752 - 3
174	底轴承	3R0607.1
175	轴承底座	3R0607.1 - 1
176	轴承	3R0607.1 - 2
177	法兰盘	3R0607.1 - 3
178	轴套	3R0607.1 - 4
179	盖板	3R0607.1 - 5
180	垫片	3R0607.1 - 6
181	二级板	3R0326 - 3
181	垫圈 42	3R0326.4 - 7
181	轴瓦	3R0326.4 - 10
181	填料箱 PN6.4 DN80	ND/TB3.3.5A
182	轴瓦	3R0411.4 - 4
183	填料压盖	3R0411.4 - 2
184	填料箱体	3R0411.4 - 3
185	脱甲苯冷凝器	PXR0752.0
序号	被告获取的流程图名称	被告获取的流程图图号
1	缩合工段工艺管道及仪表流程图	ECD06306 - 801AE03 - 1
2	木酚萃取工段工艺管道及仪表流程图	ECD06306 - 801AE03 - 2
3	氧化工段工艺管道及仪表流程图	ECD06306 - 801AE03 - 3
4	木酚回收工段(一)工艺管道及仪表流程图	ECD06306 - 801AE03 - 4
5	木酚回收工段(二)工艺管道及仪表流程图	ECD06306 - 801AE03 - 5
6	亚铜分离工段工艺管道及仪表流程图	ECD06306 - 801AE03 - 6

续表

序号	被告获取的流程图名称	被告获取的流程图图号
7	亚铜氧化工段工艺管道及仪表流程图	ECD06306－801AE03－7
8	脱羧工段工艺管道及仪表流程图	ECD06306－802AE03－1
9	香兰素萃取工段工艺管道及仪表流程图	ECD06306－803AE03－1
10	头结工段工艺管道及仪表流程图	ECD06306－803AE03－2
11	头蒸工段工艺管道及仪表流程图	ECD06306－803AE03－3
12	水冲工段工艺管道及仪表流程图	ECD06306－803AE03－4
13	二结及甲醇回收工段工艺管道及仪表流程图	ECD06306－803AE03－6
14	干燥包装工段工艺管道及仪表流程图	ECD06306－804AE03－1
15	硫酸配制工段工艺管道及仪表流程图	ECD06306－804AE03－2

第九节　二审法院关于王某军的侵权行为及侵权责任的论述及认定

如果特定法人是其法定代表人或者主要负责人专门为从事侵权而登记成立，客观上该法人的生产经营本身主要就是实施侵权行为，且若该法定代表人或者主要负责人自身积极参与侵权行为实施，则该侵权行为既体现了法人的意志又体现了其法定代表人或者主要负责人的意志，那么该法人事实上成为其法定代表人或者主要负责人实施侵权行为的工具，此时可以认定该法定代表人或者主要负责人与法人共同实施了侵权行为，并应依法承担相应的法律责任。

本案中，从查明的事实来看，王龙科技公司系其法定代表人王某军和王龙集团公司专门为侵权成立的企业。首先，从王龙科技公司的成立过程来看，王某军与王龙集团公司成立王龙科技公司的主要目的在于生产香兰素。王龙科技公司成立于2009年10月21日，由王某军与王龙集团公司共同出资10,180万元成立，王某军任法定代表人。王龙科技公司成立后即以香兰素项目为目标，一直寻求机会。经过一系列运作，王某军于2010年4月12日与前来王龙集团公司的冯某义等人达成《香兰素技术合作协议》。傅某根根据该协议获得40万元人民币的对价后立即将记载有涉案技术秘密的U盘提供给王某军，并随即向中华公司提交辞职报告。仅一个月后，傅某根从中华公司离职并立即加入王龙科技公司香兰素车间工作。其次，从王龙科技公司香兰素项目生产线的筹建过程来看，王龙科技公司在傅某根正式加盟后立即启动香兰素生产线的建设工作，大量定购香兰素生产线的各种设备，在此过程中王龙科技公司还从中华公司挖走多名精通香兰素生产工艺的员工，这些员工的加入客观上为王龙科技公司香兰素生产线的顺利建成和投产起到了不可忽视的作用。王龙科技公司的香兰素生产线建设完成后随即向有关部门报检报备。2011 年 3 月 15 日浙江省宁波市环境保护局批复同意王龙科技公司香兰素建设项目环境影响报告书，批准香兰素年产量为 5000 吨，同年 6 月王龙科技公司开始生产香兰素。最后，从王龙科技公司成立以来的生产活动来看，虽然王龙科技公司营业执照上记载的经营范围不限于香兰素的生产，但现有证据表明其从成立开始的主要活动都是围绕香兰素开展的，包括香兰素生产线的建设、报检报备、投产及产品的市场投放。由此可见，从其成立过程、香兰素项目筹划过程、香兰素生产线建设过程及其成立以来的活动看，王龙科技公司是专门为实施涉案技术秘密生产香兰素而成立的公司，其成立后也主要从事香兰素产品的制售相关活动，实际上构成以侵权为业的侵权人。

王某军作为王龙科技公司的法定代表人，积极与冯某义等人签订《香兰素技术合作协议》，用现金、股权等方式引诱冯某义、傅某根等人实施泄露涉案技术秘密的侵权行为，并亲自接受傅某根通过冯某义转交的记载有涉案技术秘密的 U 盘。随后，王龙科技公司正式启动了香兰素生产线的建设，在短期内即生产出香兰素产品并投放市场。在这一系列侵权行为实施过程中，王龙科技公司的法定代表人王某军自身积极参与本案被诉侵权行为，其实施的被诉侵权行为既体现了王龙科技公司的意志，也体现了王某军的个人意志。也就是说，王某军个人直接实施了被诉侵权行为，被诉侵权行为也体现了王某军的个人意志。同时，鉴于王某军专门为实施被诉侵权行为成立王龙科技公司，该公司已成为王某军实施被诉侵权行为的工具，且王某军与王龙集团公司、王龙科技公司、喜孚狮公司、傅某根存在密切的分工、协作等关系，可以认定王某军个人亦实施了被诉侵权行为，具体包括以不正当手段获取、披露、使用及允许他人使用涉案技术秘密，并与王龙集团公司、王龙科技公司、喜孚狮公司、傅某根构成共同侵权，依法应承担相应的法律责任。因此，原审法院认定王某军不构成共同侵权，存在认定事实及适用法律错误，二审法院予以纠正。

第十节　关于被告应承担责任的主张、举证、质证、抗辩、认证、认定

一、对被告应承担法律责任的主张、举证、质证和认证

（一）一审中原告对被告应承担法律责任的主张

1. 五被告立即停止一切侵害两原告商业秘密（指通过其香兰素生产设备图、工艺管道及仪表流程图直接体现的技术信息）的行为。

2. 五被告赔偿两原告经济损失共计502,000,000元，包括侵权损害赔偿499,516,804元，两原告为调查、制止侵权行为支付的合理费用2,483,196元，由被告王龙集团公司、王龙科技公司、王某军、傅某根对以上损失额的93%即466,860,000元承担连带赔偿责任，喜孚狮公司对其中7%即35,140,000元承担连带赔偿责任。

（二）原告对被告应承担法律责任的举证

两原告用其第七组证据（证据78—81、81—1、81—2、81—3、87、89—91、93）证明两原告因技术秘密被侵害受到的损失，以及为调查、制止侵权行为支付的合理费用。具体证据如下。

证据78：中华公司2008—2017年产品销售/毛利数据；

证据79、81：诉讼代理合同；

证据80、81—1、81—2、81—3：律师费发票、银行回单；

证据87：中华公司香兰素销售明细账；

证据89：损害赔偿经济分析报告；

证据90：咨询服务协议；

证据91：咨询服务账单；

证据93：律师费支付凭证、银行境外汇款申请书、国际结算借记通知。

（三）被告对原告举证的质证

五被告质证认为，证据78、87系原告自行制作，对其"三性"均不予认可。证

据 79—81、81—1、81—2、81—3 无付款凭证佐证,不予认可。对证据 89 的真实性、合法性不予认可。对证据 90、91 的真实性不予确认。对证据 93 的形式真实性无异议,但收款人在中国从事咨询业务未经相关部门批准,该证据不具备合法性。

(四)一审法院对原告关于被告应承担法律责举证的认证

一审法院经审查认为,证据 78、87 系原告单方制作,在缺少税务发票、审计报告等客观证据佐证的情况下,不足以确定其数据的真实性,但对于中华公司的销售数量和销售单价具有一定参考作用,一审法院予以认定。证据 89、90 经济分析报告出具人出庭接受询问,法院对形式真实性予以认定,关于能否实现其证明目的将结合争议焦点进行评述。证据 79、80、81、80、81—1、81—2、81—3、91、93 的真实性可以确定,对于两原告支付维权费用的事实具有证明力,一审法院予以认定。

二、被告对法律责任的抗辩、举证、原告的质证和法院的认证

(一)被告对法律责任的抗辩

两原告提供的证据无法证明其存在实际损失以及损失的具体数额,两原告诉称的技术秘密在香兰素生产整体技术中仅占很少比例,其主张的赔偿数额远远超过因被侵权受到的实际损失。

王某军系王龙科技公司的法定代表人,其行为属于履行法定代表人职务的行为,王某军个人没有实施侵害两原告技术秘密的行为,不应当承担连带责任。

(二)关于侵权责任被告没有提交证据

三、一审法院关于侵权责任查明的事实及作出的认定

(一)关于侵权责任查明的事实

中华公司提交的损害赔偿经济分析报告结论为:假定被告的商业秘密侵权成立,据经济量化分析,被告对原告形成的商业秘密侵权及进入香兰素市场,导致中华公司遭受了重大经济损失,包括但不限于本报告估算的 7.9 亿元的价格侵蚀影响。

两原告为本案诉讼支付律师代理费 200 万元,为制作损害赔偿经济分析报告支付 7 万美元。

（二）关于被告侵权责任作出的认定

王龙集团公司、王龙科技公司、傅某根以不正当手段获取两原告的技术秘密，并披露、使用、允许他人使用该技术秘密的行为，喜孚狮公司使用前述技术秘密的行为均侵害了两原告的技术秘密，构成不正当竞争，应当承担停止侵权、赔偿损失的民事责任。依据《侵权责任法》（已失效）第 8 条（《民法典》第 1168 条）的规定，王龙集团公司、王龙科技公司、傅某根基于共同实施的侵权行为，应当承担连带责任。喜孚狮公司基于其实施的使用行为，承担部分连带责任。两原告要求王龙集团公司、王龙科技公司、喜孚狮公司、傅某根停止侵害其技术秘密并赔偿损失的诉请于法有据，一审法院予以支持。两原告要求王某军承担侵权责任的诉请依据不足，一审法院不予支持。

关于赔偿数额，《反不正当竞争法》（2017 年）第 17 条第 3 款、第 4 款规定：“因不正当竞争行为受到损害的经营者的赔偿数额，按照其因被侵权所受到的实际损失确定；实际损失难以计算的，按照侵权人因侵权所获得的利益确定。赔偿数额还应当包括经营者为制止侵权行为所支付的合理开支。经营者违反本法第六条、第九条规定，权利人因被侵权所受到的实际损失、侵权人因侵权所获得的利益难以确定的，由人民法院根据侵权行为的情节判决给予权利人三百万元以下的赔偿。”

本案中，两原告主张以其受到的损失确定赔偿数额。对此，一审法院认为，首先，从计算方式看，两原告以其香兰素产品因王龙科技公司低价竞争导致的价格下降部分乘以销售数量计算损失的方式缺乏明确的法律依据。其次，从证据来看，经济分析报告以中华公司香兰素销售/毛利数据为基础，通过价格指数调整、计量模型和回归分析，得出 2011—2017 年中华公司价格侵蚀造成的损失为 7.9 亿元。由于销售/毛利数据、明细账系中华公司自行制作，在缺少税务发票、审计报告等客观证据佐证的情况下，难以确定销售数量、单价、销售利润的准确性，经济分析报告以该些数据为基础计算损失依据不足。一审法院认为，经济分析报告的分析前提是原被告的香兰素产能相近，产品同质性较强，对于价格侵蚀影响强烈，故分析报告得出的价格下降幅度超过产品的毛利润，损失总额也超过同期销售利润总额。但考虑到王龙科技公司与中华公司产能存在较大差距，被告的侵权行为是否足以造成如此大的价格侵蚀影响依据并不充分。此外，经济分析报告也未考虑涉案技术秘密的利润贡献率,故原告提交的证据不足以证明其因侵权行为受到的实际损失。最后,本案各方当事人均未就中华公司产品因侵权造成销售量减少的总数或者侵权产品在市场上销售的总数等提交证据,亦无法据以确定两原告受到的实际损失。

一审法院认为,香兰素生产技术包含工艺配方、生产装置、工艺流程等内容,两原告就同一生产技术中不同的技术秘密点分别提起诉讼,导致涉案技术秘密在整体技术方案中的技术占比和对产品利润的贡献率难以确定,无法在现有证据基础上突破法定赔偿上限适用裁量性赔偿。在此情况下,一审法院将综合考量涉案技术秘密的商业价值、被告侵权行为的性质、规模、持续时间及损害后果等因素,适用法定赔偿方式,确定赔偿数额。一审法院注意到以下事实:(1)两原告主张的损害赔偿额计算期间为2011—2017年。(2)中华公司在香兰素行业具有明显竞争优势,涉案技术秘密具有较高的市场价值。(3)中华公司在前期研发的基础上,2006年为设计包含涉案技术秘密在内的香兰素新工艺生产线支付了350万元。(4)涉案技术秘密并未因被告的不正当竞争行为而公开。(5)被告对涉案技术秘密的获取和使用情况。(6)王龙科技公司设计产能较大,侵权范围较广,侵权时间长。(7)被告拒绝提交侵权产品销售数量,存在举证妨害情节。综合以上因素,一审法院酌情确定王龙集团公司、王龙科技公司、傅某根连带赔偿两原告经济损失3,000,000元。两原告主张的维权费用为2,483,196元,包括律师费、损害赔偿经济分析报告制作费用。一审法院认为,本案案情较为复杂,两原告委托诉讼代理人出庭应诉确须支出维权费用,但综合考虑损害赔偿经济分析报告的证明力、两原告诉讼请求获得支持的比例等因素,两原告主张的维权费用过高,一审法院酌情确定为500,000元。两原告主张喜孚狮公司对其经济损失及维权费用的7%承担连带赔偿责任,从喜孚狮公司使用涉案技术秘密生产香兰素的时间考虑,两原告诉请的责任比例亦属合理,一审法院予以支持。

四、二审中侵权责任的主张、举证、质证、认证

(一)二审中原告对被告侵权责任主张及增加的证据、被告的质证、法院的认证

1. 原告对侵权责任的主张

王龙集团公司、王龙科技公司、喜孚狮公司、傅某根、王某军,非法获取的记载

涉案技术秘密的全部图纸均已被非法使用。原审判决认为王某军没有侵害涉案技术秘密,事实认定错误。王龙科技公司系专为侵害涉案技术秘密而设立,应在王龙科技公司之外另行追究其股东王某军的侵权连带责任。王龙科技公司与王龙集团公司共同实施了获取、披露、使用、允许他人使用涉案技术秘密的行为。因此,王某军也实施了获取、披露、使用、允许他人使用涉案技术秘密的行为,应一并追究其侵权责任。原审判决采用的法定赔偿方式确定的赔偿数额仅为 300 万元,存在事实认定错误,由此导致法律适用错误。二审庭审中,中华公司与欣晨公司明确:由于二审诉讼产生了新的合理开支,第二项上诉请求中的合理开支有相应的增加,但是增加后其所主张赔偿总额仍为 177,770,227.92 元。

2. 二审中原告关于侵权责任在一审证据的基础上增加的证据

证据 1:2011—2017 年中华公司年度审计报告(节录)。

证据 2:上海市张江公证处(2020)沪张江证经字第 11504 号、第 11506 号、第 11507 号、第 11508 号、第 11509 号、第 11510 号、第 11511 号公证书,系从原审原告证据 87 中随机抽取 2011—2017 年期间中华公司香兰素产品每月两笔即每年 24 笔销售转账凭证及发票,并计算出平均单价统计表后形成的公证书。为进一步补充证明原审原告证据 87,中华公司提交了证据 2—1,即中华公司随机抽取的 2009—2010 年期间其香兰素产品每月两笔即每年 24 笔销售转账凭证及发票,以及由此计算得出的中华公司 2009—2010 年期间香兰素产品销售平均单价统计表。为进一步补充证明证据 2—1,中华公司提交了证据 2—2,对上述证据 2—1 的形成过程、原件与复印件的真实性等事项进行了公证,并形成了上海市张江公证处(2020)沪张江证经字第 12140 号公证书和第 12141 号公证书。

证据 3:上海市张江公证处(2020)沪张江证经字第 11497 号公证书。

证据 4:上海市张江公证处(2020)沪张江证经字第 11496 号公证书。

证据 5:北京市方圆公证处(2020)京方圆内经证字第 23023 号公证书。

证据 6:二审诉讼代理合同、代理费发票及转账凭证。

证据 7:中华公司 2009—2017 年香兰素数量金额明细表、随机抽取的每月一笔转账凭证及其生产成本结算表、原材料分配表。为补充证明证据 7 中香兰素数量金额明细表的真实性,中华公司提交了证据 7—1,对上述证据 7 的形成过程、原件与复印件的真实性等事项进行了公证,并形成了上海市张江公证处(2020)沪张江证经字第 12319 号公证书。

3. 被告对原告在二审中增加证据的质证意见

质证意见为:认可上述新证据的真实性和合法性,但是不认可其关联性,这些证据不能准确地反映中华公司和欣晨公司主张的侵权损失。

4. 二审法院对原告增加的证据的认证

中华公司、欣晨公司二审提交的 7 份新证据均在举证期限内提交,在一定程度上能够证明其因被诉侵害涉案技术秘密行为所遭受的损失,与本案争议焦点具有关联性,且其真实性、合法性亦得到各方当事人的认可,故二审法院予以采纳。

中华公司与欣晨公司提交的原审证据 78 为中华公司 2008—2017 年产品销售毛利数据;原审证据 87 为中华公司 2008—2017 年香兰素销售明细账,系为补强其原审证据 78 中的销售数量和销售单价,以证明原审证据 78 中销售数量的真实性;原审证据 89 为"关于中华化工等诉王龙集团等侵害商业秘密案的损害赔偿的经济分析报告"。上述证据均系用以证明中华公司与欣晨公司因涉案技术秘密被侵害受到的损失或者王龙集团公司、王龙科技公司、喜孚狮公司、傅某根、王某军因侵害涉案技术秘密所获利益。为了进一步补强原审证据 87,中华公司与欣晨公司二审提交了新证据 2、2—1、2—2,即 2009—2017 年期间中华公司香兰素产品每月两笔销售转账凭证及其所附发票、平均单价统计表,进一步证明原审证据 78 中销售单价的真实性。为证明原审证据 78 中单位成本的真实性,中华公司与欣晨公司二审提交了新证据 7、7—1,即中华公司 2009—2017 年期间香兰素数量金额明细表、随机抽取的每月一笔转账凭证及其生产成本结算表、原材料分配表。原审法院经审查认为,原审证据 78、87 系单方制作证据,在缺少税务发票、审计报告等客观证据佐证的情况下,不足以确定其数据的真实性,但对于中华公司的销售数量和销售单价具有一定参考作用,故对原审证据 78、87 予以认定;对原审证据 89 的形式真实性予以认定,但认为原审证据 89 不能实现其证明目的。对此,二审法院经审查认为,虽然原审证据 78、87 中包含有中华公司自制的证据,但中华公司与欣晨公司二审已经提交了新证据补充证明原审证据 78、87 的真实性,且该新证据具有真实性、合法性、关联性,该新证据可以采信。同时,考虑到侵害技术秘密类案件中普遍存在的当事人举证能力有限的现实状况、中华公司与欣晨公司的实际举证能力和具体举证情况、本案其他证据相互印证情况等,二审法院对上述原审证据 78、87 予以采纳,对原审证据 89 所记载的价格侵蚀情况,二审法院也将客观展示。

(二)二审中被告对侵权责任的主张

二审中被告就侵权责任没有在一审基础上增加新证据。

被告对侵权责任的主张为,王龙集团公司、王龙科技公司、喜孚狮公司、傅某根及王某军未实施侵害涉案技术秘密的行为,故不应承担相应的侵权责任;王龙集团公司、王龙科技公司、喜孚狮公司、傅某根及王某军即便承担赔偿责任,原审法院确定的赔偿数额也过高。中华公司与欣晨公司的上诉主张缺乏事实和法律依据,请求依法予以驳回;傅某根到王龙科技公司工作,并不为法律所禁止,其在工作中利用自己的劳动技能提供劳动是一种正常行为;傅某根不存在复制冯某义提交的图纸电子版本的可能性;中华公司与欣晨公司提交的证据并不能证明王龙集团公司、王龙科技公司、喜孚狮公司、傅某根侵害了涉案技术秘密;原审判决确定的赔偿数额明显偏高。中华公司与欣晨公司主张涉案技术秘密即香兰素生产工艺的研发费用为500万元,案外人中华集团公司支付了200万元,中华公司仅支付了300万元,少于原审判决确定的350万元赔偿数额。同时,即便原审法院认定的侵权成立,中华公司的实际损失也远少于其支付的研发费用。王龙集团公司、王龙科技公司、喜孚狮公司、傅某根不存在以不正当手段获取涉案技术秘密的侵权行为。即使原审法院认定王龙集团公司、王龙科技公司、喜孚狮公司、傅某根实施了“以不正当手段获取”涉案技术秘密的行为,该“获取”行为也不可能是一个持续行为。傅某根作为一个自然人,也不具备“使用”涉案技术秘密进行生产的可能,原审判决不具备可执行性。原审判决对诉讼费用的分担比例不当。中华公司与欣晨公司诉讼请求赔偿数额过高,其起诉并请求过高赔偿数额具有一定主观恶意,导致本案诉讼费用过高,故应由其负担大部分诉讼费用。

五、二审法院就侵权责任查明的事实及作出的认定

(一)二审法院就侵权责任在一审查明的事实基础上补充查明的事实

根据中华公司与欣晨公司原审证据78所采用的计算方法,2011—2017年期间,中华公司香兰素抽样年平均销售单价分别为每吨75,224.35元、75,259.97元、73,691.83元、65,034.72元、64,978.64元、59,186.54元、63,782.05元;中华公司香兰素年销售单价分别为每吨76,028元、73,910元、71,156元、66,943元、66,490元、60,356元、61,314元;中华公司香兰素年营业收入分别为

831, 504, 715.56 元、756, 976, 728.24 元、613, 490, 128.38 元、927, 779, 249.21 元、850, 935, 687.19 元、744, 324, 516.36 元、748, 944, 703.02 元;中华公司香兰素年营业利润分别为 110, 561, 595.74 元、41, 019, 632.69 元、72, 872, 000.61 元、91, 951, 372.50 元、85, 209, 268.01 元、193, 407, 889.68 元、83, 774, 612.19 元;中华公司香兰素年营业利润率分别为 13.30%、5.42%、11.88%、9.91%、10.01%、25.98%、11.19%;中华公司香兰素年销售利润率分别为:18.46%、16.21%、24.51%、13.28%、13.70%、13.77%、13.29%。

根据中华公司与欣晨公司提交的二审证据 2、2—1、2—2、7、7—1 及原审证据 78、87、89,按照价格侵蚀的计算方法,2011—2017 年期间中华公司与欣晨公司因土龙集团公司、王龙科技公司及喜孚狮公司的被诉侵权行为对中华公司香兰素产品的价格侵蚀导致的损害高达 790, 814, 699 元。

2019 年 1 月 30 日,中华公司与欣晨公司向原审法院申请行为保全,请求责令:(1)王龙科技公司、喜孚狮公司立即停止使用涉案技术秘密;(2)王龙集团公司、王龙科技公司、喜孚狮公司、傅某根、王某军不得向他人,尤其是不得向凯美菱科学公司披露涉案技术秘密;(3)王龙集团公司、王龙科技公司、喜孚狮公司、傅某根、王某军不得允许他人,尤其是不得允许凯美菱科学公司使用涉案技术秘密。2020 年 4 月 24 日,原审法院在作出原审判决的同时,一并作出(2018)浙民初 25 号之一民事裁定。该裁定记载:虽然原审判决已经责令王龙集团公司、王龙科技公司、喜孚狮公司、傅某根停止侵害涉案技术秘密的行为,但因原审判决尚未生效,不能立即发生制止侵权行为的效果,尚无法避免中华公司、欣晨公司损失的扩大;本案不存在可能给社会公众利益造成损害的情形。综合考虑全案因素,本案存在责令王龙集团公司、王龙科技公司、喜孚狮公司、傅某根立即停止侵害行为的必要性。因此,原审法院裁定:(1)王龙科技公司、喜孚狮公司立即停止使用涉案技术秘密生产香兰素的行为;(2)王龙集团公司、王龙科技公司、喜孚狮公司、傅某根不得向他人披露或者允许他人使用涉案技术秘密;(3)驳回中华公司与欣晨公司的其他行为保全申请。涉案技术秘密具体范围见原审判决附件 2(二审判决附件 1),以上行为保全措施效力维持至本案判决生效时止。本裁定立即开始执行。上述裁定作出后,各方当事人均未依法申请复议,该裁定为生效裁定。

中华公司与欣晨公司的委托诉讼代理人在二审庭审中有如下陈述:(1)香兰素的市场需求量相对稳定,每年的全球需求量基本保持在两万吨左右。在王龙集团公司、王龙科技公司、喜孚狮公司生产香兰素之前，全球两大香兰素生产商占据90%左右的市场份额，其中中华公司占据全球香兰素市场60%左右的份额；法国一家生产商占据30%左右的市场份额。(2)王龙集团公司、王龙科技公司、喜孚狮公司生产香兰素之后，很快就占据了10%左右的全球香兰素市场份额，中华公司的市场份额则下降到50%左右。王龙集团公司、王龙科技公司、喜孚狮公司侵害涉案技术秘密生产的香兰素产品销售地域非常广，遍布美洲、欧洲、亚洲等全球主要市场，且其针对的消费群体、市场范围主要对标中华公司的香兰素产品。由于王龙集团公司、王龙科技公司、喜孚狮公司没有投入研发成本，故能面向全球市场低价销售香兰素，导致中华公司的市场收入严重下滑。(3)在王龙集团公司、王龙科技公司的香兰素产品投放国际市场后，上述法国厂家曾在欧洲起诉中华公司及王龙集团公司、王龙科技公司的香兰素生产设备侵害其专利权，中华公司积极应诉，该法国厂商败诉。在该案中，该法国厂家提交的证据显示，王龙集团公司、王龙科技公司自认其香兰素生产设备与中华公司的香兰素产品生产设备相同。(4)傅某根到王龙集团公司工作后，短期内中华公司多名与香兰素生产技术相关的员工也到王龙集团公司工作，帮助王龙集团公司、王龙科技公司实现了香兰素产品的量产。(5)中华公司与欣晨公司于2018年5月提起本案原审诉讼，其在本案中主张的赔偿数额仅计算至2017年底，不包括被诉侵权行为2018年以来持续至今给其造成的损失。(6)中华公司与欣晨公司在本案中未主张销毁记载有涉案技术秘密的相关载体，也未主张销毁相关模具等生产设备。(7)香兰素的化学合成方法主要包括亚硝基法和乙醛酸法，目前乙醛酸法系生产香兰素的主流方法。乙醛酸法生产香兰素的整个过程大体上可以分为两个阶段：合成(制备)阶段和后处理(精制)阶段。其中合成阶段最为重要，其所解决的是香兰素产品从无到有的问题，并在很大程度决定了后处理阶段香兰素产品的纯度高低。根据反应原理，乙醛酸法生产香兰素的合成阶段包括三个步骤：缩合、氧化和脱羧。涉案技术秘密是中华公司与欣晨公司共同自主研发的乙醛酸法制备香兰素新工艺，其创造性地采用了化学氧化法。相对于传统的“催化氧化法”，新工艺具有反应条件温和、反应终点更易控制、副反应少的优点，属于创新技术。

王龙集团公司、王龙科技公司、喜孚狮公司、傅某根及王某军对中华公司与欣晨公司的上述陈述当庭未明确表示反对或否认。

2011年3月15日浙江省宁波市环境保护局批复同意王龙科技公司香兰素年

产量为5000吨,2015年8月18日该局又批准王龙科技公司新建2套共6000吨香兰素生产线。中华公司与欣晨公司提交的原审证据74第410页表明,王龙集团公司、王龙科技公司曾自述其2013年的香兰素产量为2000吨。王龙集团公司、王龙科技公司、喜孚狮公司、傅某根与王某军的委托诉讼代理人于2020年11月24日接受二审法院询问及2020年12月16日二审庭审时均陈述,被诉侵权行为目前仍在继续实施中。中华公司与欣晨公司二审提交的新证据4也表明,王龙集团公司、王龙科技公司、喜孚狮公司2018年4月1日至2019年3月1日销售香兰素2263吨;新证据5表明王龙集团公司、王龙科技公司、喜孚狮公司2019年生产香兰素3185吨,2020年1—9月生产香兰素1976吨;新证据3表明喜孚狮公司具有代表性的销售价格为每公斤8.75美元,即每吨8750美元,换算为人民币约为每吨57,619元。

中华公司与欣晨公司在二审庭审中计算损害赔偿数额时,主张按照中华公司香兰素产品2011—2017年期间的营业利润计算王龙集团公司、王龙科技公司及喜孚狮公司侵害涉案技术秘密的获利乘以1.5倍来确定赔偿数额,具体而言,王龙集团公司、王龙科技公司及喜孚狮公司2011—2017年期间每年的香兰素产品按2000吨计算,乘以中华公司同期香兰素产品的营业利润总额为116,804,409.00元,再乘以1.5倍得出损害赔偿总额175,206,613.50元。

二审法院另查明:宁波王龙香精香料有限公司成立于2015年11月20日;喜孚狮公司的法定代表人于2020年10月9日由王某军变更为周某根。上述事实有喜孚狮公司的企业信用信息公示报告予以证实。原审判决错误认定宁波王龙香精香料有限公司成立时间为2017年2月24日,二审法院予以纠正。

(二)二审法院就侵权责任作出的认定

2017年《反不正当竞争法》第17条规定:“经营者违反本法规定,给他人造成损害的,应当依法承担民事责任。经营者的合法权益受到不正当竞争行为损害的,可以向人民法院提起诉讼。因不正当竞争行为受到损害的经营者的赔偿数额,按照其因被侵权所受到的实际损失确定;实际损失难以计算的,按照侵权人因侵权所获得的利益确定。赔偿数额还应当包括经营者为制止侵权行为所支付的合理开支。经营者违反本法第六条、第九条规定,权利人因被侵权所受到的实际损失、侵权人因侵权所获得的利益难以确定的,由人民法院根据侵权行为的情节判决给予权利人三百万元以下的赔偿。”2007年施行的《最高人民法院关于审理不正当竞争民事案件应用法律若干问题的解释》(已失效)第17条第1款规定:“确定反不正当竞争法第十条规定的侵犯商业秘密行为的损害赔偿额,可以参照确定侵犯专利权的损害赔偿额的方法进行;确定反不正当竞争法第五条、第九条、第十四条规定的不正当竞争行为的损害赔偿额,可以参照确定侵犯注册商标专用权的损害赔偿额的方法进行。”2008年修正的《专利法》(已失效)第65条第1款规定:“侵犯专利权的赔偿数额按照权利人因被侵权所受到的实际损失确定;实际损失难以确定的,可以按照侵权人因侵权所获得的利益确定。权利人的损失或者侵权人获得的利益难以确定的,参照该专利许可使用费的倍数合理确定。赔偿数额还应当包括权利人为制止侵权行为所支付的合理开支。”2015年修正的《最高人民法院关于审理专利纠纷案件适用法律问题的若干规定》(已被修改)第20条第2款规定:“专利法第六十五条规定的侵权人因侵权所获得的利益可以根据该侵权产品在市场上销售的总数乘以每件侵权产品的合理利润所得之积计算。侵权人因侵权所获得的利益一般按照侵权人的营业利润计算,对于完全以侵权为业的侵权人,可以按照销售利润计算。”上述“侵权行为的情节”,一般可以考虑商业秘密的性质、商业价值、研究开发成本、创新程度、所带来的竞争优势以及侵权人的主观过错、侵权行为的性质、具体行为、后果等因素。对于侵害商业秘密行为,判决停止侵害的民事责任时,停止侵害的时间一般应当持续到该商业秘密已为公众所知悉时为止。对于侵害技术秘密案件的损害赔偿数额,可以综合考虑侵权行为的性质和情节等具体因素,并可以按照营业利润或者销售利润计算。

1. 关于责任形式

王龙集团公司、王龙科技公司、傅某根、王某军以不正当手段获取涉案技术秘密,并披露、使用、允许他人使用该技术秘密的行为,以及喜孚狮公司使用前述技术秘密的行为,均侵害了涉案技术秘密,上述侵权人应当承担停止侵害、赔偿损失的民事责任。2009年《侵权责任法》(已失效)第8条规定:“二人以上共同实施侵权行为,造成他人损害的,应当承担连带责任。”据此,王龙集团公司、王龙科技公司、傅某根、王某军基于共同实施的侵权行为,应当承担连带责任。喜孚狮公司基于其实施的使用行为,承担部分连带责任。中华公司与欣晨公司有关王龙集团公司、王龙科技公司、喜孚狮公司、傅某根及王某军停止侵害涉案技术秘密并赔偿损失的诉请于法有据,二审法院予以支持。王龙集团公司、王龙科技公司、喜孚狮公司、傅某根有关其不应承担侵权责任的上诉主张缺乏依据,二审法院不予支持。

涉案技术秘密包括6个秘密点,涉及58个非标设备的设备图287张和工艺管道及仪表流程图25张,而王龙集团公司、王龙科技公司、喜孚狮公司、傅某根及王某军非法获取的技术秘密包括185张设备图和15张工艺流程图。这就是说,王龙集团公司、王龙科技公司、喜孚狮公司、傅某根及王某军非法获取了中华公司与欣晨公司主张的涉案技术秘密载体287张设备图和工艺管道及25张仪表流程图中的185张设备图和15张工艺流程图。为防止王龙集团公司、王龙科技公司、喜孚狮公司、傅某根进一步非法获取中华公司与欣晨公司主张的涉案技术秘密,原审法院判决王龙集团公司、王龙科技公司、喜孚狮公司、傅某根立即停止以不正当手段获取中华公司与欣晨公司的涉案技术秘密等侵害涉案技术秘密的行为,并无不当。但是,二审法院认定的王龙集团公司、王龙科技公司、喜孚狮公司、傅某根侵害的涉案技术秘密范围宽于原审判决认定的被侵害的技术秘密范围。同时,鉴于二审法院认定王某军亦构成共同侵权,故其亦应立即停止侵害涉案技术秘密的行为。因此,原审判决认定的停止侵害的责任方式虽无不当,但是该责任方式所针对的技术秘密内容和主体范围均过窄,原审判决相应判项显有不妥,二审法院依法予以纠正。王龙集团公司、王龙科技公司、喜孚狮公司、傅某根有关原审法院错误判决其立即停止以不正当手段获取涉案技术秘密等侵害涉案技术秘密的上诉主张缺乏依据,二审法院不予支持。

2. 关于赔偿数额

(1)中华公司与欣晨公司主张的三种赔偿数额计算方式

①按营业利润计算

根据中华公司与欣晨公司二审提交的证据所采用的计算方法,中华公司香兰素2011—2017年期间抽样年平均销售单价与其原审证据78所用方法计算得出的香兰素年销售单价基本持平。如果用王龙集团公司、王龙科技公司及喜孚狮公司生产和销售的香兰素产品数量乘以中华公司同期香兰素产品销售价格及营业利润率,则中华公司2011—2017年期间因王龙集团公司、王龙科技公司及喜孚狮公司实际利用涉案技术秘密的获利分别为(笔者从北大法宝查到的判决书原文如此,笔者认为此处的“获利”应该是笔误,正确的应该是“损失”):20,223,448元、8,011,844元、16,906,665.60元、13,268,102.60元、13,311,298元、31,360,977.60元、13,722,073.20元,合计为116,804,409元。中华公司与欣晨公司在二审庭审时主张以此为基数，乘以 1.5 倍为惩罚性赔偿，得出本案赔偿数额 175,206,613.50 元，再加上其为制止涉案侵权行为一审合理支出的 2,483,196 元及二审合理支出的 1,009,020 元，合计 178,698,829.50 元，而中华公司与欣晨公司上诉仅主张 177,770,227.92 元为赔偿数额。

②按销售利润计算

根据中华公司与欣晨公司原审证据 78 表明，2011—2017 年期间中华公司香兰素的销售利润率分别为：18.46%、16.21%、24.51%、13.28%、13.70%、13.77%、13.29%，如果用王龙集团公司、王龙科技公司及喜孚狮公司同期生产和销售的香兰素产品总量乘以中华公司同期香兰素产品的销售价格及销售利润率，则中华公司 2011—2017 年期间因王龙集团公司、王龙科技公司及喜孚狮公司实际利用涉案技术秘密的损失分别为：28,069,537.60 元、23,961,622 元、34,880,671.20 元、17,780,060.80 元、18,218,260 元、16,622,042.40 元、16,297,261.20 元，合计为 155,829,455.20 元。

③按价格侵蚀计算

根据中华公司与欣晨公司提交的二审新证据 2、2—1、2—2、7、7—1 及原审证据 78、87、89 所采用的计算方法，2011—2017 年期间因王龙集团公司、王龙科技公司及喜孚狮公司的侵权及不正当竞争行为对中华公司香兰素产品的价格侵蚀导致的损害高达 790,814,699 元。

（2）本案确定损害赔偿责任需要考虑的因素

王龙集团公司等被诉侵权人采用非法手段获取、披露、使用或许可他人使用涉案技术秘密，侵害了中华公司与欣晨公司主张的涉案技术秘密，造成了严重损害后果，依法应当承担损害赔偿等法律责任。具体而言，在确定本案赔偿数额时，二审法院考虑如下因素：

第一，王龙集团公司等被诉侵权人非法获取涉案技术秘密的手段恶劣。王龙集团公司成立于 1995 年 6 月 8 日，是一家专业从事食品添加剂生产的化工企业，主要产品为山梨酸钾；王龙科技公司成立于 2009 年 10 月 21 日。王龙集团公司、王龙科技公司、王某军未实际进行乙醛酸法生产香兰素相关技术的研发工作，也未能通过合法受让等方式合法有效地取得相关技术，即其原本并未掌握相关技术。但是，其明知中华公司掌握有关乙醛酸法生产香兰素的涉案技术秘密且为全球两大香兰素生产厂家之一，仍采取现金及股权收买等方式，策划、利诱掌握涉案技术秘密的中华公司员工傅某根到王龙集团公司工作，并在傅某根到王龙集团公司工作后立即上马香兰素项目，其在定制香兰素生产设备时使用的图纸与中华公司的相应图纸完全相同，甚至中华公司特有的图纸标号也完全一致，故其非法获取涉案技术秘密的手段显属恶劣。同时，傅某根为个人利益出卖涉案技术秘密，主观恶意极为明显。

第二，王龙集团公司等被诉侵权人非法获取及使用的涉案技术秘密数量较多。根据已经查明事实，涉案技术秘密包括了乙醛酸法生产香兰素的287张设备图和25张工艺流程图，王龙集团公司等被诉侵权人非法获取了其中185张设备图和15张工艺流程图，占64.10%。287张设备图中含有60张设备主图，而王龙集团公司等被诉侵权人非法获取了其中41张设备主图，占68.33%。更为关键的是，王龙集团公司等被诉侵权人非法获取了涉案技术秘密中最为重要的缩合和氧化步骤设备主图，并实际使用了其中最为关键的缩合、氧化和脱羧工段工艺流程图。可见，王龙集团公司等被诉侵权人不仅非法获取了大量记载有涉案技术秘密的图纸，还大量使用了其非法获取的涉案技术秘密，特别是实际使用了其非法获取的涉案技术秘密的关键技术。

第三，王龙集团公司、王龙科技公司、喜孚狮公司明知其行为构成对涉案技术秘密的侵害，仍然持续、大量使用侵害涉案技术秘密的设备及工艺流程生产香兰素产品，故其显然具有侵害涉案技术秘密的恶意。从王龙集团公司、王龙科技公司、王某军自傅某根处获取涉案技术秘密以及王龙科技公司、喜孚狮公司使用涉案技术秘密的过程来看，由于其获取涉案技术秘密的手段恶劣，故其应当认识到其获取和使用涉案技术秘密行为的非法性。事实上，傅某根2010年5月从中华公司离职后，影响到更多员工离开中华公司加入王龙集团公司，并帮助王龙集团公司、王龙科技公司筹建了被诉香兰素生产线。同时，中华公司在意识到其技术秘密可能被侵害后，其采取的系列维权措施也逐渐指向王龙集团公司、王龙科技公司、喜孚狮公司、傅某根及王某军，但王龙集团公司、王龙科技公司及王某军毫无收敛，继续实施侵害涉案技术秘密的行为。特别是在原审法院作出行为保全裁定，责令立即停止侵害涉案技术秘密后，王龙集团公司、王龙科技公司、喜孚狮公司等依然无动于衷，继续实施侵害涉案技术秘密的行为，不仅表明其主观恶意极深，也显属对法律与司法权威的藐视。

第四，涉案技术秘密具有较高的商业价值。涉案技术秘密是中华公司与欣晨公司共同自主研发的乙醛酸法制备香兰素新工艺，创造性地采用了化学氧化法。相对于传统的“催化氧化法”，上述新工艺具有反应条件温和、反应终点更易控制、副反应少的优点，属于创新技术。涉案技术秘密研发完成后，中华公司于 2005 年完成了 3000 吨产能香兰素项目的投产，2007 年生产规模扩建到年产 1 万吨。可见，涉案技术秘密对中华公司的香兰素生产贡献巨大。王龙集团公司、王龙科技公司在非法获取并实际使用涉案技术秘密后，才成功实现了以极低成本生产香兰素，且其香兰素生产线的设计年产量和实际年产量已达数千吨，产品遍销全球市场并已占据 10% 左右的市场份额，并从中攫取了巨大的商业利益，其中涉案技术秘密的非法使用是其获取巨大商业利益的核心和关键。因此，无论对于中华公司来说，还是对王龙集团公司、王龙科技公司、喜孚狮公司来说，涉案技术秘密均是其香兰素产品占据全球市场份额并创造巨额利润的重要因素。

第五，喜孚狮公司、王龙科技公司均系实际上以侵权为业的公司。自王龙科技公司实施侵害涉案技术秘密生产香兰素以来，中华公司开始了持续的维权行为。2015 年 11 月 20 日，王龙科技公司以实物方式出资 8000 万元成立宁波王龙香精香料有限公司，主要生产香兰素。2017 年 6 月 22 日，王龙科技公司将其所持有的宁波王龙香精香料有限公司 51% 股权出售给凯美菱科学公司、喜孚狮欧洲股份公司，王龙科技公司以设备和专利等出资占注册资本的 49%，宁波王龙香精香料有限公司的经营范围亦变更为香兰素的研发、生产、销售和交易等。随后宁波王龙香精香料有限公司于 2017 年 7 月 26 日更名为喜孚狮公司。无论是名称变更前的宁波王龙香精香料有限公司，还是名称变更后的喜孚狮公司，均系王龙集团公司、王龙科技公司为实施涉案技术秘密生产、销售香兰素而成立的实际上以侵权为业的公司。此外，如二审法院在认定王某军构成侵权时所述，王龙科技公司亦系实际上以侵权为业的侵权人。

第六，王龙集团公司等被诉侵权人侵害涉案技术秘密的行为对全球市场形成严重冲击。在王龙集团公司等被诉侵权人实施侵害涉案技术秘密行为前，全球市场上两大公司占据了 90% 左右的市场，香兰素价格也维持了一个相对稳定的水平。王龙集团公司、王龙科技公司等非法获取涉案技术秘密后，从 2011 年 6 月开始生产香兰素并持续至今，其侵害涉案技术秘密的香兰素生产设备具备年产 5000 吨以上的生产能力，其实际年生产香兰素至少在 2000 吨左右，可以满足全球 10% 的市场需求。同时，王龙集团公司、王龙科技公司、喜孚狮公司对标中华公司争夺客户和市场，以较低价格销售香兰素产品，对国际、国内的香兰素市场特别是中华公司的原有市场形成了较大冲击。

第七，王龙集团公司等被诉侵权人拒绝提交侵权产品销售数量等证据，存在举证妨碍、不诚信诉讼等情节。原审法院在审理过程中，曾通知王龙集团公司、王龙科技公司、喜孚狮公司、傅某根、王某军提交侵权产品销售数量方面的证据，但其拒不提交相关证据。在二审过程中，王龙集团公司等被诉侵权人仍未提交相关证据。无论在原审诉讼还是在二审诉讼中，当法院要求王龙集团公司等被诉侵权人提交其定制生产香兰素产品专用设备的图纸时，其始终声称除了公安机关查获的部分图纸外，其并未向相关设备生产方提供图纸。作为一个年产数千吨香兰素的生产线，如果没有完整的图纸几乎不可能够建成完整的生产线。特别是，考虑到涉案香兰素生产线还涉及大量非标设备及王龙科技公司香兰素生产线在短期内完成制造、安装、报检报备、试运行及正式运行投产的事实，王龙集团公司、王龙科技公司、喜孚狮公司、傅某根、王某军有关即便没有设备图纸仍可在短期内制造香兰素相关生产设备的主张，明显不合常理。同时，王龙集团公司、王龙科技公司、喜孚狮公司、傅某根、王某军虽还主张被诉香兰素生产工艺系其自行研发，但始终亦未提供任何有效证据证明该主张。因此，二审法院认定王龙集团公司、王龙科技公司、喜孚狮公司、傅某根及王某军在本案诉讼中存在举证妨碍及不诚信诉讼情节。

第八，王龙集团公司、王龙科技公司、喜孚狮公司、傅某根据不执行原审法院的生效行为保全裁定。由于喜孚狮公司已经通过非法手段掌握并实际实施了涉案技术秘密，为及时制止侵害涉案技术秘密的行为，原审法院在作出原审判决的同时，还裁定王龙集团公司、王龙科技公司、喜孚狮公司、傅某根立即停止涉案侵权行为。王龙集团公司、王龙科技公司、喜孚狮公司、傅某根在收到该裁定后既未依法申请复议，也未停止侵害涉案技术秘密行为，其在二审庭审时亦承认被诉侵权行为仍在持续。

(3)本案因当事人的诉讼请求等原因难以适用惩罚性赔偿

从二审法院查明事实来看，涉案侵权行为本可适用惩罚性赔偿，但因当事人的诉讼请求及新旧法律适用衔接的原因，本案不宜适用惩罚性赔偿。具体理由如下。

第一，中华公司与欣晨公司在原审及本案二审中所主张的损害赔偿数额仅计算至 2017 年年底,并未包括自 2018 年以来仍在持续的被诉侵权行为给其造成的损失。

第二,在中华公司与欣晨公司所主张计算损害赔偿数额的侵权行为期间之后,我国相关法律才明确规定符合特定条件的侵害技术秘密行为可以适用惩罚性赔偿。2019 年《反不正当竞争法》明确规定侵害商业秘密案件可以主张惩罚性赔偿,该法于 2019 年 4 月 23 日起施行;《民法典》明确规定侵害知识产权案件可以主张惩罚性赔偿,该法于 2021 年 1 月 1 日起施行。

基于上述事实和理由,本案不宜适用惩罚性损害赔偿。但需要指出的是,对于 2018 年以来仍在持续的侵害涉案技术秘密行为,中华公司与欣晨公司可以依法另行寻求救济。

(4)关于本案赔偿数额的确定

本案中,中华公司与欣晨公司主张根据涉案技术秘密被侵害给其造成的损失确定赔偿数额,并提供了三种计算方式分别计算赔偿数额,即按营业利润计算出赔偿数额为 116,804,409 元、按销售利润计算出赔偿数额为 155,829,455.2 元、按价格侵蚀计算出损害赔偿额为 790,814,699 元。其中,第一种计算方式和第二种计算方式采用的中华公司原审证据 78 等证据真实可靠,计算出的赔偿数额均有一定合理性;第三种计算方式中相关数据和计算方法的准确性受制于多种因素,二审法院仅将其作为参考。根据二审法院查明的事实,王龙科技公司 2011 年获准投产的年产量为 5000 吨的香兰素,四年后即 2015 年再次申报并获准新建 2 套共 6000 吨香兰素生产装置;王龙集团公司、王龙科技公司曾自述其 2013 年的香兰素产量为 2000 吨;王龙集团公司、王龙科技公司、喜孚狮公司 2018 年 4 月 1 日至 2019 年 3 月 1 日以及 2019 年香兰素产量均超过 2000 吨。基于上述情况,中华公司与欣晨公司在本案中主张 2011—2017 年期间王龙集团公司、王龙科技公司及喜孚狮公司实际利用涉案技术秘密每年生产和销售香兰素 2000 吨具有事实依据。二审法院亦据此认定王龙集团公司、王龙科技公司及喜孚狮公司于 2011—2017 年期间实际利用涉案技术秘密每年生产和销售香兰素至少 2000 吨,并据此计算侵权损害赔偿额。同时,中华公司与欣晨公司提供了其营业利润率、销售利润率和价格侵蚀的基础数据。在上述事实和数据的基础上,本案具备按照实际损失或者侵权获利计算赔偿数额的基本条件。原审法院以中华公司与欣晨公司提交的证据不足以证明其因侵权行为受到的实际损失为由,以法定赔偿方式计算本案赔偿数额,认定事实和适用法律均有错误。

综合考虑前述本案确定损害赔偿责任需要考虑的八项因素,特别是王龙集团公司等被诉侵权人侵权恶意较深、侵权情节恶劣、在诉讼中存在妨碍举证和不诚信诉讼情节,以及王龙科技公司、喜孚狮公司实际上系以侵权为业的公司等因素,二审法院依法决定按照香兰素产品的销售利润计算本案侵权损害赔偿数额。由于王龙集团公司、王龙科技公司及喜孚狮公司在本案中拒不提交与侵权行为有关的账簿和资料,二审法院无法直接依据其实际销售香兰素产品的数据计算其销售利润。考虑到中华公司香兰素产品的销售价格及销售利润率可以作为确定王龙集团公司、王龙科技公司及喜孚狮公司香兰素产品相关销售价格和销售利润率的参考,为严厉惩处恶意侵害技术秘密的行为,充分保护技术秘密权利人的合法利益,二审法院决定以中华公司香兰素产品 2011—2017 年期间的销售利润率来计算本案损害赔偿数额,即以 2011—2017 年期间王龙集团公司、王龙科技公司及喜孚狮公司生产和销售的香兰素产量乘以中华公司香兰素产品的销售价格及销售利润率计算赔偿数额。

按照上述方法计算,王龙集团公司、王龙科技公司及喜孚狮公司 2011—2017 年期间因侵害涉案技术秘密获得的销售利润为 155,829,455.20 元。该销售利润数额虽高于按照中华公司营业利润率计算得出的实际损失,但仍大幅低于中华公司因被诉侵权行为造成价格侵蚀所导致的损失数额,且与本案各侵权人侵害涉案技术秘密的恶性程度、危害后果等具体情节相适应,具有合理性和适当性。

此外,原审法院认定中华公司与欣晨公司为本案原审诉讼支付律师代理费 200 万元,为完成涉案损害赔偿经济分析报告支付 7 万美元,折算为人民币 483,196 元,两项合计 2,483,196 元。中华公司与欣晨公司有关其为制止侵害涉案技术秘密行为原审合理支出 2,483,196 元的主张具有事实依据,二审法院予以确认。中华公司与欣晨公司二审主张其为本案支出了律师代理费 100 万元及公证费用 9020 元,合计 1,009,020 元,并提交了诉讼代理合同、转账凭证及发票等证据。经审查,上述 1,009,020 元确系中华公司与欣晨公司为本案二审支出的费用,客观真实,且与本案诉讼标的额、案件复杂程度等相称,具有合理性,二审法院一并予以确认。

综合原审及二审情况,中华公司与欣晨公司为本案支出的合理费用共计 3,492,216 元。将二审法院确定的损害赔偿数额 155,829,455.20 元加上上述合理支出3,492,216元合计为159,321,671.2元，尚未超出中华公司与欣晨公司上诉主张的177,770,227.92元赔偿总额，故二审法院确定本案损害赔偿总额为159,321,671.20元。同时，鉴于喜孚狮公司成立时间较晚，中华公司与欣晨公司仅请求其在7%的范围内承担损害赔偿责任具有一定合理性，二审法院对此予以支持。

基于上述事实和理由，王龙集团公司、王龙科技公司、喜孚狮公司、傅某根有关原审判决确定的赔偿金额明显偏高的上诉理由缺乏依据，二审法院不予支持。中华公司与欣晨公司有关原审判决确定的赔偿数额不当的上诉理由具有事实和法律依据，二审法院予以支持并依法予以改判。

此外，《诉讼费用交纳办法》第29条规定：“诉讼费用由败诉方负担，胜诉方自愿承担的除外。部分胜诉、部分败诉的，人民法院根据案件的具体情况决定当事人各自负担的诉讼费用数额。共同诉讼当事人败诉的，人民法院根据其对诉讼标的的利害关系，决定当事人各自负担的诉讼费用数额。”第30条规定：“第二审人民法院改变第一审人民法院作出的判决、裁定的，应当相应变更第一审人民法院对诉讼费用负担的决定。”据此，民事诉讼存在部分胜诉、部分败诉情形时，人民法院应根据案件情况适当调整案件诉讼费。本案中，中华公司与欣晨公司在提起原审诉讼时，通过大量证据证明其因涉案技术秘密遭受了损失，例如其提交的二审新证据2、2—1、2—2、7、7—1及原审证据78、87、89表明，涉案侵权行为对中华公司香兰素产品的价格侵蚀导致的损害高达790,814,699元，这表明中华公司与欣晨公司提起原审诉讼时主张502,000,000元的赔偿数额具有一定依据，并不存在滥用诉权的情形。原审法院根据本案具体情况决定的案件受理费等诉讼费用的负担，具有事实和法律依据，王龙集团公司、王龙科技公司、喜孚狮公司、傅某根有关原审法院确定的诉讼费用负担不合理，以及中华公司与欣晨公司原审索赔数额过高并具有主观恶意的主张，缺乏事实和法律依据，二审法院不予支持。但是，鉴于二审法院已对原审判决确定的赔偿数额予以改判，故二审法院亦对本案一、二审诉讼费用的负担依法予以调整。

还应说明的是：(1)关于王龙集团公司、王龙科技公司、喜孚狮公司、傅某根拒不履行原审法院生效行为保全裁定问题，原审法院可以另行依法予以处理。(2)本案被诉侵权行为已涉嫌侵犯商业秘密犯罪，二审法院将依法将相关线索移送公安机关处理。

综上所述,中华公司与欣晨公司关于涉案技术秘密被实际使用的范围、王某军构成共同侵权人并应承担连带赔偿责任、原审判决确定的损害赔偿数额错误等部分上诉请求成立,应予支持;王龙集团公司等被诉侵权人的上诉请求不能成立,应予驳回。

第十一节　被告关于诉讼时效和重复起诉的主张举证、原告的质证抗辩以及法院认定

一、一审中被告关于诉讼时效和重复起诉的主张举证、原告的抗辩质证、法院的认证

(一)被告关于诉讼时效和重复起诉的主张

一审中五被告主张本案起诉超过诉讼时效,同时构成重复起诉,应被依法驳回起诉或者驳回全部诉讼请求。

(二)原告的抗辩

两原告认为,本案起诉不属于重复起诉也未超过诉讼时效。

(三)被告对其主张的本案起诉超过诉讼时效同时属于重复起诉所举证据

被告用其证据1—5证明两原告的起诉超过诉讼时效,且构成重复诉讼。具体如下。

证据1:(2016)浙0402民初45号案件的起诉材料;

证据2:(2016)浙0402民初45号民事判决书;

证据3:(2016)浙04民终2304号民事裁定书;

证据4:(2017)浙民申1320号裁定书;

证据5:(2017)浙04民再20号民事裁定书。

(四)原告对被告上述证据的质证意见

两原告对被告上述证据的真实性、合法性没有异议,但认为不能实现其证明

目的。

（五）一审法院对被告上述证据的认证意见

本院经审查认为，证据1—5均系法院裁判文书，真实性应予确认，对于能否实现其证明目的将结合争议焦点在后评述。

二、一审法院关于本案起诉是否属于重复起诉及是否超过诉讼时效查明的事实及作出的认定

（一）查明的事实

2010年6月14日，中华公司向南湖区法院起诉冯某义侵害其商业秘密，王龙集团公司为第三人，同年11月12日，中华公司以“本案可能涉及刑事案件”为由撤回起诉。

2016年1月5日，中华公司向南湖区法院起诉王龙科技公司、王某军、傅某根侵害其商业秘密，指控以王某军为发明人，王龙科技公司为申请人的“一种香兰素的乙醛酸法生产工艺”发明专利申请侵犯了中华公司关于香兰素制造方法的商业秘密，在该案中主张的秘密点为乙醛酸法制备香兰素生产工艺中的缩合技术、氧化技术、脱羧技术。南湖区法院经审理认定王龙科技公司、王某军、傅某根构成对中华公司商业秘密的侵犯，于2016年11月3日作出（2016）浙0402民初45号民事判决，判令王龙科技公司、王某军、傅某根停止侵权，共同赔偿中华公司损失50万元。该案二审期间，冯某义向南湖区公安分局大桥派出所反映情况，并提交了U盘和香兰素设备图、工艺管道和仪表流程图、香兰素技术合作协议、银行汇票等。嘉兴市中级法院认为有新证据显示案件涉及经济犯罪嫌疑，遂作出（2016）浙04民终2304号民事裁定，撤销该案一审判决，驳回中华公司的起诉，将案件移送公安机关处理。2017年6月14日，南湖区公安分局作出嘉南公（大刑）立字〔2017〕11823号立案决定书，对中华公司被侵犯商业秘密案立案侦查。2020年1月7日，南湖区公安分局以“对犯罪嫌疑人未采取强制措施，自立案之日起二年内仍然不能移送审查起诉或者依法作其他处理”为由，决定撤销该案。

（二）一审法院关于诉讼时效和重复起诉作出的认定

1. 关于诉讼时效作出的认定

五被告辩称，中华公司于2010年向南湖区法院起诉冯某义侵犯其香兰素生产商业秘密时，对于其商业秘密被侵害已经知晓，中华公司提起本案诉讼超过诉讼时效。一审法院认为，诉讼时效期间自权利人知道或者应当知道权利受到损害以及义务人之日起计算。从查明的事实和中华公司维权过程来看，香兰素生产技术内容较为复杂，包含诸多技术信息，中华公司对于其技术秘密受到侵害的范围、途径和具体侵权主体的认知是个渐进的过程。虽然中华公司曾于2010年提起诉讼，但该案的被告和依据的事实均与本案不同，没有证据表明中华公司当时知道或应当知道涉案设备图、工艺流程图已经被非法获取、披露或使用且本案各被告为该侵权行为的实施者。况且中华公司前案撤诉的理由是“本案可能涉及刑事案件”，南湖区公安分局大桥派出所随后对相关情况进行过调查，表明中华公司撤诉并非对其商业秘密被侵害采取放任态度。故本案诉讼时效应当从冯某义于2016年12月向公安机关反映情况并提交图纸等证据时开始起算，中华公司本案起诉时诉讼时效期间尚未届满，五被告该项抗辩理由不能成立。

2. 关于重复起诉作出的认定

五被告辩称，本案与（2016）浙0402民初45号案件构成重复起诉。一审法院认为，首先，中华公司在前案中主张的商业秘密的内容为香兰素生产中的缩合技术、氧化技术、脱羧技术，均属于生产工艺方面的技术内容。而涉案技术信息为香兰素生产设备图、工艺管道及仪表流程图，关于该些技术信息是否构成技术秘密、五被告是否侵犯了该技术秘密等问题，前案审理中并未涉及，因此两案的权利基础、审理范围均不相同，故中华公司在本案中并不构成重复起诉。五被告还辩称，原告不应将香兰素生产技术拆分成工艺和设备等不同的技术秘密分别起诉。一审法院认为，香兰素生产技术包含工艺配方、生产装备、工艺流程等多项技术内容，各项技术内容对应解决不同的技术主题，即便同一项技术内容仍可以存在不同技术秘密点，各个秘密点具有一定的独立性。商业秘密侵权行为普遍发现难、举证难，在权利人非因自身原因无法确定其技术秘密受侵害范围的情况下，难以在同一案件中一并提出权利主张。在无证据表明存在滥用诉权的情况下，中华公司就不同时期发现的针对不同技术秘密点的侵权行为分别提起诉讼，并不为法律所禁止。

三、二审法院关于诉讼时效和重复起诉查明的事实和作出的认定

(一)二审法院对一审关于诉讼时效和重复起诉查明的事实予以确认

本案二审中,五被告坚持本案诉讼已超过诉讼时效并构成重复诉讼,欣晨公司无权提起本案诉讼。本案两原告认为本案诉讼未超过诉讼时效也不构成重复诉讼。原告、被告在二审中没有就诉讼时效和重复起诉提交新的证据。二审法院对一审法院关于诉讼时效和重复起诉查明的事实予以确认。

(二)二审法院关于诉讼时效作出的认定

1. 关于停止侵害的诉讼请求

《民法总则》(已失效)第196条规定:“下列请求权不适用诉讼时效的规定:(一)请求停止侵害、排除妨碍、消除危险;(二)不动产物权和登记的动产物权的权利人请求返还财产;(三)请求支付抚养费、赡养费或者扶养费;(四)依法不适用诉讼时效的其他请求权。”可见,诉讼时效的适用对象通常是债权请求权,停止侵害、排除妨碍、消除危险、返还财产等绝对权请求权不适用诉讼时效。因此,本案中华公司和欣晨公司关于停止侵害其商业秘密的诉讼请求不适用诉讼时效。

2. 关于侵权损害赔偿的诉讼请求

《民法总则》(已失效)第188条规定:“向人民法院请求保护民事权利的诉讼时效期间为三年。法律另有规定的,依照其规定。诉讼时效期间自权利人知道或者应当知道权利受到损害以及义务人之日起计算。法律另有规定的,依照其规定。但是自权利受到损害之日起超过二十年的,人民法院不予保护;有特殊情况的,人民法院可以根据权利人的申请决定延长。”一般而言,侵权损害赔偿请求权的诉讼时效应当自权利人知道或者应当知道其被侵害的权利范围、侵害人及侵害行为之时开始计算。

本案中,从查明的事实和中华公司维权过程来看,香兰素生产技术内容较为复杂,包含诸多技术信息,中华公司与欣晨公司对于其技术秘密受到侵害的范围、途径和具体侵权主体的认知实际上存在一个渐进的过程。虽然中华公司曾于2010年提起诉讼,但该案的被告和所依据的事实均与本案不同,没有证据表明中华公司当时知道或者应当知道涉案设备图、工艺流程图已经被非法获取、披露或

者使用且本案各原审被告为该侵权行为的实施者。虽然中华公司在该案中撤诉，但是其撤诉理由是“本案可能涉及刑事案件”，且浙江省嘉兴市南湖区公安分局大桥派出所随后对相关情况进行过调查，表明该撤诉行为并不意味着中华公司对其商业秘密被侵害采取放任态度。同理，中华公司 2016 年 1 月提起诉讼针对的被告与本案原审被告亦不相同，所涉及的技术秘密的具体内容及相关诉讼主张亦不相同。直到冯某义于 2016 年 12 月向公安机关反映情况并提交图纸等证据后，中华公司才基本掌握初步证据，明确其可能被侵害的技术秘密内容、可能的侵害人及侵害行为。因此，本案诉讼时效应当自冯某义于 2016 年 12 月向公安机关反映情况并提交图纸等证据且中华公司获悉此情况时开始起算。中华公司提起本案诉讼时其损害赔偿请求权的诉讼时效期间尚未届满。退一步讲，即便中华公司 2016 年 1 月提起的诉讼涉及其在本案中主张的部分技术秘密，针对该部分技术秘密的起诉也构成诉讼时效中断。事实上，中华公司两次提起诉讼及公安机关的介入都表明，中华公司的维权行动一直在持续，只是基于侵害技术秘密案件中普遍存在的确定和证明侵害人、侵害行为、被侵害的技术秘密范围较为困难，中华公司与欣晨公司才无法准确针对王龙集团公司、王龙科技公司、喜孚狮公司、傅某根、王某军更早提起侵害涉案技术秘密的诉讼。

因此，王龙集团公司、王龙科技公司、喜孚狮公司、傅某根有关本案诉讼请求已过诉讼时效的上诉主张缺乏事实和法律依据，二审法院不予支持。

（三）关于重复起诉作出的认定如下：

2015 年《最高人民法院关于适用〈中华人民共和国民事诉讼法〉的解释》第 247 条规定：“当事人就已经提起诉讼的事项在诉讼过程中或者裁判生效后再次起诉，同时符合下列条件的，构成重复起诉：（一）后诉与前诉的当事人相同；（二）后诉与前诉的诉讼标的相同；（三）后诉与前诉的诉讼请求相同，或者后诉的诉讼请求实质上否定前诉裁判结果。当事人重复起诉的，裁定不予受理；已经受理的，裁定驳回起诉，但法律、司法解释另有规定的除外。”本案中，中华公司与欣晨公司提起原审诉讼并不构成重复诉讼。具体理由如下。

第一，无论是中华公司 2010 年 6 月 14 日起诉冯某义侵害其商业秘密，还是中华公司于 2016 年 1 月 5 日起诉王龙科技公司、王某军、傅某根侵害其商业秘密，均因可能涉及刑事案件或经济犯罪嫌疑而未能成功保护其合法权益。

第二,上述两案与本案所涉及的技术秘密及当事人均有不同。本案所涉香兰素生产设备图、工艺管道及仪表流程图及其技术信息是否构成技术秘密、王龙集团公司、王龙科技公司、喜孚狮公司、傅某根、王某军等被诉侵权人是否侵害该技术秘密等问题,上述两案均未涉及,即本案与前案的权利基础、诉争范围均不相同。

第三,侵害商业秘密行为普遍存在发现难、举证难的现象,在权利人非因自身原因难以确定其技术秘密受侵害的情况下,通常难以在同一案件中一并提出所有权利主张。在无证据表明中华公司与欣晨公司存在滥用诉权的情况下,其就不同时期发现的针对不同技术秘密点的侵权行为分别提起诉讼,并不构成重复起诉。

因此,王龙集团公司、王龙科技公司、喜孚狮公司、傅某根有关本案构成重复起诉的上诉主张缺乏事实和法律依据,二审法院不予支持。

第十二节　笔者对本案的评析

一、本案一审对案涉技术秘密的权利承继查明存在瑕疵

本案一审对涉案技术秘密权利承继的查明不够清楚,导致对被告针对保密措施抗辩的认定的说服力不够。本案一审查明的事实。1995 年,批准组建成立中华集团公司,嘉兴中华化工总厂厂名继续保留,2003 年 2 月 19 日,嘉兴中华化工总厂改制后成立中华公司,所有债权债务由中华公司承继,其后中华集团公司被注销。2002 年 11 月 22 日,中华集团公司(甲方)与欣晨公司(乙方)签订《技术开发合同》《技术转让合同》及补充合同,乙方以交钥匙方式向甲方交付技术资料,项目中的技术资料由双方共有。合同约定的研究开发经费及报酬 500 万元由中华集团公司、中华公司先后付清。

基于上述一审查明的事实,中华集团公司是何时注销的,其与本案原告中华公司关系如何?其是否取得了本案原告要求保护的技术秘密资料?如果取得,是否采取了合理保密措施?相关技术资料是否转移给了中华公司?这些都是不清楚的。针对本案被告的一审抗辩,“涉案技术秘密包含了案外人浙江嘉兴中华化工集团有限责任公司(以下简称中华集团公司)在 2002 年与欣晨公司签订的技术开发合同中的内容,该公司亦属于涉案技术信息的共有人。但从现有证据来看,中华集团公司、欣晨公司均未对诉争技术信息采取合理、有效的保密措施”,一审

判决在“本院认为”部分回应称：“本院认为，中华集团公司在涉案技术信息形成前已经注销，其权利义务由中华公司承继，本案无须考虑中华集团公司的保密措施”。一审判决的该认定应该是事实，但说服力不够强。

但从本案被告的上诉理由“（二）涉案技术秘密不成立。1. 中华公司与欣晨公司没有对涉案技术秘密采取合理的保密措施”判断，被告对一审法院的该认定是认可的，本案判决在这一点上是正确的。

二、本案“窝里反”证人对维权成功起了关键作用

本案如果没有“窝里反”证人冯某义提供的关键证据，是很难认定被告侵犯技术秘密的。

根据本案一审、二审查明的事实，本案证人冯某义应该是在被告的侵权行为当中起了连接枢纽作用，同时原告中华公司于 2010 年向南湖区法院起诉冯某义侵犯其香兰素生产商业秘密，但在本案中却没有将冯某义作为被告。这应该与冯某义向公安机关提交本案关键证据并积极如实出庭作证有关。

从权利人维权的角度，如何让侵权团伙“窝里反”并提供证据，对破解商业秘密维权的“取证难”非常重要。而从法院司法的角度，商业秘密从根本上是一种私权，应该像本案这样，对权利人不追究“窝里反”证人的法律责任，给予积极支持。这对促使侵权团伙“窝里反”非常重要。本案对商业秘密维权中的取证具有重要启示。

三、诉讼请求、上诉请求以及二审判决关于涉嫌构成侵犯商业秘密犯罪等的认定处理极具巧思

（一）原告的诉讼请求体现出其在维护自己合法权力中“敢于胜利”的精神，对商业秘密维权具有重要启示

本案一审的诉讼请求为全部赔偿 502,000,000 元，在一审判决仅仅支持 3,500,000元的情况下，仍然上诉请求赔偿数额为 177,770,227.92 元，同时坚持请求判定王某军对全部赔偿额承担连带责任，为本案二审判决提供了前提。商业秘密是一种私权，在民事诉讼不告不理的原则下，其不主张等于放弃权利，法院不能超越其诉讼请求维护其权利。本案原告的“敢于胜利”的精神对有效维护商业秘密权有重要的启示。

（二）本案二审判赔额是一审的45.52倍等，是对商业秘密“弱保护”观念的巨大冲击并将极大提振商业秘密的维权信心

本案在一审全部判赔额仅为3,500,000元的前提下，二审全部判赔额达到159,321,671.20元，是一审的45.52倍；本案核心人物王某军，一审判决不承担任何个人责任，而二审判决其对全部赔偿额承担100%的连带赔偿责任；被告赔偿原告合理维权费用3,492,216元等。此会对商业秘密“弱保护”的观念产生极大冲击；对一审判决很难改判的普遍观念产生极大冲击，极大地鼓励权利人通过上诉维护合法权利的信心。

（三）本案二审判决超出上诉请求的如下认定充分发挥了依法审判的能动作用，对有效维护商业秘密权具有重大推重作用

1. 对于2018年以来仍在持续的侵害涉案技术秘密行为，中华公司与欣晨公司可以依法另行寻求救济。

2. 关于王龙集团公司、王龙科技公司、喜孚狮公司、傅某根拒不履行原审法院生效行为保全裁定问题，原审法院可以另行依法予以处理。

3. 本案被诉侵权行为已涉嫌侵犯商业秘密犯罪，二审法院将依法将相关线索移送公安机关处理。

四、原告针对“密点”不为公众所知悉的举证及一审、二审法院的认证、认定值得参考

请求商业秘密保护的技术内容不为公众所知悉的举证和认定，是商业秘密维权中的重点和难点，尤其是在2019年《反不正当竞争法》第32条适用之前，不存在向被告有条件转移的法律依据，证明责任完全在原告。通常情况下，对于这一消极事实的证明，在法院持消极态度的情况下，原告不得不借助鉴定机构的鉴定意见来证明。本案中，特别值得点赞的是，原告虽然也以申请法院调取的公安机关委托作出的鉴定意见作为补强证据，但原告首先是用所请求商业秘密保护的技术内容本身的性质及其来源证明其不为公众所知悉。而一审法院和二审法院也都是根据要求商业秘密保护的技术内容的性质和来源认定其不为公众所知悉，最后才用相关鉴定意见作为补强论据。二审论述和一审论述相比，将一审论述中的

“经上海市浦东科技信息中心检索未查到有相同文献报道”改成了“现有证据不能证明其已经在先公开”。这一细微变化反映了，二审法院在被告没有提供反证证明已经被在先公开的前提下，依据请求商业秘密保护的技术内容的性质及来源，判定其不为公众所知悉更为坚决彻底，更为弱化在这一问题上对查新机构或者鉴定机构的依赖。另外，二审判决在最后还增加了“当然，时至今日也没有证据证明上述涉案香兰素生产设备技术图纸已经被公开并为相关公众所普遍知悉”的认定。有此认定，判决被告停止侵权和相关侵权损失的认定就更为严谨。此反映出本案二审法官深厚的专业功力和高度的敬业精神。

一审法院的认证及论述如下：

“本院认为，中华公司的设备图和工艺管道及仪表流程图属于不为公众所知悉的技术信息。首先，涉案技术信息是企业自行设计的非标设备及工艺流程参数信息，主要为计算机应用软件绘制、表达的工程图形信息，经上海市浦东科技信息中心检索未查到有相同文献报道。其次，对于不同香兰素生产企业而言，其使用的生产设备及连接方式、工艺流程的步骤和控制方法往往基于公司的规模、技术实力、实践经验等具有各自的特点。中华公司的设备图、工艺管道及仪表流程图的尺寸、结构、材料信息是根据自身生产工艺对参数优选数值的有机组合，需要经过大量技术研发、检验筛选才能够获得。市场上没有商品化的成套香兰素工业化生产设备技术图纸以及工艺流程图销售，涉案技术信息无法从公开渠道获取，也无法通过观察香兰素产品直接获得。最后，根据[2017]沪科咨知鉴字第48—1号《知识产权司法鉴定意见书》的鉴定意见，涉案香兰素生产设备技术图纸在2015年5月30日和2017年8月21日之前分别构成不为公众所知的技术信息。”

二审法院的认证和论述如下：

“中华公司和欣晨公司的设备图和工艺管道及仪表流程图属于不为公众所知悉的技术信息。首先，涉案技术信息是企业自行设计的非标设备及工艺流程参数信息，主要为计算机应用软件绘制、表达的工程图形信息，现有证据不能证明其已经在先公开。其次，对于不同香兰素生产企业而言，其使用的生产设备及连接方式、工艺流程的步骤和控制方法往往基于企业的规模、技术实力、实践经验等具有各自的特点。中华公司的设备图、工艺管道及仪表流程图的尺寸、结构、材料信息是根据自身生产工艺对参数优选数值的有机组合，需要经过大量技术研发、检验筛选才能够获得。市场上并不存在标准化的成套香兰素工业化生产设备技术图纸以及工艺流程图，涉案技术信息无法从公开渠道获取，也无法通过观察香兰素产品直接获得。最后，根据[2017]沪科咨知鉴字第 48—1 号《知识产权司法鉴定意见书》的鉴定意见，涉案香兰素生产设备技术图纸在 2015 年 5 月 30 日和 2017 年 8 月 21 日之前分别构成不为公众所知的技术信息。当然，时至今日也没有证据证明上述涉案香兰素生产设备技术图纸已经被公开并为相关公众所普遍知悉。”

五、本案原告对保密措施的主张、举证及一审法院的认证、认定略有瑕疵

本案中两原告关于其自身对请求商业秘密保护的技术内容的合理保护措施的举证是非常充分的。但对于被告的“中华集团公司在 2002 年与欣晨公司签订的技术开发合同，该公司亦属于涉案技术信息的共有人，中华集团公司未采取保密措施”的抗辩，一审判决仅在“本院认为”部分回应称“本院认为，中华集团公司在涉案技术信息形成前已经注销，其权利义务由中华公司承继，本案无须考虑中华集团公司的保密措施”。一审判决的该认定应该是事实，但说服力不够强。

如果两原告能够主动举证证明，其与中华集团公司的关系，本案请求商业秘密保护的技术内容是欣晨公司何时、向谁、如何交接的，中华集团公司是何时注销的，本案要求商业秘密保护的技术内容没有可能被中华集团公司知悉；最起码作出合理说明，就会更好。如果两原告没有主动这样做的话，一审法院应该通过法律释明的方式，提示两原告提供相应的证据，在此基础上在“本院查明的事实”部分，用事实对被告的上述抗辩作出详细回应，就会更好。

六、原告对具有商业价值的举证及两审法院的认证、认定值得学习

本案中两原告用请求商业秘密保护的技术内容即“密点”的研究开发过程、研究开发所付代价、研究开发成果与之前相关技术的差别、研究开发成果的技术效果，乃至本案被告对窃取请求商业秘密保护的技术内容的谋划、窃取过程、窃取后快速使用并取得巨大效果等方面的大量充分的证据进行全方位的举证，特别值得点赞。这样做取得的效果，不仅是证明了其具有重大商业价值，同时也证明了其不为公众所知悉。此为本案二审判决将赔偿额变成一审的 45.52 倍等奠定了非常坚实的基础，也使得人们确信二审判决是符合公平正义的。

本案一审、二审法院对关于商业价值的举证的认证、认定,同时又作为认定要求商业秘密保护的内容不为公众所知悉的优先论据,特别值得点赞。

七、本案二审判决关于被告使用涉案技术内容的认定值得学习

本案中原告没有就被告使用的涉案技术内容进行直接举证,也没有就被告使用的涉案技术内容申请法院现场勘验并在此基础上进行深入细致的解释说明,而是通过一审法院向公安机关调取的证据证明被告使用的是涉案技术内容。原告这样做的好处是能一定程度上减少诉累,同时也能节省司法资源;但这样做的坏处是,对审案法官的考验太大,要求审案法官对涉案技术、对本案如此复杂的案情、对相关法律司法解释的规定乃至法理的理解掌握都得达到十分了得的程度,否则很可能就会出错。本案一审、二审对被告使用的涉案技术内容的认定恰好证明了这一点。并且,二审法院的认定和说理令人肃然起敬。

(1)一审法院的认定如下。

从比对情况来看,王龙科技公司交给杭特公司的设备图和其环境影响报告书中的工艺流程图仍有部分与中华公司的技术图纸既不相同也不相似,故本案不足以推定王龙科技公司使用了其获取的全部技术秘密。综上所述,根据现有证据,本院认定,被告使用的技术秘密包括 17 个设备的设计图和 5 张工艺流程图(详见一审判决书附件 3)。

(2)二审法院作出的认定及理由如下。

原审法院在考虑本案具体情形后,认定王龙集团公司等被诉侵权人使用的技术秘密包括 17 个设备的设计图和 5 张工艺流程图,本院经审查对上述认定予以认可。在此基础上,本院进一步认定王龙集团公司等被诉侵权人实际使用了其已经获取的全部 185 张设备图和 15 张工艺流程图。具体理由是:

第一,香兰素生产设备和工艺流程通常具有配套性,其生产工艺及相关装置相对明确固定,王龙集团公司等被诉侵权人已经实际建成香兰素项目生产线并进行规模化生产,故其必然具备制造香兰素产品的完整工艺流程和相应装置设备。

第二,王龙集团公司等被诉侵权人拒不提供有效证据证明其对香兰素产品的完整工艺流程和相应装置设备进行了研发和试验,且其在极短时间内上马香兰素项目生产线并实际投产。王龙集团公司自傅某根 2010 年 5 月到岗后即启动香兰素项目,随后又从中华公司招聘了多名与香兰素生产技术有关的员工,到 2011 年

3月浙江省宁波市环境保护局批准其香兰素年产量为5000吨,再到2011年6月王龙科技公司开始生产香兰素,王龙科技公司的香兰素生产线从启动到量产仅用了1年左右的时间。与之相比,嘉兴市中华化工总厂自2002年11月与欣晨公司签订《技术开发合同》等合同,到2007年2月经浙江省嘉兴市南湖区经济贸易局批复同意扩建年产10000t/a合成香料(乙醛酸法)新技术技改项目,涉案技术秘密从研发到建成生产线至少用了长达4年多的时间。

第三,王龙集团公司等被诉侵权人未提交有效证据证明其对被诉技术方案及相关设备进行过小试和中试,且其又非法获取了涉案技术图纸,同时王龙科技公司的环境影响报告书及其在向杭特公司购买设备的过程中均已使用了其非法获取的设备图和工艺流程图。综合考虑技术秘密案件的特点及本案实际情况,同时结合王龙集团公司等被诉侵权人未提交有效相反证据的情况,可以认定王龙集团公司等被诉侵权人使用了其非法获取的全部技术秘密。

第四,虽然王龙集团公司、王龙科技公司的香兰素生产工艺流程和相应装置设备与涉案技术秘密在个别地方略有不同,但其未提交证据证明这种不同是基于其自身的技术研发或通过其他正当途径获得的技术成果所致。同时现有证据表明,王龙集团公司等被诉侵权人是在获取了涉案技术秘密后才开始组建工厂生产香兰素产品,即其完全可能在获得涉案技术秘密后对照该技术秘密对某些生产工艺或个别配件装置做规避性或者适应性修改。这种修改本身也是实际使用涉案技术秘密的方式之一。

八、本案"窝里反"证人提供的证据对认定被告从原告获取的技术内容起了关键作用

任何重大的侵犯技术秘密权的行为,必然是团伙作案的行为,而且任何犯罪团伙都是"橘子结构"。正如橘子一样,粗看之下,他们是一个完整的团伙,但皮下的橘子肉是一瓣一瓣的,瓣和瓣之间是有缝隙的,而且其缝隙是有大有小的。面对团伙作案的重大侵犯技术秘密的维权行为,对权利人来说,一定程度上是"生死之战",对此,通过初步调查、外围敲打等手段,发现犯罪团伙的最大缝隙后再集中使力,促使犯罪团伙"窝里反",这也是获取侵权团伙窃取权利人技术秘密证据的有力措施。

九、本案二审判决指出本案不需要通过技术比对认定“同一性”值得学习

本案因“窝里反”证人提供的证据及法院从公安机关调取的其他证据充分证明,被告没有就香兰素产品生产做过任何研发、投产过程中的小试、中试,也没有从其他途径合法获得任何香兰素的生产技术;同时有充分证据证明,其从原告处获取几乎全套关键技术资料、挖取了权利人的关键技术人员后,在很短时间内就大规模生产香兰素产品;其使用的技术中,大多数设备图与权利人的完全相同,甚至连图号、人名都完全相同的前提下,还因被告的小部分图纸与其从原告获取图纸的部分差别,而认定其不具有“同一性”,这完全是脱离了生产实际及“同一性”判定本意的“刻舟求剑”。在被告自己有一定的研发能力或者合法拥有一定的生产技术,且属于基本正常的生产行为的情况下,在判定某一技术方案到底是被告自己合法取得的,还是从权利人侵权取得的时,就应该如同本案一审法院这样仔细比对,严格把关,以防止冤枉被告,甚至原告借商业秘密维权打击竞争对手。对照一审法院的做法,二审判决就“同一性”(被告实际使用原告的技术内容)认定及其说理中的“同时现有证据表明,王龙集团公司等被诉侵权人是在获取了涉案技术秘密后才开始组建工厂生产香兰素产品,即其完全可能在获得涉案技术秘密后对照该技术秘密对某些生产工艺或个别配件装置做规避性或者适应性修改。这种修改本身也是实际使用涉案技术秘密的方式之一”的论述,就显得难能可贵。

十、原告针对侵权责任主张的坚持、证据的追加及二审法院对侵权责任的认定值得学习

面对本案这样的侵权行为,原告在一审时,请求赔偿 502,000,000 元,请求王某军、傅某根承担连带赔偿责任,并提交自己调查收集的 96 份证据、申请法院调取的 19 份证据,支持自己的诉讼请求;在一审判决仅支持全部赔偿 3,500,000 元、王某军不承担任何个人责任的“悲惨”结局下,仍然上诉请求赔偿 177,770,227.92 元、王某军个人承担连带赔偿责任,同时增加如下新证据。从以下证据的简要信息中,读者不难体会到原告维权的巨大付出和“血战到底”的决心。

证据 1:2011—2017 年中华公司年度审计报告(节录)。

证据 2:上海市张江公证处(2020)沪张江证经字第 11504 号、第 11506 号、第

11507号、第11508号、第11509号、第11510号、第11511号公证书，系从原审证据87中随机抽取2011—2017年期间中华公司香兰素产品每月两笔即每年24笔销售转账凭证及发票并计算出平均单价统计表后形成的公证书。为进一步补充证明原审证据87，中华公司提交了证据2—1，即中华公司随机抽取的2009—2010年期间其香兰素产品每月两笔即每年24笔销售转账凭证及发票，以及由此计算得出的中华公司2009—2010年期间香兰素产品销售平均单价统计表。为进一步补充证明证据2—1，中华公司提交了证据2—2，对上述证据2—1的形成过程、原件与复印件的真实性等事项进行了公证，并形成了上海市张江公证处（2020）沪张江证经字第12140号公证书和第12141号公证书。

证据3：上海市张江公证处（2020）沪张江证经字第11497号公证书。

证据4：上海市张江公证处（2020）沪张江证经字第11496号公证书。

证据5：北京市方圆公证处（2020）京方圆内经证字第23023号公证书。

证据6：二审诉讼代理合同、代理费发票及转账凭证。

证据7：中华公司2009—2017年香兰素数量金额明细表、随机抽取的每月一笔转账凭证及其生产成本结算表、原材料分配表。为补充证明证据7中香兰素数量金额明细表的真实性，中华公司提交了证据7—1，对上述证据7的形成过程、原件与复印件的真实性等事项进行了公证，并形成了上海市张江公证处（2020）沪张江证经字第12319号公证书。

而二审判决，将全部判赔额调为一审的45.52倍达159,321,671.20元，判决王某军对全部赔偿额承担100%的连带赔偿责任，在判决中直接认定“本案被诉侵权行为已涉嫌侵犯商业秘密犯罪，法院将依法将相关线索移送公安机关处理”。二审法官不可能不清楚这样的判决结果，必然会引起巨大的关注，并被侵权方甚至社会公众用放大镜审视。更令笔者肃然起敬的是，二审判决对被告的耐心和说理。笔者确信，用心细读二审判决书，不仅能对二审判决结果产生信服，同时对加深关于商业秘密侵权诉讼的理解、提升商业秘密维权诉讼能力都大有帮助。读者仔细研读本章第九节，二审判决关于王某军个人应该承担连带赔偿责任的论述，定会与笔者产生共鸣。

十一、二审判决在确定赔偿责任时将法律资源运用到了极致，充分维护当事人的合法权利和法律尊严

笔者在阅读、学习二审判决的确定赔偿数额的计算方法时，深感惊心动魄。

为了帮助读者更好地理解,将其论述架构梳理如下。

(一)本案二审判决确定损害赔偿责任时的考虑因素

1. 本案被告的侵权行为因为以下因素本具备使用惩罚性赔偿的适用条件。

(1)王龙集团公司等被诉侵权人非法获取涉案技术秘密的手段恶劣。

(2)王龙集团公司等被诉侵权人非法获取及使用的涉案技术秘密数量较多。

(3)王龙集团公司、王龙科技公司、喜孚狮公司明知其行为构成对涉案技术秘密的侵害,仍然持续、大量使用侵害涉案技术秘密的设备及工艺流程生产香兰素产品,故其显然具有侵害涉案技术秘密的恶意。

(4)涉案技术秘密具有较高的商业价值。

(5)喜孚狮公司、王龙科技公司均系实际上以侵权为业的公司。

(6)王龙集团公司等被诉侵权人侵害涉案技术秘密的行为对全球市场形成严重冲击。

(7)王龙集团公司等被诉侵权人拒绝提交侵权产品销售数量等证据,存在举证妨碍、不诚信诉讼等情节。

(8)王龙集团公司、王龙科技公司、喜孚狮公司、傅某根拒不执行原审法院的生效行为保全裁定。

2. 本案因原告的诉讼请求等如下原因没有适用惩罚性赔偿。

(1)中华公司与欣晨公司在原审及本案二审中所主张的损害赔偿数额仅计算至2017年年底,并未包括自2018年以来仍在持续的被诉侵权行为给其造成的损失。

(2)在中华公司与欣晨公司所主张计算损害赔偿数额的侵权行为期间之后,我国相关法律才明确规定符合特定条件的侵害技术秘密行为可以适用惩罚性赔偿。2019年《反不正当竞争法》明确规定侵害商业秘密案件可以主张惩罚性赔偿,该法于2019年4月23日起施行;《民法典》明确规定侵害知识产权案件可以主张惩罚性赔偿,该法于2021年1月1日起施行。

(二)二审判决确定赔偿责任时所依据的法律规定

1. 2017年修正的《反不正当竞争法》第17条

该第17条规定:“经营者违反本法规定,给他人造成损害的,应当依法承担民事责任。经营者的合法权益受到不正当竞争行为损害的，可以向人民法院提起诉讼。因不正当竞争行为受到损害的经营者的赔偿数额，按照其因被侵权所受到的实际损失确定；实际损失难以计算的，按照侵权人因侵权所获得的利益确定。赔偿数额还应当包括经营者为制止侵权行为所支付的合理开支。经营者违反本法第六条、第九条规定，权利人因被侵权所受到的实际损失、侵权人因侵权所获得的利益难以确定的，由人民法院根据侵权行为的情节判决给予权利人三百万元以下的赔偿。”

2.《最高人民法院关于审理不正当竞争民事案件应用法律若干问题的解释》(2007 年施行)第 17 条第 1 款

该第 17 条第 1 款规定：“确定反不正当竞争法第十条规定的侵犯商业秘密行为的损害赔偿额，可以参照确定侵犯专利权的损害赔偿额的方法进行；确定反不正当竞争法第五条、第九条、第十四条规定的不正当竞争行为的损害赔偿额，可以参照确定侵犯注册商标专用权的损害赔偿额的方法进行。”

3.《专利法》(2008 年修正)第 65 条第 1 款

该第 65 条第 1 款规定：“侵犯专利权的赔偿数额按照权利人因被侵权所受到的实际损失确定；实际损失难以确定的，可以按照侵权人因侵权所获得的利益确定。权利人的损失或者侵权人获得的利益难以确定的，参照该专利许可使用费的倍数合理确定。赔偿数额还应当包括权利人为制止侵权行为所支付的合理开支。”

4.《最高人民法院关于审理专利纠纷案件适用法律问题的若干规定》(2015 年第二次修正)第 20 条第 2 款

该第 20 条第 2 款规定：“专利法第六十五条规定的侵权人因侵权所获得的利益可以根据该侵权产品在市场上销售的总数乘以每件侵权产品的合理利润所得之积计算。侵权人因侵权所获得的利益一般按照侵权人的营业利润计算，对于完全以侵权为业的侵权人，可以按照销售利润计算。”

(三)本案二审判决计算赔偿数额时适用的方法

1. 本案二审判决是按照在原告诉请赔偿的期限内，被告的侵权所得作为赔偿额的。

2. 被告的侵权所得是根据被告的销售数量乘以被告的销售利润得出侵权所

得的。

3. 被告的销售数量是根据被告向生态环境部门报批及审核的年产量，以及被告默认的销售数量等因素共同确认的。二审庭审中，原告代理人陈述，在原告请求侵权赔偿的计算期间，全球市场的总销售量约为2万吨，被告的数额约为10%，即2000吨，被告对此既没有明确表示认可，也没有表示反对。

4. 本案将原告的销售利润率作为被告的销售利润率。

5. 二审判决参考了原告主张的按价格侵蚀计算出损害赔偿额790,814,699元和按原告的营业利润率乘以被告的销售数量即116,804,409元，后确定按照销售利润计算的侵权损失即155,829,455.2元。

十二、本案其他值得点赞的地方

本案一审中原告关于请求商业秘密保护的技术内容即“密点”及其载体的主张、举证，对“密点”合法来源的举证，以及一审、二审法院的认证、认定，都值得点赞。

二审判决针对被告关于诉讼时效和重复起的回应及其论述，特别关于诉讼时效和重复起诉的解释说明堪作教材，值得读者用心研读。

第十三节　二审法官对香兰素案的评析

以下是二审审判长最高人民法院朱理法官和法官助理陈律对本案评析的原文：

06　裁判摘要评析

本案是人民法院史上侵害商业秘密纠纷案生效判决中判赔额最高的案件，判赔数额高达1.59亿元，并入选最高人民法院知识产权法庭“2020年十件技术类知识产权典型案例”。本案判决在技术秘密的使用行为认定、法定代表人共同侵权认定、侵权损害赔偿数额计算等多个问题的处理思路和论证说理都具有较强的典型意义和指导意义。

一、关于涉案技术秘密使用行为的认定

技术秘密是具备秘密性、价值性和保密性的技术信息。技术秘密可以是完整

的技术方案,也可以是构成技术方案的部分技术信息;可以是完整的工艺流程、成套的生产设备,也可以是相对碎片化的技术参数、设备尺寸等。侵害技术秘密纠纷案件中对使用行为的认定与产品专利民事侵权案件不同,后者的当事人通过公证购买等方式可以相对容易地获得被诉侵权产品,进而可以在通过拆解等方式固定被诉侵权产品的技术方案后进行侵权比对。相比而言,在侵害技术秘密纠纷案件中,一方面由于权利人请求保护的技术秘密信息量较大、覆盖面较广且可能存在碎片化的现象,另一方面由于被诉侵权技术信息可能涉及温度、配比等,有时难以直接获得,导致此类案件普遍存在发现难、举证难、比对难的特点,在权利人已经举证证明被诉侵权人非法获取涉案技术秘密并至少部分使用上述技术秘密的情况下,人民法院应当充分考虑涉案技术秘密的特点、被诉侵权行为的情节、性质及当事人提供的反证情况,运用优势证据规则作出事实认定。

本案中,二审法院在确认一审法院关于被诉侵权人使用部分涉案技术秘密的事实认定的基础上,综合考虑了涉案技术秘密的整体性、配套性特点,以及被诉侵权人已经实际量产侵权产品,并结合被诉侵权人拒不提供研发数据等举证妨碍的事实,推定被诉侵权人使用了非法获取的全部涉案技术秘密。具体而言,首先,本案中,王龙集团、王龙科技公司、喜孚狮公司、傅某某已经从中华化工公司处非法获取了涉案全部技术秘密,包括185张设备图和15张工艺流程图在内的完整香兰素生产工艺流程和设备图纸。香兰素生产设备和工艺流程通常具有配套性,其生产工艺及相关装置相对明确固定,王龙集团等被诉侵权人已经实际建成香兰素项目生产线并进行规模化生产,故其必然拥有制造香兰素产品的完整工艺流程和相应装置设备。其次,王龙集团等被诉侵权人拒不提供有效证据证明其对香兰素产品的完整工艺流程和相应装置设备进行了研发和试验,且其仅用了1年左右的时间就上马香兰素项目生产线并实际投产。与之相比,中华公司从研发涉案技术秘密到建成生产线用了长达4年的时间。再次,王龙集团等被诉侵权人未提交有效证据证明其对被诉技术方案及相关设备进行过小试和中试,且其又非法获取了涉案技术图纸,同时王龙科技公司的环境影响报告书及其在向案外人购买设备的过程中均已使用了其非法获取的设备图和工艺流程图。最后,虽然王龙集团、王龙科技公司的香兰素生产工艺流程和相应装置设备与涉案技术秘密在个别地方略有不同,但其未提交证据证明这种不同是基于其自身的技术研发或通过其他正当途径获得的技术成果所致。同时,现有证据表明,王龙集团等被诉侵权人是在获取了涉案技术秘密后才开始组建工厂生产香兰素产品,即其完全可能在获得涉案技术秘密后对照该技术秘密对某些生产工艺或个别配件装置做规避性或者适应性修改,而这种修改本身也是实际使用涉案技术秘密的方式之一。

二、关于法定代表人共同侵权的认定

法定代表人既是自然人,又是公司的代表。在侵害技术秘密纠纷、专利权侵权纠纷等知识产权民事案件中,权利人经常以被诉侵权公司的法定代表人参与了被诉侵权相关的生产经营活动(例如,以其个人账户收取货款、以其个人控制的媒体平台发布侵权产品信息、以个人所有房产存放被诉侵权产品等)为由,主张法定代表人与公司构成共同侵权。法定代表人实施了与被诉侵权产品相关的生产经营行为是否可以认定其与公司构成共同侵权,仍应根据共同侵权的构成要件并结合案件事实进行具体分析。最高人民法院在 SMC 株式会社、乐清市中气气动科技有限公司侵害发明专利权纠纷案[(2018)最高法民再 199 号判决]中认为,《侵权责任法》第 8 条规定的共同侵权的要件是:加害主体为两人或者两人以上,各加害人主观上具有共同意思,各加害人彼此的行为之间客观上存在相互利用、配合或者支持,各加害人行为造成的损害后果在其共同意思的范围内。本案与上述 SMC 株式会社案的不同之处在于,本案系侵害技术秘密纠纷,当事人以不正当手段获取技术秘密亦可构成侵权,王某军以利诱方式从傅某根处获取涉案技术秘密,其行为是个人行为抑或代表王龙科技公司作出的行为?对于这个问题,如果仅局限于王某某利诱傅某某并获取涉案技术秘密这个单一事实,则难以解答,还应回归共同侵权的构成要件并结合案件其他事实,特别是王龙科技公司、喜孚狮公司本身的登记成立及生产经营情况加以认定。如果被诉侵权企业系其法定代表人或者实际控制人专门为从事侵权而登记成立,客观上该企业的生产经营主要系实施被诉侵权行为,且该法定代表人或者实际控制人自身积极参与侵权行为实施,则可以认定该法定代表人或者实际控制人与法人共同实施了侵权行为,并应依法承担连带法律责任。

根据本案查明的事实,王龙科技公司是其法定代表人王某某和王龙集团公司(王某某任公司监事)共同出资成立,自成立后短期内即完成香兰素生产线建设并大量生产、销售香兰素产品。同时,喜孚狮公司是王龙科技公司以香兰素生产设备出资成立的公司,主要产品为香兰素,自 2017 年成立至 2020 年始终由王某某担任法定代表人。结合以上事实，可以认定王龙科技公司、喜孚狮公司是王某某专为侵害涉案技术秘密而成立的公司，其中王某某实施了利诱傅某某并获取涉案技术秘密的行为，其个人意志和王龙科技公司、喜孚狮公司的侵权意志高度一致，其个人行为也和其他被诉侵权人存在分工配合，并造成侵权后果，应认定构成共同侵权。

此外，对于王某某是否构成共同侵权，一审法院认为："法人人格独立是公司法的基本价值取向，本案中，香兰素技术转让协议的签订、履行和付款，涉案技术秘密的获取、使用均以王龙集团和王龙科技公司名义完成，王某某的行为并未明显超出其法定代表人职务行为的范畴。"诚然，法人人格独立是公司法的基本价值取向，但是法人人格独立不是绝对、彻底的，而是要根据案件事实考虑是否适用，以及是否需要"刺破公司面纱"。《全国法院民商事审判工作会议纪要》指出，只有在股东实施了滥用公司法人独立地位及股东有限责任的行为，且该行为严重损害了公司债权人利益的情况下，才能适用公司人格否认的规定；损害债权人利益，主要是指股东滥用权利使公司财产不足以清偿公司债权人的债权。公司人格否认的规定旨在矫正有限责任制度在特定法律事实发生时对债权人保护的失衡现象，而 2018 年修正的《公司法》第 20 条(现为 2023 年《公司法》第 21 条)并非针对法定代表人以公司名义侵害知识产权的行为。结合本案王龙科技公司、喜孚狮公司是王某某专为侵害涉案技术秘密而成立的公司等事实，本案不能简单基于法人人格独立排除王某某承担侵权责任。

三、关于损害赔偿数额的认定

本案的被诉侵权行为从 2010 年起至少持续到 2020 年本案开庭时，即被诉侵权行为跨越了 2017 年和 2019 年《反不正当竞争法》的实施期间，而 2019 年《反不正当竞争法》规定了惩罚性赔偿，并且《民法典》也规定了惩罚性赔偿，本案最终适用了 2017 年《反不正当竞争法》，未适用 2019 年《反不正当竞争法》判令惩罚性赔偿，主要原因在于中华公司与欣晨公司一审、二审始终主张损害赔偿数额仅计算至 2017 年底。此外，二审法院在判决中也特别指出，对于 2018 年以来仍在持续的侵害涉案技术秘密行为，中华公司与欣晨公司可以依法另行寻求救济。

根据 2017 年《反不正当竞争法》及相关司法解释的规定，侵害技术秘密纠纷案件的赔偿数额按照权利人实际损失、侵权人侵权获益、根据侵权行为的情节判决300万元以下法定赔偿的先后顺序计算,并且可以参照侵犯专利权的损害赔偿额的方法进行确定。中华公司与欣晨公司二审主张三种赔偿计算方式:(1)按营业利润计算,即以王龙集团公司、王龙科技公司及喜孚狮公司生产和销售的香兰素产品数量乘以中华公司同期香兰素产品销售价格及营业利润率为基数,乘以1.5倍为惩罚性赔偿;(2)按销售利润计算,即以王龙集团公司、王龙科技公司及喜孚狮公司同期生产和销售的香兰素产品总量乘以中华公司同期香兰素产品的销售价格及销售利润率;(3)按价格侵蚀计算,2011—2017年因王龙集团公司、王龙科技公司及喜孚狮公司的侵权及不正当竞争行为对中华公司香兰素产品的价格侵蚀损害高达7.9亿元。以价格侵蚀来计算实际损失,虽然在外国有相关判例,但是在中国司法实践中尚未存在先例,这种计算方式所依据的数据以及计算方法是否与中国司法实践相契合,仍有待研究,但其价格侵蚀高达7.9亿元的结论可以旁证侵权行为情节之恶劣、后果之严重,可以作为判赔参考因素。在实际损失难以确定情况下,应考虑是否可以根据侵权获利计算损害赔偿额。《最高人民法院关于审理专利纠纷案件适用法律问题的若干规定》(2015年第二次修正)第20条第2款规定:"专利法第六十五条规定的侵权人因侵权所获得的利益可以根据该侵权产品在市场上销售的总数乘以每件侵权产品的合理利润所得之积计算。侵权人因侵权所获得的利益一般按照侵权人的营业利润计算,对于完全以侵权为业的侵权人,可以按照销售利润计算。"上述"侵权行为的情节",一般可以考虑商业秘密的性质、商业价值、研究开发成本、创新程度、所带来的竞争优势以及侵权人的主观过错、侵权行为的性质、具体行为、后果等因素。本案判赔主要考虑了以下要点:(1)王龙集团公司等被诉侵权人非法获取涉案技术秘密的手段恶劣。王龙集团公司、王龙科技公司、王某某采取现金及股权收买等方式,策划、利诱掌握涉案技术秘密的中华公司员工傅某某到王龙科技公司工作,并在傅某某到王龙科技公司工作后立即上马香兰素项目。傅某某为个人利益出卖涉案技术秘密,主观恶意极为明显。(2)王龙集团公司等被诉侵权人不仅非法获取了大量记载有涉案技术秘密的图纸,还大量使用了其非法获取的涉案技术秘密,特别是实际使用了其非法获取的涉案技术秘密的关键技术。(3)王龙集团公司、王龙科技公司、喜孚狮公司持续、大量使用侵害涉案技术秘密的设备及工艺流程生产香兰素产品。一审法院作出行为保全裁定,责令立即停止侵害涉案技术秘密后,王龙集团公司、王龙科技公司、喜孚狮公司等依然无动于衷,继续实施侵害涉案技术秘密的行为,不仅表明其主观恶意极深，也构成对法律与司法权威的藐视。(4)涉案技术秘密是中华公司、王龙集团公司、王龙科技公司、喜孚狮公司香兰素产品占据全球市场份额并创造巨额利润的重要因素，具有较高的商业价值，王龙集团公司等被诉侵权人侵害涉案技术秘密的行为对全球市场形成严重冲击。(5)喜孚狮公司、王龙科技公司均系实际上以侵权为业的公司。(6)王龙集团公司等被诉侵权人拒绝提交侵权产品销售数量等证据，存在举证妨碍、不诚信诉讼等情节。

此外，由于王龙集团公司、王龙科技公司及喜孚狮公司在本案中拒不提交与侵权行为有关的账簿和资料，二审法院无法直接依据其实际销售数据计算销售利润。考虑到中华公司香兰素产品的销售价格及销售利润率可以作为确定王龙集团公司、王龙科技公司及喜孚狮公司相关销售价格和销售利润率的参考，为严厉惩处恶意侵害技术秘密的行为，充分保护技术秘密权利人的合法利益，二审法院决定以中华公司香兰素产品 2011—2017 年的销售利润率来计算本案损害赔偿数额，即以 2011—2017 年王龙集团公司、王龙科技公司及喜孚狮公司生产和销售的香兰素产量乘以中华公司香兰素产品的销售价格及销售利润率计算赔偿数额。

第五章

侵犯技术秘密典型案例述评

第一节　“先刑后民”四倍惩罚性赔偿严厉打击团伙型侵犯技术秘密的典型案例

音王电声股份有限公司与惠州市辉特电子科技有限公司等侵害商业秘密案*

本案是“先刑后民”适用4倍惩罚性赔偿，严厉打击以权利人的技术负责人为首的团伙型侵犯商业秘密的典型案例。

一、本案的当事人及其关系

本案只有音王电声股份有限公司（以下简称音王公司）1个原告，而被告有8个，其中4个人结成侵权团伙成立公司生产销售侵权产品，其余要么提供侵权生产场地，要么销售侵权产品，8个原告中有5个是原告的前员工，具体关系如下。

（一）被告及其关系

1. 本案有8个被告

本案8个被告分别为被告惠州市辉特电子科技有限公司（以下简称辉特公

* 浙江省宁波市中级人民法院（2021）浙02民初1093号。

司)，被告郑某林，被告丘某琦，被告文某伟，被告贺某，被告深圳市优特杰科技有限公司(以下简称优特杰公司)，被告深圳市拜德电声科技有限公司(以下简称拜德公司)，被告欧阳某勇。

2. 被告之间的关系

被告郑某林、被告丘某琦、被告文某伟、被告贺某，共同出资成立被告辉特公司。在该公司中，被告郑某林负责产品规划、原材料采购和销售等工作，被告丘某琦负责核心技术以外的配套软件设计和更新等工作，被告文某伟负责管理生产、软件烧录等工作，被告贺某负责协助生产、发货等工作。被告优特杰公司为被告辉特公司提供生产场地、设备、人员，帮助收取货款等。被告欧阳某勇是被告拜德公司原法定代表人、投资人，担任执行董事兼总经理，被告欧阳某勇以被告拜德公司名义，对外从事销售被告辉特公司生产的侵权产品。

(二)被告与原告的关系

被告郑某林、被告丘某琦、被告文某伟离职前分别系原告的研发部门负责人、电子工程师、电子辅助设计师，被告贺某系被告郑某林外甥，经被告郑某林安排进入原告公司学习数字调音台的安装、生产等相关技术操作，被告欧阳某勇欧曾系原告员工，由原告派驻在深圳分公司，担任华南区区域销售经理。

二、本案诉讼请求及判决结果

(一)诉讼请求

1. 判令 8 个被告立即停止一切侵害音王公司商业秘密的行为。

2. 判令 8 个被告赔偿音王公司经济损失 10,937,200 元及音王公司为本案支出的合理费用 1,159,300 元，合计 12,096,500 元。

(二)判决结果

1. 被告辉特公司、被告郑某林、被告丘某琦、被告文某伟、被告贺某立即停止侵害原告音王公司“最佳的压缩器”商业秘密的行为，该停止侵害的时间持续到该商业秘密为公众所知悉时止。

2. 被告辉特公司赔偿原告音王公司商业秘密损失 365.72 万元，被告郑某林对该 365.72 万元承担全部的连带责任，被告丘某琦、被告文某伟、被告贺某在

137.145 万元范围内承担连带责任,赔偿款限于判决生效之日起 30 日内付清。

3. 原告音王公司因维权支付的合理费用 22 万元由被告辉特公司、被告郑某林、被告丘某琦、被告文某伟、被告贺某共同承担,该费用限于判决生效之日起 30 日内付清。

4. 驳回原告音王公司的其他诉讼请求。

如被告辉特公司、被告郑某林、被告丘某琦、被告文某伟、被告贺某未在判决指定的期间履行给付义务,应当依照《民事诉讼法》(2017 年修正)第 253 条及相关司法解释之规定,加倍支付迟延履行期间的债务利息(加倍部分债务利息 = 债务人尚未清偿的生效法律文书确定的除一般债务利息之外的金钱债务 × 日万分之一点七五 × 迟延履行期间)。

5. 案件受理费 110,875 元,财产保全费 5000 元,合计 115,875 元,由原告音王公司负担 39,366 元,被告辉特公司负担 76,509 元,被告郑某林对被告辉特公司负担的诉讼费 76,509 元承担连带责任,被告郑某林、被告丘某琦、被告文某伟、被告贺某对被告辉特公司负担的诉讼费在 28,690 元范围内承担连带责任。

三、本案对侵犯原告技术秘密事实的认定

本案是在浙江省宁波市中级人民法院(2021)浙 02 刑初 35、36 号刑事判决生效的前提下,提起民事侵权诉讼的。由于在民事诉讼中,被告未能提出足以推翻生效刑事判决认定的被告人对受害人音王公司技术秘密侵犯的事实,本案以(2021)浙 02 刑初 35、36 号生效刑事判决认定的侵犯技术秘密的事实,作为侵犯原告技术秘密的事实。

(一)(2021)浙 02 刑初 35 生效刑事判决认定的本案被告侵犯原告技术秘密的事实

1. 关于侵犯“最佳的压缩器”技术信息的事实

宁波音王集团有限公司(以下简称音王集团公司)、音王公司均系音王品牌旗下的关联公司,主营数字调音台等专业音响和音视频系统集成设备的制造、研发,也是全球音视频智能化集成产业龙头企业。

2015 年,音王集团公司通过其全资控股的英国嘉士博控股有限公司(以下简称嘉士博公司),委托德国 RADON SOFT GMBH 公司研发数字调音台项目,具体

研发活动由该公司工程师乌某(ULRICHPAULHEINRICHHATJE)负责,其间,乌某研发了"最佳的压缩器"技术。音王集团公司使用该技术于2016年初成功研发出全球首台紧凑型数字调音台。根据研发协议约定,相关技术及成果均属商业秘密,研发成果归嘉士博公司所有。

2016年10月,嘉士博公司通过内部合作协议将上述研发成果的权属转让给音王公司,嘉士博公司和音王集团公司可无偿使用。2017年5月,音王公司再次委托该德国公司研发相关数字调音台,协议约定研发成果归音王公司所有。相关技术及成果均属商业秘密。乌某此后根据上述委托开发协议的约定,将"最佳的压缩器"技术的源代码移交给音王公司。上述研发的数字调音台产品于2019年获中华人民共和国工业和信息化部、中国工业经济联合会颁发的"制造业单项冠军产品"证书。

2016年年底,时任音王公司研发部门负责人的被告人郑某林在参与上述项目期间,见数字调音台市场前景广阔,利润空间可观,遂产生另立公司,利用音王公司"最佳的压缩器"技术自行生产紧凑型数字调音台销售牟利的念头,并拉拢时任音王公司电子工程师的被告人丘某琦以及电子辅助设计师文某伟、郑某林的外甥贺某(均另案处理)入伙。郑某林、丘某琦、文某伟以及贺某为此建立"苹果树"微信群,就另立公司、出资等进行密谋、策划。郑某林还利用其在音王公司的职务便利,安排贺某到音王公司学习数字调音台的安装、生产等相关技术操作。2017年2月至3月,丘某琦转账3万元(币种人民币,下同),文某伟、贺某分别转账10万元,汇给郑某林作为入伙出资。此后,郑某林、丘某琦则利用音王公司的技术设备暗地里试产样机,为另立公司做准备。其间,郑某林还指使丘某琦搜集音王公司相关资料,伺机窃取乌某研发并保管的"最佳的压缩器"技术的源代码。丘某琦遂趁乌某到音王公司指导工作之机,从其电脑中非法复制了"最佳的压缩器"技术源代码。

2018年8月、10月,被告人郑某林、丘某琦见时机成熟,便相继从音王公司离职,并在宁波市鄞州区东钱湖附近租赁民宅,利用郑某林离职时违反公司保密规定带走的存有"最佳的压缩器"技术等相关资料的"加密狗"U盘,生产侵权数字调音台。2019年3月6日,贺某受郑某林指使,在广东省惠州市注册成立辉特公司,利用上述"最佳的压缩器"技术专门生产、销售侵权数字调音台,并对其外观、标识等非核心功能进行修改。同月8日,文某伟从音王公司离职并入职辉特公司。郑某林、丘某琦等人分工合作,由郑某林负责产品规划、原材料采购和销售等全面事务,丘某琦负责核心技术以外的配套软件设计和更新,文某伟负责管理、生产,贺某负责协助生产、发货。至2019年11月案发,共生产、销售侵权数字调音台1200余台,给音王公司造成损失91.43万元。

经鉴定,音王公司所主张的紧凑型数字调音台中"最佳的压缩器"技术系不为公众知悉的技术信息,与郑某林等人所使用的被现场查扣的"加密狗"U盘中存有的及辉特公司生产的侵权数字调音台所使用的技术具有同一性。

被告人郑某林到案后如实供述了上述基本犯罪事实,被告人丘某琦到案后如实供述了上述犯罪事实。

2. 关于侵犯"DSP多通道音频混音处理方案""基于MegaCOMMS低延时音频数据发送步骤方案""基于MegaCOMMS低延时音频数据接收步骤方案"技术信息(以下简称"卡迪克调音台三项技术信息")的事实

2009年1月,音王集团公司收购了国际知名高端调音台品牌制造商英国卡迪克公司(CADAC HOLDINGS LIMITED,以下简称卡迪克公司),随即立项研发卡迪克数字调音台产品。2011年,音王集团公司、音王公司出资指令卡迪克公司启动研发卡迪克数字调音台技术。其间研发出"卡迪克调音台三项技术信息"。

2018年2月,音王公司旗下的录音大师音响乐器(亚洲)有限公司(以下简称录音大师公司)出资在英国设立SCC公司(SCC AUDIO LIMITED),用于收购音王集团公司旗下的卡迪克公司。音王公司、SCC公司与卡迪克公司协议约定,卡迪克公司将全部资产转让给SCC公司。SCC公司获取上述技术信息所有权后,即授权音王公司享有排他许可使用权,由音王公司使用上述技术信息生产卡迪克数字调音台,并授权音王公司在中国进行知识产权维权。上述技术信息的源代码、目标程序均存储于专门的服务器,音王公司员工无权获取,在生产卡迪克数字调音台产品时,亦需硬件解锁、激活等加密程序。

2018年4月至5月,被告人郑某林隐瞒其暗中利用音王公司核心技术自行试验、生产音王公司同类产品,且准备离职的真相,向音王公司董事长王某贵及SCC公司法定代表人王某(王某贵之女)谎称可将卡迪克数字调音台相关技术资料放于其处备份。王某在不明真相的情况下将含有上述技术信息的资料交给本无权掌管该技术的郑某林。郑某林取得上述资料后,随即指使丘某琦进行筛选并备份于移动硬盘中,以备使用。

经鉴定，音王公司所主张的“卡迪克调音台三项技术信息”均系不为公众知悉的技术信息，与现场查扣的郑某林硬盘中存有的技术资料具有同一性。该三项商业秘密许可使用价值为182万元。

（二）本案对各被告是否侵害了原告商业秘密的认定

1. 本案判决关于“最佳的压缩器”技术信息侵权事实的认定

被告郑某林利用职务之便，知悉调音台的相关技术，并指使被告丘某琦搜集原告音王公司相关资料，伺机窃取乌某研发并保管的“最佳的压缩器”技术的源代码，获取了“最佳的压缩器”信息技术秘密，郑某林和丘某琦的行为违反了《反不正当竞争法》第9条第1款第1项、第2款的规定，构成侵权。郑某林与被告丘某琦、文某伟、贺某等人商议，共同出资另行组建被告辉特公司，利用音王公司“最佳的压缩器”技术生产紧凑型数字调音台进行牟利，且该四被告均曾系音王公司员工，对音王公司的商业秘密负有保密义务，其另行组建公司、制造销售利用该商业秘密的调音台产品的行为违反《反不正当竞争法》第9条第1款第3项、第2款的规定，构成侵权。被告辉特公司系郑某林、丘某琦、文某伟、贺某为实施侵权行为而成立的公司，其使用音王公司的商业秘密“最佳的压缩器”技术信息生产、销售涉案侵权产品，违反了《反不正当竞争法》第9条第1款第2项、第3款的规定，其行为构成侵权。

被告优特杰公司为被告辉特公司加工PCB板贴片、帮助其收取货款、为郑某林客户考察提供条件，优特杰公司法定代表人文某还为郑某林推广销售数字调音台，但是音王公司提供的证据尚不足以证明优特杰公司在加工PCB板过程中获取、使用了“最佳的压缩器”技术秘密，也不足以证明优特杰公司明知辉特公司生产的数字调音台系侵权产品而仍予以销售，具有共同侵权的故意。故对音王公司主张优特杰公司构成共同侵权，法院不予采信。

被告拜德公司为被告辉特公司、郑某林销售了70余台“FEST”“F16”型号的数字调音台，虽拜德公司原法定代表人欧阳某勇曾系音王公司员工，由音王公司派驻在深圳分公司，担任华南区区域销售经理，但不能据此推断拜德公司、欧阳某勇明知其销售的数字调音台系侵权产品。音王公司未能提供证据证明拜德公司、欧阳某勇实施了侵犯其商业秘密的行为，故对音王公司主张拜德公司、欧阳某勇构成共同侵权，法院不予采信。

被告郑某林辩称关于“最佳的压缩器”技术秘密，辉特公司销售的产品中只有一部分技术属于原告音王公司，大部分的技术都是其自行研发，但并不能据此否定其存在侵犯音王公司“最佳的压缩器”商业秘密的行为。文某伟辩称并不知道相关商业秘密的存在，也无侵犯的主观故意，贺某辩称其相关责任应由辉特公司承担，与查明的事实不符，法院不予采信。

2. 本案判决关于“卡迪克调音台三项技术信息”技术信息侵权事实的认定

被告郑某林隐瞒其暗中利用音王公司核心技术自行试验、生产音王公司同类产品且准备离职的真相，向音王公司董事长王某贵及SCC公司法定代表人王某谎称可将卡迪克数字调音台相关技术资料放于其处备份。王某在不明真相的情况下将含有上述技术信息的资料交给本无权掌管该技术的郑某林。郑某林取得上述资料后，在辞职时未予交还，并带走存有该技术秘密的硬盘，其行为违反了《反不正竞争法》第9条第1款第1项的规定，系以其他不正当手段获取了技术秘密，其行为侵犯了音王公司的商业秘密。因记载上述技术信息的移动硬盘在刑事案件中已被没收，郑某林也未获取该项技术使用的目标程序的解密方式，郑某林的侵权行为已被实际制止，故对于音王公司主张郑某林停止对该项技术秘密的侵权的诉讼请求，法院不再予以支持。

被告郑某林获取了上述技术信息系其成立被告辉特公司之前，被告丘某琦、文某伟、贺某、优特杰公司、拜德公司、欧阳某勇并未以不正当手段获取音王公司的该项商业秘密，也未披露、使用或者允许他人使用以前述不正当手段获取的商业秘密，故对音王公司主张除郑某林以外的其他被告侵害其该项商业秘密，要求其余被告承担民事责任的主张，法院不予支持。

四、本案判决对侵权责任的认定

（一）关于侵害“最佳的压缩器”技术信息的民事责任

被告辉特公司、郑某林、丘某琦、文某伟、贺某的行为侵害了音王公司“最佳的压缩器”技术信息的商业秘密，应当承担停止侵权并赔偿损失等民事责任。

关于赔偿责任，《反不正当竞争法》第17条第3款规定：“因不正当竞争行为受到损害的经营者的赔偿数额，按照其因被侵权所受到的实际损失确定。实际损失难以计算的，按照侵权人因侵权所获得的利益确定。经营者恶意实施侵犯商业秘密行为，情节严重的，可以在按照上述方法确定数额的一倍以上五倍以下确定赔偿数额。赔偿数额还应当包括经营者为制止侵权行为所支付的合理开支。”《适用惩罚性赔偿的解释》第 1 条第 1 款规定:“原告主张被告故意侵害其依法享有的知识产权且情节严重,请求判令被告承担惩罚性赔偿责任的,人民法院应当依法审查处理。”该司法解释第 3 条规定:“对于侵害知识产权的故意的认定,人民法院应当综合考虑被侵害知识产权客体类型、权利状态和相关产品知名度、被告与原告或者利害关系人之间的关系等因素。对于下列情形,人民法院可以初步认定被告具有侵害知识产权的故意……(三)被告与原告或者利害关系人之间存在劳动、劳务、合作、许可、经销、代理、代表等关系,且接触过被侵害的知识产权的……”该司法解释第 4 条规定:“对于侵害知识产权情节严重的认定,人民法院应当综合考虑侵权手段、次数,侵权行为的持续时间、地域范围、规模、后果、侵权人在诉讼中的行为等因素。被告有下列情形的,人民法院可以认定为情节严重……(二)以侵害知识产权为业……(五)侵权获利或者权利人受损巨大……”

本案中,原告音王公司主张适用惩罚性赔偿,应在判断各侵权人是否存在恶意侵权、情节是否严重的基础上确定是否适用惩罚性赔偿。根据本案已查明的事实,音王公司利用“最佳的压缩器”技术信息研发的数字调音台产品曾于 2019 年获工业和信息化部、中国工业经济联合会颁发的“制造业单项冠军产品”证书,其技术秘密有较大的市场价值;被告辉特公司自成立以来,便以生产侵权产品为业,其侵权的主观恶意明显;其产品不仅在国内销售,还销售到国外,销售范围较广;销售数量为 1205 台,销售数量较大;其侵权行为给音王公司造成了 91.43 万元的损失;其公司的主要管理人员郑某林、丘某琦、文某伟、贺某原系原告音王公司的员工,分别实施了窃取、违反保密义务、许可他人使用商业秘密等侵权行为,且其因实施侵害涉案商业秘密的行为也已分别受到了刑事处理。结合上述情况,可以确认辉特公司的侵权情节属特别严重,故本案可适用惩罚性赔偿确定赔偿金额。

《审理商业秘密规定》第 23 条规定:“当事人主张依据生效刑事判决认定的实际损失或者违法所得确定涉及同一侵犯商业秘密行为的民事案件赔偿数额的,人民法院应予支持。”《适用惩罚性赔偿的解释》第 6 条规定:“人民法院依法确定惩罚性赔偿的倍数时,应当综合考虑被告主观过错程度、侵权行为的情节严重程度等因素。因同一侵权行为已经被处以行政罚款或者刑事罚金且执行完毕,被告主张减免惩罚性赔偿责任的,人民法院不予支持,但在确定前款所称倍数时可以综合考虑。”因辉特公司未提供其完整的财务账册,其利润率难以确认,故本院依据刑事判决书中确定的原告音王公司的损失91.43万元作为在本案中主张赔偿数额的基数;辉特公司的侵权情节特别严重,故本院依据音王公司的损失为基数的4倍确定赔偿金额,即为91.43万元×4=365.72万元。郑某林在担任音王公司研发部门负责人期间,策划、指挥他人窃取涉案商业秘密,违反公司保密义务带离商业秘密,作为辉特公司的实际管理人,组织实施制造销售侵权产品,与他人共同恶意实施侵权行为的过程中起核心作用,应对上述赔偿金额承担全部连带赔偿责任;丘某琦、文某伟、贺某曾系音王公司的员工,违反保密义务,在本案侵权行为中起次要、协助作用,且其已履行刑事判决中确定的罚金缴纳义务,故本院确认该3名被告在损失基数91.43万元的1.5倍,即137.145万元范围内共同承担连带赔偿责任。

(二)关于"卡迪克调音台三项技术信息"的损失赔偿责任

《侵犯知识产权刑事解释三》第5条第1款第1项规定,以不正当手段获取权利人的商业秘密,尚未披露、使用或者允诺他人使用的,损失数额可以根据该项商业秘密的合理许可使用费确定。(2021)浙02刑初35号案件中,法院依照评估机构出具的鉴定报告以收益法确定的虚拟许可价值认定了该项技术信息的损失数额为182万元,并以此作为刑事量刑依据。我国知识产权民事损害赔偿适用以"补偿为主、惩罚为辅"的裁判规则。本案中,原告音王公司认可该项技术使用的目标程序具有加密方式,需解密后才能使用,因被告郑某林未获取解密方式,客观上无法实施该项技术信息,加上其他条件亦不成熟,上述技术信息未实际使用;记载上述技术信息的移动硬盘已被没收,郑某林的侵权行为已被实际制止;郑某林的侵权行为也未造成涉案技术被公众所知悉而致商业价值丧失。综上所述,郑某林的侵权行为未造成权利人的实际损失,音王公司以刑事案件中确定的虚拟许可费损失作为依据主张民事案件中的实际损失,并以此为基数主张进行惩罚性赔偿,法院不予支持。

我国《反不正当竞争法》还规定,因不正当行为受到损害的赔偿数额,还应当包括权利人为制止侵权行为所支付的合理开支。原告音王公司为维权所支付的合理费用,被告辉特公司、郑某林、丘某琦、文某伟、贺某应予以赔偿。音王公司在起诉时主张合理费用包括鉴定费、律师费、公证费,合计1,159,300元,在庭审中其放弃鉴定费85万元的主张,系其对自己权利的处分,法院予以准许。音王公司委托律师通过刑事控告维权的费用,合理部分应予以支持。根据音王公司提供的委托合同和付款凭证、公证费支付凭证,法院酌情确定音王公司为维权支付的合理费用为22万元,由被告辉特公司、郑某林、丘某琦、文某伟、贺某共同承担。

五、笔者对本案的评析

(一)本案法律适用中的瑕疵不影响判决的正确性

本案被诉行为发生于2019年4月23日2019年修正的《反不正当竞争法》实施之前,持续到实施之后,按照《审理商业秘密规定》第28条的规定,本案适用2019年修正的《反不正当竞争法》。本案判决时间为2021年10月25日,按照《审理商业秘密规定》第29条的规定,本案审理应该适用《审理商业秘密规定》的相关规定,不再适用以前发布的与《审理商业秘密规定》不一致的相关司法解释的规定。但是,《最高人民法院关于审理不正当竞争民事案件应用法律若干问题的解释》(法释〔2020〕19号,自2021年1月1日起实施,已失效),与《最高人民法院关于审理不正当竞争民事案件应用法律若干问题的解释》(法释〔2007〕2号,自2007年2月1日起施行,已失效)相比,除将法释〔2007〕2号文的依据《民法通则》改成依据《民法典》外,没有任何其他变动。由此,按照发布和施行时间,属于比《审理商业秘密规定》更新的司法解释,本案审理应该适用法释〔2020〕19号文;但按照内容,其和法释〔2007〕2号文内容完全一样,而且是针对1993年《反不正当竞争法》的,是和本案审理时已经生效实施的2019年《反不正当竞争法》第32条(举证责任的有条件转移)和第17条(侵权责任)的规定有很大冲突的,本案不应该适用法释〔2020〕19号文。笔者认为这种拧巴是由于法释〔2020〕19号文没有将《审理商业秘密规定》纳入其内所致。

好在本案法律适用上的拧巴之处,对本案判决的正确性没有影响,而且法释〔2020〕19号文已被《最高人民法院关于适用〈中华人民共和国反不正当竞争法〉若干问题的解释》(法释〔2022〕9号)于2022年3月20日废除,同时《最高人民法院关于适用〈中华人民共和国反不正当竞争法〉若干问题的解释》不涉及任何商业秘密的内容。因此,该案法律适用上遇到的问题,在今后商业秘密民事侵权审理中将不会出现。

（二）本案与“香兰素案”“卡波案”共同推动对技术秘密的“强保护”

本案属于典型的企业技术高管害“红眼病”后，纠集企业员工共同成立公司，并利用所成立的公司，使用所窃取的技术秘密生产、销售侵权产品的典型团伙侵权类型，是一种对企业通过商业秘密保护研发成果威胁最大的侵权行为。本案在对侵权行为的主谋及组织者、主要实施者郑某林，犯侵犯商业秘密罪判处有期徒刑4年并处罚金人民币200万元基础上，仍以刑事判决认定的给权利人造成的损失91.43万元为基数，判处其与专门为侵权成立的辉特公司连带承担4倍的惩罚性赔偿责任。同时对其他起次要、协助作用的侵权人员丘某琦、文某伟、贺某，在判处有期徒刑和罚金的基础上，仍要连带承担137.145万元（91.43万元×1.5=137.145万元）的惩罚性赔偿责任，而且判定5名被告基本全额承担原告主张的合理维权费用。本案与“香兰素案”“卡波案”一起，共同对改变我国司法中一度盛行的对商业秘密“弱保护”做法，起到很大的推动作用。

（三）本案是通过”先刑后民”模式成功维护商业秘密权的范例

在商业秘密维权中，对情节严重、损害大，可能构成侵犯商业秘密罪的，到底是“先刑后民”还是“先民后刑”，一直是业界热烈讨论的课题，也往往是企业在商业秘密维权时，举棋不定、难以抉择的问题。企业追究侵犯其商业秘密者的侵权责任时，对情节严重、损害大，可能构成侵犯商业秘密罪的，可以采取“先刑后民”，即先通过向公安机关报案、控告等追究侵权者的刑事责任，然后以生效刑事判决为依据，追究侵权者的停止侵权和赔偿损失的民事责任，本案及“卡波案”即属这种模式；或者可以采取“先民后刑”，即先通过向法院提起民事侵权之诉，在追究民事责任后，依据民事侵权诉讼中查明的事实，请求法院向公安机关移送犯罪线索或者权利人向公安机关报案、控告的方式追究侵权者刑事责任，以对潜在侵权者形成强大警示作用的维权模式。

在2019年《反不正当竞争法》第32条实施之前，不存在该条规定的对原告的举证责任有条件转移给被告的可能。在这种前提下，到底采用“先刑后民”还是“先民后刑”，在侵权情节和后果大体相当的情形下，两种途径维权难度大体相当，都需要权利人对其请求商业秘密保护的技术内容即“密点”及其载体的内容和权利来源、具有商业价值、不为公众所知悉、采取了合理的保密措施、嫌疑人的侵权行为、嫌疑人的涉案技术内容与原告请求商业秘密保护的技术内容具有“同一性”、权利人因侵权所受损失或者嫌疑人的侵权所得承担举证责任，而且权利人往往不得不通过鉴定意见证明的情况下，权利人为了对潜在侵权者形成震慑，往往采用“先刑后民”的方式。在前述第32条实施后，如果采用“先民后刑”的方式，会大大减轻权利人的举证责任，同时通过申请法院证据保全，可以一定程度上起到对证据的查扣作用，在这种情形下采用“先民后刑”对权利人通常应该更为有利。

本案中，就是通过鉴定意见来证明权利人请求商业秘密保护的技术内容不为公众所知悉、与被诉产品所用的技术方案及公安机关查扣的技术方案具有“同一性”，并且权利人涉案产品的技术贡献度和销售利润率、技术的虚拟许可价值，也是通过评估（财务鉴定）结论进行证明的。同时，以刑事判决认定的侵权属于故意且恶劣、情节严重等，作为民事判决适用惩罚性赔偿的依据。

本案的另一鲜明特征是，在刑事判决生效的前提下，权利人直接利用生效判决及其证据作为依据，提起民事侵权之诉，请求判决停止侵权和赔偿损失，可以说本案的民事侵权之诉“简明扼要”。

本案是采用”先刑后民“方式维护自己合法权利的典型案例，具有很强的示范意义。

（四）本案的审理思路

本案在原告以生效判决书等作为证据主张权利的前提下，审理的关键就在于审查8名被告的举证能否推翻生效判决所认定的事实；在不能推翻的前提下，直接将生效刑事判决认定的事实作为本案判决所依据的事实。

1. 认定侵权事实成立没有僵硬适用2019年《反不正当竞争法》第32条。在本案审理时，2019年《反不正当竞争法》第32条是适用的，但由于原告请求商业秘密保护的技术内容不为公众所知悉、被告的侵权行为及情节等已被生效刑事判决所认定，因此就没有将相关举证责任转移给被告的必要而是审查各被告的举证能否推翻生效刑事判决认定的侵权事实，在不能推翻时直接以生效刑事判决认定的侵权事实为依据。本案审理，抓住关键，“简明扼要”，没有被该第32条所拘束，是值得点赞的。

2. 在刑事重判的前提下仍然依法适用4倍惩罚性赔偿，加大对“高价值”技术秘密的保护力度，同时加大对本案这样的团伙型侵权且情节特别恶劣的侵权行为的打击力度，对促进"中国创造"功不可没。

3. 该案判决没有"伤及无辜"值得点赞，但其没有依据2019年《反不正当竞争法》第32条进行论述略有欠缺。

本案判决认定：被告优特杰公司为被告辉特公司加工PCB板贴片、帮助其收取货款、为郑某林客户考察提供条件，优特杰公司法定代表人文某还为郑某林推广销售数字调音台，但是音王公司提供的证据尚不足以证明优特杰公司在加工PCB板过程中获取、使用了"最佳的压缩器"技术秘密，也不足以证明优特杰公司明知辉特公司生产的数字调音台系侵权产品而仍予以销售，具有共同侵权的故意。故对音王公司主张优特杰公司构成共同侵权，本院不予采信；音王公司未能提供证据证明拜德公司、欧阳某勇实施了侵犯其商业秘密的行为，故对音王公司主张拜德公司、欧阳某勇构成共同侵权，本院不予采信。

笔者认为，该认定结论值得肯定，但该案判决没有依据2019年《反不正当竞争法》第32条进行论述略有欠缺。

该案的侵权行为持续到2019年4月23日之后，因此应该适用2019年《反不正当竞争法》第32条。2019年《反不正当竞争法》第32条规定："在侵犯商业秘密的民事审判程序中，商业秘密权利人提供初步证据，证明其已经对所主张的商业秘密采取保密措施，且合理表明商业秘密被侵犯，涉嫌侵权人应当证明权利人所主张的商业秘密不属于本法规定的商业秘密。

"商业秘密权利人提供初步证据合理表明商业秘密被侵犯，且提供以下证据之一的，涉嫌侵权人应当证明其不存在侵犯商业秘密的行为：

"（一）有证据表明涉嫌侵权人有渠道或者机会获取商业秘密，且其使用的信息与该商业秘密实质上相同；

"（二）有证据表明商业秘密已经被涉嫌侵权人披露、使用或者有被披露、使用的风险；

"（三）有其他证据表明商业秘密被涉嫌侵权人侵犯。"

该案中，原告已经有证据证明，超过了"合理表明"的举证要求，其已经对所主张的商业秘密采取保密措施，且合理表明商业秘密被侵犯，因此法院就应该要求被告优特杰公司、被告拜德公司、被告欧阳某勇，作为涉嫌侵权人，证明权利人所主张的商业秘密不属于2019年《反不正当竞争法》规定的商业秘密。

在被告优特杰公司、被告拜德公司或被告欧阳某勇未能证明原告所主张的商业秘密不属于2019年《反不正当竞争法》规定的商业秘密的前提下，就应该审查原告是否有证据表明，被告优特杰公司、被告拜德公司或被告欧阳某勇作为涉嫌侵权人有渠道或者机会获取商业秘密，且其使用的信息与该商业秘密实质上相同；或者有证据表明商业秘密已经被被告优特杰公司、被告拜德公司或被告欧阳某勇披露、使用或者有被披露、使用的风险；或者有其他证据表明商业秘密被被告优特杰公司、被告拜德公司或被告欧阳某勇侵犯，而不应该要求原告提供证据证明，被告优特杰公司在加工PCB板过程中获取、使用了“最佳的压缩器”技术秘密，或者证明被告优特杰公司明知辉特公司生产的数字调音台系侵权产品而仍予以销售，具有共同侵权故意；或者提供证据证明被告拜德公司、欧阳某勇实施了侵犯其商业秘密行为。

依据笔者对该案的认识，原告针对被告优特杰公司、被告拜德公司或被告欧阳某勇的举证，尚不足以达到将2019年《反不正当竞争法》第32条第2款规定的，要求嫌疑人证明其不存在侵犯商业秘密的行为的程度。因此判定被告优特杰公司、被告拜德公司或被告欧阳某勇不构成侵犯原告的商业秘密结论是正确的；但没有依据2019年《反不正当竞争法》第32条论述略有欠缺。

（五）本案没有就先欺骗后窃取“卡迪克调音台三项技术信息”判定赔偿

笔者认为：本案判决以“原告音王公司认可该项技术使用的目标程序具有加密方式，需解密后才能使用，因被告郑某林未获取解密方式，客观上无法实施该项技术信息，加上其他条件亦不成熟，上述技术信息未实际使用；记载上述技术信息的移动硬盘已被没收，郑某林的侵权行为已被实际制止；郑某林的侵权行为也未造成涉案技术被公众所知悉而致商业价值丧失”为由没有支持原告的赔偿请求，是一个缺憾。

就判决认定的行为，被告郑某林等以欺骗手段获得对该项技术的保管权，然后以“监守自盗”的方式秘密窃取该项技术，实际使权利人对该技术已部分失去控制；如果不是被权利人及时查获，侵权团伙通过技术手段等解密该技术的可能性极大。如果连这样的行为都不承担赔偿责任，等于变相鼓励、怂恿窃取技术秘密的行为。另外，对于同样的行为，生效刑事判决判处刑罚，而民事判决不承担赔偿责任，等于变相否定了在先已生效的刑事判决的效力。

第二节　对将公司商业秘密发送到自己个人邮箱，但未泄露未利用的行为判定赔偿的案例

大连倍通数据平台管理中心与崔某吉侵害技术秘密纠纷案 *

本案虽然案情简单，但二审判决亮点纷呈。本案判决在保护商业秘密进而促进创新方面极具"创造性"，但又完全符合法律、严守法律底线。对企业维护商业秘密具有很大的指导作用。

一、本案准确适用《反不正当竞争法》第32条认定原告请求商业秘密保护的技术内容具备商业秘密的法定要件

本案一审及二审判决认定，在原告举证证明了，请求商业秘密保护的技术内容属于原告研发所得、被告违反双方保密约定及原告的保密制度的相关规定，采取外发文件的方式获取涉案技术信息，而非从所属领域人员普遍知悉的信息或渠道获取，已经完成了对于这一构成要件的初步举证责任，而被告未能证明涉案技术信息在该行业领域内为相关人员普遍知悉且能够容易获得，按照《反不正当竞争法》第32条认定本案涉案信息不为公众所知悉，进而认定涉案信息具备商业秘密的法定要件。

二、本案不作"同一性"认定

本案再次诠释了，在商业秘密侵权审理中，"同一性"的认定不是必需的。只有在无法直接证明被告侵犯商业秘密的前提下，才采用"商业秘密＋实质相同＋接触－合法来源"的模式间接证明侵权行为。像本案这样的，在原告有直接证据证明被告违反保密协议和保密制度，将原告的商业秘密由公司邮箱发送到个人邮箱的情形下，就不应该再作"同一性"的认定。

---

* （2021）最高法知民终1687号。

三、本案关于请求商业秘密保护的技术内容的合法性认定

对于本案请求商业秘密保护的技术内容,可能用于合法目的,也可能用于违法目的,但本身不包含违法信息,一审、二审判决认定其属于我国商业秘密保护的对象。二审判决认定,即使爬虫技术曾被用于违法活动,但并不等于该项技术本身具有违法性。

四、二审判决认定被告以盗窃方式获取商业秘密

本案中,对于被告明知保密规定,仍然违反原告的相关保密请求和保密管理规定,在原告不知情的情况下,将含有涉案技术信息的文件通过电子邮件发送至私人邮箱,致使涉案技术信息脱离原告的原始控制,使涉案技术信息存在可能被披露和使用的风险。一审判决认为被告的该行为构成“以其他不正当手段获取权利人的商业秘密”,而二审法院认为被告已经构成以盗窃手段获取他人商业秘密的行为。笔者赞同二审法院的该认定。此也与《侵犯知识产权刑事解释三》(自2020年9月14日起施行)第3条第1款(采取非法复制、未经授权或者超越授权使用计算机信息系统等方式窃取商业秘密的,应当认定为《刑法》第219条第1款第1项规定的“盗窃”)相一致。

五、本案对于将公司商业秘密发送到自己个人邮箱而未泄露、未利用的行为判定承担赔偿责任特别

二审判决认定:拥有技术秘密一般可以使权利人在市场竞争中获得更多的商业机会、竞争优势;相应地,非法获取他人技术秘密,可能会削弱权利人的竞争优势,减少权利人的商业机会,给权利人带来潜在的损害,虽然这些损害难以通过证据证明,但并不意味着损害不存在。侵权人仍需就此承担相应的赔偿责任。如果侵权人实施此种非法获取技术秘密的行为而无须承担任何赔偿责任,一方面极有可能导致非法获取他人技术秘密的行为泛滥,严重扰乱市场竞争秩序、破坏法治环境;另一方面也会极大地打击权利人的创新动力,不利于科学技术发展和社会进步。本案中,崔某吉通过盗窃手段获取了大连倍通数据平台管理中心(以下简称倍通数据)的技术秘密,崔某吉会因掌握涉案技术秘密而获得相应的技术信息、人才竞争优势,并可能由此获利,倍通数据亦可能会因为崔某吉掌握其技术秘密

而丧失技术竞争优势。故原审法院认定崔某吉的侵权行为给倍通数据造成了损害并据此判决崔某吉赔偿损失并无不当。

六、二审参照受侵犯商业秘密研发成本和侵权人关于赔偿责任的承诺以一审判决的5倍确定赔偿数额具有参考价值

本案二审判决认定赔偿数额的如下依据,对企业维护商业秘密具有重要参考价值。

关于本案侵权赔偿数额的确定。由于倍通数据未能提供证据证明其因被侵权所受到的实际损失及崔某吉因侵权所获利益,故根据《审理商业秘密规定》第20条第2款的规定,可以考虑商业秘密的性质、商业价值、研究开发成本、创新程度、能带来的竞争优势以及侵权人的主观过错、侵权行为的性质、情节、后果等因素,确定本案的赔偿数额。法院认为,对于权利人与侵权人在保守商业秘密条款中就侵权责任的方式、侵权损害赔偿数额作出的协商约定,属于双方就未来可能发生的侵权损害赔偿达成的事前约定,在人民法院确定侵害技术秘密赔偿数额时,可以作为重要参考因素。

具体而言,二审法院在确定崔某吉应承担的侵权损害赔偿数额时重点考量了下列因素:(1)涉案技术秘密的开发情况。涉案技术信息是倍通数据针对医药行业的特定请求而开发的特定计算机程序,倍通数据为开发涉案技术信息,专门组建开发团队,并在短短4个月就投入开发成本25.2万元。但目前涉案技术秘密仍处于开发过程中,并未投入使用。(2)侵权人的侵权情节。崔某吉作为爬虫平台项目的负责人,在入职和离职时,均与倍通数据签订严格的保密协议,约定崔某吉不得泄露公司商业秘密;离职时不得私自带走任职期间完成的文案和模板等内容,需要带走的文件均须向倍通数据备案并经倍通数据同意。但是崔某吉无视公司的保密请求和保密协议约定,仍然实施了盗窃涉案技术秘密的行为,主观上具有恶意。但在案证据证明崔某吉目前仅有盗窃技术秘密的侵权行为,并无实施其他侵害技术秘密的行为。(3)权利人与侵权人关于违反保密协议的侵权损害赔偿数额约定。倍通数据与崔某吉在《保密协议书》中约定,公司数据库、系统源代码及内含资料等文件资料属于公司的绝密级秘密,并约定倍通数据每月向崔某吉支付保密工资作为其保守公司商业秘密的补偿金。该协议还约定,若崔某吉违反以上协议,侵犯倍通数据绝密秘密,应当向倍通数据赔偿50万元至100万元。本案

为侵害技术秘密纠纷，倍通数据与崔某吉的约定属于双方就侵权损害赔偿达成的事前约定，且崔某吉根据这一约定在工作期间每月可以获得相应的保密工资，故在崔某吉违反相关约定时，可以将双方约定的侵权赔偿数额作为确定本案侵权损害赔偿的重要参考因素。综合考虑上述因素，本院酌情改判崔某吉赔偿倍通数据经济损失 25 万元。

第三节　关于"合理保密措施"认定的典型案例

济南思克测试技术有限公司与济南兰光机电技术有限公司侵害技术秘密纠纷案 *

本案二审判决中，对于只有违法行为或者不正当行为才可能构成侵犯他人商业秘密，而像本案被告这样的通过诉讼保全取得产品并在法院主持下进行技术比对的合法行为，不可能构成侵犯他人商业秘密的论述，值得点赞。同时，二审判决的相关论述，对于如何理解合理保密措施，以及对于企业在商业秘密管理中如何合理设定保密措施、在商业秘密维权中对保密措施如何举证，都非常宝贵。

二审判决载明：应明确"相应保密措施"与济南思克测试技术有限公司（以下简称思克公司）关于济南兰光机电技术有限公司（以下简称兰光公司）侵害其技术秘密的主张能否成立的关联性，这一关联性应从实体上法律要件与程序上举证责任两个方面予以关注。

第一，从法律要件来看，"相应保密措施"构成思克公司主张保护的技术秘密能否成立的法律要件之一。根据《反不正当竞争法》第 9 条第 4 款的规定，包括技术秘密在内的商业秘密，是指不为公众所知悉、具有商业价值并经权利人采取相应保密措施的技术信息、经营信息等商业信息。因此，"相应保密措施"与"不为公众所知悉"以及"具有商业价值"共同构成商业秘密成立的法律要件。

第二，从举证责任来看，"相应保密措施"是在侵害商业秘密民事案件中判断举证责任转移的法定要件之一。一般情况下，权利人在民事侵权案件中应当对其

---

* （2020）最高法知民终 538 号。

主张保护的权利真实存在、合法有效承担举证责任。其中,商业秘密符合法定条件的证据,包括商业秘密的载体、具体内容、商业价值和对该项商业秘密所采取的具体保密措施等。但是,由于商业秘密具有保护客体不为公众所知悉的秘密属性,其天然地不具备“可对抗不特定第三人的绝对权应予公示”的法律属性,加上“不为公众所知悉”这一事实为消极事实,商业秘密权利人难以证明,因此为了适当减轻商业秘密权利人的举证责任,《反不正当竞争法》修改了上述举证责任分配的一般原则,其第 32 条第 1 款作出特别规定:“在侵犯商业秘密的民事审判程序中,商业秘密权利人提供初步证据,证明其已经对所主张的商业秘密采取保密措施,且合理表明商业秘密被侵犯,涉嫌侵权人应当证明权利人所主张的商业秘密不属于本法规定的商业秘密。”根据这一规定,在侵害商业秘密民事案件中,商业秘密权利人应当首先提供初步证据证明其对主张保护的商业秘密采取了“相应保密措施”,以及被诉侵权人存在“侵犯行为”,在此基础上,商业秘密权利人无须举证证明其主张保护的商业秘密“不为公众所知悉”,而转由被诉侵权人举证证明权利人主张保护的商业秘密不具备“不为公众所知悉”这一要件,进而不属于《反不正当竞争法》规定的商业秘密。

第三,具体到本案,思克公司对其主张保护的涉案技术秘密是否采取了符合《反不正当竞争法》规定的“相应保密措施”。对此,二审法院认为,根据思克公司主张保护的涉案技术秘密及其载体的性质,综合审查本案现有证据,应认定思克公司未采取符合《反不正当竞争法》规定的“相应保密措施”,具体理由如下。

其一,思克公司所主张采取的“对内保密措施”,因脱离涉案技术秘密的载体,即在市场中流通的 GTR - 7001 气体透过率测试仪产品,故与主张保护的涉案技术秘密不具有对应性,不属于《反不正当竞争法》规定的“相应保密措施”。《审理商业秘密规定》第 5 条第 2 款规定:“人民法院应当根据商业秘密及其载体的性质、商业秘密的商业价值、保密措施的可识别程度、保密措施与商业秘密的对应程度以及权利人的保密意愿等因素,认定权利人是否采取了相应保密措施。”据此,商业秘密权利人所采取的保密措施,不是抽象的、宽泛的、可以脱离商业秘密及其载体而存在的保密措施,而应当是具体的、特定的、与商业秘密及其载体存在对应性的保密措施。本案中,思克公司主张保护的技术秘密是其产品 GTR - 7001 气体透过率测试仪所承载的技术(包含 6 个秘密点),思克公司诉称兰光公司非法获取涉案技术秘密的不正当手段为“利用另案诉讼的证据保全拆解了思克公司的

GTR－7001 气体透过率测试仪”，可见，思克公司所采取的“对内保密措施”，如与员工签署包含保密条款的《劳动合同》与《企业与员工保密协议》，制定并施行公司保密管理制度，对研发厂房、车间、机器等加设门锁，限制来访者进出、参观等，均与兰光公司是否不正当地取得并拆解思克公司 GTR－7001 气体透过率测试仪产品进而获得涉案技术秘密，不具有相关性，换言之，思克公司所主张的“对内保密措施”，均与其主张保护的涉案技术秘密及其载体不具有对应性。因此，思克公司所主张采取的“对内保密措施”不属于《反不正当竞争法》规定的“相应保密措施”。

其二，思克公司所主张采取的“对外保密措施”，或仅具有约束合同相对人的效力，不具有约束不特定第三人的效力，或未体现出思克公司的保密意愿，故不属于《反不正当竞争法》规定的“相应保密措施”。一方面，思克公司虽在与客户公司签订的《设备购销合同》中约定，GTR－7001 气体透过率测试仪产品的转让不意味着客户公司取得该产品的任何知识产权，且客户公司需承担确保该产品技术机密信息安全以及不得将技术机密信息提供给任何第三方的合同义务，但是该约定仅具有约束客户公司的效力，不具有约束不特定第三人的效力。此外，《设备购销合同》并未限制客户公司对所购买的产品进行处分、转让，故不特定第三人可通过市场流通取得该产品，且不受思克公司与客户公司签订的《设备购销合同》的约束。另一方面，思克公司虽在其 GTR－7001 气体透过率测试仪的特定位置贴有标签，但标签载明的“危险！ 私拆担保无效！”“SYSTESTER 思克品质保证撕毁无效”等内容，属于安全性提示与产品维修担保提示，均不构成以保密为目的的保密防范措施。因此，思克公司所主张采取的“对外保密措施”不属于《反不正当竞争法》规定的“相应保密措施”。

其三，根据涉案技术秘密及其载体的性质，应认定思克公司未采取符合《反不正当竞争法》规定的“相应保密措施”。根据《审理商业秘密规定》第 5 条第 2 款的规定，人民法院应当根据商业秘密及其载体的性质等因素，认定权利人是否采取了相应保密措施。本案中，涉案技术秘密的载体为 GTR－7001 气体透过率测试仪，因该产品一旦售出进入市场流通，就在物理上脱离思克公司的控制，故区别于可始终处于商业秘密权利人控制之下的技术图纸、配方文档等内部性载体。《审理商业秘密规定》第 14 条第 1 款、第 2 款规定，通过自行开发研制或者反向工程获得被诉侵权信息的，人民法院应当认定不属于《反不正当竞争法》第 9 条规定的侵犯商业秘密行为。反向工程是指通过技术手段对从公开渠道取得的产品进行拆卸、测绘、分析等而获得该产品的有关技术信息。鉴于涉案技术秘密载体为市场流通产品，属于外部性载体，故思克公司为实现保密目的所采取的保密措施，应能对抗不特定第三人通过反向工程获取其技术秘密。此种对抗至少可依靠两种方式实现：一是根据技术秘密本身的性质，他人即使拆解了载有技术秘密的产品，亦无法通过分析获知该技术秘密；二是采取物理上的保密措施，以对抗他人的反向工程，如采取一体化结构，拆解将破坏技术秘密等。根据二审法院查明的事实，思克公司亦认可，通过拆解 GTR－7001 气体透过率测试仪，可直接观察到秘密点 2、3、4、5，同时，本领域技术人员“通过常理”可知晓秘密点 1 和 6，故涉案技术秘密不属于上述第一种情形。需要进一步分析的是，思克公司对 GTR－7001 气体透过率测试仪采取的保密措施是否属于上述第二种情形，从而可以对抗不特定第三人通过反向工程获取其技术秘密。首先，如前所述，思克公司在其 GTR－7001 气体透过率测试仪上贴附的标签，从其载明的文字内容来看属于安全性提示以及产品维修担保提示，故不构成以保密为目的的保密措施，不属于上述第二种情形。其次，即使思克公司贴附在产品上的标签所载明的文字内容以保密为目的，如“内含商业秘密，严禁撕毁”等，此时该标签仍不能构成可以对抗他人反向工程的物理保密措施。一方面，通过市场流通取得相关产品的不特定第三人与思克公司并不具有合同关系，故无须承担不得拆解产品的合同义务。另一方面，不特定第三人基于所有权得对相关产品行使处分行为，而不受思克公司单方面声明的约束。《物权法》（已失效）第 4 条规定：“国家、集体、私人的物权和其他权利人的物权受法律保护，任何单位和个人不得侵犯。”该法第 5 条规定：“物权的种类和内容，由法律规定。”该法第 39 条规定：“所有权人对自己的不动产或者动产，依法享有占有、使用、收益和处分的权利。”根据《物权法》的上述规定可知，通过市场流通取得 GTR－7001 气体透过率测试仪的不特定第三人对该产品享有的所有权的内容应由法律规定，包括占有、使用、收益和处分 4 项权能，而不受思克公司单方面声明的约束。这一点也正是《商业秘密民事案件若干规定》第 14 条第 1 款、第 2 款关于通过反向工程获得被诉侵权信息不构成侵害商业秘密行为规定的法理基础。权利人基于所有权得对所有物行使占有、使用、收益和处分行为，因而对所有物上承载的知识产权构成一定限制，这不仅体现在反向工程对商业秘密的限制，类似的还有画作的所有权对画作著作权人展览权的限制。因此，根据涉案技术秘密及其载体的性质，思克公司贴附在产品上的标签并不构成可对抗他人反向工程的物理保密措施，应认定思克公司未采取符合《反不正当竞争法》规定的“相应保密措施”。

综上所述，二审法院认为，根据思克公司主张保护的涉案技术秘密及其载体的性质，综合审查本案现有证据，应认定思克公司未采取符合《反不正当竞争法》规定的“相应保密措施”，思克公司主张保护的涉案技术秘密因缺乏“相应保密措施”而不能成立。

第四节　管辖权异议的典型案例

圣奥公司与翔宇公司侵害技术秘密纠纷案*

对于民事诉讼，原告选择一个对其尽可能有利的法院起诉，而被告通过管辖异议等争取使案件在对其最有利的法院审判，这对读者来说并不陌生。促使笔者评析本案的原因在于：(1)将本案移送到山西省运城市临猗县人民法院审理的一审裁定，是由江苏省高级人民法院作出的，而最高人民法院二审撤销了本案一审裁定，裁定江苏省高级人民法院审理本案，这中间的是非曲直到底如何？(2)本案被诉侵权行为，已经被江苏省高级人民法院终审裁定维持的江苏省泰州市中级人民法院生效判决认定，被诉侵权行为的实施地和结果地之一在江苏省泰州市。法院认定被告构成侵犯商业秘密罪，给权利人造成损失超过 2 亿元人民币，给主要侵权者判处罚金 2000 万元人民币，本案起诉侵权赔偿额超过 2 亿元人民币，本案的审理难度之大是显而易见的；在这样的前提下，为何要将本案的审理由已经审理过刑事二审、对本案已经相当熟悉的江苏省高级人民法院，移送到显然不具备审理这样重大复杂案子的经验和能力，进而依法不具备审理资格的山西省运城市临猗县人民法院？(3)一审法院作出本案一审裁定时，遇到了怎样的困难，应该如何克服？

另外，本案法院对《企业破产法》第 21 条的立法宗旨，关于管辖权特别是管辖权恒定原则、故意共同侵权的性质特别是侵权行为地和侵权结果发生地的论述，是非常深刻、难得的学习材料。建议读者仔细阅读、用心体会。还有，二审裁定对

---

* (2020)最高法知民辖终 68 号。

管辖权属于程序性事项，关于管辖权的案件事实，人民法院可以依职权主动查明的提醒，也是读者应该铭记的。

一、一审依据的主要事实理由

（一）一审原告主张一审法院对本案具有管辖权的主要理由

被江苏省高级人民法院终审裁定维持的江苏省泰州市中级人民法院一审判决认定，被告翔宇公司与陈某刚构成共同侵权，江苏省泰州市为本案侵权行为实施地之一，被侵犯技术秘密的许可价值为20，154万元，翔宇公司已被认定构成侵犯商业秘密罪并被判处罚金2000万元，本案起诉侵权赔偿金额为20，154万元。

（二）本案被告提出管辖异议并主张将本案移送到山西省运城市临猗县人民法院的关键理由

山西省运城市临猗县人民法院已作出破产民事裁定，受理翔宇公司的破产清算申请，并于同日确定了翔宇公司破产管理人。本案系侵权之债，属于债务纠纷，依照《企业破产法》第21条的规定，人民法院受理破产申请后，有关债务人的民事诉讼，只能向受理破产申请的人民法院提起。

（三）一审法院作出移送到临猗县人民法院管辖的依据

《企业破产法》第21条规定："人民法院受理破产申请后，有关债务人的民事诉讼，只能向受理破产申请的人民法院提起。"山西省运城市临猗县人民法院于2019年1月18日作出（2019）晋0821破1号民事裁定，裁定受理翔宇公司破产清算申请，并作出（2019）晋0821破1号决定，指定运城今朝会计师事务所有限公司担任破产管理人。本案系涉翔宇公司侵害技术秘密纠纷，故应由受理其破产申请的山西省运城市临猗县人民法院审理。翔宇公司、晋腾公司对管辖权提出的异议成立，本案移送山西省运城市临猗县人民法院处理。

二、二审依据的事实与理由

（一）二审依据的主要事实

二审法院查明，在一审法院作出的第6号刑事裁定中，被告为王某峰、李某年、张某，被告单位为翔宇公司，被害单位为江苏圣奥公司。该刑事裁定认定，翔宇公司与张某达成共同窃取圣奥公司技术资料的犯罪故意，由张某利用工作之便窃取圣奥公司技术资料，王某峰、李某年受翔宇公司安排，伙同张某共同窃取技术资料，翔宇公司利用窃取的技术资料进行工业项目建设，翔宇公司、王某峰、李某年、张某构成侵犯商业秘密罪，且系共同犯罪。翔宇公司、王某峰、张某系主犯，李某年系从犯。张某曾于2003年10月23日与山东圣奥公司签订《保密协议》，2008年10月13日与山东圣奥公司签订《保密、不竞争及知识产权协议》，2011年1月1日与上海盛博化工分公司签订《保密、不竞争及知识产权协议》。案外人张某在刑事案件中供述，2010年其随江苏圣奥公司副总高某明到泰州工作期间，在公司办公室内趁机用U盘从高某明电脑中拷贝了圣奥公司RT培司工艺流程中精馏工序工艺管道仪表流程图、设备布置图等4份技术图纸及相关的非标设备订货合同书，并将上述材料提供给王某峰、李某年。上述图纸涉及江苏圣奥公司所主张的部分商业秘密，刑事案件审理法院江苏省泰州市中级人民法院据此认定江苏省泰州市是本案犯罪的行为地之一。另查，圣奥公司由江苏圣奥公司变更而来。

圣奥公司向原审法院提交变更诉讼请求申请书和民事起诉状（诉讼请求变更后），申请撤回对翔宇公司的起诉，并追加王某峰、李某年为本案被告。变更诉讼请求申请书和民事起诉状（诉讼请求变更后）的落款时间均为2019年7月25日。圣奥公司主张，在原审管辖权异议审查期间，圣奥公司多次向原审法院口头明确撤回对翔宇公司的起诉（2019年7月25日是公司盖章时间），并于2019年7月26日向原审法院分别以传真和邮件方式提交了变更诉讼请求申请书和民事起诉状（诉讼请求变更后）。2019年7月29日原审法院收发部门收到该变更诉讼请求申请书和民事起诉状（诉讼请求变更后）。本案原审裁定书落款时间为2019年7月26日，圣奥公司于2019年7月30日收到原审裁定。根据圣奥公司的变更诉讼请求申请书和民事起诉状（诉讼请求变更后），其请求法院判令：(1)4名被告陈某刚、王某峰、李某年、晋腾公司停止侵犯圣奥公司技术秘密行为；(2)4名被告连带赔偿圣奥公司经济损失20,154万元；(3)4名被告承担本案全部诉讼费用，并承担圣奥公司为调查、制止侵权行为所支出的合理费用，包括律师费、公证费。

（二）二审裁定的理由

二审法院认为，本案的争议焦点问题为原审法院对本案是否具有管辖权，这一争议可以进一步分解为以下几个方面:翔宇公司进入破产清算程序是否影响本案管辖权的确定;原审法院对圣奥公司撤回对翔宇公司起诉的申请未作处理是否妥当;原审法院能否基于本案被诉侵权行为地获得本案管辖权。

1. 二审法院对翔宇公司进入破产清算程序是否影响本案管辖权确定的论述

根据《企业破产法》第21条的规定,人民法院受理破产申请后,有关债务人的民事诉讼,只能向受理破产申请的人民法院提起。上述规定的立法本意是,破产程序是一种概括式的债权债务处理方式,有关债务人的所有破产派生诉讼全部集中于受理破产申请的法院审理,有利于破产受理法院对破产案件的整体把握,也有利于不同债权人的债权得到公平受偿。若破产派生案件不在同一法院审理,将会出现派生案件与破产案件审理进度不协调、遗漏债权等情形,不利于破产程序的顺利进行,也会损害债权人的合法权利。因此,有必要将破产派生案件集中于审理破产案件的人民法院一并审理。本案中,山西省运城市临猗县人民法院于2019年1月18日作出(2019)晋0821破1号民事裁定,裁定受理翔宇公司破产清算。本案圣奥公司提起诉讼的时间为2019年4月29日,在破产案件受理之后,符合《企业破产法》第21条关于由破产受理法院统一审理破产派生案件的时间点规定。因此,按照前述法律规定,翔宇公司进入破产清算程序影响本案管辖权的确定。在翔宇公司作为本案被告的情况下,本案应移送山西省运城市临猗县人民法院管辖。根据《最高人民法院关于北京、上海、广州知识产权法院案件管辖的规定》(2014年)以及最高人民法院有关部分市中级人民法院内设专门审判机构并跨区域管辖部分知识产权案件的相关批复,涉及侵害技术秘密纠纷的第一审案件,由知识产权法院和部分中级人民法院知识产权法庭管辖。对于北京、上海、广州之外,且未设立知识产权法庭的地区,根据《最高人民法院关于知识产权法庭若干问题的规定》(2018年)第14条的规定,有关技术秘密纠纷第一审案件由中级人民法院管辖。因此,山西省运城市临猗县人民法院并无技术秘密纠纷第一审案件管辖权。对此,《最高人民法院关于适用〈中华人民共和国企业破产法〉若干问题的规定(二)》(2013年)第47条第3款规定:“受理破产申请的人民法院,如对有关债务人的海事纠纷、专利纠纷、证券市场因虚假陈述引发的民事赔偿纠纷等案件不能行使管辖权的,可以依据民事诉讼法第三十七条的规定,由上级人民法院指定管辖。”据此,破产审理法院发现其不具备相关案件管辖权的,可按照《民事诉讼法》(2017年)第36条的规定报请其上级法院指定管辖。

2. 二审法院关于一审法院对圣奥公司撤回对翔宇公司起诉的申请未作处理是否妥当的论述

如前所述，翔宇公司进入破产清算程序直接影响本案管辖权的确定。同时，翔宇公司进入破产清算程序也是原审法院认定本案应移送受理破产申请的法院管辖的唯一根据。本案中，圣奥公司向原审法院申请撤回对翔宇公司的起诉。根据《民事诉讼法》(2017 年)第 145 条第 1 款的规定，宣判前，原告申请撤诉的，是否准许，由人民法院裁定。据此，若圣奥公司撤回对翔宇公司起诉的申请在原审法院作出管辖权异议裁定前提出，原审法院对圣奥公司的撤诉申请没有作出处理，径行将案件移送到山西省运城市临猗县人民法院，则有失妥当。若圣奥公司撤回对翔宇公司起诉的申请在原审法院作出管辖权异议裁定之后提出，且裁定尚未送达，由于该撤诉申请直接导致原审裁定丧失事实基础和法律依据，此时原审法院应暂缓送达，先对圣奥公司的撤诉申请作出是否准许的裁定，再根据裁定结果决定是否重新作出管辖权异议裁定。原审法院在收到圣奥公司撤回对翔宇公司的起诉申请之后，并未在送达管辖权异议裁定之前对撤诉申请作出处理，有失妥当。

还应指出，管辖权的确定是人民法院可以依职权调查的程序性事项，对于影响确定案件管辖的事实，人民法院可以依职权主动调查，当事人也可以在起诉后予以补充。确定案件管辖原则上以起诉时为准，起诉时对案件具有管辖权的人民法院，不因确定管辖的事实在诉讼过程中发生变化而影响其管辖权，此所谓管辖权恒定原则。但是，在原审法院认定其对案件不具有管辖权的情况下，缺乏管辖权恒定原则的适用前提。此时，如果在后续程序中出现可能使得原审法院对案件具有管辖权的新事实，则应该根据新事实确定管辖。本案中，本院已查明圣奥公司已经向原审法院申请撤回对翔宇公司的起诉这一事实，且这一申请是否得到准许将直接决定本案管辖权的确定。因此，在本案管辖权异议上诉审程序中，应当先对圣奥公司申请撤回对翔宇公司的起诉、增加其他被告等作出处理，再确定本案管辖问题。鉴于圣奥公司自愿申请撤回对翔宇公司的起诉，且这一申请并不违《反不正当竞争法》的强制性规定，不侵害其他诉讼当事人的利益，应予准许。准许圣奥公司撤回对翔宇公司的起诉后，翔宇公司进入破产清算程序不再影响本案管辖权的确定。

3. 二审法院对原审法院能否基于本案被诉侵权行为地获得本案管辖权的论述

《民事诉讼法》(2017 年)第 28 条规定:“因侵权行为提起的诉讼,由侵权行为地或者被告住所地人民法院管辖。”《最高人民法院关于适用〈中华人民共和国民事诉讼法〉的解释》(2015 年)第 24 条规定:“民事诉讼法第二十八条规定的侵权行为地,包括侵权行为实施地、侵权结果发生地。”本案中,原审被告为翔宇公司、晋腾公司、陈某刚,上述被告住所地均在山西省。圣奥公司变更诉讼请求后,被告变更为陈某刚、王某峰、李某年、晋腾公司,被告住所地亦均不在江苏省辖区内。因此,本案被诉侵权行为地是原审法院对本案能否具有管辖权的唯一连结点,对此,分析如下。

首先分析圣奥公司变更诉讼请求后所指控的侵权行为。变更诉讼请求后,圣奥公司指控陈某刚、王某峰、李某年共同窃取圣奥公司技术秘密,该共同窃取行为系与案外人张某共同实施。同时,圣奥公司还指控陈某刚等通过其实际控制的晋腾公司等主体利用非法获取的技术秘密生产销售侵权产品,亦构成非法使用或允许他人使用涉案技术秘密,陈某刚、王某峰、李某年及晋腾公司构成共同侵权。

其次分析本案被诉侵权行为实施地。对于共同故意侵权行为而言,各侵权人主观上具有共同意思,彼此的行为之间客观上存在相互利用、配合或者支持,所造成的损害后果在其共同意思的范围内,每一侵权人应对共同意思范围内的全部行为承担责任。因此,每一侵权人被诉侵权行为的实施地应视为共同故意侵权行为的实施地之一。本案中,圣奥公司起诉陈某刚、王某峰、李某年共同故意侵权,案外人张某的窃取技术秘密的行为发生在江苏省泰州市,即便张某并非本案被告,陈某刚、王某峰、李某年作为共同故意侵权人,应对其与张某实施的共同故意侵权行为负责,故江苏省是本案共同侵权人被诉侵权行为实施地之一。

最后分析本案被诉侵权行为结果地。前已述及,对于共同故意侵权行为而言,各侵权人主观上具有共同意思,彼此的行为之间客观上存在相互利用、配合或者支持,所造成的损害后果在其共同意思的范围内,每一侵权人应对共同意思范围内的全部行为承担责任。因此,每一侵权人被诉侵权行为的结果地应视为共同故意侵权行为的结果地之一。侵权行为结果地应当理解为侵权行为直接产生的结果的发生地。本案中,陈某刚、王某峰、李某年被控共同窃取圣奥公司技术秘密行为。前已述及,陈某刚、王某峰、李某年应为案外人张某的窃取行为负责,张某窃取技术秘密行为的实施地与结果地重合,均在江苏省内,故江苏省是本案共同侵权人的被诉侵权行为结果地之一。

综上所述,根据法院新查明的事实,圣奥公司已经申请撤回针对翔宇公司的起诉,原审法院以翔宇公司进入破产清算程序为由裁定本案移送管辖的事实基础发生变化,本案应当在先行处理圣奥公司撤回针对翔宇公司的起诉等申请之后,重新确定本案的管辖。本案被诉侵权行为实施地和结果地之一均发生在原审法院的管辖范围内,原审法院对本案具有管辖权。

三、笔者对二审、一审裁定的评析

(一)笔者对二审裁定的评析

在本案原告已经撤回对翔宇公司起诉的前提下,二审法院首先依法对原告的撤诉行为作出准许。由此,山西省运城市临猗县法院关于翔宇公司破产案的审理对本案的管辖权确定的影响已不复存在。在此前提下,查明江苏省泰州市是本案本诉侵权行为的实施地之一,也是本案侵权行为的结果发生地之一,因此江苏省高级人民法院对本案具有管辖权,裁定江苏省高级人民法院对本案依法审理,无疑是正确的。

另外,本案二审裁定对《企业破产法》第 21 条的立法宗旨,关于管辖权特别是管辖权恒定原则、故意共同侵权的性质特别是侵权行为地和侵权结果发生地的论述,是非常深刻的,是非常难得的学习材料。建议读者仔细阅读、用心体会。

还有,二审裁定对管辖权属于程序性事项,关于管辖权的事实人民法院可以依职权主动查明的提醒,也是读者应该铭记的。

(二)笔者对一审裁定的评析及对一审裁定遇到的困难、克服途径的探析

如果本案事实如一审原告所主张,在一审管辖异议审查期间,多次口头提出撤回对翔宇公司的起诉,并在本案一审裁定送达之前书面邮寄同时传真发送了对翔宇公司的撤诉申请及变更后的起诉状,那么一审法院对原告的撤诉申请未作处理,就径行作出一审裁定,正如本案二审裁定所指出的,是欠妥的。假定在管辖异议的审查期间,原告并没有口头提出撤回对翔宇公司的起诉,原告撤回对翔宇公司的起诉申请及变更后的起诉状,合议组在发出一审裁定之前并没有收到(存在

法院收发部门收到了，而合议组还没有收到的可能），一审裁定是否就是正确的呢？或者干脆假定，在一审原告未提出撤回对被告翔宇公司的起诉，只是单纯不认可被告的管辖异议的前提下，一审法院径直作出将本案移送到山西省运城市临猗县法院管辖的裁定是否就正确？笔者认为，如果一审法院这样做，照样是欠妥的，理由如下。

正如安建须博士在他的著作《四面一体裁判法——法官裁判思维与方法》中所指出的，民商事案件裁判应该，也一定能够做到法律效果和社会效果的统一，否则就是欠妥的。暂且不论本案一审裁定法律效果如何，其社会效果肯定是有问题的。一审法院不应该不知道，出于审理能力的考虑，我国通过司法解释的形式规定对于技术类商业秘密的侵权案件，山西省运城市临猗县法院这样的县级法院是没有审理资格的。将本案移送到山西省运城市临猗县法院后，山西省运城市临猗县法院只能依法向其上级法院山西省运城市中级人民法院请求指定管辖。如果山西省运城市中级人民法院也认为，自己没有相应的专业人才储备、技术调查官设置等，因而也不具备相应的审理能力的话，只能向山西省高级人民法院请示指定管辖。退后一步，就算山西省运城市中级人民法院有审理能力，决定自己审理，对其判决结果任何一方不服就会上诉到最高人民法院。就算山西省运城市中级人民法院或者山西省高级人民法院和本案一审法院即江苏省高级人民法院对技术类商业秘密侵权案件具有同样的审理能力（恐怕没有人认可这样的假定），由于一审法院已经审理过本案被诉侵权行为的刑事二审，而接受移送的山西法院要重新从零开始，接受移送的法院对司法资源的投入、所耗费的时间，等都应该比本案一审法院多和长很多。由此导致，将本案移送山西省运城市临猗县法院，本案二审裁定所释明的本案一审裁定所依据的《企业破产法》第21条的立法本意是不能实现的。由此，本案一审裁定是不能实现其社会效果的。那么安建须博士在其著作中指出的法律效果和社会效果在本案一审中有没有可能同时实现？笔者认为，正如安建须博士所言，一定能够实现。

正如本案二审裁定所提醒的，对于管辖纠纷这样的程序性事项相关的事实，审理法院是可以依据职权主动查明的。一审法院在依职权主动查明本案被诉行为的侵权行为地和侵权结果地之一江苏省泰州市（这一点应该是很容易查明的），属于一审法院的辖区，按照侵权诉讼优先由侵权行为地法院管辖的原则，应该由一审法院管辖。由于一审法院刚刚审理过对被诉侵权行为的刑事二审，对本案应该相当熟悉,由本案一审法院审理该案,应该能够避免将本案移送到山西省运城市临猗县法院给当事人增加的诉累和对司法资源的浪费,能很好地实现本案审判的社会效果。

如果这样,本案一审所面临的《企业破产法》第21条的障碍如何解决?对此笔者认为,由于本案被告不止翔宇公司一个,《企业破产法》第21条只能适用于被告翔宇公司,而不适用于其他被告,同时由于本案适用《企业破产法》第21条并不能实现其立法本意,因此可以直接以法律解释的方式决定由侵权行为地法院,即一审法院管辖。退后一万步,一审法院也可以向原告释明,如果一审原告撤回对翔宇公司的起诉,则本案管辖就不受《企业破产法》第21条的影响,依据侵权行为地原则,由一审法院对本案进行审理,实现法律效果和社会效果的统一。

读者应该从本案得到启示,遇到本案一审裁定这样机械适用法律,导致不能实现法律规定、法理、利益衡平和价值引领相统一时,一定是裁判错误,而且一定有救济的途径。

第五节　依据《反不正当竞争法》第32条认定侵权的典型案例

李某亮、贝耳公司侵害维谛技术有限公司技术秘密纠纷案*

一、侵权团伙主谋"被拿下"后"窝里反"典型案例

本案涉及原告的研发负责人李某亮害"红眼病"纠集原告的技术人员另行成立被告贝耳公司并利用原告的技术秘密生产牟利的行为。本案和其他通过"窝里反"证人取得关键性证据之案件的共同之处,都是追究李某亮职务侵占罪的刑事责任和追究李某亮、贝耳公司侵犯商业秘密的民事责任,而对其他"窝里反"证人通通放过。这正是通过"窝里反"取证的玄机所在。

本案特别之处在于:李某亮将原告的仪器、物料违规拿到其成立的贝耳公司

* (2020)粤03民初5073号。

作研发、生产之用;在原告就李某亮职务侵占向公安告发,其在贝耳公司的同事被公安带走之后,李某亮出于恐惧,主动向原告交代了职务侵占的情况,以及窃取使用原告技术秘密的部分情况;原告组织了强大的调查团队(仅有证据证明的律师费支出就近600万元人民币),通过"窝里反"证人(被李某亮纠集到贝耳公司侵犯原告技术秘密的原告的技术人员),取得了大量、全面的证据;原告仅维权支出中的律师费就将近600万元人民币,而仅请求两被告连带赔偿原告经济损失及原告为制止侵权行为所支出的合理费用共计人民币1,000,000元。笔者推测,这应该是考虑被告的实际赔偿能力,及李某亮职务侵占罪被判刑承受牢狱之灾,另加追究李某亮侵犯技术秘密100万的连带赔偿责任足以"杀鸡儆猴"。

二、本案依据《反不正当竞争法》第32条推定技术"密点"不为公众所知悉

本案被诉侵权行为发生在《反不正当竞争法》第32条实施之后,因此原告的证据中没有证明请求商业秘密保护的技术内容不为公众所知悉的证据,而是通过请求商业秘密保护技术内容本身的性质,其是原告通过大量投入研发所得,并对其采取了合理保密措施,来合理表明其不为公众所知悉。在被告虽然否认,但没有提供任何原告请求商业秘密保护的技术内容属于公众所知悉的证据的情况下,本案判决依据《反不正当竞争法》第32条推定不为公众所知悉。

三、本案本不需要进行"同一性"技术比对

本案在审理中,就被诉技术内容与原告请求商业秘密的技术内容进行了是否实质相同,即"同一性"的比对。但由于原告通过"窝里反"证人取得了大量被告窃取并使用原告技术秘密的证据,因此本案被告实施窃取并使用原告技术秘密行为的直接证据非常充足,不需要进行"同一性"技术比对。

第六节　释明技术"密点"和"不为公众所知悉"的典型案例

大连滨海起重机吊具公司诉大连星航机电设备公司侵犯技术秘密案*

本案被诉行为虽然发生于2017年修改《反不正当竞争法》之前，因而适用2017年之前即1993年《反不正当竞争法》，但二审判决对技术密点的确定、不为公众所知悉含义的释明及原告的证明责任、被告是否实施了侵权行为认定的论述都堪作教材，二审判决书的如下论述对今天理解适用反不正当竞争法，正确维护技术秘密仍具有很大帮助。

一、二审判决关于原告请求保护的技术信息的内容，即技术"密点"内容的释明

在商业秘密民事侵权诉讼中，对于通常所说的技术"密点"，即原告请求商业保护的技术内容或者范围的确定，似乎是个很大的问题。其实，技术"密点"内容完全是由原告自己主张的，至于是否能经受住"秘密性"和"同一性"等的检验，那是另一回事。经受住检验，法院应该支持原告的诉讼请求；经受不住，法院不支持原告的诉讼请求，但法院不能一开始就以原告请求保护的技术信息的内容不确定为由拒绝审理。

本案二审判决认定罩式炉吊具产品全套图纸共29张生产图纸中记载的"罩式炉吊具"产品全部具体技术信息的集合为其技术秘密，完全符合法律规定。二审判决的如下认定和论述堪作教材。

《审理商业秘密规定》第27条规定，权利人应当在一审法庭辩论结束前明确所主张的商业秘密具体内容。本案经法院发回重审后，双方当事人重新提交了证

---

* (2022)最高法知民终719号。

据。大连滨海起重机吊具公司(以下简称滨海公司)提交罩式炉吊具产品全套图纸共29张,主张该整套29张生产图纸中记载的“罩式炉吊具”产品全部具体技术信息的集合为其技术秘密。大连星航机电设备公司(以下简称星航公司)则主张应以原一审提交图纸记载的技术信息作为本案审理范围。对此,二审法院认为,图纸是技术秘密的载体,依据图纸可以确定所主张的技术秘密的内容和范围,权利人主张图纸记载的技术信息构成技术秘密的,其既可以主张图纸记载的全部技术信息的集合属于技术秘密,也可以主张图纸记载的某个或某些技术信息属于技术秘密。因此本案中滨海公司主张29张图纸上记载的全部信息的集合为技术秘密,其主张保护的技术秘密内容是明确的,原审法院应当据此审查其主张的技术信息是否具备秘密性、价值性、保密性,并进一步审查对方当事人是否采取了不正当手段予以获取、披露、使用等。原审法院认为滨海公司未能明确其所主张的技术秘密具体内容,系适用法律错误,滨海公司的此点上诉请求成立,二审法院予以支持。至于本案的审理范围,经核实,本案一审以及原一审中,滨海公司均主张全套29张图纸中记载的信息集合为技术秘密,并不存在放弃权利的问题。

二、二审判决关于请求保护的技术信息“不为公众所知悉”含义的释明

本案适用1993年《反不正当竞争法》,不能适用将“不为公众所知悉”的证明责任有条件转移给被告的2019年修正的《反不正当竞争法》第32条第1款规定。但二审判决关于请求保护的技术信息“不为公众所知悉”含义的释明及原告的证明责任的论述,是以技术秘密保护的本质属性和底层原理为依据的,对正确理解和适用2019年《反不正当竞争法》第32条第1款具有很大的帮助。

1993年《反不正当竞争法》第10条第3款规定:“本条所称的商业秘密,是指不为公众所知悉、能为权利人带来经济利益、具有实用性并经权利人采取保密措施的技术信息和经营信息。”据此,商业秘密应符合秘密性、价值性和保密性的请求。“不为公众所知悉”即秘密性,一般是指特定信息未在本行业内众所周知或者容易获得,而不是指绝对无人知悉。在证明责任上,“不为公众所知悉”虽是权利人需要证明的内容,但不宜对权利人施以过重的证明负担。

滨海公司主张涉案罩式炉吊具产品由其自主研发设计,罩式炉吊具产品相关技术图纸、技术文件等中载明的技术信息系滨海公司的技术秘密,具体指罩式炉吊具产品的整套生产技术图纸中记载的全部具体技术信息的集合,包括目录技术

信息，零件间装配及制造方法技术要求，零件间组装、制造的性能技术要求，零件间组合的配合尺寸公差要求，零件加工公差要求，零件焊接工艺技术要求，零件粗糙度技术要求，零件形状与尺寸，零件隐藏的内部结构，零件材质、零件型号、零件重量、零件组合成的部件重量、所有零件及部件整体组合后的产品重量，热处理工艺技术要求等。前述29张图纸记载的技术信息集合系滨海公司自主研发，并非本行业内众所周知或者容易获得，且被上诉人无相反证据，可以认定滨海公司主张的技术信息集合不为公众所知悉。

星航公司、刘某称涉案技术秘密已经公开，部分信息可通过外观观察或从工具书、公知常识中获取，不具有秘密性。

二审法院认为，技术秘密与专利虽同为知识产权，但技术秘密保护与专利权保护并不相同，技术秘密的法律保护并无新颖性、创造性等请求，只要其符合法定的秘密性、价值性、保密性即可（笔者认为，技术秘密的法律保护虽然并无新颖性、创造性等请求，但能够得到法律保护的技术秘密一定不应该是专利法规定的公众想获知就能获知的现有技术，理由详见本书第一章）。即便技术秘密中的部分信息甚至各个信息已经存在于公共领域，但只要该信息组合整体上不为公众所知悉，仍可以符合技术秘密保护条件。可见，技术秘密的保护不要求作为技术秘密载体的图纸所体现的全部技术信息均为信息持有人独创，即便图纸的部分技术信息已经存在于公共领域，如果信息持有人对公开信息进行了整理、改进、加工以及组合、汇编而产生新信息，他人不经一定努力无法容易获得，该新信息经采取保密措施同样可以成为技术秘密而受到法律保护。不宜要求商业秘密权利人对其所主张的技术秘密与公知信息的区别作过于严苛的证明。权利人提供了证明技术信息秘密性的初步证据，或对其主张的技术秘密之“不为公众所知悉”作出合理的解释或说明，即可初步认定秘密性成立。权利人初步举证后，即由被诉侵权人承担所涉技术秘密属于公知信息的举证责任，其亦可主张将公知信息从权利人主张范围中剔除，从而在当事人的诉辩对抗中完成涉案技术秘密信息事实认定。本案中滨海公司主张涉案29张技术图纸所载技术信息的整体属于技术秘密，包含零件结构型式、尺寸信息、设计参数、制造要求、工艺要求、材料材质、重量信息等技术信息，以及零件之间的位置关系、连接关系、装配关系、装配要求等技术信息，是复杂数据的集合，通过观看产品本身或产品图片无法得到。上述技术信息在图纸上以立体视图、多角度平面视图、剖视图予以综合表达，结合标注的尺寸信息、公差、性能技术要求、焊接工艺、材质、零件的内部尺寸结构及加工公差、零件及零件组合重量等,再配上包含序号、型号、尺寸、重量、材质等信息的目录表,方能为制造人员制造出符合标准的罩式炉吊具产品提供具体而明确的要求和指导。全套图纸的技术信息从未被滨海公司公开,亦无法从公开渠道获取。上述技术秘密内容涉及罩式炉吊具产品整体及各零部件的众多数据信息,往往需要反复计算、试验、推敲、改进、试制才能确定,不是简单选择的结果,也不是简单的汇编,他人不经一定的努力和付出代价不能获取或知悉。星航公司提供的《机械设计手册》等公知信息只是一般零部件设计常用的基础标准、通用的公差配合,是常规技术资料,仅通过这些一般信息无法直接生产出相应产品。关于星航公司、刘某认为部分信息可通过观察产品实物外观获得因而已丧失秘密性的主张,二审法院认为,产品通过销售进入公共领域并不等同于该产品图纸记载的技术信息已经全部公开,仍需根据权利人所主张技术信息的内容进行判断。本案中的罩式炉吊具工艺复杂,并非简单通过观察外观即可获得产品全部技术信息。星航公司亦未提供证据证明可从公开渠道获取图纸的全部技术信息,或其通过观察获知相关技术信息。退一步讲,即使包含了可观察获得的部分技术信息,也不影响对全部技术信息的集合给予保护。原审法院认为滨海公司未能说明构成技术秘密的具体内容、环节、步骤或实施方法,未对其主张的技术秘密信息与公共领域信息的区别点作出充分合理的解释或者说明,未提交证据证明与公知技术信息存在何种区别,根据常识整套图纸中的全部技术信息不可能全部构成技术秘密,系举证责任分配不当,适用法律错误,二审法院予以纠正。

三、二审判决关于被告是否实施了侵权行为认定的论述

1993 年《反不正当竞争法》第 10 条规定了侵害商业秘密的行为方式。不正当手段的认定,既可以根据直接证据予以认定,也可以通过间接证据进行事实推定。通常商业秘密侵权行为不会大张旗鼓地进行,权利人很难了解被诉侵权人使用的信息的确切来源,对于不正当手段采用事实推定方式予以认定较为常见。根据案件具体情况或者已知事实以及日常生活经验,权利人可通过间接证据来证明被诉侵权人采取了不正当手段获取、披露、使用商业秘密。不正当手段的事实推定可采用“接触 + 实质相同 - 合法来源”的规则,即商业秘密的权利人证明被诉侵权人有获取其商业秘密的条件、被诉侵权人所用的信息与权利人商业秘密信息具有一致性或实质相同、被诉侵权人不能提供或拒不提供其所使用信息的正当来源,比

如自行研发或反向工程等的证据。本案中，林某圣、高某峰、刘某三人曾在滨海公司工作，林某圣、高某峰系图纸设计人和审核人，具有获取图纸的机会，三人从滨海公司离职后进入星航公司工作。高某峰于原审庭审中亦称曾将罩式炉吊具图纸交给林某圣、星航公司使用。经对滨海公司、星航公司提交的图纸进行比对，总图及各部件图的内容均一一对应，包括形状、样式、布局、尺寸、序号、技术参数、工艺要求；性能参数表格下项目名称均相同；6项技术要求的文字内容、顺序基本相同；总图中滨海公司序号错误编号为“1、2、3、3、4”，星航公司错误亦相同；滨海公司、星航公司闭式导向架、开式导向架中部件序号2代表不同部件，但序号2的展开图相同。双方提交的图纸内容复杂，但高度雷同，且图纸中错误亦相同，因此，滨海公司称星航公司所制图纸系在盗用滨海公司图纸的基础上进行修改而得，较为可信。星航公司亦不能提供其图纸正当来源比如自行研发绘制、反向工程等的证明。综上所述，可以认为星航公司实施了不当获取滨海公司涉案图纸的行为。原审法院认为滨海公司未能明确说明案外人林某圣、高某峰是否获取该公司生产技术图纸以及如何获取图纸的情况且未提供证据，滨海公司承担举证不能的后果，系适用法律错误，二审法院予以纠正。但滨海公司主张刘某不当获取其技术秘密的依据尚不足，二审法院难以支持。

第七节　植物繁殖材料商业秘密保护的典型案例

河北华穗种业有限公司与武威市搏盛种业有限责任公司侵害技术秘密纠纷案*

本案对植物审定品种的亲本是否属于我国商业秘密保护的客体的认定和说理，对植物审定品种的原始权利人是否有权对其审定品种的亲本提起商业秘密侵权诉讼的认定和说理，对植物审定品种的亲本是否不为公众所知悉及对植物审定品种的亲本是否采取了合理保密措施的认定和说理，以及对被诉行为是否构成侵权的认定和说理，都达到了教材级的水平。本案对其他植物繁殖材料的商业秘密

---

* (2022)最高法知民终147号。

保护,也具有很大的指导作用。本案二审判决对如何适用《反不正当竞争法》第32条具有很好的示范作用。

本案的裁判要旨如下:“作物育种过程中形成的育种中间材料、自交系亲本等,不同于自然界发现的植物材料,是育种者付出创造性劳动的智力成果,具有技术信息和载体实物兼而有之的特点,且二者不可分离。通过育种创新活动获得的具有商业价值的育种材料,在具备不为公众所知悉并采取相应保密措施等条件下,可以作为商业秘密依法获得法律保护。”该要旨对植物繁殖材料的商业秘密保护具有很强的指导作用。特别是对自交系亲本等具有技术信息和载体实物兼而有之的特点的认定,对“样品”“植物繁殖材料”等这类技术秘密客体的技术信息及其载体的性质、内容及其关系的把握,具有很大的指导作用。本案被选为最高人民法院公报案例实至名归。

本案为综合运用植物新品种权、专利权、商业秘密等多种知识产权保护手段,构建多元化、立体式的农作物育种成果综合法律保护体系,补齐了商业秘密保护的短板。本案二审判决的如下论述及认定对我国农作物育种成果的综合法律保护具有很强的指导作用。

需要强调的是,综合运用植物新品种权、专利权、商业秘密等多种知识产权保护手段,构建多元化、立体式的农作物育种成果综合法律保护体系,符合我国种业发展的现状。植物新品种和商业秘密两种制度在权利产生方式、保护条件、保护范围等方面都存在差异,权利人可以根据实际情况选择不同保护方式。在作物育种过程中,符合植物品种权保护条件的育种创新成果,可以受到植物新品种权制度的保护。同时,杂交种的亲本等育种材料符合商业秘密保护要件的,可以受到反不正当竞争法的兜底保护。将未获得植物新品种保护的育种创新成果在符合商业秘密的条件下给予制止不正当竞争的保护,是鼓励育种创新的必然要求,也是加强知识产权保护的应有之义。法律并未限制作物育种材料只能通过植物新品种保护而排除商业秘密等其他知识产权保护,对作物育种材料给予商业秘密等其他知识产权保护不会削弱植物新品种保护法律制度,而是相辅相成、相得益彰的关系。当然,对作物育种材料给予商业秘密保护,并不妨碍他人通过独立研发等合法途径来繁育品种,也并不妨碍科研活动的自由。武威市搏盛种业有限责任公司(以下简称搏盛种业公司)认为一审法院对亲本繁殖材料无限期、无原则的保护会削弱植物新品种保护制度的主张,二审法院不予认同。

本案二审判决对理解掌握植物繁殖材料的商业秘密保护的如下问题非常难得,值得用心学习。

一、关于植物审定品种的原始权利人是否有权对其审定品种的亲本提起商业秘密侵权诉讼

本案二审判决关于河北华穗种业有限公司(以下简称华穗种业公司)是否有权提起本案侵权之诉的如下论述及认定,完全适用于植物审定品种的原始权利人是否有权对其审定品种的亲本提起商业秘密侵权诉讼的判定。

搏盛种业公司认为华穗种业公司不能证明其为本案 W68 亲本的权利人,其无权提起本案侵权之诉。对此,二审法院认为,玉米育种主要包括自交系育种和杂交种育种,在杂交种的选育中,通常以利用杂种优势为主,从选育自交系开始。选育出优良的自交系是选育出优良杂交种的基础。对于玉米自交系的选育而言,一般从玉米单株开始,经过连续多代自交结合选择出具有一致性状以及遗传上相对稳定的自交后代系统,通常需要经过连续 5 代至 7 代的自交和选择,并通过产量测试从而保证其产量和品质的优势。选育自交系的基本材料可以来自地方品种、各种类型的杂交种综合品种以及经过改良的群体,也可以选择杂交种后代选育出的自交系,采用哪一种基本材料与育种单位所拥有的种质资源基础、育种目标、育种者的经验和技术水平有关。本案中,万糯 2000 品种审定公告记载,W68 和 W67 组配的万糯 2000 品种的选育人为华穗种业公司,搏盛种业公司亦认可 W68 是在万 6 选系和万 2 选系杂交基础上经过自交六代形成的自交系。从华穗种业公司以 W68 作为亲本进行组配选育万糯 2000,并合法持有 W68 和 W67 组配的万糯 2000 品种,以及 W68 是在万 6 选系和万 2 选系杂交基础上经过了长达 6 代进行自交选择的事实可以推定,选育 W68 的基本材料来源于育种单位华穗种业公司所持有的种质资源,在无相反证据的情况下,结合玉米杂交育种领域常规做法,可以初步证明华穗种业公司为万糯 2000 父本自交系 W68 的育种开发者或权利人。因此,华穗种业公司有权针对万糯 2000 的亲本 W68 提起侵权之诉。

搏盛种业公司在二审程序中提交其自行委托的检验报告以及公证书,拟证明万糯 2000 与案外品种农科糯 336 使用的是同一个亲本,由此主张万糯 2000 的亲本是他人选育,而非华穗种业公司,华穗种业公司作为本案原告的主体不适格,同时认为 W68 属于公共资源。对此,二审法院认为,农科糯 336 的品种审定公告记

载，育种者为北京市农林科学院玉米研究中心，品种来源为 Z3 × D6644 - 2，搏盛种业公司亦认可该品种的亲本组合为 Z3 × D6644 - 2，而万糯 2000 的审定公告记载的万糯 2000 的品种来源为 W67 × W68。据此比较可初步表明，上述两个品种的育种亲本来源不相同。搏盛种业公司在二审中根据其自行委托的检验报告主张上述两个品种的育种亲本实际相同，但该检验报告为其自行委托有关机构出具的意见，需要对检测程序的合法性、检测方法的科学性以及对照样品的真实性等进行审查。经审查，该检验报告所涉育种亲本样品来源不详。通过杂交种检测育种亲本来源的检验事项与该检验所依据的品种真实性和纯度的检验事项不同。由于该检验报告缺乏来源可靠的检材，且与搏盛种业公司所主张的待证事项之间缺乏关联性，其不能够证明万糯 2000 的亲本 W68 是农科糯 336 的亲本，故该检验报告不具有证明力，二审法院不予采纳。因此，搏盛种业公司提交的检验报告不能否定品种审定公告记载有关育种来源的事实，不能证明两个不同品种的亲本来源相同，更不能证明 W68 属于公共育种资源。对搏盛种业公司关于华穗种业公司提起本案侵权之诉主体不适格的上诉理由，二审法院不予支持。

二、本案二审判决关于杂交种亲本 W68 是否属于商业秘密保护客体的论述及认定，完全适用于其他植物品种的亲本

华穗种业公司在本案中仅主张亲本属于商业秘密，并未主张其育种技术为商业秘密。搏盛种业公司在二审开庭审理中认为，只有与亲本相关的育种技术信息才属于反不正当竞争法保护的商业秘密，W68 作为亲本不属于商业秘密的保护客体。对此，二审法院认为，作物育种过程中形成的育种中间材料、自交系亲本等，不同于自然界发现的植物材料，其是育种者付出创造性劳动的智力成果，承载有育种者对自然界的植物材料选择驯化或对已有品种的性状进行选择而形成的特定遗传基因，该育种材料具有技术信息和载体实物兼有的特点，且两者不可分离。通过育种创新活动获得的具有商业价值的育种材料，在具备不为公众所知悉并采取相应保密措施等条件下，可以作为商业秘密依法获得法律保护。本案 W68 作为万糯 2000 亲本的事实已经证明，其在组配具有优良农艺性状、良好制种产量的杂交种中具备商业价值，具有竞争优势。因此，在其符合不为公众所知悉，并经权利人采取相应保密措施的条件下，可以作为商业秘密获得反不正当竞争法的保护。搏盛种业公司关于只有与亲本相关的育种技术信息才能作为商业秘密保护

对象的主张,法律依据不足,不能成立,二审法院不予支持。

三、本案二审判决关于亲本 W68 在被诉侵权行为发生时是否不为公众所知悉的论述及认定,对其他植物繁殖材料是否不为公众所知悉的认定具有很强的指导作用

搏盛种业公司上诉称,华穗种业公司及其利害关系人已经将 W68 作为产品销售,华穗种业公司委托种子繁育公司的制种行为导致 W68 成为商品被公开销售,因此 W68 不属于商业秘密。对此,二审法院认为,亲本是育种者最为核心的育种材料,通常不会进行公开买卖销售。育种者通常会委托种子繁育公司扩繁亲本进行制种,但委托制种的行为并非销售亲本的行为。《民事诉讼法》(2021 年修正)第 67 条第 1 款规定,当事人对自己提出的主张,有责任提供证据。搏盛种业公司主张华穗种业公司将 W68 作为商品进行公开销售,对此有提供证据予以证明的责任,但搏盛种业公司未提交任何证据加以证明。在二审庭审中,搏盛种业公司称可以在市场上随时购买到 W68 种子,但明确拒绝向二审法院提供销售 W68 种子的主体信息,既难以证明其所称的可以通过市场购买得到的种子即为 W68 种子,又难以证明该购买渠道合法。搏盛种业公司对于其主张 W68 属于公开销售的品种或者 W68 已被推广应用的事实并未举证证明,因此不足以证明 W68 已经脱离了华穗种业公司的控制,处于公众容易获得的状态。

搏盛种业公司上诉认为万糯 2000 的审定公告对 W68 及其来源予以了披露,W68 已经为公众所知悉,不属于商业秘密。对此,二审法院认为,W68 作为商业秘密保护的客体是否为公众所知悉,应当以其是否为所属领域的相关人员普遍知悉和容易获得为标准,同时是否为公众所知悉的对象应当是指具体的技术信息内容,而非只是技术信息的名称或代号。权利人对育种材料的实际控制是利用其遗传信息进行育种的关键,尚未脱离权利人实际控制、依法采取保密措施的育种材料难以满足为所属领域的相关人员普遍知悉和容易获得的构成要件,即具有秘密性。本案中,W68 属于不为公众所知悉的育种材料,主要理由如下。

第一,对于选择育种而言,从杂种第一次分离世代开始选株,分别种成株行到以后世代的选育,均是在优良的系统中选择优良单株,直到选出优良一致的品系。为便于考查株系历史和亲缘关系,对各世代中的单株、株系均予以系统的编号。W68 仅是育种材料的编号,是育种者在作物育种过程中为了下一步选择育种而自

行给定的代号,其指向的是育种者实际控制的育种材料。虽然特定编号如W68代表了育种者对自然界的植物材料选择驯化形成的特定遗传基因,但是特定遗传基因承载于作物材料中,脱离作物材料本身的代号并不具有育种价值,对育种材料的实际控制才是利用其特定遗传信息的前提。在创造变异、选择变异、固定变异的育种过程中,作物代号仅用于标注遗传信息的来源,只凭借品种审定公告中披露W68的名称信息,并不能实际知悉、获得、利用W68育种材料所承载的特定遗传信息。由于育种创新的成果体现在植物材料的特定基因中,无法将其与承载创新成果的植物材料相分离,公开该代号并不等于公开该作物材料的遗传信息,在该作物材料未脱离育种者控制的情况下,相关公众无法实际知悉、获得、利用该代号所指育种材料的遗传信息。因此,公开代号的行为并不会导致其所指育种材料承载的遗传信息的公开。

第二,审定公告记载万糯2000以W67为母本、以W68为父本杂交,披露了W68是用万6选系与万2选系杂交后,经自交6代选育而成。该事实证明W68的育种来源已经被公开,但不能证明W68本身属于容易获得的育种材料,丧失了不为公众所知悉的秘密性。首先,万2选系和万6选系作为选育亲本的作物材料,按照育种领域的惯例,是作物育种的核心竞争力,通常育种者并不进行公开销售,公众难以获得。搏盛种业公司并无证据证明万2选系和万6选系属于公共育种资源。如果没有万2选系和万6选系的育种来源,则难以进行选择育种进而获得稳定的自交系W68。其次,杂交育种涉及杂交亲本的选配、杂交技术与杂交方式的确定、杂交后代的选择等育种阶段,需要进行大量的选种制种工作,且杂交的结果并不唯一。在通过杂交创造变异的群体,然后在变异的群体中选择变异,自交后稳定变异,最后,在形成纯系品种的选育过程中,各世代要经历选择变异和稳定变异的环节。因此,退一步而言,即便能够获得万2选系和万6选系,在选育自交系亲本的过程中,育种者面临对优良单株、株系的选择时,在子代的选择中具有一定程度的不确定性。对于玉米制种而言,即使在公开亲本自交系的选育来源以及作物目标的情况下,不同的育种者得到的纯系品种也不可能完全一致。因此,即便能够利用万2选系和万6选系进行杂交育种,获得的自交系也并不必然是W68,不能仅从公开W68的育种来源推定得出W68已为公众所知悉。

第三,搏盛种业公司上诉认为万糯2000公开销售的事实导致其亲本W68丧失秘密性,主张W68可以通过公开销售的万糯2000获得。对此,二审法院认为,尽管玉米杂交种是由其亲本杂交育种获得,但是基于玉米杂交繁育特点和当前的技术条件,从杂交种反向获得其亲本的难度很大。反向获得的难易程度与所付出的成本呈正相关性,需要付出的成本越高则反向获得的难度越高,反向获得的可能性就越小。从已公开销售万糯2000的事实是否可以推定得出其亲本W68丧失秘密性,需要审查通过万糯2000获取其亲本W68所付出的成本,从而判断是否容易获得。很显然,从子代分离出亲本并培育亲本并非普通育种者不付出创造性的劳动就容易实现。如果不通过对万糯2000进行专业的测序、分离,难以获得其亲本,更难以保证获得的亲本与W68完全相同。搏盛种业公司也并未提供任何证据证明通过万糯2000可以容易获得其亲本W68。因此,公开销售万糯2000的事实不能当然导致其亲本W68为公众容易获得,更不能得出亲本W68丧失秘密性的结论。

四、本案二审判决关于亲本W68是否经权利人采取了相应的保密措施的认定及论述,对其他植物繁殖材料是否被采取了相应保密措施的认定具有很强的指导作用

搏盛种业公司上诉认为,华穗种业公司并没有对W68采取足够的保密措施,因此不应当作为商业秘密受到保护。对此,二审法院认为,权利人在被诉侵权行为发生以前采取了合理保密措施,在正常情况下足以防止商业秘密泄露,人民法院应当认定权利人采取了作为商业秘密法定构成要件的相应的保密措施。人民法院认定保密措施时,应当考虑保密措施与商业秘密的对应程度。植物生长依赖土壤、水分、空气和阳光,需要进行光合作用,W68作为育种材料自交系亲本,必须施以合理的种植管理,具备一定的制种规模。在进行田间管理中,权利人对于该作物材料采取的保密措施难以做到万无一失。因此,对于育种材料技术信息的保密措施是否合理,需要考虑育种材料自身的特点,对于采取合理保密措施的认定不宜过于严苛,应以在正常情况下能够达到防止被泄露的防范程度为宜。

华穗种业公司在一审中提交了该公司的保密制度以及其与万糯2000玉米新品种的育种者、公司高管、委托制种企业签订的保密协议。结合华穗种业公司在二审中提交的证据,经二审法院审查,对内而言,华穗种业公司内部有保密制度,规定了公司育种技术资料、育种样品以及育种亲本等繁殖材料属于公司秘密,不得泄露,规定了公司相关人员在任职期间以及离职后的一定期间对种子育种方

法、育种亲本以及用于繁育种子的技术资料、繁殖材料等商业秘密进行保密，离职时应当将自己持有的所有商业秘密资料等物品移交指定人员并办妥相关手续，否则承担违约责任；对外而言，华穗种业公司与其有委托制种关系的案外人金源种业公司签订的《委托繁种合同》中约定，繁育品种名称予以代号，金源种业公司按计划生产的合格种子全部交给华穗种业公司，不得截留和自行销售，并对华穗种业公司提供的自交系负责保密，不得向外扩散。在金源种业公司委托前述村民委员会制种的繁育合同中，约定亲本种子不外流、不自留。还需要指出的是，在制种基地，相关行政管理部门要求受委托制种的生产者进行备案，备案内容要求完整，特别要求委托生产合同齐全，品种权属以及亲本来源清晰，生产品种以及面积与合同约定相一致，上述内容属于生产者在履行合同时应当承担的义务，也是制种散户在履行委托制种合同时应当承担的义务。委托育种合同的受托人擅自扩大委托育种合同的生产繁殖规模，私自截留、私繁滥制、盗取亲本的行为均属于违法违规行为。而且，本案并无证据证明 W68 已被受委托制种单位非法披露、扩散。根据《审理商业秘密规定》第 6 条的规定，综合考虑杂交育种的行业惯例、繁育材料以代号称之、制种行为的可获知程度等因素，华穗种业公司采取的上述避免亲本被他人非法盗取、获得及不正当使用的保密措施，符合商业秘密法定构成要件的相应的保密措施。

五、本案关于被诉侵权种子是否是原告的亲本 W68 的判定方法是农作物育种成果维权中的通常做法

本案通过将法院在被告总厂和晒场证据保全的被诉侵权玉米果穗与中国农业科学院国家种质保藏中心的 W68 标准样品进行鉴定，根据鉴定结果为分子检测位点一致，认定被诉侵权玉米种子就是原告的亲本 W68。无论是植物品种商业秘密维权，还是植物新品种维权，通常都要判定某一证据保全的种子是否是权利人主张的某一种特定名称的种子。如本案中需要认定法院证据保全的玉米果穗是亲本 W68；或者某一被证据保全的种子，是权利人主张的具有特定名称的被授予植物新品种权的种子。对此，通常将证据保全的种子和国家种质保藏中心保藏的特定名称的种子标准样品，进行基因位点检测，根据检测结果判定被保全的种子是否是权利人主张的特定名称的种子。

六、本案二审判决关于被告搏盛种业公司是否实施了侵害商业秘密行为的论述及认定，是适用《反不正当竞争法》第 32 条的范例

搏盛种业公司上诉主张被诉侵权种子是其合法取得，用于科研活动的繁殖材料。对此，二审法院认为，首先，搏盛种业公司对被诉侵权种子是其合法获得或者通过自主繁育取得的主张有责任提供证据证明。对于合法获得的问题，搏盛种业公司未提交 W68 的交易记录或者获得信息，其生产繁殖 W68 所用育种材料的来源无据可查；对于自主繁育问题，搏盛种业公司既无证据证明其持有选育 W68 的万 2 选系和万 6 选系，也无证据证明其被诉侵权种子是由其他育种选系选育而来。搏盛种业公司不能提供被诉侵权种子的任何购买或自主繁育记录，其关于 W68 是合法取得的上诉主张，缺乏事实依据，二审法院不予支持。其次，搏盛种业公司主张其种植 W68 属于科研行为，然而，其并没有提交被诉侵权种子与科研育种相关的任何育种计划、育种记录或者委托育种合同。而且，在科研活动中正当利用他人享有权利的繁殖材料进行育种，原则上必须用于科研目的，且不得超出实现科研目的所必需的规模和数量。从搏盛种业公司种植 W68 的规模和数量看，难以符合上述要求。最后，搏盛种业公司有意隐瞒被诉侵权种子的真实信息。搏盛种业公司在一审庭审中对于证据保全的被诉侵权种子主张是盛甜糯 9 号的亲本自交系白糯 913，二审中又主张是农科糯 336 的亲本。可见，搏盛种业公司有掩饰和隐瞒其扩繁获得被诉侵权种子的不正当行为。综上所述，搏盛种业公司关于生产繁殖 W68 的行为属于科研行为的上诉主张，缺乏事实依据，二审法院不予支持。

根据《反不正当竞争法》第 32 条第 1 款的规定，在侵犯商业秘密的民事审判程序中，商业秘密权利人提供初步证据，证明其已经对所主张的商业秘密采取保密措施，且合理表明商业秘密被侵犯，涉嫌侵权人应当证明权利人所主张的商业秘密不属于《反不正当竞争法》规定的商业秘密。本案中，证据保全获得的被诉侵权玉米果穗共两袋，分别标注总厂和晒场，将前者与中国农业科学院国家种质保藏中心的 W68 标准样品进行鉴定，鉴定结果为分子检测位点一致。至此，华穗种业公司已完成证明其权利被侵害的初步举证责任。搏盛种业公司作为被诉侵权方，未能举出有效证据证明 W68 不符合商业秘密的保护条件，相反，其种植获得的被诉侵权种子为 W68 的事实表明其实际生产繁殖了 W68。搏盛种业公司既不

能提交证据证明是通过对 W68 的育种来源合法繁育获得的被诉侵权种子,也不能证明其是自主繁育获得与 W68 相同的被诉侵权种子。综合前述作物选择育种的基本情况,足以认定被诉侵权种子是搏盛种业公司采取不正当手段获取 W68 后扩繁生产而来,该行为属于《反不正当竞争法》第 9 条第 1 款第 1 项、第 2 项规定的侵犯商业秘密行为。一审法院关于搏盛种业公司构成侵害商业秘密行为的认定正确,二审法院予以维持。

第八节　二审合议庭对商业秘密侵权五倍顶格赔偿第一案"卡波案"的解析

广州天赐高新材料股份有限公司九江天赐高新材料有限公司诉安徽纽某精细化工有限公司等侵害技术秘密纠纷案*

本案已被最高人民法院确定为第 219 号指导性案例。该指导性案例的裁判要旨如下:

1. 判断侵害知识产权行为是否构成情节严重并适用惩罚性赔偿时,可以综合考量被诉侵权人是否以侵害知识产权为业、是否受到刑事或者行政处罚、是否构成重复侵权、诉讼中是否存在举证妨碍行为,以及侵权行为造成的损失或者侵权获利数额、侵权规模、侵权持续时间等因素。

2. 行为人明知其行为构成侵权,已实际实施侵权行为且构成其主营业务的,可以认定为以侵害知识产权为业。对于以侵害知识产权为业,长期、大规模实施侵权行为的,可以依法从高乃至顶格适用惩罚性赔偿倍数确定损害赔偿数额。

《反不正当竞争法》(2019 年 4 月 23 日起施行)第 17 条第 3 款规定:"因不正当竞争行为受到损害的经营者的赔偿数额,按照其因被侵权所受到的实际损失确定;实际损失难以计算的,按照侵权人因侵权所获得的利益确定。经营者恶意实施侵犯商业秘密行为,情节严重的,可以在按照上述方法确定数额的一倍以上五倍以下确定赔偿数额。赔偿数额还应当包括经营者为制止侵权行为所支付的合

* (2019)最高法知民终 562 号。

理开支。”该规定对保护商业秘密权、遏制故意侵犯商业秘密行为，提供了非常有力的依据，但对该规定如何理解、适用在理论界和实务界，一度未达共识。作为第一次 5 倍惩罚性赔偿的“卡波案”，自然引起了极大关注和热烈反响。在笔者看来，二审审判长对该案，特别是对该条的详解，既是对各界对该案关切的回应，更是对如何理解适用该条的指导。以下是二审合议庭对该案的评析。

在广州天赐高新材料股份有限公司（以下简称广州天赐公司）、九江天赐高新材料公司（以下简称九江天赐公司）与安徽纽曼精细化工有限公司（以下简称安徽纽曼公司）、华某、刘某、胡某、朱某等侵害“卡波”技术秘密纠纷上诉案中，最高人民法院知识产权法庭作出了最高人民法院首例知识产权侵权惩罚性赔偿判决，该案入选该庭 2020 年 10 件典型案例。该案二审判决依据《反不正当竞争法》第 17 条第 3 款关于惩罚性赔偿的规定，在认定侵权人存在恶意侵权、情节极其严重的基础上，顶格 5 倍适用惩罚性赔偿，判赔金额 3000 余万元，彰显了严厉打击恶意侵权行为的司法态度，明确传递了加大知识产权司法保护力度的强烈信号，是强化商业秘密司法保护、积极落实知识产权侵权惩罚性赔偿制度的生动司法实践。

一、基本案情

广州天赐公司主要从事卡波产品技术的自主研发。2007 年 12 月 30 日，华某与广州天赐公司签订《劳动合同》及《商业保密、竞业限制协议》，并就商业秘密的保密义务、竞业限制等方面进行了约定。离职证明显示，华某离职生效日期是 2013 年 11 月 8 日。2012 年至 2013 年期间，华某利用其卡波产品研发负责人的身份，以撰写论文为由索取了九江天赐公司卡波生产工艺技术的反应釜和干燥机设备图纸，还违反广州天赐公司管理制度，多次从其办公电脑里将广州天赐公司的卡波生产项目工艺设备的资料拷贝到外部存储介质中。华某非法获取卡波生产技术中的生产工艺资料后，先后通过 U 盘拷贝或电子邮件发送的方式发送给安徽纽曼公司的刘某等人。华某还分别介绍朱某、胡某担任安徽纽曼公司生产安全、环保顾问及负责生产工艺设计。华某、刘某、朱某、胡某对卡波生产工艺原版图纸进行了使用探讨，其间朱某和胡某均提出是否侵犯广州天赐公司相关权利的问题，华某遂指示胡某设计时不要跟广州天赐公司一模一样；胡某按华某要求对图纸进行了修改，并委托案外人设计、制造出相关设备。安徽纽曼公司利用广州天赐公司工艺设备技术生产出卡波产品并向国内外销售。

在本案之前,2018 年 1 月 19 日江西省湖口县人民法院作出(2017)赣 0429 刑初 49 号刑事判决,认定华某、刘某等人的行为构成侵犯商业秘密罪。后江西省九江市中级人民法院作出(2018)赣 04 刑终 90 号刑事判决,确认原审判决认定的事实,除改判其中一人的刑事处罚外,其余维持原判。

广州天赐公司和九江天赐公司于 2017 年 10 月向广州知识产权法院提起诉讼,主张华某、刘某、安徽纽曼公司等共同侵害了广州天赐公司和九江天赐公司卡波配方、工艺、流程、设备的技术秘密,且侵权行为给广州天赐公司和九江天赐公司造成了巨大的经济损失,请求华某、刘某、安徽纽曼公司、胡某、朱某等立即停止侵害技术秘密,销毁生产卡波的原材料、专用生产设备、配方及工艺资料,共同赔偿广州天赐公司和九江天赐公司经济损失及维权费用 7000 万元。

一审法院根据广州天赐公司和九江天赐公司申请向海关调取了安徽纽曼公司自 2016 年 8 月至 2019 年 1 月期间出口卡波产品的数据。由于广州天赐公司和九江天赐公司已初步举证证明安徽纽曼公司卡波产品获利巨大,为切实查清获利情况,一审法院根据申请于庭审时责令安徽纽曼公司限期提供 2014 年至庭审当日卡波产品获利数据,并附相应财务账册和原始凭证。安徽纽曼公司虽按期提交 2014 年 1 月至 2019 年 3 月其自行编制的年度及月度资产负债表和利润表,但以数量庞大且路途遥远为由未提交相应财务账册和原始凭证。广州知识产权法院经审理后于 2019 年 7 月 19 日作出(2017)粤 73 民初 2163 号民事判决:(1)华某、刘某、安徽纽曼公司、胡某、朱某于判决生效之日起立即停止侵害广州天赐公司和九江天赐公司涉案技术秘密,并销毁记载涉案技术秘密的工艺资料;(2)安徽纽曼公司于判决生效之日起 10 日内赔偿广州天赐公司和九江天赐公司经济损失 3000 万元及合理开支 40 万元,华某、刘某、胡某、朱某分别在 500 万元、500 万元、100 万元、100 万元范围内承担连带责任;(3)驳回广州天赐公司和九江天赐公司其他诉讼请求。

一审判决后,广州天赐公司和九江天赐公司、华某、刘某、安徽纽曼公司均不服,向最高人民法院提起上诉。最高人民法院知识产权法庭经审理,于 2020 年 11 月 24 日作出(2019)最高法知民终 562 号民事判决:(1)维持原判第一、三项;(2)变更原判第二项为安徽纽曼公司于判决生效之日起 10 日内赔偿广州天赐公司和九江天赐公司经济损失 3000 万元及合理开支 40 万元,华某、刘某、胡某、朱某对前述赔偿数额分别在 500 万元、3000 万元、100 万元、100 万元范围内承担连带责任;(3)驳回广州天赐公司和九江天赐公司的其他上诉请求;(4)驳回华某、刘某、安徽纽曼公司的全部上诉请求。

二、案例解读

（一）适用惩罚性赔偿的主观要件：恶意实施侵权行为

惩罚性赔偿作为对侵权人的加重处罚，对侵权行为的可责性提出了更高的要求，应仅针对故意侵权。过失侵权中侵权人表现出的是不希望、不追求、不放任损害结果发生的心理状态，与故意侵权表现出的侵权人以攫取本应由权利人享有的市场利益为目的，明知其行为构成侵权而故意为之，追求、放任损害结果发生的心态相比，可责性程度较弱，故不宜适用惩罚性赔偿。故意又可分为直接故意与间接故意，相同点在于行为人明知自己的行为导致损害结果发生的可能性，不同点在于前者表现出的心理状态是积极追求，后者则是放任损害结果发生。对于惩罚性赔偿适用的主观要件，是只包含“直接故意”还是将两者都涵盖？从法律条文本身来看，《民法典》的表述为“故意侵害他人知识产权”，《反不正当竞争法》中表述为“恶意实施侵犯商业秘密行为”。“故意”与“恶意”两者的内涵具有怎样的关联需要明确。司法实践中及理论上不乏有将“恶意”认定为“直接故意”的做法或观点，根据下位阶的法律必须服从于上位阶法律的原则，将此处的“恶意”理解为“主观故意”而非“直接故意”较为妥当。实践中对直接故意与间接故意的区分本身存在较大困难，在道德上具有几乎相同的可责难性，在惩罚性赔偿中进行等同对待是较为合理的做法。在具体案件中，对于行为人是“直接故意”还是“间接故意”的心理状态的区别，可以体现在最终惩罚性赔偿倍数的确定中。惩罚性赔偿是否适用以及倍数之确定，还应结合侵权情节的严重程度，并非单以主观恶性之大小确定。情节严重的，即使其为间接故意，科以惩罚性赔偿亦难谓不妥。因此对于产生严重后果的侵权行为而言，行为人是直接故意还是间接故意，并没有太大的区分意义，间接故意仍是主观故意而不是过失。

“主观故意”作为一种心理状态，必须通过行为人一定的行为表现出来，需要通过对外在行为的研究来判断其有无故意。本案中从各侵权人的实际行为看，均系在知情的情况实施了侵害行为。华某系广州天赐公司的研发人员，违反保密义务和保密请求，将技术秘密披露给安徽纽曼公司使用；刘某、安徽纽曼公司明知华某非法披露广州天赐公司和九江天赐公司技术秘密，仍予以获取并通过安徽纽曼公司使用；胡某、朱某明知华某、刘某、安徽纽曼公司非法披露、获取、使用广州天赐公司和九江天赐公司技术秘密,仍予以帮助。上述人员明知其行为侵害他人技术秘密而仍予以实施,显然属于故意侵权。

(二)适用惩罚性赔偿的客观要件:情节严重

适用惩罚性赔偿还需要判断侵权情节是否严重,民法典和各知识产权单行法中皆将"情节严重"作为惩罚性赔偿适用的客观要件。在对商业秘密侵权人主观过错程度进行衡量后,结合具体案情分析侵权情节的轻重,进一步确定惩罚性赔偿是否适用以及确定惩罚性赔偿的倍数。

本案中,法院通过综合考虑被告公司以侵权为业、技术秘密对于产品形成起到关键作用、给权利人造成极大的损失,侵权人生产规模巨大、侵权获利极高,侵权人在关联刑事案件审理期间甚至法院作出有罪生效判决后未停止侵权、持续时间长,侵权人拒绝提供证据导致法院无法查明全部侵权获利、构成举证妨碍等因素,认定本案侵害商业秘密的情节极其严重。

市场上实际有不少公司以侵权为业,从事有组织的明显侵权的商业活动,对知识产权危害甚巨,应当成为行政执法、刑事司法保护重点打击对象和维权民事诉讼的主要起诉对象。判断侵权人是否以侵权为业是确定侵权利润计算方式的基础。在界定企业是否完全以侵权为业时,涉案侵权人通常会提交营业执照等证据佐证其经营范围不止侵权产品的生产。但营业执照记载的经营范围系企业申请注册成立时的选择,其实际经营范围既可能大于也可能小于营业执照记载的经营范围。因此需要侵权人进一步举证来证明其除了侵权产品以外生产其他产品的事实,或根据已查明的事实,来具体判断侵权人是否经营其他产品。同时,界定行为人是否以侵权为业,可从主客观两方面进行判断。从客观方面,判断行为人是否已实际实施侵害行为,并且是否系其企业的主营业务、构成主要利润来源;从主观方面,判断行为人是否包括企业实际控制人及管理层等,是否明知其行为构成侵权而仍予实施。当然,所谓"明知"并非请求行为人熟知法律、知道其行为的准确法律评价,而是即使基于一般理性人的认知水平,也应当知道其行为是侵犯他人合法权益的。

本案中,首先,安徽纽曼公司自成立以来便以生产卡波产品为经营业务,庭审中其虽辩称生产其他产品,但并未提交证据加以佐证,且所生产的卡波产品名称虽有差别,但均由同一套设备加工完成,足以认定其完全以侵权为业,长期恶意从事侵权活动。其次,当一审法院责令安徽纽曼公司限期提供获利数据并附财务账册和原始凭证时,安徽纽曼公司虽提交资产负债表和利润表,但无正当理由拒不提供财务账册和原始凭证,导致本案最终无法查明全部侵权获利,构成举证妨碍。最后,结合关联刑事案件的生效判决,华某与安徽纽曼公司前法定代表人刘某因侵害商业秘密行为被追究刑事责任。

通过对案件情节与事实的分析确定适当数额的惩罚性赔偿,应当考虑的不仅仅是行为本身,而是整体的情况,包括侵权行为造成的损害后果甚至潜在消极影响的程度、侵权行为是个别情况还是更广泛的经营模式中的一部分等。在适用惩罚性赔偿的具体情节难以如同列出数学公式般精确计量的情况下,法院可以对惩罚性赔偿的数额进行裁量。对于"情节严重"的判断由法官根据案件事实进行裁量,作为分析惩罚性赔偿是否适用以及后续惩罚性赔偿的合理数额确定的重要环节,这是一个综合性的因素,应当考虑案件的整体情况,对侵权行为的手段、规模、持续时间、消极影响(包含直接影响与潜在影响),权利人遭受的实际损失或侵权人获得的经济收益,侵权人在整个行为过程中表现出的恶意程度以及是否采取补救措施等方面进行综合分析。

本案中,安徽纽曼公司生产规模巨大,自认的销售额已超过 3700 万元,销售范围包括 20 余个国家和地区;安徽纽曼公司侵害的广州天赐公司和九江天赐公司技术秘密涉及产品生产工艺、流程和设备,这些技术秘密对产品的形成起到关键作用,可见安徽纽曼公司通过侵害技术秘密的行为获利极高,对广州天赐公司和九江天赐公司造成极大的损失。同时,当安徽纽曼公司前法定代表人刘某因侵害商业秘密行为被追究刑事责任后,安徽纽曼公司仍未停止生产,广州天赐公司和九江天赐公司提交的二审证据显示其在一审判决之后并未停止侵权行为,其行为具有连续性,侵权规模巨大,持续时间长。综合以上因素,足见安徽纽曼公司等侵权情节之严重。因此,二审法院依据所认定的安徽纽曼公司侵权获利的 5 倍,即惩罚性赔偿的最高倍数顶格确定了本案损害赔偿数额。本案二审改判主要即体现在惩罚性赔偿的倍数由 2.5 倍提高至 5 倍。另外,侵权获利应与侵权行为之间具有因果关系,因其他权利及生产要素产生的利润应合理扣减,即确定赔偿数额时应考虑涉案技术秘密的贡献率问题。本案技术秘密包括两部分,一是工艺部分,二是配方部分,被告的配方没有被认定构成侵权,配方和工艺都对商业利润产生贡献。技术贡献率的逻辑与专利侵权诉讼是类似的,本案中综合考虑案情确定为50%,因此虽然惩罚性赔偿倍数提高至5倍,但赔偿总额未变。

(三)惩罚性倍数与侵权情节的对应关系

根据《反不正当竞争法》第17条第3款规定,惩罚性赔偿按照权利人实际损失或侵权人侵权获利的1倍以上5倍以下确定赔偿数额。惩罚性赔偿倍数与情节严重程度具有对应关系,方符合法律适用时的比例原则。为便于司法适用、限制自由裁量的滥用,侵权情节认定为严重时可适用2倍惩罚性赔偿,情节比较严重可适用3倍惩罚性赔偿,特别严重时可适用4倍惩罚性赔偿,情节极其严重时,如满足"直接故意、完全以侵权为业、侵权规模大、持续时间长、损失或获利巨大、举证妨碍"等认定要件,则可以适用5倍惩罚性赔偿,以此构建惩罚性赔偿倍数与侵权情节严重程度之间的一般对应关系。

总之,惩罚性赔偿制度具有补偿、惩罚、威慑与预防功能,对于打击恶意侵权行为、有效保护基于商业秘密产生的竞争优势,进而维护市场竞争秩序,具有明显的现实作用。商业秘密侵权案件中,主观要件"恶意"即"主观故意",以及客观要件"情节严重"是对行为与整体案件事实的综合考量。赔偿金额的确定应坚持适度原则、比例原则,惩罚性赔偿的倍数与情节严重程度应具有对应关系。适用惩罚性赔偿的商业秘密侵权案件多涉及共同侵权,应合理界定各侵权人在侵权活动中所起作用并以此确定连带责任的承担。

第六章

侵犯经营秘密典型案例评述

第一节　认定投标报价为商业秘密的典型案例

广州晟视电子科技有限公司、刘家某等侵害商业秘密纠纷案*

首先，本案不论是一审判决还是二审判决，对于原告对其投标报价采取的保密措施、不为公众所知悉、实用性的分析认定，进而属于商业秘密的认定，其论证说理达到了教材级的水平，对帮助理解经营秘密非常难得。其次，对于《反不正当竞争法》第32条第2款的适用更是难得的"教材"。如果不是对该第32条的深入理解和正确运用，原告的投标报价很难作为商业秘密被保护。

本案中原告的主张、举证，一审、二审的认定和理由对读者理解和正确运用《反不正当竞争法》第32条是难得的学习材料，具体分述如下。

一审判决基于查明的事实认为：根据民事诉讼优势证据规则，基于逻辑推理和日常生活经验法则，可以推定刘家某将其知悉的广州晟视电子科技有限公司（以下简称晟视公司）的投标报价信息向刘某杰、天予嘉蓝公司进行了披露，且刘某杰、天予嘉蓝公司在确定其报价时利用了上述信息；又根据《反不正当竞争法》第32条第2款的规定，刘某杰、天予嘉蓝公司虽然辩称刘家某未向其披露晟视公

---

* （2021）粤73民终5578号。

司投标报价信息,其只是在第一次投标报价的基础降低了投标报价,但其未能提供证据证实其投标报价是如何具体确定的,也未能提供其他反驳证据,一审法院对其上述抗辩意见不予采信;刘家某、刘某杰、天予嘉蓝公司的被控侵权行为侵害了晟视公司的商业秘密,构成不正当竞争。

二审判决在确认一审判决查明的事实的基础上,补充查明被告刘家某在原告任职期间,作为被告天予嘉蓝公司的授权代表人签订合同等事实,投标报价对是否中标起关键作用的事实,使得根据民事诉讼优势证据规则,基于逻辑推理和日常生活经验法则及《反不正当竞争法》第 32 条之规定,认定被告侵犯原告投标报价的商业秘密说服力更强,具体说明如下。

一、一审针对投标报价属于商业秘密的认定

(一)查明的相关事实

1. 原告采取的保密措施

2015 年 4 月 21 日,原告晟视公司(甲方)与被告刘家某(乙方)签订的《劳动合同》第 12 条第 4 项载明:“乙方承诺,不使用盗窃、利诱、胁迫或其他不正当手段获取或允许、协助他人获取甲方的商业秘密。乙方明知以上行为而不采取防范、制止措施的视为违反本保密条款。除了履行职务的需要之外,乙方承诺,未经甲方同意,不得以泄露、公布、发布、出版、传授、转让或者其他任何方式使第三方(包括按照公司保密制度的规定不得知悉该项秘密的甲方的其他职员)知悉属于甲方或者虽属于他人但甲方承诺有保密义务的商业秘密或在离职后自用甲方的商业秘密;也不得在履行职务之外使用这些商业秘密。乙方违反本条保密条款的,视作违约,乙方应承担相应的法律责任。”第 5 项载明:“乙方确认已知悉本合同的全部内容及甲方的各项管理制度和保密制度,愿意遵守各项规定。”2020 年 4 月 20 日,晟视公司(甲方)与刘家某(乙方)再次签订《劳动合同》,约定由乙方在甲方市场部门担任市场销售经理,乙方的工资为 5000 元/月,合同期限为从 2020 年 4 月 21 日至 2021 年 4 月 20 日。其他内容与前述合同相同。刘家某在晟视公司处任职期间一直使用“刘玉某”作为其名字。

2019 年 2 月 28 日至 2020 年 4 月 13 日期间,被告刘某杰在晟视公司技术部门担任技术工程师。晟视公司(甲方)与刘某杰(乙方)于 2020 年 2 月 27 日签订的《劳动合同》,其中关于商业秘密保护的约定与上述原告与被告刘家某的相同。

2. 被告刘某杰成立被告天予嘉蓝公司的事实

2019 年 7 月 16 日，天予嘉蓝公司成立，法定代表人为刘某杰，类型为有限责任公司（自然人独资），刘某杰为其唯一股东，经营范围包括电子产品批发；电子产品零售；电子、通信与自动控制技术研究、开发；网络技术的研究、开发；信息咨询服务；安全系统监控服务；监控系统工程安装服务等。2019 年 8 月 16 日，注册资本由 100 万元变更为 500 万元。

2020 年 4 月 13 日，刘某杰因个人原因向晟视公司提出离职申请，晟视公司于同日出具离职证明，双方解除劳动关系。刘家某、刘某杰系姐弟关系。

3. 就同一招标单位原告已中标过三次而在本次招标中被告以略低于原告的投标价击败原告中标的事实

2014 年、2015 年、2017 年，晟视公司分别中标广州农商行监控设备项目等或子包，成为广州农商行相关项目的成交供应商，晟视公司提交了 2018 年、2019 年广州农商行开具的增值税专用发票。其中，2015 年的监控安防设备项目授权代表为孙某、刘家某，经过两次投标报价中标；2017 年的监控设备项目授权代表为孙某、刘家某，经过三次投标报价中标。晟视公司在 2017 年中标广州农商行的项目后，与广州农商行签订了《广州农村商业银行监控安防设备采购框架合同》，合同有效期为 2017 年 11 月 28 日至 2019 年 11 月 27 日。

晟视公司、天予嘉蓝公司均参加了 2020 年广州农商行“监控设备项目（第二次）（子包一）（子包二）”的投标，晟视公司的授权代表为孙某、刘家某，天予嘉蓝公司的授权代表为刘某杰、成某宇。在“监控设备项目（第二次）（子包一）”第二轮报价中，晟视公司投标品牌为松下，投标价格分别为 1280 元、1450 元、1380 元、5600 元，天予嘉蓝公司的投标品牌为霍尼韦尔，投标价格分别为 1245 元、1350 元、1245 元、5200 元。根据双方当事人的庭审陈述，晟视公司的上述报价是由其法定代表人孙某决定后告知刘家某，由刘家某先通过电话回复广州农商行，再在第二天通过邮件回复。天予嘉蓝公司主张其第一轮报价比晟视公司的报价高，上述第二轮报价是在其第一轮报价的基础上进行了适当的降价。经过两轮报价，该项目由天予嘉蓝公司中标。

4. 针对被告中标给原告造成损失及被告获取并使用原告的投标价，原告的举证、被告的质证

晟视公司提交了 2018 年至 2019 年广州农商行监控设备项目的进项发票、统

计表以及晟视公司给广州农商行开具的2018年、2019年的发票，拟证明在以往正常情况下，晟视公司能成为广州农商行监控设备项目的中标人，但由于刘家某、刘某杰、天予嘉蓝公司的行为，导致其丧失了应有的与广州农商行的业务，并遭受损失。刘家某对上述证据质证认为，对进项发票、统计表的真实性、合法性、关联性均不予确认，其利润的计算标准应当以向税务机关申报的企业所得税为准；对晟视公司给广州农商行开具的2018年、2019年的发票的真实性没有异议，对关联性、合法性有异议，往年中标不代表本年一定中标，中标签订的合同只是框架性合同，并非最终招标商向中标商采购的合同。刘某杰、天予嘉蓝公司对上述证据的质证意见与刘家某的质证意见一致，另认为，晟视公司统计的损失是建立在以往正常的情况下，其并没有确实发生及确定必然发生，不足以证明其可以获得往年所得利润。

晟视公司提交了广州农商行《2012年度监控设备采购项目评标规则》及附件，以及三份内容为授权晟视公司为Hanwha(韩华)视频监控产品、韩华/三星专业视频监控产品特约经销商的《授权书》，拟共同证明广州农商行自2012年开始即采用综合评分法评审，该评分法的“价格评分”中若与最低有效报价偏离度过大则会被扣分，而由于2020年项目的三家投标单位中，除了晟视公司、天予嘉蓝公司，还有一家韩华(伟昊)公司，该公司的三星产品报价较高，因此刘家某、刘某杰、天予嘉蓝公司在明知道晟视公司报价的情况下，只要第一轮报价比价格最低的晟视公司稍高一点便可铁定进入第二轮报价，然后第二轮报价比晟视公司低即可中标。刘家某对上述证据真实性无异议，对合法性、关联性、证明内容有异议。上述证据均无法证实刘家某告知刘某杰投标价格，晟视公司的主张均是杜撰和猜想。刘某杰、天予嘉蓝公司同意刘家某的质证意见，晟视公司的证明内容完全建立在推测及假设的基础上，天予嘉蓝公司自始至终不知道三星产品的价格，更不知道如何以按照晟视公司陈述的方法进行投标，该方法只有晟视公司与三星公司在提前知道双方价格的情况下才可以操作，因此不能证明天予嘉蓝公司按照晟视公司所述方法投标及获知了晟视公司的价格。

5. 被告的举证、原告的质证

刘某杰、天予嘉蓝公司提交了广州农商银行2019年度监控设备项目公告、广州农商银行监控项目(第二次)供应商征集公告、监控设备项目(第二次)招标文件，共同证明广州农商行涉案项目采购是公开进行的，信息公开，不存在刘家某泄露招标采购信息给刘某杰、天予嘉蓝公司的情形。晟视公司对这些证据的真实性、合法性无异议,对关联性有异议,刘家某泄露给刘某杰、天予嘉蓝公司的信息是投标报价,而不是采购信息。

刘某杰、天予嘉蓝公司提交了广州农商行涉案项目投标文件,证明天予嘉蓝公司的第一轮报价高于晟视公司的报价,天予嘉蓝公司事先并不知道存在第二轮报价,第二轮报价是广州农商行自行决定的,并未提前告知各投标人;按照晟视公司的逻辑,若刘家某泄露其报价给天予嘉蓝公司,则天予嘉蓝公司的报价应低于晟视公司才属合理。晟视公司对该证据的真实性、合法性无异议,对关联性有异议,晟视公司已经通过证据证实广州农商行评标采取综合评分法,其中存在价格评分的规定,若有效报价偏离过大,会被扣分,因此天予嘉蓝公司报价稍高于晟视公司是合理的,且刘家某作为晟视公司多年的投标代表人,其清楚广州农商行的报价最少有两轮,且另一家投标公司往常的报价一般较高,所以刘家某将相应的投标报价泄露给刘某杰、天予嘉蓝公司后,刘家某、刘某杰、天予嘉蓝公司可以调整两次报价的金额且最终中标。

(二)一审法院关于投标报价属于商业秘密及被告获取并使用原告投标报价构成侵犯商业秘密的认定

1. 晟视公司主张的投标报价符合商业秘密的构成要件,属于商业秘密中的经营信息,应当予以保护

首先,投标文件一般系由投标人自行制作,在开标之前必然采取密封措施,这是招投标活动的应有之义。晟视公司在关于广州农商行涉案项目的投标文件中的投标报价信息,由其法定代表人孙某决定后告知刘家某,再由刘家某先通过电话回复广州农商行,再在第二天通过邮件回复,并不为公众和其他投标单位所知晓,具有秘密性。其次,《最高人民法院关于审理不正当竞争民事案件应用法律若干问题的解释》(2020 年修正)[笔者注:该解释已被《最高人民法院关于适用〈反不正当竞争法〉若干问题的解释》于 2022 年 3 月 20 日废除。该次废除的《最高人民法院关于审理不正当竞争民事案件应用法律若干问题的解释》(法释〔2007〕2 号)与《最高人民法院关于审理不正当竞争民事案件应用法律若干问题的解释》(法释〔2020〕19 号),内容除依据《民法典》外,其他内容完全一致,因此《最高人民法院关于审理不正当竞争民事案件应用法律若干问题的解释》(法释〔2020〕19

号)也被废除]第 11 条第 1 款、第 2 款规定:“权利人为防止信息泄漏所采取的与其商业价值等具体情况相适应的合理保护措施,应当认定为反不正当竞争法第十条第三款规定的‘保密措施’。人民法院应当根据所涉信息载体的特性、权利人保密的意愿、保密措施的可识别程度、他人通过正当方式获得的难易程度等因素,认定权利人是否采取了保密措施。”[笔者注:该条虽已被废除但其内容与至今有效的《审理商业秘密规定》(自 2020 年 9 月 12 日起施行)第 5 条“权利人为防止商业秘密泄露,在被诉侵权行为发生以前所采取的合理保密措施,人民法院应当认定为反不正当竞争法第九条第四款所称的相应保密措施。人民法院应当根据商业秘密及其载体的性质、商业秘密的商业价值、保密措施的可识别程度、保密措施与商业秘密的对应程度以及权利人的保密意愿等因素,认定权利人是否采取了相应保密措施”的内容一致,根据其分析认定的结论现在仍然成立]本案中晟视公司主张的投标报价信息的制作、流转仅限于参与投标活动的人员范围,即孙某、刘家某,晟视公司在与刘家某的劳动合同中亦约定刘家某对晟视公司的商业秘密负有保密义务,且投标文件的天然秘密属性也要求任何知道标书内容的人都应负有保密的义务,故可认定晟视公司对包括报价在内的投标信息采取了保密措施,而且这种保密措施也达到了法律要求的标准,因此具有保密性。最后,《最高人民法院关于审理不正当竞争民事案件应用法律若干问题的解释》(已失效)第 10 条规定,有关信息具有现实的或者潜在的商业价值,能为权利人带来竞争优势的,应当认定为《反不正当竞争法》第 10 条第 3 款规定的“能为权利人带来经济利益、具有实用性”。在广州农商行涉案项目的招标活动中,投标报价是决定能否中标的重要因素,会影响到投标的最终结果。因此,在标书公开之前,竞标者的最终报价信息能使其保有一定的竞争优势,一旦中标就能给所有人带来经济利益。因此,具有实用性。据此,晟视公司主张的投标报价符合商业秘密的构成要件,属于商业秘密中的经营信息,应当予以保护。

2. 刘家某、刘某杰、天予嘉蓝公司构成侵害原告晟视公司商业秘密

《反不正当竞争法》第 9 条规定,经营者不得采用下列手段侵犯商业秘密:违反保密义务或者违反权利人有关保守商业秘密的要求,披露、使用或者允许他人使用其所掌握的商业秘密。第三人明知或者应知商业秘密权利人的员工、前员工或者其他单位、个人实施本条前款所列违法行为,仍获取、披露、使用或者允许他人使用该商业秘密的,视为侵犯商业秘密。本案中,晟视公司参与广州农商行涉

案项目投标工作的人员为孙某、刘家某,在案证据以及刘家某的陈述能够证实刘家某代表晟视公司多次参与了包括涉案项目在内的广州农商行的多次投标活动,对于广州农商行的招投标流程以及晟视公司的投标信息均较为了解。刘家某作为晟视公司的授权代表参与投标,理应尽到忠诚和保密义务。天予嘉蓝公司的法定代表人及唯一股东为刘某杰,而刘家某、刘某杰系姐弟关系,且二人曾同时在晟视公司就职。刘家某对于天予嘉蓝公司也参与了广州农商行涉案项目的招投标活动应当是知情的。其在明知晟视公司参与了涉案项目招投标活动的情况下,还让其弟弟经营的天予嘉蓝公司参与竞标,难谓善意。晟视公司的投标报价信息为刘家某知悉,考虑到刘家某的双重身份,虽然晟视公司、天予嘉蓝公司参与广州农商行涉案项目投标所使用的产品品牌不同,但天予嘉蓝公司在第二轮投标报价中将全部 4 项报价均设定为小幅低于晟视公司的报价,难谓巧合。根据民事诉讼优势证据规则,基于逻辑推理和日常生活经验法则,可以推定刘家某将其知悉的晟视公司的投标报价信息向刘某杰、天予嘉蓝公司进行了披露,且刘某杰、天予嘉蓝公司在确定其报价时利用了上述信息。又根据《反不正当竞争法》第 32 条第 2 款的规定,商业秘密权利人提供初步证据合理表明商业秘密被侵犯,且提供以下证据之一的,涉嫌侵权人应当证明其不存在侵犯商业秘密的行为:(1)有证据表明涉嫌侵权人有渠道或者机会获取商业秘密,且其使用的信息与该商业秘密实质上相同;(2)有证据表明商业秘密已经被涉嫌侵权人披露、使用或者有被披露、使用的风险;(3)有其他证据表明商业秘密被涉嫌侵权人侵犯。刘某杰、天予嘉蓝公司虽然辩称刘家某未向其披露晟视公司投标报价信息,其只是在第一次投标报价的基础降低了投标报价,但其未能提供证据证实其投标报价是如何具体确定或其他反驳证据,一审法院对其上述抗辩意见不予采信。天予嘉蓝公司通过略低于晟视公司的投标报价获得了较大的竞争优势,并最终中标。结合广州农商行在接到晟视公司的投诉之后取消了天予嘉蓝公司在涉案项目的中标资格的事实,一审法院认为,可以认定刘家某存在违反保密义务向刘某杰、天予嘉蓝公司披露晟视公司投标报价信息的行为,天予嘉蓝公司亦存在明知刘家某违法披露仍然获取并使用天予嘉蓝公司商业秘密的行为。刘家某、刘某杰、天予嘉蓝公司的被控侵权行为侵害了晟视公司的商业秘密,构成不正当竞争。

二、二审判决关于原告投标报价补充查明的事实及对侵害原告的商业秘密作出的认定

(一)二审确认一审查明的事实并补充查明的事实

1. 被告刘家某在原告任职期间就作为被告天予嘉蓝公司的授权代表从事与原告构成竞争的业务

晟视公司提交了刘家某工作电脑中储存的天予嘉蓝公司与案外人的合同,天予嘉蓝公司与广州丰树华新企业管理咨询有限公司在2019年11月13日签订的办公室IT设备维保合同记载:天予嘉蓝公司负责广州丰树华新企业管理咨询有限公司监控系统、门禁系统等设备的维修保养,其中天予嘉蓝公司的联系人为“刘玉某”,该合同加盖有天予嘉蓝公司的合同专用章,并有“刘玉某”的签名。天予嘉蓝公司与广东中科四创科技有限公司在2020年2月12日、2020年2月16日签订的销售合同中,产品包括热成像摄像机,合同记载的联系人均为“刘玉某”,两份合同均加盖了两公司的公章。一审中,刘家某、刘某杰、天予嘉蓝公司对上述合同的真实性不予确认,理由是上述合同没有原件,而是来源于办公电脑的电子文档,任何人可以扫描上传、编辑,文档来源的真实性无法确认。

2. 投标报价对是否中标起关键作用

晟视公司提交的广州农商行2012年度监控设备采购项目评标规则记载,项目采用综合评分法评审,评(议)内容包括综合资质(4分)、金融市场占有率(6分)、样机测试评分(30分)、价格评分(60分),其中价格评分以各投标人递交的子包中的合计价格作为各投标人的子包有效报价,根据各投标人的子包有效报价与该子包的基准报价的偏离程度,对投标人的价格分数进行扣减。子包基准价格=该子包中最低的投标有效报价;偏离度=Y%=(投标方子包有效报价-该子包基准价格)÷该子包基准价格100%,当偏离度为0时,得60分;当偏离度为Y%时,扣Y分,最低得分20分,由此算出每个投标人于该子包的“价格得分”。

(二)二审法院关于投标报价构成商业秘密及三被告侵害了原告商业秘密的认定

1. 关于晟视公司主张的投标报价是否构成商业秘密的问题

根据《审理商业秘密规定》第1条第2款的规定,与经营活动有关的招投标材

料、客户信息等信息,人民法院可以认定构成《反不正当竞争法》第 9 条第 4 款所称的经营信息。本案中,对于涉案投标报价是否构成商业秘密,刘家某、刘某杰、天予嘉蓝公司以涉案投标报价不具有实用性为由主张其不构成商业秘密。对此,二审法院认为,根据涉案项目招标文件的记载,涉案项目采用综合评分法进行评标,具体评分项包括测试和价格。从广州农商行往年的项目评标规则来看,价格评分占项目综合评分的 60%,价格评分系根据投标人的有效报价与基准报价的偏离程度,对投标人的价格分数进行扣减后计算得出。可见,投标人的有效报价直接影响其是否中标,而中标必然能为投标人带来经济利益。在投标人的有效报价被披露的情况下,投标人必然会丧失竞争优势,而竞标方获取另一方的报价必然增加了竞争优势。本案中,天予嘉蓝公司的 4 项报价均低于晟视公司,从而成功中标的事实也印证了投标价格能为竞标人带来竞争优势。因此,涉案项目的投标价格具有实用性。刘某杰、天予嘉蓝公司还主张涉案投标价格不具有秘密性,但其以参与投标的产品价格不具有秘密性为由主张投标价格不具有秘密性,明显不能成立。故一审认定涉案投标价格构成商业秘密正确。

2. 关于刘家某、刘某杰、天予嘉蓝公司是否侵害了晟视公司商业秘密的问题

根据《反不正当竞争法》第 32 条的规定,商业秘密权利人提供初步证据合理表明商业秘密被侵犯,且有证据表明涉嫌侵权人有渠道或者机会获取商业秘密,且其使用的信息与该商业秘密实质上相同的,涉嫌侵权人应当证明其不存在侵犯商业秘密的行为。本案中,各方当事人对于刘家某获得晟视公司涉案项目投标价格的事实没有争议,各方当事人二审争议的焦点在于刘家某是否将该投标价格披露给刘某杰、天予嘉蓝公司,以及刘某杰、天予嘉蓝公司是否获取并使用了该投标价格。对此,二审法院认为,晟视公司已经提供了初步证据表明刘家某、刘某杰、天予嘉蓝公司侵害其商业秘密,理由如下:首先,刘家某的办公电脑中储存有刘家某在晟视公司任职期间,作为天予嘉蓝公司的授权代表人或者联系人,与客户签订销售监控产品的合同电子文档。虽然刘家某、刘某杰、天予嘉蓝公司均以相关合同无原件为由否认其真实性,但上述合同均系从刘家某办公电脑发现,而且合同加盖了天予嘉蓝公司的公章,部分合同还有刘家某的签字,在刘家某、刘某杰、天予嘉蓝公司未提交反证的情况下,可以确认上述合同的真实性。通过上述合同可以证明,天予嘉蓝公司与晟视公司构成同业竞争,刘家某参与了天予嘉蓝公司的经营,知悉天予嘉蓝公司的经营情况。其次,刘家某和刘某杰系姐弟关系,其分

别作为晟视公司和天予嘉蓝公司在涉案招投标项目的经办人,并在投标响应函中承诺与该项目其他谈判供应商不存在任何关联关系,考虑到刘家某多年从事招投标工作,应该清楚了解若招标方知悉其与天予嘉蓝公司法定代表人刘某杰的姐弟关系,必然使晟视公司、天予嘉蓝公司丧失中标机会。在此情况下,晟视公司和天予嘉蓝公司仍然同时参与涉案项目竞标,表明刘家某和刘某杰知悉两公司共同参与竞标。最后,晟视公司与天予嘉蓝公司在第二轮报价中,天予嘉蓝公司的 4 项产品调整后的报价均小幅低于晟视公司的报价,该差价足以使天予嘉蓝公司获得更高的评分从而最终中标。这说明刘家某将晟视公司的第二轮报价披露给刘某杰、天予嘉蓝公司,刘某杰、天予嘉蓝公司获取并使用了该报价具有高度盖然性。基于上述事实,晟视公司已完成刘家某、刘某杰、天予嘉蓝公司侵害其商业秘密的初步举证责任,此时应当由刘家某、刘某杰、天予嘉蓝公司证明其不存在侵犯商业秘密的行为。刘家某、刘某杰、天予嘉蓝公司主张第二轮报价的价格下降幅度属于正常商业惯例,但天予嘉蓝公司与晟视公司参与投标的产品品牌、价格不同,晟视公司往年产品报价也会下降等事实,均不足以证明两公司第二轮报价差价如此接近属于客观事实。刘家某还主张其穷尽举证证明未侵害晟视公司的商业秘密,但仅提交微信聊天记录、手机通话记录,无法证明刘家某未向刘某杰、天予嘉蓝公司披露晟视公司的投标报价。因此,刘家某、刘某杰、天予嘉蓝公司未完成上述举证责任。至于刘家某、刘某杰、天予嘉蓝公司主张的晟视公司与第三方投标单位可能存串通投标的问题,与本案无关,二审法院不予审查。综上所述,刘家某披露、使用,刘某杰、天予嘉蓝公司获取并使用晟视公司的商业秘密,侵害了晟视公司的商业秘密。

第二节　认定交易习惯、折扣比例等构成商业秘密的典型案例

深圳市原飞航物流有限公司与迅邮(上海)物流有限公司、黄某等侵害商业秘密纠纷案*

侵犯客户信息是经营信息商业秘密侵权纠纷中最常见的,但客户信息到底到何种程度构成商业秘密,在实务处理中容易发生争议,甚至不同法院之间也会发生分歧。上海知识产权法院于2020年9月16日,《反不正当竞争法》(2019年4月23日修正)及《审理商业秘密规定》(自2020年9月12日起施行)之后,作出本案生效判决。本案二审在一审判决涉案客户信息不构成商业秘密、被诉行为不构侵犯商业秘密的前提下,判决涉案客户信息构成商业秘密、被诉行为构成侵犯原告(上诉人)商业秘密。仔细研读本案判决,对判定具体客户信息是否构成商业秘密,判定具体行为是否构成侵犯商业秘密具有很大帮助。笔者对本案相关内容梳理如下。

一、一审认定上诉人主张的信息不构成商业秘密而二审认定构成

(一)一审法院认定不构成商业秘密的理由

本案中,尽管深圳市原飞航物流有限公司(以下简称原飞航公司)与黄某、彭某、张某军、曾某亮签订的《劳动合同》约定有保密条款、竞业禁止条款,但条款本身不代表商业秘密的存在,原飞航公司仍需证明合同中涉及的信息符合法定的商业秘密构成要件。原飞航公司主张的客户名单仅限于有业务往来的公司部门、人员名单及联系方式,内容简单,缺乏交易习惯等信息,即使相关信息系经汇总形成,但并无证据证明与原飞航公司处于同一市场领域的他人不能或不易获悉,故上述经营信息无法构成区别于相关公知信息的特殊客户信息,不构成商业秘密。

* (2019)沪73民终373号。

关于价格体系和折扣体系,原飞航公司根据业务量大小以及对价格敏感度不同而给予客户不同的价格折扣,这是业内普遍的报价规律,且原飞航公司对同一家客户给予的折扣幅度区间很大,原飞航公司对于其报价如何体现原飞航公司特有的经营信息、形成秘密点并未充分举证固定,故其主张价格体系、折扣体系构成商业秘密不能成立。

(二)二审法院认定构成商业秘密的理由

二审法院经审理查明,一审法院事实认定基本属实,二审法院予以确认。

根据上诉人在一审中提交的证据及当事人的陈述,二审法院另查明:2014 年至 2017 年间,上诉人与域华公司、欧切斯公司、布朗乔顿公司间的交易金额分别为×元、×元、×元。被上诉人确认上诉人对其业务处理系统进行过加密设置,而且进行了分级加密限制,即黄某、彭某可以看到自己管理区域范围的客户信息。[迅邮(上海)物流有限公司](以下简称迅邮公司)与布朗乔顿公司自 2017 年 2 月开始交易,与欧切斯公司自 2017 年 5 月开始交易,与域华公司交易的开始时间不晚于 2017 年 3 月。

对于上诉人在一审中提交的电子证据,二审法院二审期间组织各方当事人当庭进行勘验下列内容:(1)登录原飞航物流业务处理系统,系统中录入有客户基本信息,包括客户名称、寄件联系人、商务电话、专线电话、移动电话、公司传真、电子邮件等信息。此外,该系统中还存有上诉人与域华公司、欧切斯公司、布朗乔顿公司间每一单交易信息,包括重量、价格、业务类别、服务方式、付款方式、结算方式、中转渠道、报关方式等。(2)联邦快递官网中有关运费报价的内容。

被上诉人对上述勘验内容的意见如下:(1)该系统中内容与上诉人在一审中提交的证据在形式上一致,但上诉人可以自行修改系统,故对其内容的真实性不予认可。(2)联邦快递官网中有关运费的报价相比上诉人在一审中提交的报价有所上浮。

对于当庭勘验的内容,二审法院认定意见如下:(1)该系统中所反映的内容与上诉人在一审中提交内容基本一致,且与银行交易流水账单吻合,被上诉人认为上诉人修改系统,但未提供相应反证,基于民事诉讼高度可能性的证明标准,二审法院对该证据予以采纳。(2)被上诉人确认联邦快递的报价相较一审中上诉人所提交的报价有所上浮,上诉人在本案中主张的商业秘密的内容包括其针对不同客户相较联邦快递的报价有不同的折扣,该证据与本案审理具有一定关联,故二审法院对于上诉人在一审中提交的联邦快递的报价予以确认。

基于上述勘验内容,二审法院再查明以下内容。

上诉人建立业务处理系统,系统中录入有客户基本信息,以及域华公司、欧切斯公司、布朗乔顿公司间每一单交易信息,包括计费重量、基本运费、业务类别、服务方式、付款方式、结算方式、中转渠道、报关方式等。其中有关域华公司交易的主要单据内容显示:付款方式为寄件客户月结;业务类别为国际空运;服务方式为国际空运件;报关方式为快件报关;中转渠道为国际空运件。有关欧切斯公司交易的主要单据内容显示:付款方式为寄件客户月结;业务类别为国内普通快递;服务方式为国内快递件;中转渠道为国内快递件。有关布朗乔顿公司交易的主要单据内容显示:付款方式为寄件客户月结;业务类别为国际空运;服务方式为国际空运件;报关方式为快件报关;中转渠道为国际空运件。

相对于联邦快递公司的报价,上诉人与域华公司间交易价格的折扣约为×%;与布朗乔顿公司间交易价格的折扣约为×%。相对于德邦快递的报价,上诉人与欧切斯公司间交易价格的折扣约为×%。

对于上诉人主张的经营信息是否构成商业秘密,根据《反不正当竞争法》第9条的规定,该法所称的商业秘密,是指不为公众所知悉、具有商业价值并经权利人采取相应保密措施的技术信息、经营信息等商业信息。

关于涉案的域华公司、欧切斯公司、布朗乔顿公司三家公司的客户名单是否构成商业秘密,二审法院认定如下:首先,上诉人提交的证据可以证明域华公司、欧切斯公司、布朗乔顿公司与其存在长期稳定的交易关系,且有关的交易信息存储于上诉人的加密管理系统中。其次,上诉人在本案中主张的商业秘密主要为客户的交易习惯、意向和内容,包括货运方式、报价折扣、服务方式、付款方式、结算方式等。二审法院认为,上诉人提交的证据可以反映出上诉人与域华公司、欧切斯公司、布朗乔顿公司间货运方式、服务方式、付款方式、结算方式等交易习惯,以及有关的报价与同行间的折扣比例。综合上述因素,二审法院认为上诉人所主张的域华公司、欧切斯公司、布朗乔顿公司三家客户名单,其内容包含有区别于相关公知信息的交易习惯、折扣比例等特殊客户信息,具有商业价值,且上诉人对此采取了合理的保密措施,该些信息构成商业秘密。

二、一审认定被诉行为不构成侵犯原告的商业秘密而二审认定构成

1. 一审判决认定原告现有的举证无法证明黄某窃取并使用其商业信息，无法证明彭某、张某军、曾某亮可以接触到原飞航公司的商业信息，无法证明迅邮公司、黄某、彭某、李某明、刘某、张某军、曾某亮使用了商业秘密。

2. 二审认定被上诉人的行为侵犯了原飞航公司的商业秘密的理由。

根据《反不正当竞争法》第 9 条的规定，违反保密义务或者违反权利人有关保守商业秘密的要求，披露、使用或者允许他人使用其所掌握的商业秘密的，构成侵犯商业秘密。第三人明知或者应知前述违法行为，仍获取、披露或者使用他人的商业秘密，视为侵犯商业秘密。

二审法院认为，域华公司、欧切斯公司、布朗乔顿公司为上诉人虹桥站的客户，黄某作为上诉人上海区域副总经理、彭某作为上诉人虹桥分公司销售部门业务主管，其有条件接触到涉案客户信息。本案中，迅邮公司成立时，黄某和彭某尚未从上诉人处离职，而迅邮公司的法定代表人及股东刘某、股东李某明分别系彭某、黄某的配偶，黄某、彭某两人离职后的社保由迅邮公司缴纳。如前所述，被上诉人辩称域华公司、欧切斯公司、布朗乔顿公司基于信赖主动与其进行交易不能成立，基于民事诉讼高度可能性的证明标准，在黄某、彭某实际接触到上述涉案三家客户名单的情况下，在案证据足以证明黄某、彭某向迅邮公司披露涉案商业秘密，而迅邮公司的股东及法定代表人与黄某、彭某系夫妻关系，其亦应知晓所披露的信息为上诉人的商业秘密，且迅邮公司与上述三家公司实际发生交易，使用了涉案商业秘密。由于黄某、彭某与迅邮公司股东间的特殊关系，以及迅邮公司为二人缴纳社保，该些行为的实施主体应有共同的意思联络，故二审法院认定迅邮公司、黄某、彭某、李某明、刘某的行为构成共同侵害上诉人商业秘密。

第三节　直接认定利用原告的交易机会构成侵犯经营秘密的典型案例

唐某超、嘉兴绿方舟环保技术有限公司不正当竞争纠纷案*

本案中，两审法院都认定被告唐某超作为原告华章公司的员工，利用本属于原告的销售机会销售被告自己掌控公司的产品牟利，构成侵犯原告的商业秘密，即本案原告的商业秘密为原告的交易机会或者原告客户的交易需要。依据常理常识，像本案这样具体确定的原告的交易机会或者交易需求，显然不为公众所知悉，而且既然有直接证据证明被告获取并利用了该交易机会或者交易需求，当然就没有必要再认定“同一性”。本案对经营秘密的理解和维护具有重要的启发。

一、两审法院均认定被告作为原告的员工利用本属于原告的销售机会构成侵犯商业秘密

本案被告唐某超先后担任原告的监事、副总经理兼采购总监、带机产品经理、高级工程师等，在日常工作中，唐某超可接触到原告的客户信息、项目信息、产品研发信息等，并对部分项目合同具有审批权。唐某超与原告签订了保密协议等，对原告的商业秘密负有保密义务。唐某超在原告任职期间，与配偶张某燕受让了被告嘉兴绿方舟环保设备有限公司的部分股权，其中唐某超夫妇持股65%；在此基础上，两人与其他两名股东重新组建公司，并将公司更名为绿方舟公司，选举张某燕为执行董事，任公司法定代表人，唐某超任公司经理。

原告指派唐某超等人与博依特公司进行业务洽谈。出于对原告的信任，博依特公司愿意全部采购原告的设备，后经被告唐某超建议，博依特公司分别与绿方舟公司、原告签订供货合同，约定被告绿方舟公司向博依特公司提供三台预脱水

* (2020)浙04民终512号。

过滤机和饼泥破碎机(合同总金额100万元),原告向博依特公司提供三台钢带式压榨过滤机(合同总金额160万元),前述设备属于同一流水线的前后道设备,其中钢带式压榨过滤机为主要设备,其他为辅助设备。履行合同时,绿方舟公司实际提供三台预脱水过滤机,该设备非公司自产,系向第三方订购所得。

针对上述二被告的行为,浙江省桐乡市人民法院判定被告侵犯了原告的商业秘密并赔偿30万元;浙江省嘉兴市中级人民法院维持原判。

二、关于本案要求保护的经营信息即"密点"的内容

一审法院认为原告与博依特公司的交易机会,即博依特公司的交易需求,属于原告的客户信息即商业秘密。对此,二审法院予以确认维持。

三、关于"不为公众所知悉"及"同一性"

本案一审、二审判决都没有就原告主张的商业秘密即客户信息不为公众所知悉及"同一性"进行认定。

四、两审法院均基于查明的事实直接认定被诉行为属于侵犯经营秘密的行为

一审法院查明的事实中包括如下内容:唐某超日常持有的NM-0904三星超薄型黑色移动硬盘中存有部分华章公司及绿方舟公司的内部资料。其中,与华章公司有关的资料包括:经营信息(如项目信息、报价方案、项目合同、客户信息等)、技术信息(如图纸、测试数据等)以及其他事务性文件;绿方舟工作笔记文档中存有2011年9月18日至2017年1月27日间唐某超的部分工作、生活记录,包括在华章公司的工作记录(如接待客户、项目考察等),以及对绿方舟公司的发展规划及业务推广记录。该文档还载有唐某超对于同时在两家公司开展工作的思想记录,唐某超认为该行为存在同业竞争法律风险,应注意保密,在华章公司低调忍耐。该移动硬盘于2017年4月1日被华章公司扣留,为此唐某超于同年10月10日起诉华章公司返还该硬盘,并在该案中称硬盘中存有工作以来的重要内容及其他公司的重要秘密,担心泄露后引起商业纠纷。

一审法院认定:《反不正当竞争法》第2条规定:经营者在生产经营活动中,应当遵循自愿、平等、公平、诚信的原则,遵守法律和商业道德。本案中,唐某超在华

章公司任职期间本应遵守职业道德，勤勉尽职，但其与配偶却私下经营绿方舟公司，并以华章公司的经营资源为基础替绿方舟公司拓展业务，并成功截取了原本属于华章公司的交易机会，唐某超与绿方舟公司的行为明显有悖公平、诚信原则以及公认的商业道德，损害了华章公司的合法利益，破坏了正常的市场竞争秩序，具有不正当性，构成不正当竞争。

二审法院认定：唐某超就职华章公司期间，有条件接触到华章公司的客户、了解客户的需求，特别是，2014 年其作为华章公司工作人员参与了与博依特公司污泥深度处理系统项目的业务洽谈，了解该公司的产品需求。此后，几乎在同一时间，博依特公司分别与华章公司、唐某超夫妇担任大股东的绿方舟公司签订了合同价 160 万元、100 万元的合同，而合同标的均属于与该污泥处理项目相关的机械设备。结合当时博依特公司污泥深度处理系统项目的参与者朱某的电话录音、电子邮件，在唐某超和绿方舟公司并未提供充分的反驳证据的情况下，可以认定绿方舟公司 100 万元合同的交易机会源于唐某超，唐某超实施了向绿方舟公司披露公司商业秘密的不当行为。原审认定唐某超、绿方舟公司截取了原本属于华章公司的交易机会，构成不正当竞争，并无不当。

第四节　原告主张经营秘密但未提交任何载体不能导致举证责任转移的典型案例

南京天谱弘盛网络科技有限公司与余某冉、南京言蹊企业管理咨询有限公司不正当竞争纠纷案*

本案中，原告主张客户名单及培训技巧为其经营秘密但未提交任何载体，同时也不能证明被告接触过其客户信息，法院认为原告举证不能达到《反不正当竞争法》第 32 条规定的举证责任转移的要求，进而判定被告不构成侵犯原告商业秘密。该案对准确理解、正确运用《反不正当竞争法》第 32 条具有很好的帮助。

* (2019)苏 8602 民初 496 号。

一、法院对原告、被告举证的认证

当事人围绕诉讼请求依法提交了证据，法院组织当事人进行了证据交换和质证。对当事人无异议的证据，法院予以确认并在卷佐证。

对有争议的证据和事实，法院认定如下：

1. 原告提交员工花名册、工资卡往来单复印件，拟证明被告余某冉在2018年12月10日至2019年2月16日期间在原告处任职高管，且原告向其发放工资，被告对该证据真实性不予认可。经审查，由于该证据仅为复印件、名册系原告自行制作的表格、被告对此证据不予认可，故法院对此证据不予采信。

2. 被告提交汇款凭证截图若干，拟证明其支付广告费的事实，原告对真实性予以认可，但对其中私对公转账的部分证据关联性不予认可。经审查，由于被告余某冉系被告南京言蹊企业管理咨询有限公司（以下简称言蹊公司）法定代表人，法院对通过余某冉账户进行转账的部分证据关联性予以认可。

3. 被告提交证人钱某的证言，拟证明原告主张的营销模式不构成商业秘密，余某冉亦无法接触原告主张的客户名单。原告对证人证言内容无异议，但认为该证人只知道部分关联事实，不能证明被告没有侵犯原告的商业秘密。经审查，法院对该证人证言真实性予以认可。

二、根据当事人陈述和经审查确认的证据，法院认定的事实

庭审中，原告明确其主张被告存在的不正当竞争行为有两部分：其一，“同业混淆”行为，具体指余某冉同时在原告南京天谱弘盛网络科技有限公司（以下简称天谱弘盛公司）及被告言蹊公司任高管，余某冉在离职后从原告处挖走了几名成熟的销售人员到被告言蹊公司任职，且工作内容完全相同。其二，侵害商业秘密行为，具体指余某冉获取原告客户名单及培训技巧即销售话术，并给被告言蹊公司使用。

（一）法院认定的原告诉称“同业混淆”行为的相关事实

原告天谱弘盛公司系成立于2016年6月17日的有限责任公司。被告言蹊公司系成立于2018年10月29日的有限责任公司。原告天谱弘盛公司与被告言蹊公司均主要从事注册消防工程师教育培训。被告言蹊公司曾以自身名义对外公

开招聘校长、课程顾问、招生顾问、人事、学服后勤、教务管理等。

经被告申请，证人钱某出庭作证并陈述：其于2016年12月至2019年3月期间在原告处工作，入职时为销售负责人，后曾担任过原告法定代表人，2018年2月起担任原告华××域负责人。其与被告余某冉系大学同学，在南京校区场地扩张忙不过来时，其将余某冉介绍到原告处帮忙，被告余某冉于2018年12月入职、2019年春节后离职，其间挂职储备校长，负责辅助校长，校长安排余某冉的具体工作，不排除会让余某冉从事员工培训工作。

被告陈述有一名员工从原告天谱弘盛公司跳槽至被告言蹊公司，但该名员工并未与原告签署竞业禁止协议。

（二）法院认定的原告诉称侵害商业秘密行为的相关事实

证人钱某陈述：原告的营销模式是在各大媒体平台做广告，学员看到广告后输入手机号，对接原告的系统，员工通过系统联系学员，从而产生效益。原告的客户名单在"螳螂教育云"系统中，该系统有专人保管，余某冉虽然可以通过该系统拨打电话，但若非通过专人无法获取客户电话，且获取客户电话的情况下系统会有记录。原告员工在入职时会签署保密协议，但原告并无保密方面的规章制度。

原告天谱弘盛公司使用的"螳螂教育云"系统中，客户资料的手机号码第4－7位以××××标示。

被告言蹊公司提交的合同、汇款凭证等证据显示，其于2018年11月至2019年4月期间支出了100万余元进行网络推广及购买课程，被告还提交了其部分客户名单120页，该名单中有客户的学历、工作年限、手机号等信息。

原告陈述在案证据不能直接证明被告言蹊公司使用的信息与原告主张的商业秘密具有同一性。

（三）法院认定的其他事实

原告天谱弘盛公司为证明其因制止侵权而支出的律师费，提交了委托代理合同及律师费发票，其中委托代理合同约定代理费40,000元，合同签订之日支付20,000元，发票金额为20,000元。

三、法院关于被告是否侵害商业秘密作出的认定

法院认为，关于原告主张被告存在的"同业混淆"不正当竞争行为，即被告余

某冉同时在原告天谱弘盛公司及被告言蹊公司任高管，余某冉在离职后从原告处挖走了几名成熟的销售人员到被告言蹊公司任职。《反不正当竞争法》第 6 条规定："经营者不得实施下列混淆行为，引人误认为是他人商品或者与他人存在特定联系……（四）其他足以引人误认为是他人商品或者与他人存在特定联系的混淆行为。"首先，原告虽称其与余某冉签订了劳动合同，但未能提交该合同证实余某冉的任职时间、职位及具体职责，根据原告认可的证人证言，余某冉虽挂职储备校长，但主要从事辅助校长的工作，故原告并无充分证据证明余某冉在原告处任高管或接触核心业务内容。其次，原告未提交充分证据证明余某冉在离职后从原告处挖走了几名成熟的销售人员到被告言蹊公司任职，仅被告陈述有一名未签署竞业禁止协议的员工从原告天谱弘盛公司至被告言蹊公司工作。最后，即使原告提交了充分证据证明其主张的行为实际存在，亦属于违反竞业限制约定的范畴。本案中，被告言蹊公司系以自身名义对外进行招聘、推广，在案证据不足以证明二被告实施了引人误认为被告言蹊公司的业务系原告提供或与原告存在特定联系的混淆行为。综上所述，关于原告所称二被告存在"同业混淆"不正当竞争行为的主张，法院不予支持。

关于原告主张被告存在的侵害商业秘密行为。《反不正当竞争法》第 9 条规定：商业秘密是指不为公众所知悉、具有商业价值并经权利人采取相应保密措施的技术信息、经营信息等商业信息。第 32 条规定：商业秘密权利人提供初步证据，证明其已经对所主张的商业秘密采取保密措施，且合理表明商业秘密被侵犯，涉嫌侵权人应当证明权利人所主张的商业秘密不属于《反不正当竞争法》规定的商业秘密。原告虽明确其商业秘密是其客户名单及培训技巧，但未提交任何载体，不能明确其主张的上述商业秘密的具体内容，无法确认是否系不为公众所知悉且具有商业价值的商业信息。同时，原告未提供保密协议等初步证据，证明其已经对所主张的商业秘密采取了保密措施，且未合理表明商业秘密被侵犯，举证责任亦无须倒置。综上所述，原告主张的客户名单及培训技巧不构成商业秘密。鉴于此，法院对原告所称二被告存在侵害商业秘密行为的主张亦不予支持。

由于原告主张被告余某冉、言蹊公司的不正当竞争行为不成立，二被告无须承担停止侵权、赔偿损失等民事责任。

第五节　客户名单不构成商业秘密及原告举证不足以导致举证责任转移的案例

中山世达模型制造有限公司与苏某瑜侵害经营秘密纠纷案*

本案判决认为，不能证明形成稳定交易关系或者独特交易习惯或者深度交易信息，从而不能与普通客户相区分的客户名单不构成商业秘密保护的客户信息；仅仅有所列的商业秘密的范围广而复杂，其中包括了很多显然不属于商业秘密资料的格式化的保密协议，不属于采取了合理的保密措施；原告举证不足以达到被告应当证明其不存在侵犯商业秘密的行为的程度。该案对客户信息、保密措施及《反不正当竞争法》第 32 条的理解和运用都具有很好的帮助。

本案中被告称，其没有侵犯原告的商业秘密，原告用于证明其自认侵犯了商业秘密的手写说明和录音，是在原告组织的 3 名文身大汉的胁迫下作出的，且录音不完整。法院认定原告主张的信息不构成商业秘密，原告的证据不能证明被告侵犯了原告的商业秘密，驳回了原告的诉讼请求。法院作出认定的主要理由如下。

原告中山世达模型制造有限公司（以下简称世达公司）明确，其在本案中主张的经营秘密的范围为其所整理提交的客户交易明细表（有关客户均为被告苏某瑜在世达公司工作期间所负责的客户，共计 59 个客户）上所记载的内容（内容主要包括有关客户的名称、客户编号、订单号码、订单日期、订单交易总数额、联系人邮箱及电话等项目，部分客户无邮箱，部分客户无联系电话）。

经营秘密属于商业秘密的范围。根据《反不正当竞争法》第 9 条第 4 款及《最高人民法院关于审理不正当竞争民事案件应用法律若干问题的解释》第 9 条、第 10 条、第 11 条规定，商业秘密，是指不为公众所知悉、具有商业价值并经权利人采取相应保密措施的技术信息和经营信息。构成商业秘密应当具备以下条件：（1）具

---

* （2019）粤 2071 民初 1446 号。

有秘密性,即不为公众所知悉;(2)具有商业价值,该商业秘密能给权利人带来经济利益,能为权利人获得市场竞争中的独占优势,换取有形的价值或无形的价值,这种价值性来源于其秘密性;(3)权利人采取了合理的保密措施,体现在管理上,权利人对这些商业秘密一般都采取了一定的保密措施,且该保密措施应当达到一定的程度,即所采取的保密措施在正常情况下可以使该信息得以保密。《最高人民法院关于审理不正当竞争民事案件应用法律若干问题的解释》第 13 条第 1 款规定,商业秘密中的客户名单,一般是指客户的名称、地址、联系方式以及交易的习惯、意向、内容等构成的区别于相关公知信息的特殊客户信息,包括汇集众多客户的客户名册,以及保持长期稳定交易关系的特定客户。(笔者注:该规定已被废除,被《最高人民法院关于审理侵犯商业秘密民事案件适用法律若干问题的规定》第 1 条、第 2 条取代。)从世达公司提供的证据来看,其所主张的客户交易明细表并非事先经整理汇集众多客户的花名册,而是特定客户的联系方式及实际交易信息资料,而世达公司提供的证据不足以证明其已与有关客户之间形成稳定交易关系或形成了独特的交易习惯等,从而将有关客户资料与普通客户资料区别开来,且该客户交易明细表缺乏深度信息,并不具有商业秘密必须具备的秘密性。世达公司证明其对涉案经营秘密采取的保密措施的主要依据为其与苏某瑜签订有保密协议及竞业限制协议,由于该协议是世达公司所提供的格式化的协议,其内容包括了保密以及竞业禁止条款,所列的商业秘密的范围广而复杂,其中包括了很多显然不属于商业秘密的资料。从本案证据来看,不能认定世达公司为防止有关信息泄露采取了与其商业价值等具体情况相适应的合理保护措施。综合上述分析,本院认定世达公司主张权利的客户交易明细表不具备商业秘密的构成条件,不构成世达公司的商业秘密。

《最高人民法院关于审理不正当竞争民事案件应用法律若干问题的解释》第 14 条规定:当事人指称他人侵犯其商业秘密的,应当对其拥有的商业秘密符合法定条件、对方当事人的信息与其商业秘密相同或者实质相同以及对方当事人采取不正当手段的事实负举证责任(笔者注:该规定已被废除)。《反不正当竞争法》第 32 条第 2 款规定:商业秘密权利人提供初步证据合理表明商业秘密被侵犯,且提供以下证据之一的,涉嫌侵权人应当证明其不存在侵犯商业秘密的行为:(1)有证据表明涉嫌侵权人有渠道或者机会获取商业秘密,且其使用的信息与该商业秘密实质上相同;(2)有证据表明商业秘密已经被涉嫌侵权人披露、使用或者有被披露、使用的风险；(3)有其他证据表明商业秘密被涉嫌侵权人侵犯。因世达公司无法提供有关录音的原始载体，且其所提供的录音材料不完整，其所提交的证据不足以初步证实苏某瑜存在采取不正当手段获取、披露、使用有关信息，利用有关资料与该公司的有关客户进行洽谈并发生交易的行为，故无法认定苏某瑜实施了侵害其经营秘密的行为。

第六节　基于客户信息自身性质及被告获取的途径依据《反不正当竞争法》第32条直接认定侵权的案例

广东长兴润德教育科技有限公司宜昌分公司与周某、周某甜侵害商业秘密纠纷案*

一、基于客户信息本身的性质及被告获取的途径，依据《反不正当竞争法》第32条认定其不为公众所知悉

本案原告主张应作为经营秘密保护的客户信息为直接购买原告公司培训课程的客户的信息，包括客户的名称、联系方式、购买课程的内容等信息。一审判决认为，这样的信息显然无法在公开领域内轻易获得；而且通过被告周某甜向被告周某返利才获取相关客户信息的行为模式可知，该信息并未公开且具有商业价值，否则被告周某甜没有必要向周某支付价款；再结合该客户信息能为原告公司带来经济利益，且原告与被告周某签订的包含保密制度的劳动合同、保密协议、员工工作手机管理协议，以及在被告周某离职时办理的交接手续等保密措施，足以证明原告对涉案客户信息的重视，并且采取了合理的保密及防范泄密的措施；《反不正当竞争法》第32条第1款规定：在侵犯商业秘密的民事审判程序中，商业秘密权利人提供初步证据，证明其已经对所主张的商业秘密采取保密措施，且合理表明商业秘密被侵犯，涉嫌侵权人应当证明权利人所主张的商业秘密不属于本法规定的商业秘密。被告周某、周某甜并未举证说明涉案客户信息不属于商业秘

* (2020)鄂05知民初54号。

密；因此广东长兴润德教育科技有限公司宜昌分公司主张的客户信息符合商业秘密的法定条件，属于《反不正当竞争法》保护的商业秘密中的经营秘密。

二、直接认定被告侵犯商业秘密而没有认定“同一性”

本案判决认定：被告周某与原告签订了保密协议之后，违反保密协议的约定，私自将该客户信息披露给被告周某甜使用，致使客户未能直接购买长润宜昌公司的培训课程，导致长润宜昌公司的利益受损；被告周某违反保密义务，利用原告的商业秘密违法获取个人利益，属于《反不正当竞争法》第9条第1款第3项规定的行为。被告周某甜是原告的加盟商，由原告的总公司负责管理，根据《广东长兴润德教育科技有限公司代理协议书》可知，被告周某甜其作为加盟商应当知道自行开拓市场发展学员的义务，并且应当知晓其作为加盟商的盈利方式是自行发展客户后，以官网价格收取学员的课程培训费。换言之，被告周某甜理应知晓其通过使用被告周某披露的客户信息，将会直接导致原告无法收取学员直接支付的官网价格。因此被告周某甜使用周某披露的客户信息，导致原告利益受损，属于《反不正当竞争法》第9条第3款规定的侵犯商业秘密的行为。

本案判决在根据本案具体情况直接认定了被告侵犯了原告的商业秘密的前提下，就没有作被告使用的客户信息与原告要求商业秘密保护的客户信息具备“同一性”的认定。

第七节　依据《反不正当竞争法》第32条认定被告使用“沙拉配方”侵犯了原告商业秘密的案例

佛山市高明区八月蜜可斯餐厅与彭某健、苏某、佛山市高明区壹月蜜语餐饮店不正当竞争纠纷案*

本案涉及的“沙拉配方”实际上属于通常所说的“菜谱”。对于不为公众所知悉且采取了合理保密措施的“菜谱”是否构成商业秘密？签有保密协议的员工离

---

* （2020）粤0604民初13740号。

职后，使用前雇主构成商业秘密的“菜谱”经营的行为，是否构成侵犯商业秘密？在现实经济活动中上述行为具有很大的普遍性，因此该案具有一定的普遍意义。另外，本案对《反不正当竞争法》第32条的理解和适用，以及如何确定雇主的商业秘密及员工的劳动技能，具有一定的示范意义。

另外，诸如本案的“沙拉配方”的“菜谱”，在笔者看来，按其属性应该属于技术秘密而不是经营秘密。但如果认定为技术秘密的话，按照我国关于商业秘密审理的管辖，一审在知识产权法院、中级法院的知识产权法庭等，二审就到了高级人民法院（该案审判之时，二审到最高人民法院，今后对于复杂、疑难的技术秘密案，二审才到最高人民法院）。但“菜谱”，通常情况下技术含量不高、争议标的不大，如本案这样，作为经营秘密对待，一审由基层法院管辖，二审由中级法院管辖，对减轻当事人诉累和节省司法资源更为有利。

一、本案判决对原告的“沙拉配方”构成商业秘密的认定

首先，本案原告主张保护的商业秘密包括供应商佛山市顺德区北滘镇××蔬菜种植场的名称、地址、电话号码及原告沙拉的配方、比例、搭配的信息，并提交了送货单、沙拉配方打印件、厨房每日记录等证据证明。其中，上述沙拉配方打印件包含了六款沙拉的食材用料、酱汁及其配方、分量比例等信息，上述经营信息系原告在餐厅经营过程中花费人力、时间、资金，兼顾卖相、口感、味道而不断试验、逐步积累形成，虽然部分用料可通过观察原告菜单或菜品得知，但部分用料的处理方法、加工烹调方法相关公众通过公开渠道难以获得，再配以不同的蔬果、芝士、酱汁等搭配而形成了原告特有的沙拉整体配方，原告亦凭借其独特的口味获得美团外卖平台高明荷城西餐口碑第1名的称号。因此，原告的沙拉配方经营信息不为相关人员普遍知悉和容易获得，具有商业价值，已实际为原告带来竞争优势。保密措施方面，原告通过与被告彭某健签订《保密需知》《劳动合同》的方式将原告主张权利的经营信息约定在保密范围内，故原告已向被告彭某健明确了其商业秘密的内容范围及采取了相应保密措施。综上所述，原告在本案中主张的沙拉配方经营信息，属于《反不正当竞争法》规定的商业秘密，并为原告所有。被告虽抗辩上述信息不属于商业秘密，但其提交的餐饮同行类似沙拉菜品图等证据反映的沙拉菜品与原告的不同，不能证明上述信息属于其所属领域的相关人员普遍知悉和容易获得，故其抗辩理据不足，本院不予采纳。其次，原告主张的供应商佛山市

顺德区北滘镇××蔬菜种植场的名称、地址、电话号码信息，被告辩称可通过天眼查获得，经核实，国家企业信用信息公示系统中确有公示该供应商的名称、地址及联系电话（电话在该平台的年度报告中有公示）的信息，故原告主张的供应商的名称、地址、电话号码信息可通过公开渠道获得，不属于不为公众所知悉，不属于《反不正当竞争法》规定的商业秘密。

二、本案判决对被告侵犯了原告的“沙拉配方”商业秘密的认定

被告彭某健于2018年6月至2019年10月在原告处任职厨师，负责冷菜（含沙拉）、热菜制作，知悉原告上述沙拉配方经营信息，亦明知其与原告签订的《保密需知》《劳动合同》约定了保密义务。但被告彭某健却在离职原告后不久，与其妻子，即被告苏某共同经营与原告经营范围基本相同、均处于高明区荷城街道、存在直接竞争关系的佛山市高明区壹月蜜语餐饮店，而该店的杧果鸡肉沙拉、鸡肉火腿沙拉、凯撒沙拉、自搭沙拉等沙拉菜品与原告的杧果鸡肉沙拉、鸡肉凯撒沙拉、美式凯撒沙拉、自搭沙拉的用料、搭配等雷同，故原告的沙拉配方有被被告使用或存在被使用的风险，已符合《反不正当竞争法》第32条第2款的规定。被告抗辩未有证据证明两者沙拉口味一致，被告没有侵犯商业秘密，但未提交证据证明，故本院对其抗辩意见不予采纳。综上，被告彭某健违反保密义务使用了原告的沙拉配方信息，被告苏某明知或应知其负有保密义务仍使用该商业秘密信息共同经营壹月蜜语餐饮店，均已违反了诚实信用原则和公认的商业道德，共同侵害了原告享有的商业秘密。

第八节　依据《反不正当竞争法》第32条认定擅自使用他人的保密健康数据作广告构成侵权的案例

阳泉康海龙轩视光技术有限公司、张某龙侵害商业秘密纠纷案*

本案判决认定：存储于公司电脑，电脑存放于专门办公室并上锁，对存储信息

* 山西省阳泉市中级人民法院（2020）晋03民初279号、山西省高级人民法院（2021）晋民终18号。

的电脑做了开机密码保护的，原告收集整理的包括顾客姓名、性别、矫正前左右眼度数、矫正后左右眼度数、合计矫正度数和照片等经营信息构成商业秘密。

被告未经原告许可，擅自将原告的该信息提供给第三人在其网站展示用于广告宣传，被告和第三人都构成侵犯原告的商业秘密。

另外，本案判决认为：被告作为原告的员工应该认识到，存储于原告公司电脑，电脑存放于专门办公室并上锁，对存储信息的电脑做了开机密码保护的，原告收集整理的包括顾客姓名、性别、矫正前左右眼度数、矫正后左右眼度数、合计矫正度数和照片等经营信息，属于原告的商业秘密，被告对其负有保密义务；二审判决认为，被告对原告的商业秘密负有法定的保密义务，与是否签订劳动合同及保密协议无关。

本案判决对在现实经营中的经营信息是否构成商业秘密、保密措施、侵权行为的具体体现，如何识别、认定具有较大帮助。同时，本案二审判决也对理解、适用《反不正当竞争法》第 32 条具有较好的示范作用。此外，二审判决对一审被告的上诉理由及调取证据申请的回应理由体现了司法智慧，值得揣摩学习。

需要说明的是，一审判决认为"当事人指称他人侵犯其商业秘密的，应当对其拥有的商业秘密符合法定条件、对方当事人的信息与其商业秘密相同或者实质相同以及对方当事人采取不正当手段的事实负举证责任"，其显然与本判决应该适用且本判决自己也引用的《反不正当竞争法》第 32 条相冲突。但这一错误不影响本案结论正确，也不影响本案对理解并正确保护经营秘密的价值。另外，该案判决第三人承担连带赔偿责任值得商榷。如果将本案的"第三人"转换为被告，并判决其承担连带赔偿责任更为恰当。

一、一审判决关于侵犯商业秘密行为认定的事实

本院对本案事实综合认定如下：原告阳泉康海龙轩视光技术有限公司成立于 2016 年 3 月 4 日，经营范围包括：视力矫正技术咨询、技术服务、验光配镜服务；销售眼镜、医疗器械、保健食品、电子产品、视力保健器材。2015 年 10 月起，被告张某龙受聘于原告从事眼镜配制、店面服务等工作。2018 年 2 月，原告开展阳泉永康智能降度镜第三季"降度明星"大赛评选活动，通过此次活动，原告收集整理了包括顾客姓名、性别、矫正前左右眼度数、矫正后左右眼度数、合计矫正度数和照片等经营信息。原告将上述信息存储于公司电脑，电脑存放于专门办公室并上

锁,对存储信息的电脑做了开机密码保护,除原告法定代表人及任某霞外,只有被告得知电脑密码。2019 年 5 月,被告从原告处离职。2019 年 5 月 20 日,被告与孟某怡成立了第三人山西中视瞳视光生物科技有限公司,该公司经营范围包括:生物技术开发、技术咨询、技术服务;验光配镜;经销:眼镜、电子产品、普通机械设备、五金交电、办公用品、文化用品;食品经营:保健食品。随后,第三人在其官网的案例展示版面展示了原告收集整理的包括顾客姓名、性别、矫正前左右眼度数、矫正后左右眼度数、合计矫正度数和照片等经营信息。被告认可第三人并未为上述顾客服务,但指出上述顾客信息属公开信息。其所提供的原告朋友圈及微信公众号的截图,仅有顾客照片及姓名,并无矫正前左右眼度数、矫正后左右眼度数、合计矫正度数等经营信息。

二、一审判决对被诉行为构成侵犯原告商业秘密的分析判决

本院认为,商业秘密是指不为公众所知悉、能为权利人带来经济利益、具有实用性并经权利人采取保密措施的技术信息和经营信息。当事人指称他人侵犯其商业秘密的,应当对其拥有的商业秘密符合法定条件、对方当事人的信息与其商业秘密相同或者实质相同以及对方当事人采取不正当手段的事实负举证责任。本案中,原告收集整理的包括顾客姓名、性别、矫正前左右眼度数、矫正后左右眼度数、合计矫正度数和照片等经营信息,除姓名、性别、照片为原告公开外,其余信息不为公众所知悉、能为原告带来经济利益、具有实用性并经原告采取保密措施,应当认定为商业秘密。第三人网站上载明的信息与原告上述经营信息内容相同,被告不能提供证据证明上述信息公开的事实,可以认定被告利用其在原告处工作,可以接触上述秘密的便利条件获取上述商业秘密。第三人与原告经营范围有重合,两者存在竞争关系。张某龙违反《反不正当竞争法》规定的保守商业秘密的义务,允许第三人使用其所掌握的商业秘密,第三人在明知的前提下,使用了上述商业秘密,均属于侵犯商业秘密的行为。张某龙辩称未签保密协议,不应担责的理由不能成立。第三人应当立即停止上述侵权行为,在涉案商业秘密不为公众知悉期间,不得擅自披露、使用、允许他人使用该商业秘密。第三人使用涉案商业秘密获得商业利益,给原告造成了经济损失,应当依法予以赔偿。鉴于无法确定原告因涉案侵权行为造成的实际损失或被告、第三人的实际获利,本院综合考虑案涉经营信息的商业价值、侵权人的主观过错程度、侵权范围、侵权时间及维权费用

等因素,酌情确定赔偿数额为 10,000 元。第三人利用原告的商业秘密牟利具有共同故意,应对原告因此遭受的损害承担连带赔偿责任。第三人使用该商业秘密,并未对原告的商誉造成影响,原告请求判令被告及第三人消除影响、赔礼道歉,本院不予支持。

综上所述,原告诉讼请求部分成立,本院予以支持。依照《反不正当竞争法》第 9 条、第 17 条、第 32 条,《侵权责任法》第 13 条、第 15 条第 1 款第 1 项和第 6 项,《最高人民法院关于审理不正当竞争民事案件应用法律若干问题的解释》第 9 条、第 10 条、第 11 条、第 14 条、第 16 条第 1 款、第 17 条第 2 款规定,判决如下:

(1)被告张某龙及第三人山西中视瞳视光生物科技有限公司在案涉商业秘密不为公众知悉期间,不得擅自披露、使用、允许他人使用该商业秘密;

(2)被告张某龙于本判决生效之日起 10 日内赔偿原告阳泉康海龙轩视光技术有限公司 10,000 元;

(3)第三人山西中视瞳视光生物科技有限公司对上述第二项判决内容承担连带赔偿责任;

(4)驳回原告阳泉康海龙轩视光技术有限公司的其他诉讼请求。

案件受理费 2631.8 元,由原告阳泉康海龙轩视光技术有限公司负担 2581.8 元,由被告张某龙及第三人山西中视瞳视光生物科技有限公司负担 50 元。

如不服本判决,可在判决书送达之日起 15 日内,向本院递交上诉状,并按对方当事人的人数提出副本,上诉于山西省高级人民法院。

三、二审判决认定的事实及维持一审判决的理由

上诉人张某在二审中向本院提交了询问笔录(阳泉市劳保局行政诉讼案中调取的),予以证明张某系临时辅助性工作人员,不可能接触到商业秘密。被上诉人认为上诉人提供的是一份复印件,不予质证。本院认为,该证据并不能证明上诉人没有侵犯商业秘密。本院二审查明的其他事实与一审查明的事实一致。

本院认为,本案二审的争议焦点为上诉人是否侵犯了被上诉人的商业秘密。被上诉人收集整理的包括顾客姓名、性别、矫正前左右眼度数、矫正后左右眼度数、合计矫正度数和照片等经营信息,除姓名、性别、照片为被上诉人公开外,其余信息不为公众所知悉、能为被上诉人带来经济利益、具有实用性并经被上诉人采取保密措施,一审法院将除姓名、性别、照片以外的信息认定为商业秘密,并无不

当。第三人网站上载明的信息与被上诉人上述经营信息内容相同,上诉人不能提供证据证明上述信息的合法来源,一审法院认定上诉人利用其在被上诉人处工作,可以接触上述秘密的便利条件获取了上述商业秘密,并无不当。上诉人张某上诉称,该信息可能通过微信小程序获取,但其并未提供证据予以支持。二审庭审后,上诉人张某向本院提交了申请书,申请法院调取山西资海网络有限公司技术信息管理库,予以证明涉案关键证据降度明星投票活动曾经是公开透明的信息内容,不涉及商业秘密。本院认为,涉案商业秘密为顾客矫正前左右眼度数、矫正后左右眼度数、合计矫正度数,而降度明星投票活动并不是涉案的商业秘密,上诉人申请法院调取的证据与涉案的商业秘密不具有关联性。再者,上诉人认为涉案信息为公开透明的话,也无须申请法院调取。

上诉人与被上诉人是否构成劳动合同关系,不能成为其不当向第三人披露被上诉人商业秘密的理由。上诉人所称被上诉人用其姓名和高超的技术,良好的服务来吸引顾客,并未提供证据予以支持。本院对其上诉理由不予支持。

综上所述,一审判决认定事实清楚,适用法律正确。依照《民事诉讼法》第170条第1款第1项之规定,判决如下:驳回上诉,维持原判。

第九节　认定过于笼统的格式化保密协议不属于合理保密措施的案例

广东科捷龙机器人有限公司与何某、东莞三润田智能科技股份有限公司侵害经营秘密纠纷案*

现实经营中涉及的经营信息可以说五花八门,到底哪些属于受保护的商业秘密?具有商业价值是构成商业秘密必须符合的要件之一,并不是被采取了合理保密措施的、不为公众所知悉的经营信息都属于商业秘密。什么样的保密措施才是符合法律要求的合理保密措施?不能使相对人据此能区分出受保护的和不受保护的信息的保密措施,不属于法律要求的合理保密措施。本案判决对于这些问题

* (2019)粤2071民初11169号。

的理解具有很一定的帮助作用。

一、判决认定的原告要求商业秘密保护的经营信息

本案中原告要求商业秘密保护的经营信息为有被告何某签名的销售计划（2018 年 8 月—2018 年 12 月）中记载的关于客户广西侨旺公司、山东辰祺公司、广西沃华公司的信息资料，以及其与安徽禾腾公司所签订的两份成型机机械手购销服务合同和配套的技术合同上记载的关于该客户的交易信息资料。在上述有何某签名的销售计划（2018 年 8 月—2018 年 12 月）中，记载有客户名称、联系人、地址、项目名称、预计需求日期、需求数量、状态、金额、业务经理栏，其中联系人、地址、项目名称、状态栏的内容都比较粗略，没有具体产品的单价。

二、认定原告主张的商业秘密不构成商业秘密的理由

从原告广东科捷龙机器人有限公司（以下简称科捷龙公司）提供的证据来看，其所主张的经营秘密中的销售计划（2018 年 8 月—2018 年 12 月）只是其单方制作的销售计划，其中大部分的相关内容记载得十分粗略，缺乏深度的信息内容，并不具有商业秘密必须具备的秘密性。另外，科捷龙公司提供的证据不足以证明其已与山东辰祺公司、广西沃华公司之间形成了稳定的交易关系或形成了独特的交易习惯等，从而将有关客户资料与普通客户资料区别开来。

此外，原告科捷龙公司证明其对涉案经营秘密采取的保密措施的主要依据为其与何某签订的格式化的保密协议，由于该协议是科捷龙公司所提供的格式化的协议，其内容包括了保密以及竞业禁止条款，所列的商业秘密的范围较广，其中包括了很多显然不属于商业秘密的资料。从本案证据来看，不能认定科捷龙公司为防止有关信息泄露采取了与其商业价值等具体情况相适应的合理保护措施。综合上述分析，本院认定原告科捷龙公司主张的有关经营信息不具备商业秘密的构成条件，不构成科捷龙公司的商业秘密。

第七章

实务中认定侵犯商业秘密罪的底层逻辑及立案难定罪难的破解

对于侵犯商业秘密，可能构成侵犯商业秘密罪的，权利人可以向公安机关控告、报案，请求追究侵权者的刑事责任，同时可提起刑事附带民事诉讼，或者向法院直接提起刑事附带民事诉讼。本章主要就侵犯商业秘密罪向公安机关举报、控告中区别于普通刑事报案、控告的疑难问题进行解析。针对侵犯商密罪向公安机关举报、控告与普通刑事报案、控告的共同之处以我国《刑法》《刑事诉讼法》及其司法解释的规定为准，本书不再赘述。针对侵犯商业秘密罪向公安机关举报、控告与商业秘密民事侵权诉讼的共同之处，以本书民事侵权诉讼部分，即以本书前六章为准。侵犯商业秘密罪的刑事附带民事自诉，由于侵犯商业秘密罪本身的取证难、证明难和审判难，目前在商业秘密维权实务中很少出现；同时，就算权利人有足够强的取证和证明能力，且有充分的证据，笔者也认为据此说服配合公安机关侦查、协助公诉机关公诉，比刑事自诉追究侵犯商业秘密罪更为有效，因此不建议刑事自诉。如果确实需要以刑事自诉的方式追究侵犯商业秘密罪，则可以在本书内容的基础上，结合其他相关法律及其司法解释的规定进行。因此，本书略去侵犯商业秘密刑事自诉的内容。

本章共三节。第一节是对我国关于商业秘密罪现行法律、司法解释规定的梳理。第二节是对侵犯商业秘密罪的犯罪构成中的主体、主观要件、犯罪对象即“密点”、情节严重、行为要件（侵犯商业秘密罪的六种具体行为）的解析。其中，针对“商业秘密 + 接触 + 同一性 – 合法来源”证明模式的底层逻辑及原理，以及商业秘密刑事诉讼中为何“鉴定为王”及其鉴定中的相关问题作了详细论述。第三节是精心挑选的两个典型判决书及笔者的评析。出于种种原因,特别是出于对涉案商业秘密的保密,公开的商业秘密的刑事判决书本身就很少,而其中内容翔实的判决书更是凤毛麟角。笔者认为,内容翔实、结构清晰、论证严谨、说服力强的判决书,如同教科书中的优秀例题,如果读者能够深入研读,不仅对相关法律、司法解释的理解很有帮助,而且也能从中学到具体司法实践经验,因此对这两个判决书都采用原文。

第一节　我国关于侵犯商业秘密罪的相关法律规定

一、我国现行《刑法》对侵犯商业秘密罪的规定

《刑法》第 219 条规定:“有下列侵犯商业秘密行为之一,情节严重的,处三年以下有期徒刑,并处或者单处罚金;情节特别严重的,处三年以上十年以下有期徒刑,并处罚金:(一)以盗窃、贿赂、欺诈、胁迫、电子侵入或者其他不正当手段获取权利人的商业秘密的;(二)披露、使用或者允许他人使用以前项手段获取的权利人的商业秘密的;(三)违反保密义务或者违反权利人有关保守商业秘密的要求,披露、使用或者允许他人使用其所掌握的商业秘密的。明知前款所列行为,获取、披露、使用或者允许他人使用该商业秘密的,以侵犯商业秘密论。本条所称权利人,是指商业秘密的所有人和经商业秘密所有人许可的商业秘密使用人。”

《刑法》第 219 条之一规定:“为境外的机构、组织、人员窃取、刺探、收买、非法提供商业秘密的,处五年以下有期徒刑,并处或者单处罚金;情节严重的,处五年以上有期徒刑,并处罚金。”

《刑法》第 220 条规定:“单位犯本节第二百一十三条至第二百一十九条之一规定之罪的,对单位判处罚金,并对其直接负责的主管人员和其他直接责任人员,依照本节各该条的规定处罚。”

二、2020 年修正之前的《刑法》关于侵犯商业秘密罪的规定

我国 2020 年修正之前的《刑法》,即 2017 年 11 月 4 日修正的《刑法》第 219 条规定:“有下列侵犯商业秘密行为之一,给商业秘密的权利人造成重大损失的,

处三年以下有期徒刑或者拘役,并处或者单处罚金;造成特别严重后果的,处三年以上七年以下有期徒刑,并处罚金:(一)以盗窃、利诱、胁迫或者其他不正当手段获取权利人的商业秘密的;(二)披露、使用或者允许他人使用以前项手段获取的权利人的商业秘密的;(三)违反约定或者违反权利人有关保守商业秘密的要求,披露、使用或者允许他人使用其所掌握的商业秘密的。明知或者应知前款所列行为,获取、使用或者披露他人的商业秘密的,以侵犯商业秘密论。本条所称商业秘密,是指不为公众所知悉,能为权利人带来经济利益,具有实用性并经权利人采取保密措施的技术信息和经营信息。本条所称权利人,是指商业秘密的所有人和经商业秘密所有人许可的商业秘密使用人。"

《刑法》(2017 修正)第 220 条规定:"单位犯本节第二百一十三条至第二百一十九条规定之罪的,对单位判处罚金,并对其直接负责的主管人员和其他直接责任人员,依照本节各该条的规定处罚。"

三、就刑法条文本身而论我国对商业秘密刑事保护的力度显著加大

通过 2020 年修正,我国刑法对商业秘密的保护力度显著加强,体现如下几点。

(一)入罪门槛大为降低

2020 年修正前,构成侵犯商业秘密罪的构成要件之一为"有下列侵犯商业秘密行为之一,给商业秘密的权利人造成重大损失的"。也就是只有给权利人造成重大损失,才可能构成侵犯商业秘密罪。而 2020 年修正后,构成侵犯商业秘密罪的构成要件之一为"有下列侵犯商业秘密行为之一,情节严重的"。也就是只要侵犯商业秘密情节严重,就可以构成侵犯商业秘密罪,而不再需要给权利人造成重大损失。"情节严重",包括但不限于"给商业秘密的权利人造成重大损失的",其还应包括给商业秘密的权利人造成较大损失、侵权人获益较大,多次侵权等其他情形。

(二)最高刑期大为提高

2020 年修正前,侵犯商业秘密罪的最高刑期为 7 年,而 2020 年修正后,普通侵犯商业秘密罪的最高刑期增加到 10 年;而为境外窃取、刺探、收买、非法提供商业秘密罪的最高刑期则为 15 年。

（三）商业秘密《刑法》保护的客体即保护对象的范围大为扩展

2020年修正前的《刑法》第219条第3款对何为商业秘密作了规定，其规定为："本条所称商业秘密，是指不为公众所知悉，能为权利人带来经济利益，具有实用性并经权利人采取保密措施的技术信息和经营信息。"而2020年修正后的《刑法》第219条则取消了何为商业秘密的规定。在《刑法》条文取消了对何为商业秘密的规定，且相关司法解释也未作出相应规定的前提下，其就应该适用2019年4月23日发布并实施的《反不正当竞争法》第9条对何为商业秘密的规定。该条第4款规定："本法所称的商业秘密，是指不为公众所知悉、具有商业价值并经权利人采取相应保密措施的技术信息、经营信息等商业信息。"显然，将"能为权利人带来经济利益，具有实用性"变成"具有商业价值"，商业秘密的外延变得更大。按照"能为权利人带来经济利益，具有实用性"，只有能为权利人带来经济利益，且实际能够直接使用的技术信息或者经营信息，才属于商业秘密《刑法》保护的客体；而按照"具有商业价值"，就算不能给权利人带来直接经济利益，或者不能直接使用，但能够为侵权人带来潜在好处的，也属于我国商业秘密刑法保护的客体。

（四）增加了不论结果只要实施就构成犯罪且刑期5年以上15年以下的罪名

增加《刑法》第219条之一，为境外窃取、刺探、收买、非法提供商业秘密罪。按照该条规定，只要实施为境外的机构、组织、人员窃取、刺探、收买、非法提供商业秘密的，不论情节是否严重或者是否给权利人造成了损失，都构成侵犯商业秘密罪，处5年以下有期徒刑，并处或者单处罚金；如果情节严重的，则处5年以上有期徒刑，即5年以上15年以下有期徒刑，并处罚金。

我国《刑法》第45条规定："有期徒刑的期限，除本法第五十条、第六十九条规定外，为六个月以上十五年以下。"

四、我国现行生效并实施的关于侵犯商业秘密罪的司法解释是对针对2020年修正之前的刑法的规定进行的解释

在2020年12月26日修正《刑法》（自2021年3月1日起实施）之前，于2020年9月12日发布2020年9月14日起实施的，我国关于侵犯商业秘密罪的司法解

释，即《最高人民法院、最高人民检察院关于办理侵犯知识产权刑事案件具体应用法律若干问题的解释（三）》（以下简称《侵犯知识产权刑事解释三》）第4条规定："实施刑法第二百一十九条规定的行为，具有下列情形之一的，应当认定为'给商业秘密的权利人造成重大损失'：（一）给商业秘密的权利人造成损失数额或者因侵犯商业秘密违法所得数额在三十万元以上的；（二）直接导致商业秘密的权利人因重大经营困难而破产、倒闭的；（三）造成商业秘密的权利人其他重大损失的。给商业秘密的权利人造成损失数额或者因侵犯商业秘密违法所得数额在二百五十万元以上的，应当认定为刑法第二百一十九条规定的'造成特别严重后果'。"

按照《侵犯知识产权刑事解释三》第4条的规定，我国构成侵犯商业秘密罪的必备要件之一为"给商业秘密的权利人造成重大损失"，而不是2020年修正的《刑法》规定的"情节严重"。"给商业秘密的权利人造成重大损失"具体规定为：给商业秘密的权利人造成损失数额或者因侵犯商业秘密违法所得数额在30万元以上的；直接导致商业秘密的权利人因重大经营困难而破产、倒闭的；造成商业秘密的权利人其他重大损失的。

显然《侵犯知识产权刑事解释三》第4条是针对我国2017年11月4日修正的《刑法》第219条的解释。该解释第4条以给权利人造成重大损失为构成侵犯商业秘密罪的必备要件，与《刑法》（2017年修正）第219条规定的"有下列侵犯商业秘密行为之一，给商业秘密的权利人造成重大损失的……"相对应，而不是与2020年修正的《刑法》第219条规定的"情节严重"相对应。

虽然《侵犯知识产权刑事解释三》第4条的规定相比自2004年12月22日起施行的《最高人民法院、最高人民检察院关于办理侵犯知识产权刑事案件具体应用法律若干问题的解释》第7条"实施刑法第二百一十九条规定的行为之一，给商业秘密的权利人造成损失数额在五十万元以上的，属于'给商业秘密的权利人造成重大损失'，应当以侵犯商业秘密罪判处三年以下有期徒刑或者拘役，并处或者单处罚金。给商业秘密的权利人造成损失数额在二百五十万元以上的，属于刑法第二百一十九条规定的'造成特别严重后果'，应当以侵犯商业秘密罪判处三年以上七年以下有期徒刑，并处罚金"的规定，构成犯罪的门槛已大大降低，将给商业秘密权利人造成的损失从50万元降到了30万元，且增加了"因侵犯商业秘密违法所得数额在30万元以上的；直接导致商业秘密的权利人因重大经营困难而破产、倒闭的；造成商业秘密的权利人其他重大损失的"的规定，三种其他构成商业秘密罪的情形。但《侵犯知识产权刑事解释三》第4条规定的入罪门槛显著高于2020年修正的《刑法》第219条规定的入罪门槛。

五、我国商业秘密刑事保护实际上仍然按照《侵犯知识产权刑事解释三》的规定实施

就笔者对我国侵犯商业秘密罪案例的研究，尚未见到直接依据2020年修正的《刑法》第219条的规定，即“情节严重”认定构成侵犯商业秘密罪的实际案例。所有查阅到的案例，都仍然是依据《侵犯知识产权刑事解释三》第4条的规定，在给权利人造成损失或者违法所得达到30万元的前提下才认定构成侵犯商业秘密罪的。

六、如果确有必要权利人应该坚持依据现行《刑法》的规定向公安机关报案、控告并据法力争

基于上述法律及司法解释的规定，笔者建议权利人在判定侵权人是否构成侵犯商业秘密罪并追究其刑事责任时，首先依据《侵犯知识产权刑事解释三》第4条的规定进行判断，如果判断的结果是符合其规定，即给权利人造成的损失或者侵权所得达到30万元，或者直接导致商业秘密的权利人因重大经营困难而破产、倒闭的，则按照其规定挖掘、搜集整理证据并向公安机关提起控告、报案。如果给权利人造成的损失或者侵权所得达不到30万元，满足不了《侵犯知识产权刑事解释三》第4条的规定，但情节严重，确有追究侵权人刑事责任必要的，可以依据《刑法》第219条的规定，向公安机关提起控告、报案，并与公安机关、检察机关、法院深入细致的沟通，必要时“据法力争”。

第二节　我国侵犯商业秘密罪的具体构成要件及实务中对侵犯商业秘密罪的认定方法及底层逻辑

侵犯商业秘密罪的具体构成要件，是指我国《刑法》规定的认定侵犯商业秘密罪所必须具备的事实特征。其包括主体要件、主观要件、客体要件和客观要件。

客观要件又包括犯罪行为、犯罪对象和危害后果(达到情节严重或者造成重大损失)。只有准确掌握侵犯商业秘密罪的具体构成要件,才能判定犯罪嫌疑人的行为是否构成侵犯商业秘密罪,才能有效利用刑事手段维护商业秘密。

一、主体要件——可能构成侵犯商业秘密罪的"人"

按照我国《刑法》规定,具有刑事责任能力的任何个人和单位都可能成为侵犯商业秘密罪的主体,即侵犯商业秘密罪的主体而并不限于"经营者"。

首先,我国现行《刑法》第 219 条和第 219 条之一,并没有对侵犯商业秘密罪的主体作出限定,同时《刑法》第 220 条对构成侵犯商业秘密罪的单位也未作出任何限定。

其次,我国现行《反不正当竞争法》第 9 条第 2 款规定:"经营者以外的其他自然人、法人和非法人组织实施前款所列违法行为的,视为侵犯商业秘密。"

按照我国现行《刑法》第 17 条第 1 款的规定:"已满十六周岁的人犯罪,应当负刑事责任。"《刑法》第 18 条规定:"精神病人在不能辨认或者不能控制自己行为的时候造成危害结果,经法定程序鉴定确认的,不负刑事责任,但是应当责令他的家属或者监护人严加看管和医疗;在必要的时候,由政府强制医疗。间歇性的精神病人在精神正常的时候犯罪,应当负刑事责任。尚未完全丧失辨认或者控制自己行为能力的精神病人犯罪的,应当负刑事责任,但是可以从轻或者减轻处罚。醉酒的人犯罪,应当负刑事责任。"

据此规定,我国年满 16 周岁,并且行为时精神正常的自然人,都可以是侵犯商业秘密罪的主体,同时任何单位也都可以成为侵犯商业秘密罪的主体。

二、主观要件——只有故意才能构成侵犯商业秘密罪

1. 过失不构成侵犯商业秘密罪。

我国《刑法》第 14 条规定:"明知自己的行为会发生危害社会的结果,并且希望或者放任这种结果发生,因而构成犯罪的,是故意犯罪。故意犯罪,应当负刑事责任。"《刑法》第 15 条规定:"应当预见自己的行为可能发生危害社会的结果,因为疏忽大意而没有预见,或者已经预见而轻信能够避免,以致发生这种结果的,是过失犯罪。过失犯罪,法律有规定的才负刑事责任。"而我国并没有过失也会构成侵犯商业秘密罪的法律或者司法解释的规定。

2.《刑法》(2020 年修正)之前的故意为“明知或者应知”,修正后的故意为“明知”。

按照我国现行《刑法》规定,只有侵权人“明知”是权利人的商业秘密的,才构成侵犯商业秘密罪;如果不是“明知”而仅是“应知”,不构成侵犯商业秘密罪。这与 2020 年修正前的《刑法》规定以及现行《反不正当竞争法》的规定有所不同。

现行《刑法》第 219 条规定:“有下列侵犯商业秘密行为之一,情节严重的,处三年以下有期徒刑,并处或者单处罚金;情节特别严重的,处三年以上十年以下有期徒刑,并处罚金:(一)以盗窃、贿赂、欺诈、胁迫、电子侵入或者其他不正当手段获取权利人的商业秘密的;(二)披露、使用或者允许他人使用以前项手段获取的权利人的商业秘密的;(三)违反保密义务或者违反权利人有关保守商业秘密的要求,披露、使用或者允许他人使用其所掌握的商业秘密的。明知前款所列行为,获取、披露、使用或者允许他人使用该商业秘密的,以侵犯商业秘密论。本条所称权利人,是指商业秘密的所有人和经商业秘密所有人许可的商业秘密使用人。”

按照该条第 1 款第 1 项的规定,既然侵权人是“以盗窃、贿赂、欺诈、胁迫、电子侵入或者其他不正当手段获取权利人的商业秘密的”,说明侵权人明知是权利人的商业秘密。只有明知,侵权人才会以盗窃、贿赂、欺诈、胁迫、电子侵入或者其他不正当手段获取;如果不明知是权利人的商业秘密,其就不会采取盗窃、贿赂、欺诈、胁迫、电子侵入或者其他不正当手段获取权利人的商业秘密。

该条第 1 款第 2 项规定,披露、使用或者允许他人使用的对象是以第一项手段获取的权利人的商业秘密的,才构成侵犯商业秘密罪;如果获取对象不是以第一项手段获取的商业秘密,就不构成侵犯商业秘密罪。由此,第二项也要求行为人对侵犯他人商业秘密是明知的。

该条第 1 款第 3 项规定,违反保密义务或者违反权利人有关保守商业秘密的要求,说明只有侵权人明知其披露、使用或者允许他人使用的是他人的商业秘密的,才构成侵犯商业秘密罪。

该条第 2 款规定:“明知前款所列行为,获取、披露、使用或者允许他人使用该商业秘密的,以侵犯商业秘密论。”对照 2020 年修正前的《刑法》(2017 年修正)第 219 条第 2 款的规定:“明知或者应知前款所列行为,获取、使用或者披露他人的商业秘密的,以侵犯商业秘密论。”删除了之前的“应知”,“应知”是指根据现有证据和法律规定,推定其应该知道是权利人的商业秘密,其实质是负有知道是权利人商业秘密的法律责任。理论上,"应知"包含了实际知道和实际不知道两种情况;此对应于实务中的根据现有证据能够证明是"明知"和根据现有证据不能证明是"明知"两种情形。2020 年修正前的法条第 2 款是将"明知"和"应知"并列使用,2020 年修正后第 2 款将"应知"删除,表明修正前的该款所述的"应知"是不包括"明知"的;2020 年修正后仅保留"明知"而删除"应知",说明现行刑法只有在明知第 1 款所列行为的前提下,获取、使用或者披露他人的商业秘密的,才以侵犯商业秘密论。

按照现行《刑法》第 219 条之一的规定,只有明知窃取、刺探、收买、非法提供的是商业秘密的,才构成为境外窃取、刺探、收买、非法提供商业秘密罪。

根据以上分析,按照我国现行《刑法》,只有证据证明嫌疑人是明知他人的商业秘密仍然获取、使用、允许他人使用、披露、公开、窃取、刺探、收买、非法提供的,才构成侵犯商业秘密罪。

三、只有情节严重或者为境外窃取、刺探、收买、非法提供商业秘密的,才构成侵犯商业秘密罪

(一)《刑法》第 219 条规定的情节严重的认定

1. 稳妥起见按照《侵犯知识产权刑事解释三》第 4 条的规定认定"情节严重"

按照我国现行《刑法》第 219 条的规定,以盗窃、贿赂、欺诈、胁迫、电子侵入或者其他不正当手段获取权利人的商业秘密的,只有达到情节严重的,才构成侵犯商业秘密罪。但何为现行《刑法》第 219 条规定的"情节严重"尚未有司法解释。而就在我国《刑法修正案十一》发布实施不久前发布实施的《侵犯知识产权刑事解释三》第 4 条规定:"实施刑法第二百一十九条规定的行为,具有下列情形之一的,应当认定为'给商业秘密的权利人造成重大损失':(一)给商业秘密的权利人造成损失数额或者因侵犯商业秘密违法所得数额在三十万元以上的;(二)直接导致商业秘密的权利人因重大经营困难而破产、倒闭的;(三)造成商业秘密的权利人其他重大损失的。给商业秘密的权利人造成损失数额或者因侵犯商业秘密违法所得数额在二百五十万元以上的,应当认定为刑法第二百一十九条规定的'造成特别严重后果'。"正如本章第一节所说明的,该解释是对 2020 年《刑法》修正之前即 2017 年修正的《刑法》第 219 条的解释。按照 2017 年《刑法》第 219 条的规定,只有给商业秘密的权利人造成重大损失的,才构成侵犯商业秘密罪。

基于上述法律及司法解释的规定，如果因侵犯商业秘密给权利人造成损失或者因侵犯商业秘密违法所得数额在30万元以上，或者直接导致商业秘密的权利人因重大经营困难而破产、倒闭的，肯定构成我国现行《刑法》第219条规定的情节严重。

2. 按照《侵犯知识产权刑事解释三》第5条的规定计算侵权损失或者侵权所得

《侵犯知识产权刑事解释三》第5条规定："实施刑法第二百一十九条规定的行为造成的损失数额或者违法所得数额，可以按照下列方式认定：(一)以不正当手段获取权利人的商业秘密，尚未披露、使用或者允许他人使用的，损失数额可以根据该项商业秘密的合理许可使用费确定；(二)以不正当手段获取权利人的商业秘密后，披露、使用或者允许他人使用的，损失数额可以根据权利人因被侵权造成销售利润的损失确定，但该损失数额低于商业秘密合理许可使用费的，根据合理许可使用费确定；(三)违反约定、权利人有关保守商业秘密的要求，披露、使用或者允许他人使用其所掌握的商业秘密的，损失数额可以根据权利人因被侵权造成销售利润的损失确定；(四)明知商业秘密是不正当手段获取或者是违反约定、权利人有关保守商业秘密的要求披露、使用、允许使用，仍获取、使用或者披露的，损失数额可以根据权利人因被侵权造成销售利润的损失确定；(五)因侵犯商业秘密行为导致商业秘密已为公众所知悉或者灭失的，损失数额可以根据该项商业秘密的商业价值确定。商业秘密的商业价值，可以根据该项商业秘密的研究开发成本、实施该项商业秘密的收益综合确定；(六)因披露或者允许他人使用商业秘密而获得的财物或者其他财产性利益，应当认定为违法所得。前款第二项、第三项、第四项规定的权利人因被侵权造成销售利润的损失，可以根据权利人因被侵权造成销售量减少的总数乘以权利人每件产品的合理利润确定；销售量减少的总数无法确定的，可以根据侵权产品销售量乘以权利人每件产品的合理利润确定；权利人因被侵权造成销售量减少的总数和每件产品的合理利润均无法确定的，可以根据侵权产品销售量乘以每件侵权产品的合理利润确定。商业秘密系用于服务等其他经营活动的，损失数额可以根据权利人因被侵权而减少的合理利润确定。商业秘密的权利人为减轻对商业运营、商业计划的损失或者重新恢复计算机信息系统安全、其他系统安全而支出的补救费用，应当计入给商业秘密的权利人造成的损失。"

按照上述司法解释规定的计算方案,如果给权利人造成的损失或者侵权人的侵权所得到达30万元人民币的,或者直接导致商业秘密的权利人因重大经营困难而破产、倒闭的,一定可以认定为现行《刑法》第219条规定的情节严重。在给权利人造成的损失或者侵权人的侵权所得不到30万元人民币的或者没有直接导致商业秘密的权利人因重大经营困难而破产、倒闭的情形下,也可能达到现行《刑法》第219条规定的情节严重。情节严重的具体判断依据或者标准,就要等新的司法解释颁布实施。在新的司法解释颁布实施之前,权利人可以向办案人员说明侵权情节严重的具体情况,并按照现行《刑法》第219条规定的"情节严重"尽力争取。

3. 可以采用侵权产品销售量乘以销售利润(毛利润)计算侵权损失或者侵权所得

《侵犯知识产权刑事解释三》第5条规定,权利人因被侵权造成销售利润的损失,可以根据侵权产品销售量乘以权利人每件产品的合理利润确定。而其对权利人每件产品的合理利润如何确定并没有进行限定。最高人民法院审判委员会讨论通过2023年12月15日发布的第220号指导性案例裁判要点2为:"被诉侵权人构成故意侵害技术秘密的,人民法院可以被诉侵权人相关产品销售利润为基础,计算损害赔偿数额;销售利润难以确定的,可以依据权利人相关产品销售价格及销售利润率乘以被诉侵权人相关产品销售数量为基础,计算损害赔偿数额。"据此,对于侵犯技术秘密的,可以采用侵权产品销售量乘以销售利润计算侵权损失或者侵权所得。结合该指导性案例判决书内容,该裁判要点所述的销售利润是指"毛利润"。其含义与《侵犯知识产权刑事解释三》第5条规定的"销售利润"含义不同。

(二)只要实施了为境外的机构、组织、人员窃取、刺探、收买、非法提供商业秘密的,就构成为境外窃取、刺探、收买、非法提供商业秘密罪

现行《刑法》第219条之一【为境外窃取、刺探、收买、非法提供商业秘密罪】没有情节严重的要求。该条为行为犯,只要实施了为境外的机构、组织、人员窃取、刺探、收买、非法提供商业秘密的,就构成为境外窃取、刺探、收买、非法提供商业秘密罪,处5年以下有期徒刑,并处或者单处罚金;情节严重的,处5年以上有期徒刑,并处罚金。

(三)《刑法》第220条规定的单位犯侵犯商业秘密罪情节严重的认定

现行《刑法》第220条规定:“单位犯本节第二百一十三条至第二百一十九条之一规定之罪的,对单位判处罚金,并对其直接负责的主管人员和其他直接责任人员,依照本节各该条的规定处罚。”据此,如果单位犯《刑法》第219条规定的侵犯商业秘密罪的,对单位判处罚金,对其直接负责的主管人员和其他直接责任人员,依照本节各该条的规定处罚。那么单位犯侵犯商业秘密罪,是否有情节严重的要求?对直接负责的主管人员和其他直接责任人员如何处罚?

既然对现行《刑法》第219条尚未有司法解释,现行刑事诉讼实务中是按照《侵犯知识产权刑事解释三》的相关规定执行,那么目前对单位犯侵犯商业秘密罪的认定也应该按照《侵犯知识产权刑事解释三》的规定执行。《侵犯知识产权刑事解释三》对单位犯商业秘密罪没有相应的规定,而其第11条规定:“本解释发布施行后,之前发布的司法解释和规范性文件与本解释不一致的,以本解释为准。”而在其之前发布现在仍然生效施行的《最高人民法院、最高人民检察院关于办理侵犯知识产权刑事案件具体应用法律若干问题的解释》(自2004年12月22日起施行)第15条规定:“单位实施刑法第二百一十三条至第二百一十九条规定的行为,按照本解释规定的相应个人犯罪的定罪量刑标准的三倍定罪量刑。”据此,单位侵犯他人商业秘密,给权利人造成损失或者侵权所得达到90万元的,肯定应该构成侵犯商业秘密罪。对单位的罚金数额及对直接责任人员个人的处罚只有等新的司法解释作出规定。

现行《刑法》第220条对应于现行《刑法》第219条之一的,由于第219条之一属于行为犯,没有情节严重的要求,因此单位犯第219条之一的,也没有情节严重的要求,只要实施就构成犯罪。

四、侵犯商业秘密罪的犯罪对象“密点”

在权利人向公安机关就侵犯商业秘密进行报案、控告或者向法院提起刑事自诉时,权利人必须明确说明被侵犯的权利人的商业秘密的至少一项内容,也就是通常所说的权利人必须明确其主张的至少一个“密点”。对于技术秘密而言,除研发失败的研发记录外,一个“密点“其实就是一个技术方案,理由详见第一章。权利人主张其被侵犯的技术“密点”时,特别需要注意以下方面。

(1)技术“密点”的内容必须是所属技术领域的技术人员,能从被权利人采取了合理保密措施的技术载体中,既不需要经过创造性劳动也不需要大量劳动,就能提取出来的。

(2)一定要结合犯罪嫌疑人拥有、使用、允许他人使用、披露、公开的技术信息,确定技术“密点”内容。如果所确定的“密点”写明的技术细节越多,则其构成不为公众所知悉的可能性越大,但其与犯罪嫌疑人拥有、使用、允许他人使用、披露、公开的技术信息构成相同或者实质相同的可能性就小。所确定的技术“密点”,应该与犯罪嫌疑人的涉案技术信息尽可能接近,尽可能使其差别是所述领域技术人员容易想到的。是否容易想到的标准见本书第一章。

(3)一定要结合犯罪嫌疑人是否接触过或者有接触承载所述“密点”的载体的可能,确定技术“密点”内容。如果犯罪嫌疑人没有接触相关载体的可能,就算所确定的“密点”构成不为公众所知悉,且与犯罪嫌疑人拥有、使用、允许他人使用、披露、公开的技术信息构成相同或者实质相同,犯罪嫌疑人也不会构成侵犯权利人的所述“密点”的商业秘密。

五、侵犯商业秘密罪的具体行为及侵犯技术秘密刑事诉讼中的鉴定

按照《刑法》第 219 条、第 219 条之一及第 220 条,侵犯商业秘密罪的具体行为有以下 6 种情形,每一种情形刑事诉讼中如果涉及技术秘密,几乎都要通过“鉴定”定案,可以说“鉴定为王”。

(一)以盗窃、贿赂、欺诈、胁迫、电子侵入或者其他不正当手段获取权利人商业秘密侵犯商业秘密罪的认定及鉴定

1. 我国商业秘密侵权刑事诉讼中通常采用“商业秘密 + 同一性 + 接触 - 合法来源”的认定模式

《侵犯知识产权刑事解释三》第 3 条规定:“采取非法复制、未经授权或者超越授权使用计算机信息系统等方式窃取商业秘密的,应当认定为刑法第二百一十九条第一款第一项规定的‘盗窃’。以贿赂、欺诈、电子侵入等方式获取权利人的商业秘密的,应当认定为刑法第二百一十九条第一款第一项规定的‘其他不正当手段’。”

有此司法解释的规定,关于盗窃或者贿赂、欺诈、胁迫、电子侵入等其他不正

当手段的理解和认定，对于企业的法务人员、代理律师、侦查人员、公诉人员、审案法官，通常都不会成为问题。但在涉及技术信息时，对于以不正当手段“获取权利人的商业秘密”的理解和认定，则具有非常大的困难。这得跨越三道逻辑关：第一关，得认定犯罪嫌疑人所掌握的涉案技术信息的内容；第二关，得认定犯罪嫌疑人掌握的涉案技术信息是来源于权利人；第三关，得认定权利人被获取技术信息符合商业秘密的构成要件，即不为公众所知悉、被权利人采取了相应保密措施并具有商业价值。其中第一关难度不大，如果能够证明涉案信息是被犯罪嫌疑人使用、允许他人使用，被犯罪嫌疑人披露、公开，或者在犯罪嫌疑人处查获，就可以认定犯罪嫌疑人所掌握的涉案信息的内容。第二关最为困难，很多情况下几乎无法直接认定。原因在于技术信息具有无形性。如果是以仅仅复制信息而不拿走权利人的有形信息载体的方式盗取权利人的技术信息的话，则很难查获犯罪嫌疑人盗取权利人技术信息的直接证据，尤其是犯罪嫌疑人是技术秘密权利人的员工等内部人员时。但只要能认定在犯罪嫌疑人处查获的技术信息与权利人构成商业秘密的技术信息相同或者实质相同，而且能证明犯罪嫌疑人接触过权利人的技术信息或者有过接触的条件，犯罪嫌疑人不能提供被查获的技术信息合法来源及其证据的话，就可以推定在犯罪嫌疑人处查获的技术信息来源于权利人。由此，对于犯罪嫌疑人拥有的技术信息是来源于权利人的认定，通常采用“商业秘密 + 同一性 + 接触 - 合法来源”推定的方式。

其实，这与在没有证明实施盗窃行为的直接证据的情形下，认定犯罪嫌疑人盗取了权利人的牛的逻辑是一样的。如果权利人的牛被盗了，而在嫌疑人处发现了与权利人被盗的一样的牛，而嫌疑人不能提供该牛的合法来源及其证据的话，则推定嫌疑人盗取了权利人的牛。对于这样的推定，嫌疑人会心服口服，就算不服也无可抵赖，就算抵赖也得不到人民群众的支持。得到人民群众的理解和支持，是司法公正的终极检验标准。

当然，在有监控录像、目击证人等能直接证明嫌疑人以盗窃、贿赂、欺诈、胁迫、电子侵入或者其他不正当手段获取权利人的技术秘密的直接证据前提下，就不需要用“商业秘密（不为公众所知悉 + 相应的保密措施 + 具有商业价值）+ 同一性 + 接触 - 合法来源”的模式来间接证明了。而是采用证明权利人被盗取或者被以不正当手段获取的技术信息或者经营信息构成商业秘密（不为公众所知悉、具有商业价值并被采取了合理保密措施），并用监控录像、目击证人等证据直接证明犯罪嫌疑人实施盗取或者不正当手段获取权利人商业秘密的行为,并证明犯罪嫌疑人的盗取或者不正当手段获取的行为或者后果,达到情节严重的程度,来认定犯罪嫌疑人构成侵犯商业秘密罪。

2. 实务中基本都是需要借助鉴定来认定侵犯商业秘密罪的

由于我国对于法定刑在 15 年有期徒刑以下的犯罪,一审由基层人民法院管辖,因此侵犯商业秘密罪由基层公安侦查、基层人民检察院公诉,基层人民法院审判。这些基层机关通常都不具备对涉案技术信息是否不为公众所知悉,以及犯罪嫌疑人的涉案技术信息与权利人的涉案技术信息是否相同或者实质相同的专门知识和仪器设备,甚至很多情况下,对因侵犯商业秘密给权利人造成的损失或者犯罪嫌疑人的违法所得的数额,都没有判定的能力。由此,一些公安机关在只有权利人提供了要求保护的技术信息是不为公众所知悉,犯罪嫌疑人的涉案技术信息与权利人的涉案技术信息构成相同或者实质相同,因侵犯商业秘密给权利人造成的损失或者侵权所得达到 30 万元(过去是 50 万元)的鉴定报告或者鉴定意见时,才能立案,甚至是才能受理报案。但无论受理报案、控告的公安机关保护权利人商业秘密的积极性有多高,在其向检察院提请公诉时,通常都要有权利人要求保护的技术信息是不为公众所知知悉,犯罪嫌疑人的涉案技术信息与权利人要求保护的技术信息构成相同或者实质相同,因侵犯商业秘密给权利人造成的损失或者侵权所得达到 30 万元(过去是 50 万元)的鉴定报告或者鉴定意见。只不过,后者是在公安机关的主导下(有些还是在检察机关提前介入指导下)取得这三项鉴定报告或者鉴定意见的。笔者至今还未见过一件不通过鉴定,就认定了侵犯技术秘密的刑事判决书。因此,在侵犯技术秘密的刑事诉讼中,可以说“鉴定为王”。

如果权利人主张被侵犯的是不涉及技术的经营信息的话,则通常不需要鉴定。这是因为,不同企业的经营信息各自独立、很少雷同,不像技术信息那样受技术规律的制约,因而解决同样技术问题的技术信息之间具有必然联系;同时由于不涉及技术,按照常理、常识及日常生活经验就可以判定其是否不为公众所知悉,以及是否构成相同或者实质相同,因而办案人员通常是具备判断能力的。由此,对于侵犯经营信息的商业秘密刑事案件,通常是不需要鉴定的。

3. 侵犯商业秘密刑事诉讼中的鉴定

(1)权利人要求保护的技术信息,即“密点”构成不为公众所知悉的鉴定

与民事侵权诉讼一样,不管权利人就侵犯其技术秘密向公安机关报案、控告,

还是提起刑事附带民事自诉,都要求权利人明确其要求保护的技术秘密的具体内容或者技术范围,即通常所说的“密点”。当然“密点”可以是一个,也可以是多个。而只有权利人要求保护的“密点”不为公众所知悉、具有商业价值并被采取了相应的(或者合理的或者适当的)保密措施时,才能得到法律保护。因此,需要对权利人提出的“密点”是否不为公众所知悉进行认定,通常都需要通过鉴定认定。需要特别提醒的是,一定不能将“密点”与其“载体”相混淆。除研发失败的研发记录外,“密点”一定是能解决一定技术问题的技术方案,而其“载体”可能是工艺文件、样品、图纸、计算机软件或者甚至是植物新品种繁殖材料等;而且保密措施一定是针对承载技术方案的载体实施的。关于技术“密点”及其载体 ,详见本书第一章。

由于目前尚未有技术信息是否属于不为公众所知悉的可供实操的判定标准,鉴定人的鉴定意见实际上都是经验性判定。目前的知识产权鉴定人多数都是专利审查员出身,他们习惯性地将专利权利要求是否具备新颖性的判定标准,当成判定技术信息是否不为公众所知悉的标准。笔者认为,如果权利人的技术信息,在涉嫌侵犯商业秘密的行为实施之前,不属于我国《专利审查指南》(2010)第二部分第3章第2.1节规定的现有技术的,则属于商业秘密保护中的“不为公众所知悉”。其中的例外情况是,如果权利人的技术信息是通过对合法获得的产品拆解、测绘、分析才能获得,虽然按照《专利审查指南》属于现有技术,但权利人的该技术信息属于商业秘密保护中的不为公众所知悉。理由见本书第一章。

(2)权利人要求保护的技术信息,即“密点”与嫌疑人的涉案技术信息构成相同或者实质相同即“同一性”的鉴定

同样,由于目前尚未有技术信息是否构成“同一性”的实操方面的判定标准,鉴定人的鉴定意见实际上也都是经验性判定。而目前的知识产权鉴定人多数都是专利审查员出身,其中一些鉴定人是按照判定被诉技术方案是否落入专利权利要求保护范围的方法和标准对“同一性”进行鉴定的。笔者认为这种方法是错误的,而是应该按照本书第一章所述的方法和标准鉴定“同一性”。详见本书第一章。

(3)关于对给权利人造成的侵权损失或者侵权所得的鉴定

侵权损失或者侵权所得的鉴定不是必需的,通常在相关财务数据太多且复杂的情形下,由依法设立的价值评估机构,或者会计事务所进行鉴定或者评估。

(二)披露、使用或者允许他人使用以不正当手段获取的权利人的商业秘密的理解和认定

我国现行《刑法》第 219 条第 1 款第 2 项规定的"披露、使用或者允许他人使用以前项手段获取的权利人的商业秘密的",即犯罪嫌疑人披露、使用或者允许他人使用其"以盗窃、贿赂、欺诈、胁迫、电子侵入或者其他不正当手段获取权利人的商业秘密的"。其由两个逻辑链条构成:其一,犯罪嫌疑人实施了以盗窃、贿赂、欺诈、胁迫、电子侵入或者其他不正当手段获取权利人的商业秘密的行为;其二,犯罪嫌疑人获取后披露、使用或者允许他人使用。

对于"以盗窃、贿赂、欺诈、胁迫、电子侵入或者其他不正当手段获取权利人的商业秘密"的认定,见上文。

(三)违反保密义务或者违反权利人有关保守商业秘密的要求,披露、使用或者允许他人使用其所掌握的商业秘密行为的理解、认定

《刑法》第 219 条第 1 款第 3 项规定,违反保密义务或者违反权利人有关保守商业秘密的要求,披露、使用或者允许他人使用其所掌握的商业秘密,情节严重的,构成侵犯商业秘密罪。其由三个要素构成,其一,犯罪嫌疑人掌握他人的商业秘密;其二,犯罪嫌疑人明知其对权利人的该商业秘密负有保密义务,或者权利人对犯罪嫌疑人保守该商业秘密具有明确要求,且犯罪嫌疑人对该商业秘密无权使用,也无权容许他人使用;其三,犯罪嫌疑人自己使用、向他人披露该商业秘密或者向他人披露并允许他人使用该商业秘密。

(四)《刑法》第 219 条第 2 款规定的侵犯商业秘密罪的理解、认定

《刑法》第 219 条第 2 款规定:"明知前款所列行为,获取、披露、使用或者允许他人使用该商业秘密的,以侵犯商业秘密论。"该款规定的侵犯商业秘密罪的行为包括获取、获取并披露、获取并使用、获取并允许他人使用四种情况。而其中"获取"又包括三种情况。不论获取手段是否正当,只要符合下列一项条件:①犯罪嫌疑人明知其所获取的商业秘密是他人通过《刑法》第 219 条第 1 款第 1 项规定的以盗窃或者其他不正当手段获取的;②犯罪嫌疑人明知是《刑法》第 219 条第 1 款第 2 项规定的,他人以《刑法》第 219 条第 1 款第 1 项规定的以盗窃或者其他不正

当手段获取权利人的商业秘密后披露给第三人，犯罪嫌疑人再从该第三人获取；③犯罪嫌疑人明知是《刑法》第219条第1款第3项规定的，他人违反保密义务或者违反权利人有关保守商业秘密的要求，披露权利人的商业秘密，犯罪嫌疑人从该披露人直接获取，或者从通过该披露人获取的第三人获取权利人的商业秘密；情节严重的就构成侵犯商业秘密罪。同时，不论属于上述三种获取情况中的哪一种，只要犯罪嫌疑人获取后披露、使用或者允许他人使用，情节严重的，也构成侵犯商业秘密罪。

需要说明的是，如果行为人仅实施了上述三种获取行为中的一种，但如果达不到情节严重的，虽然以侵犯商业秘密论，但仍然不构成侵犯商业秘密罪。如果其获取，或者获取后再披露、使用或者允许他人使用，给权利人造成的损失或者侵权所得达到30万元，就构成情节严重，进而构成侵犯商业秘密罪。

（五）《刑法》第219条之一为境外窃取、刺探、收买、非法提供商业秘密罪行为的认定

《刑法》第219条之一规定，为境外的机构、组织、人员窃取、刺探、收买、非法提供商业秘密的，处5年以下有期徒刑，并处或者单处罚金；情节严重的，处5年以上有期徒刑，并处罚金。该条规定的是行为犯，不论单位还是个人，只要实施了为境外的机构、组织或人员窃取、刺探、收买或非法提供商业秘密的，就构成为境外窃取、刺探、收买、非法提供商业秘密罪。

（六）《刑法》第220条规定的单位侵犯商业秘密罪

现行《刑法》第220条规定，单位犯本节第213条至第219条之一规定之罪的，对单位判处罚金，并对其直接负责的主管人员和其他直接责任人员，依照本节各该条的规定处罚。据此，如果公司、企业、事业单位、机关、团体为本单位谋取非法利益或者以单位名义为本单位全体成员或多数成员谋取非法利益，而由单位的决策机构按照单位的决策程序决定，由直接责任人员具体实施《刑法》第219条规定的情节严重的行为，或者实施《刑法》第219条之一规定的行为，则单位构成侵犯商业秘密罪，或者单位构成为境外窃取、刺探、收买、非法提供商业秘密罪。

第三节　侵犯商业秘密罪典型案例评析及判决书原文

一、案例一：依据“商业秘密＋接触＋同一性－合法来源”推定同时用直接证据证明犯罪行为的典型案例*

本案是商业秘密权利人的高级员工利用权利人的技术秘密生产、销售谋取不正当利益的典型案例。像本案这样，侵权人结成团伙精心预谋的犯罪，不论是权利人还是侦查机关都很难取得证明犯罪行为的直接证据，但本案在取得依据“商业秘密（不为公众所知悉＋合理保密措施＋具有商业价值）＋接触＋同一性－合法来源”证明模式认定犯罪行为所需的充分、确凿证据的同时，还取得了能够直接证明犯罪行为的直接证据。本案对通过刑事手段保护商业秘密，特别是保护技术秘密的调查取证具有很大的借鉴意义。

首先需要说明的是，本案犯罪行为发生于2014年之前，本案判决作出于2015年5月6日，当时适用的《刑法》条文是2011年2月25日发布、2011年5月1日实施的《刑法》第219条。其和2017年11月4日发布实施的《刑法》第219条的内容完全相同。其内容为：“有下列侵犯商业秘密行为之一，给商业秘密的权利人造成重大损失的，处三年以下有期徒刑或者拘役，并处或者单处罚金；造成特别严重后果的，处三年以上七年以下有期徒刑，并处罚金：（一）以盗窃、利诱、胁迫或者其他不正当手段获取权利人的商业秘密的；（二）披露、使用或者允许他人使用以前项手段获取的权利人的商业秘密的；（三）违反约定或者违反权利人有关保守商业秘密的要求，披露、使用或者允许他人使用其所掌握的商业秘密的。明知或者应知前款所列行为，获取、使用或者披露他人的商业秘密的，以侵犯商业秘密论。本条所称商业秘密，是指不为公众所知悉，能为权利人带来经济利益，具有实用性并经权利人采取保密措施的技术信息和经营信息。本条所称权利人，是指商业秘密的所有人和经商业秘密所有人许可的商业秘密使用人。”同时本案还适用2004年12月8日发布、2004年12月22日实施的《最高人民法院、最高人民检察院关于办理侵犯知识产权刑事案件具体应用法律若干问题的解释》第7条（实施《刑法》

---

* 常州高新区人民法院（2014）新知刑初字第1号。

第 219 条规定的行为之一,给商业秘密的权利人造成损失数额在 50 万元以上的,属于“给商业秘密的权利人造成重大损失”,应当以侵犯商业秘密罪判处 3 年以下有期徒刑或者拘役,并处或者单处罚金。给商业秘密的权利人造成损失数额在 250 万元以上的,属于《刑法》第 219 条规定的“造成特别严重后果”,应当以侵犯商业秘密罪判处 3 年以上 7 年以下有期徒刑,并处罚金)的规定。虽然《最高人民法院、最高人民检察院关于办理侵犯知识产权刑事案件具体应用法律若干问题的解释》至今仍然有效,但其第 7 条已被 2020 年 9 月 12 日发布、2020 年 9 月 14 日实施的《最高人民法院、最高人民检察院关于办理侵犯知识产权刑事案件具体应用法律若干问题的解释(三)》第 4 条取代。

当时适用的刑法条文及司法解释的规定和现行《刑法》第 219 条及《最高人民法院、最高人民检察院关于办理侵犯知识产权刑事案件具体应用法律若干问题的解释(三)》第 4 条的规定相比,区别仅在于:当时只有给权利人造成重大损失,且损失达到 50 万元时才构成犯罪,而现行《刑法》第 219 条规定情节严重就构成犯罪;当时法定最高刑为 7 年有期徒刑,而现行《刑法》第 219 条规定的最高刑为 10 年有期徒刑;当时《刑法》规定“明知或者应知前款所列行为……”,而现行《刑法》第 219 条规定为“明知前款所列行为……”;当时《刑法》对何为商业秘密作了规定,而现行《刑法》第 219 条没有就何为商业秘密作出规定。按照现行《反不正当竞争法》对商业秘密的定义,其和当时适用的《刑法》第 219 条略有不同。

和现行法律及其司法解释的规定相比,本案适用的法律及其司法解释对侵犯商业秘密罪的认定标准更为严格,因此针对本案查明的证据,适用现行法律及其司法解释的规定,认定构成侵犯商业秘密罪更能成立,而且量刑应该更重。因此本案对通过刑事手段维护商业秘密,特别是调查取证,更加具有借鉴意义。

本案中,被告人邹某乙利用其担任常州市金源机械设备有限公司(以下简称金源公司)项目经理,具体负责 360 离心机生产、售后服务的职务之便,违反公司图纸保密管理规定,将公司按工作需要下发的全套 360 离心机零件图私自截留。离职后擅自将金源公司的 360 离心机全套图纸提供给被告人王某。后又与叶某甲、被告人王某共谋在上述图纸基础上进行修改,并生产、销售侵权产品。此属于我国现行《刑法》及 2017 年 11 月 4 日修正实施的《刑法》第 219 条第 1 款第 3 项规定的,违反相关保密要求披露、使用或者允许他人使用其所掌握的商业秘密。本案有利于深入理解准确掌握《刑法》第 219 条第 1 款第 3 项。

本案判决,在3份被告人供述笔录、19份书证、2份被害人陈述笔录、19份证人证言笔录、3份鉴定报告、1份鉴定人出庭笔录、1份财务司法鉴定意见书的基础上,不论是对权利人对涉案技术秘密享有权利、"涉密技术秘密范围"即"密点"的确定、权利人涉案技术信息非公知性的认定、权利人对涉案技术信息采取了合理保密措施的认定、权利人涉案技术信息价值性和实用性的认定,对侵权行为即被告人违反相关保密要求披露、使用或者允许他人使用其所掌握的商业秘密的认定,还是对给权利人造成重大损失的认定,乃至是否构成自首、是否构成明知的认定,都非常令笔者信服。尤其是判决书中对商业秘密的保密责任是法定责任而不是约定责任的断言,充分显示了判案法官的专业能力和自信,令笔者肃然起敬。

本案判决书是笔者所研读的侵犯商业秘密的刑事判决书中最亮眼的一个,而不是之一。用心研读本案判决书,会对权利人、代理律师以及侦查机关的调查取证能力的提升有很大的帮助,同时对刑事诉讼中法律论证能力的提升,以及对法律文书的写作水平的提高也会有很大帮助。因此笔者附判决书原文如下。

附:邹某乙、王某侵犯商业秘密罪一审判决书

公诉机关:常州市新北区人民检察院。

被告人:邹某乙,又名邹某甲,原系金源公司项目经理。因涉嫌侵犯商业秘密罪于2013年12月25日被刑事拘留,2014年1月28日被逮捕。现羁押于常州市看守所。

辩护人沈伟民,江苏金牌律师事务所律师。

被告人王某,系四川达州中一新材料有限公司技术顾问。因涉嫌侵犯商业秘密罪于2014年1月28日被刑事拘留,2014年3月4日被逮捕。现羁押于常州市看守所。

辩护人周俊强,安徽铭诚律师事务所律师。

辩护人黄晓东,江苏聚博律师事务所律师。

常州市新北区人民检察院以新检诉刑诉〔2014〕304号起诉书指控被告人邹某乙、王某侵犯商业秘密罪一案,于2014年9月30日向本院提起公诉。本院立案受理后,依法组成合议庭。2015年1月6日,常州市新北区人民检察院建议本院对本案延期审理。同日本院同意对本案延期审理。后恢复审理并分别于2014年11月26日、2014年12月10日、2015年4月22日不公开开庭审理了本案。常州市新北区人民检察院指派检察员符冰言、代理检察员马可兰出庭支持公诉，被告人邹某乙及其辩护人沈伟民、被告人王某及其辩护人周俊强、黄晓东到庭参加诉讼。本案现已审理终结。

常州市新北区人民检察院指控，2007 年至 2012 年 3 月，被告人邹某乙利用其担任常州市金源公司项目经理，具体负责 360 离心机生产、售后服务的职务之便，违反公司图纸保密管理规定，将公司按工作需要下发的全套 360 离心机零件图私自截留，后被告人邹某乙于 2012 年 3 月从金源公司离职。

2012 年 7 月至 8 月间，被告人邹某乙和常州市百亨输送设备有限公司（以下简称百亨公司）（另案处理）实际负责人叶某甲（另案处理）、徐某甲经事先预谋，由被告人邹某乙提供金源公司的 360 离心机全套图纸，由叶某甲提供生产资金及场地，由徐某甲具体负责生产。被告人邹某乙联系时任安徽吉曜玻璃纤维有限公司（以下简称吉曜公司）副总经理的被告人王某，商定由百亨公司生产 360 离心机销售给吉曜公司，并将金源公司的 360 离心机全套图纸提供给王某。后被告人邹某乙和叶某甲、徐某甲在叶某甲实际经营的百亨公司厂房内，生产组装 360 离心机 3 台，准备销售给吉曜公司，2012 年 11 月 2 日被常州市工商管理局高新分局当场查处，当场扣押 360 离心机 3 台和金源公司的 360 离心机全套图纸。并于 2013 年 6 月 28 日认定该 3 台 360 离心机为侵犯金源公司商业秘密的产品，对邹某乙作出相应的行政处罚。

2012 年 11 月被工商机关查处后，被告人邹某乙、王某与叶某甲遂商议，由被告人王某对 360 离心机图纸进行修改，并更名为玻璃微纤维成纤机（以下简称成纤机）。被告人邹某乙、叶某甲使用修改后的图纸以百亨公司的名义继续生产，并将生产的成纤机对外销售。被告人王某以设计费的名义对每台销售的成纤机收取 12,000 元。2013 年 1 月百亨公司以发明人叶某乙的名义向国家知识产权局对一种玻璃纤维纤化机申请实用新型专利。

2012 年 12 月至 2013 年 1 月，百亨公司共向吉曜公司、四川省达州东响新材料有限公司（以下简称东响公司）销售成纤机 13 台，销售金额总额共计人民币 189 万元。经常州市价格认证中心认定 360 离心机市场销售中间价为人民币 140,000 元/台，成本价为人民币 22,000 元/台。百亨公司的销售行为造成金源公司损失共计人民币 1,534,000 元。

2013 年 12 月 25 日，常州市公安局民警在百亨公司查扣尚未出售的成纤机

3台。

经江苏省科技咨询中心鉴定，金源公司360离心机含有如下不为公众所知悉的秘密点：1. 主轴本体内部形状及水循环冷却和加油结构；2. 主燃烧器内部水循环冷却；3. 环形内火口外径与环形外火口内径的尺寸公差；4. 内套材质、主轴材质；5. 燃烧室外模具、内模具。

经江苏省科技咨询中心鉴定：对百亨公司扣押和销售的涉案成纤机进行比对鉴定，离心机主轴本体内部形状及水循环冷却和加油结构、主燃烧器内部水循环冷却结构、主轴材质与金源公司360离心机图纸完全相同，外模结构、内模结构与金源公司360离心机图纸基本相同。

经江苏省科技咨询中心鉴定：对百亨公司的成纤机整套图纸与金源公司360离心机整套图纸进行比对鉴定：1. 百亨公司的图纸是经重新绘制而成的图纸。2. 相对金源公司的图纸，百亨公司的图纸有所改动，但近半数的图纸相同或实质相同。3. 百亨公司的图纸改动部分均属局部结构改进、尺寸调整，因此未改变整机基本结构和工作原理。4. 百亨公司涉及金源公司技术秘密的图纸中，相对于技术秘密点，除环形内火口（SB09－46）的尺寸公差不相同、无对应内套（SB09－44）的图纸之外，主轴本体（SB09－40）内部形状及水循环冷却结构和加油结构没有实质性改变、主燃烧器（SB09－43）内部水循环冷却结构没有改变、主轴（SB09－66）的材质实质相同。

2014年1月27日，被告人王某在重庆市向公安机关投案。

为证实上述指控，公诉人当庭讯问了被告人邹某乙、王某，出示或宣读了相关证人证言、书证、物证、鉴定意见书等证据。公诉机关认为：被告人邹某乙违反权利人有关保守商业秘密的要求，披露、使用或者允许他人使用其所掌握的商业秘密，被告人王某明知被告人邹某乙违反上述规定，获取、使用其所掌握的商业秘密，给商业秘密的权利人造成重大损失，其行为均触犯了《中华人民共和国刑法》第二百一十九条、第二十五条第一款的规定，犯罪事实清楚，证据确实、充分，应当以侵犯商业秘密罪追究刑事责任。系共同犯罪。

被告人邹某乙及其辩护人的辩护意见为：1. 被告人邹某乙没有全套技术图纸，也未私自截留涉案图纸，而是金源公司复制下发的，只是没有及时归还，这说明金源公司未采取足够保密措施。2. 江苏省科技咨询中心鉴定报告对涉案技术秘密非公知性的鉴定意见有异议，相关技术信息均应为公知技术信息。3. 因金源公司未及时缴纳专利年费，导致相关专利失效，同时被告人邹某乙未与金源公司签订保密协议，也不知金源公司向其支付保密津贴事宜，故金源公司的保密措施缺乏合理性。4. 百亨公司生产涉案产品的实际成本远高于相关价格鉴定书认定的成本。5. 被告人邹某乙在本案中所起作用不大，且主动交代了事实经过，应认定为自首和如实供述情节。

被告人王某及其辩护人的辩护意见为：1. 公诉人提供的权利人金源公司对涉案技术秘密采取了保密措施的证据不够充分，不能排除合理怀疑。2. 公诉人提供的证据不足以证明，涉案技术信息具有价值性。3. 若金源公司的离心机技术含有商业秘密的话，被告人王某未利用金源公司的商业秘密进行牟利，而是在其技术基础上进行改进以制造成纤机，其对其行为侵害了金源公司商业秘密并非明知。4. 公诉人指控被告人王某等人的行为造成金源公司损失达 1,534,000 元的证据不足，相关产品成本认定过低。5. 涉案产品除包含权利人金源公司技术秘密外，还涉及其他关键性技术，计算损失数额时，应当考虑涉案技术秘密在整个产品中所起的作用，不宜将依据整个产品利润计算出的数额全部视为权利人的损失。6. 被告王某主动投案，投案后如实供述，构成自首。另其对其行为性质的辩解并不影响自首的成立。

被告人王某及其辩护人向本院提供以下证据：1. 中国重工集团公司 702 所出具的证明原件一份、702 所介绍打印件一份、叶成龙身份证复印件一份、中国传播科学研究中心技术图纸 6 张，证明本案涉案的秘密点是本行业的公知信息。2. 沈某高证言 5 页、沈某高身份证、个人荣誉、文章发表材料共 11 页及技术图纸 3 张，证明本案的秘密点不具有非公知性和价值性。

经审理查明，2007 年至 2012 年 3 月，被告人邹某乙凭借其担任金源公司项目经理，具体负责 360 离心机生产、售后服务的职务便利，逐步获得了金源公司 360 离心机生产工艺全套图纸。后被告人邹某乙于 2012 年 3 月从金源公司离职。

金源公司在内部管理过程中，针对 360 离心机等产品的技术图纸，采取了与相关员工签订保密协议、制定公司图纸管理规程、在技术图纸上加盖“受控”字样等保密措施。

2012 年 7 月至 8 月，被告人邹某乙和百亨公司实际负责人叶某甲（另案处理）、徐某甲经事先预谋，商定由被告人邹某乙提供金源公司的 360 离心机全套图纸，由叶某甲提供生产资金及场地，由徐某甲具体负责生产，共同生产离心机。被告人邹某乙联系时任吉曜公司副总经理的被告人王某,商定由百亨公司生产360离心机销售给吉曜公司,并将金源公司的360离心机全套图纸提供给被告人王某。被告人王某拿到上述图纸后,看到其上盖有"受控"字样印章并标有金源公司名称,并询问被告人邹某乙是否与金源公司签订保密协议等事宜。后被告人邹某乙和叶某甲、徐某甲在叶某甲实际经营的百亨公司厂房内,生产组装360离心机3台,准备销售给吉曜公司,2012年11月2日被常州市工商管理局高新分局当场查处,当场扣押360离心机3台和金源公司的360离心机全套图纸。并于2013年6月28日认定该3台360离心机为侵犯金源公司商业秘密的产品,对被告人邹某乙作出相应的行政处罚。

2012年11月被工商机关查处后,被告人邹某乙、王某与叶某甲遂商议,由被告人王某对金源公司的360离心机图纸进行修改,并更名为玻璃微纤维成纤机。被告人邹某乙、叶某甲使用修改后的图纸以百亨公司的名义继续生产,并将生产的成纤机对外销售。被告人王某以设计费的名义,对每台销售的成纤机收取12,000元。2013年1月百亨公司以发明人叶某乙的名义向国家知识产权局对一种玻璃纤维纤化机申请实用新型专利。

2012年12月至2013年1月,百亨公司共向吉曜公司、东响公司销售成纤机13台,销售金额总额共计人民币189万元。经上海沪港金茂会计事务所有限公司出具的沪金审财(2015)司会鉴字第F524号司法鉴定意见书认定:金源公司2012年度至2013年度期间单台360离心机生产成本为14,909.68元,销售相应经营成本为18,937.62元,合计360离心机单台成本为33,847.30元。2012年、2013年金源公司共计销售360离心机134台,总销售收入为19,230,000元,平均每台销售收入为143,507.46元。综上,百亨公司的销售行为造成金源公司损失共计人民币1,425,582.08元。

2013年12月25日,常州市公安局民警在百亨公司查扣尚未出售的成纤机3台。

经江苏省科技咨询中心鉴定,金源公司360离心机含有如下不为公众所知悉的秘密点:1. 主轴本体内部形状及水循环冷却和加油结构;2. 主燃烧器内部水循环冷却结构;3. 环形内火口外径与环形外火口内径的尺寸公差;4. 内套材质、主轴材质;5. 燃烧室外模具、内模具工装。

经江苏省科技咨询中心鉴定:将百亨公司销售的涉案成纤机与金源公司360

离心机图纸进行比对鉴定，对比结果为：1. 主轴本体内部形状及水循环冷却和加油结构下半部内部形状明显不同，但位于上半部的水循环冷却结构和加油结构相同；2. 主燃烧器内部水循环冷却结构相同，但高度结构尺寸明显不同；3. 环形内火口外径尺寸不相符；4. 主轴材质实质相同；5. 外模结构、抽查尺寸基本相同，两件内模中一件结构相同、抽查尺寸基本相同，另一件结构不同。

经江苏省科技咨询中心鉴定：对百亨公司的成纤机整套图纸与金源公司360离心机整套图纸进行比对鉴定，结论为：1. 百亨公司的图纸是经重新绘制而成的图纸。2. 相对金源公司的图纸，百亨公司的图纸有所改动，但近半数的图纸相同或实质相同。3. 百亨公司的图纸改动部分均属局部结构改进、尺寸调整，因此未改变整机基本结构和工作原理。4. 百亨公司涉及金源公司技术秘密的图纸中，相对于技术秘密点，除环形内火口（SB09－46）的尺寸公差不相同、无对应内套（SB09－44）的图纸之外，主轴本体（SB09－40）内部形状及水循环冷却结构和加油结构没有实质性改变、主燃烧器（SB09－43）内部水循环冷却机构没有改变、主轴（SB09－66）的材质实质相同。

鉴定人张某乙、俞某、何某乙当庭确认：金源公司提供360离心机产品时随附的说明书及易损件图纸涵盖了江苏省科技咨询中心出具的（2012）鉴字06号技术鉴定报告中的如下秘密点：（1）环形内火口外径与环形外火口内径的尺寸公差；（2）内套材质。金源公司提供360离心机产品时随附的模具涵盖了江苏省科技咨询中心出具的（2012）鉴字06号技术鉴定报告中的如下秘密点：燃烧室外模具、内模具工装。涉案的五项技术信息为360离心机技术方案的核心技术信息。

金源公司提供360离心机产品时随附易损件图纸上均盖有“受控”字样。百亨公司所销售的所有成纤机产品均系按照公安机关查扣的成套成纤机图纸进行生产。

2014年1月27日，被告人王某在重庆市向公安机关投案。

以上事实，由公诉机关提交，并经庭审举证、质证的下列证据予以证明：

（一）被告人供述

1. 被告人邹某乙供述笔录，证明其在金源公司工作期间利用平时工作便利，私下将金源公司360离心机图纸收藏起来，并带出金源公司，为自己使用提前做准备。被告人邹某乙知道金源公司对360离心机技术图纸有明确保密要求。离职后，被告人邹某乙联系徐某甲、叶某甲、被告人王某等人，商量分工开展360离心机的生产销售。被告人邹某乙向被告人王某提供了金源公司360离心机的整套图纸，被告人王某在该图纸上进行改动，叶某甲提供生产资金和场地，后依照被告人王某改动后的图纸，百亨公司完成了13台成纤机的生产并全部销售，且被告人王某每台均有设计费提成。

2. 被告人王某供述笔录，证明其在与金源公司业务往来中结识被告人邹某乙。被告人邹某乙为销售离心机主动联系到被告人王某，并将其在金源公司360工作期间获得的全套360离心机图纸提供给被告人王某。在被告人邹某乙的介绍下，被告人王某结识了叶某甲。在被告人邹某乙和叶某甲的提议下，被告人王某与上述二人共同商量决定由被告人王某在金源公司360离心机图纸基础上进行改动，形成新图纸后进行相关产品的生产销售。后被告人王某在金源360离心机的图纸的基础上改动形成了成纤机的技术图纸，并将上述图纸提供给被告人邹某乙和叶某甲用于百亨公司涉案产品生产，且三人订立协议并约定分成事宜。后被告人王某将之前从被告人邹某乙处获得的金源360离心机图纸销毁。被告人王某在相关行业多年，其注意到被告人邹某乙提供的金源公司360图纸上盖有“受控”字样，并询问被告人邹某乙是否与金源公司签订保密协议。百亨公司共销售上述成纤机13台，被告人王某每台提成12,000元。

3. 同案犯叶某甲供述笔录，证明2012年4月至5月，叶某甲通过徐某甲结识被告人邹某乙，被告人邹某乙提出要合作开展离心机生产，叶某甲愿意出资金和场地。通过被告人邹某乙，叶某甲结识被告人王某，在工商部门查处后，叶某甲与被告人邹某乙、王某、徐某甲商量，并提出要继续生产离心机，并改名为成纤机。后被告人邹某乙、被告人王某、徐某甲完成了360成纤机的图纸设计，叶某甲以其子叶某乙的名义向国家专利局申请专利，而叶某乙仅是挂名，其根本不懂相关技术。百亨公司对外销售成纤机共13台，均按照上述成纤机图纸生产。成纤机销售后，被告人邹某乙按净利润的50%分成，被告人王某则按每台15,000元分成。

（二）书证

1. 金源公司营业执照，证明受害人及相关商业秘密权利人主体信息。

2. 全日制合同、公司员工职位证明书、保密协议、员工守则、金源公司董事会决议，证明被告人邹某乙在金源公司任职的情况及金源公司对职工的保密要求。

3. 金源公司项目立项书、实用新型专利证书，证明金源公司于2003年年初开始立项离心机项目，经费180万元。金源公司玻璃成纤离心机于2005年11月17

日申请专利。

4. 金源公司图纸管理规程、文件发放、归档、收回登记表、质量管理体系认证证书及相关说明，证明该公司对涉密图纸采取了相对严格的保密措施。

5. 被告人邹某乙在2012年11月5日所写的承诺书，证明其存在主观故意。

6. 被告人邹某乙和被告人王某之间的来往短信，证明被告人邹某乙威胁要把给被告人王某图纸的录像和通话录音提供给梅某芳。

7. 百亨公司的营业执照，证明百亨公司主体信息。

8. 协议书，证明被告人王某为百亨公司设计玻璃微纤维成纤机，并收取设计费。

9. 百亨公司的一种玻璃纤维纤化机的实用新型专利证书，证明发明人为叶某乙，申请日期为2013年1月9日。

10. 销售协议、增值税专用发票，支付凭证，证明百亨公司与吉曜公司、东响公司之间关于维成纤机的业务往来情况。2012年12月15日，刘某芬代表百亨公司与吉曜公司签订了销售3台成纤机的合同，单价14万元/台，总价42万元，合同已履行。2013年1月8日，叶某甲代表百亨公司与吉曜公司签订了销售1台成纤机的合同，销售价格12万元，合同已履行。2012年12月13日，刘某芬代表百亨公司与东响公司签订了销售6台型号360的成纤机的合同，单价15万元/台，总价90万元，合同已履行。

11. 由百亨公司提供的被告人邹某增和被告人王某、徐某甲等相关费用开销的单据。

12. 常州市公安局扣押物品清单，证明从被告人邹某乙处扣下成纤机图纸一套、协议书一份，从百亨公司叶某丙处扣下被告人邹某乙、王某费用清单、成纤机图纸一套，从刘某芬处扣下成纤机3台。

13. 吉曜公司被告人王某办公室扣下的剩余的金源公司360离心机图纸，证明被告人王某获取了金源公司360离心机图纸。

14. 由百亨公司提供的成纤机图纸一套，证明该图纸上均标注百亨公司受控文件，设计人为文某。

15. 由工商部门从被告人邹某乙处扣押的从金源公司带出的360离心机、400离心机图纸，证明被告人邹某乙私自截留金源公司技术图纸。

16. 由工商部门提供的查处被告人邹某乙侵犯商业秘密一案的相关资料，证明工商部门认定被告人邹某乙于2012年8月至10月,利用从金源公司非法获取的离心机资料,借用常州鑫盛五金厂的车间从事加工离心机,案发前生产3台,尚未销售。处罚收缴图纸返还金源公司,对被告人邹某乙罚款68,000元。

17. 太仓宏大方圆集团有限公司提供的360离心机说明书,证明金源公司销售360离心机时同时提供了使用说明书和易损件图纸。

18. 公安机关出具的案发、抓获经过,证明本案侦破情况以及两被告人归案情况。

19. 常住人口信息表、违法犯罪查询情况,证明两被告人身份情况以及无前科劣迹。

(三)被害人陈述

1. 被害单位负责人梅某的陈述笔录,证明梅某系金源公司总经理,该公司前项目经理邹某乙将公司保密受控的360玻璃成纤离心机图纸带出公司,并在离职后挂靠在安家鑫盛五金厂(百享公司)从事该型号离心机的生产。在工商部门查处了3台360离心机后,邹某乙继续加工离心机,抢走了他们公司的部分业务。金源公司对上述产品图纸采取了相应的保密措施,包括签订用工合同、保密协议,制定图纸管理规程,图纸由档案室统一保管,领用必须进行登记,对接触到涉密图纸的员工发放保密工资等。金源公司的员工手册就贴在公司门口的橱窗内。2008年的董事会决议把年终奖的一半定为保密工资。公司的图纸管理规定于2008年贴在资料室一进门的墙上。图纸上的受控印章是在ISO9000认证关于文件控制的程序。

2. 被害单位负责人梅某芳的陈述笔录,证明梅某芳是金源公司的董事长,其反映的情况和梅某所作的陈述基本一致。

(四)证人证言

1. 证人管某的证言笔录,证明管某系金源公司一分厂员工,负责看图纸下料,公司对360离心机的图纸采取了相应的保密措施,且保密措施与图纸管理规程所规定的基本一致。2012年10月,管某接到徐某甲的电话去被告人邹某乙家吃饭,其间被告人邹某乙谈到要自己生产金源公司离心机的事情,还拿出了。300离心机和400离心机的图纸,图纸上都能看到金源公司的章。

2. 证人张某甲的证言笔录,证明其系金源公司的副总经理。360玻璃成纤离心机的主要构成部分、基本结构在内的总体技术方案已经被ZL200520077506.9

《玻璃成纤离心机》专利公告文件公开，但是离心机上的主轴本体内部形状及水循环冷却和加油结构，主燃烧器内部水循环冷却的环形内外火口及关键部件尺寸公差，关键零部件内套、主轴反映或隐含在图纸中的材质，燃烧室内外模具型腔的关键工装等技术信息不仅未被专利公告文件披露，而且其不能通过测量、测绘、破坏等手段而被公众知悉。金源公司对360离心机等产品技术图纸采取了保密措施，技术图纸资料上都盖有“受控”字样的印章。根据公司董事会决议，凡涉及参与保密岗位的人员，其年终奖金的50%是保密工资，公司有文件的。被告人邹某乙2005年5月进入金源公司，先后担任离心机的售后、销售项目监理，于2012年5月辞职离开。被告人邹某乙利用其做项目监理及售后服务时接触公司秘密图纸资料的职务便利，分批次复印了360、玻璃成纤离心机的所有资料，并到常州安家鑫盛五金厂（百亨公司）加工生产相关产品。金源公司出售离心机时，为了客户操作、维护离心机，一直附带离心机说明书给客户的，该说明书中附带的图纸是离心机易损件及有关配件的图纸。该说明书中，内套的材质信息有标注，但是虚假的，主轴的材质信息没有标明。

3. 证人叶某甲的证言笔录，证明叶某甲曾经在金源公司技术部工作，金源公司对360离心机图纸采取了相应的保密措施，被告人邹某乙曾向其送3000元红包，后向其要金源公司集棉机、横切机的图纸。

4. 证人刘某的证言笔录，证明金源公司对公司技术图纸的复印有严格的规程和要求。2012年2月、3月，被告人邹某乙拿来360玻璃成纤离心机、400玻璃成纤离心机的复印成套图纸到资料室，要求复印，后刘某经公司领导钱某确认同意后，将360玻璃成纤离心机、400玻璃成纤离心机成套图纸复印给被告人邹某乙，直到被告人邹某乙2012年5月离开公司都没有归还。金源公司的员工手册在其2006年来上班的时候就贴在公司门口的橱窗内，公司的图纸管理规定2008年贴在资料室一进门的墙上。

5. 证人钱某的证言笔录，证明其系金源公司计划部部长，金源公司相关图纸采取了保密措施，2012年刘某曾经请示说被告人邹某乙要成套的360离心机、400离心机的图纸，考虑其是总装车间的项目经理，故未向领导请示，同意资料室给被告人邹某乙复印图纸。

6. 证人查某的证言笔录，证明其系金源公司的成套事业部部长，公司采取了签订保密协议、制定管理规程、发布员工手册等手段相对严格的保密措施保护离心机设计图纸不外泄。金源公司的员工手册是1998年制订的,后来就贴在公司大门附近的墙上。

7. 证人周某的证言笔录及所写的情况说明,证明其研发玻璃棉离心机的过程,所研发的设备改进之处及其特点;并且对百享公司图纸进行了对比,将对比说明注在了百享公司图纸上。

8. 证人徐某甲的证言笔录,证明2012年5月、6月,被告人邹某乙找到徐某甲要求代为加工离心机。经徐某甲引见被告人邹某乙与叶某甲认识并同意一起用被告人邹某乙提供的图纸生产离心机。被告人邹某乙提供了金源公司的360离心机整套技术图纸。工商查处后,叶某甲让被告人邹某乙、王某重新设计了新的图纸用于继续生产。后被告人邹某乙联系了吉曜公司和东响公司,共向其销售离心机13台。

9. 证人束某的证言笔录,证明其系百亨公司会计,百亨公司离心机的销售情况为:销售给吉曜公司116万元,收款107万元,应收款9万元;卖给东响公司267万元,收款237万元,应收款30万元。

10. 证人叶某乙的证言笔录,证明其系百亨公司名义上的股东。负责人叶某甲是其父亲,百亨公司的业务他不清楚,他也没有发明过什么玻璃纤维纤化机,是他父亲要申请专利,让他挂个名。

11. 证人叶某丙的证言笔录,证明其系百亨公司名义上的法定代表人。负责人叶某甲是他父亲,百亨公司的业务他不清楚。他在百亨公司个人做钣金业务,独立核算。

12. 证人李某的证言笔录,证明其系吉曜公司总经理,2012年12月25日其从百亨公司购买3台360离心机,总价420,000元。2013年1月8日采购1台360离心机,总价120,000元,还买了一些辅助设备,这些都是当时公司副总经理被告人王某经手的。其配合公安机关在被告人王某办公室中发现14张设计图纸,盖有金源公司的章,并由“周某”“受控”等字样。

13. 证人叶某丁的证言笔录,证明其系东响公司总经理。其从百亨公司共购买9台360离心机,其中2012年12月13日购买6台,单价150,000元,总计900,000元;2013年1月,从百亨公司采购3台360离心机,单价150,000元,总计450,000元。钱都已经付清了。

14. 证人顾某的证言笔录及其出具的情况说明,证明其系吉曜公司董事长,原来是从金源公司采购离心机,后被告人王某从百亨公司购买离心机,并把金源公司的离心机交到百亨公司改造。使用金源公司的360离心机即能生产细度4微米—5微米的超细玻璃棉,被告人王某购买的百亨公司的离心机与金源公司360离心机的生产功能一样,只是为了照顾被告人王某的情绪,所以就将设备升级、采购这方面的事情交给被告人王某来办。其从吉曜公司购自百亨公司的成纤机中抽取一台交常州警方进行有关鉴定。

15. 证人荣某的证言笔录,证明其系扬州永存液压机电有限公司负责人,原来帮金源公司加工过离心机主轴。2012年12月,原金源公司项目经理邹某乙和他联系,让他帮忙加工离心机配件,单位是百亨公司。

16. 证人蔡某的证言笔录,证明其系江阴市益澄铸造有限公司总经理,帮金源公司加工离心机铸件,2012年8月、9月,先是一个手机为134××××0693的男子和他联系的,后来是一个叫叶某甲的,是百亨公司的,让他加工360离心机铸件。

17. 证人陈某的证言笔录,证明其系安家双荣机械厂老板,帮金源公司加工离心机部件。2012年7月,被告人邹某乙请他们吃饭,拿出了金源公司的360图纸,问他哪些能加工,后来让他到百亨公司托料过来加工。加工好了也是送到百亨公司的。

18. 证人徐某乙的证言笔录,证明被告人王某是其表弟,2013年10月他向被告人王某借5万元,向被告人王某借了2万元,是打到他卡上的,卡号为45×××83,是谁的账户打过来的,他不清楚,也不认识叶某甲。

19. 证人何某甲的证言笔录,证明其是苏州太仓宏大方圆集团有限公司的设备科长,该公司的离心机是从金源公司购买的,金源公司同时提供了使用说明书和易损件图纸。

(五)鉴定意见

1. 江苏省科技咨询中心出具的(2012)鉴字06号技术鉴定报告,鉴定意见为:(1)φ360离心机包括主要构成部分、基本结构在内的总体技术方案已被ZL200520077506.9《玻璃成纤离心机》专利公告文件所公开。(2)φ360离心机至少以下重要零部件的内部结构未被专利公告文件披露,且这些内部结构由于包围在焊接成整体的零部件内,不采取破坏手段或特殊测绘手段难以知晓,因此不随产品销售而为公众所知悉:①主轴本体(图号SB09-40)内部形状及水循环冷却和加油结构(参见附件4);②主燃烧器(图号 SB90-43)内部水循环冷却(参见附件4)。(3)φ360 离心机至少以下核心零部件的尺寸公差不仅未被专利公告文件披露,而且与根据设计规范选择的常规公差不同,即使测绘相应零部件也无法直接知晓,因此不随产品销售而为公众所知悉:环形内火口(图号09-46)外径(参见附件5)与环形外火口(图号09-49)内径(参见附件6)的尺寸公差按常规设计原本应根据 GBT1804-2000《一般公差线性尺寸的未注公差》(附件8)选择其中的精密级,即±0.2。然而,图纸上标注的环形内火口外径公差实际为非标准的+0.1。(注:环形内火口外径与环形外火口内径之间形成的喷火间隙是决定喷火射流速度进而直径影响玻纤成纤质量的关键配合尺寸。)(4)φ360 离心机至少以下关键零部件反映或隐含在图纸中的材质不仅未被专利公告文件披露,而且不采取带有破坏性的专业化验等手段无法知晓,因此不随产品销售而为公众所知悉:①内套(图号 SB09-44)由于工作在燃气燃烧时高温部位的内腔,其散热条件受限,需要具有优良的耐高温和保持其强度性能指标,图纸上优选材质 ZG40CrSi2;②主轴(图号 SB09-66)由于工作时在高温环境高速旋转,因此需要具有十分优异的耐温耐磨性能,图纸上只标注了耐热材料,而未具体注明材质(参见附件7)。此外,燃烧室外模具(图号 SB09-模具1)、燃烧室内模具(图号 SB09-模具2)是形成燃烧室型腔的关键工装,该工装不仅未被专利公告文件披露,而且其结构不能通过测量离心机燃烧室而知晓。因此,专家组一致认为:φ360 离心机图纸中含有未被相关专利公告文件所公开的非公知信息。

2. 江苏省科技咨询中心出具的(2013)鉴字03号技术鉴定报告,鉴定意见为:(1)扣押产品。①将取样检测的环形内火口外径尺寸 φ368.85(或368.87、368.80)与图号为 SB09-46 设计图纸上标注的 φ369+0.1 比对,两者不相符。②将取样检测的主轴本体内部形状及水循环冷却和加油结构、抽查测量的有关尺寸与图号为 SB09-40 的设计图纸比对,结构相同、抽查尺寸基本相同。③将取样检测的主燃烧器内部水循环冷却结构、抽查测量的有关尺寸与图号为 SB90-43 的设计图纸比对,结构相同、抽查尺寸基本相同。④图号为 SB09-44 设计图纸上反映的内套材质 GZ40CrSi2 无对应国家标准,按金源机械设备有限公司提供的内套材质说明对应的国家标准 CB/T11352-2009 中化学成分栏与内套材质检验结果比对,由于 C、Si、Mn 等各成分存在明显差异,因此两者材质不同。⑤图号为 SB09-66 设计图纸上未反映主轴材质,将对应的主轴材质检验结果与金源机械设备有限公司提供的主轴材质情况说明比对，由于 C、Cr、Ni 各主要成分存在明显差异，因此两者材质不同。扣押产品中无燃烧室外模具和燃烧室内模具。(2)销售产品。①将取样检测的环形内火口外径尺寸 φ364 与图号为 SB09－46 设计图纸上标注的 φ369＋0.1 比对，两者公称尺寸不同，因此两者不相符。②将取样检测的主轴本体内部形状及水循环冷却和加油结构与图号为 SB09－40 的设计图纸比对，下半部内部形状明显不同，但位于上半部内部的水循环冷却和加油结构相同。③将取样检测的主燃烧器内部水循环冷却结构和有关尺寸与图号为 SB09－43 的设计图纸比对，内部水循环冷却结构相同、但高度结构尺寸明显不同。④图号为 SB09－66 设计图纸上未反映主轴材质，将对应的主轴材质检验结果与金源机械设备有限公司提供的主轴材质情况说明比对，各主要成分中仅 Ni 略有差异，两者材质实质相同。⑤将取样检测的外模结构和抽查检测的尺寸与图号为 SB09－模具 1 的设计图纸比对，结构相同、抽查尺寸基本相同。⑥将取样检测的两件内模中形状相似的一件结构和抽查检测的尺寸与图号为 SB09－模具 2 的设计图纸比对，结构相同、抽查尺寸基本相同；另一件结构不同。销售产品因整机结构有所变化，已不存在内套。

3. 江苏省科技咨询中心出具的(2014)鉴字 03 号技术鉴定报告，鉴定意见为：(1)常州百亨输送机械输送有限公司的图纸是经重新绘制而成的图纸。(2)相对常州金源机械有限公司的图纸，常州百亨输送机械有限公司的图纸有所改动，但近半数的图纸相同或实质相同。(3)常州百亨输送机械有限公司的图纸改动部分均属局部结构改进、尺寸调整，因此未改变整机基本结构和工作原理。(4)常州百亨输送机械有限公司涉及常州金源机械有限公司技术秘密的图纸中，相对于技术秘密点，除环形内火口(SB09－46)的尺寸公差不相同、无对应内套(SB09－44)的图纸之外，主轴本体(SB09－40)内部形状及水循环冷结和加油结构没有实持性改变、主燃烧器(SB09－43)内部水循环冷却结构没有改变、主轴(SB09－66)的材质实质相同。

4. 鉴定人张某乙、俞某、何某乙出庭笔录，证明：金源公司提供 360 离心机产品时随附的说明书及易损件图纸涵盖了江苏省科技咨询中心出具的(2012)鉴字 06 号技术鉴定报告中的如下秘密点：(1)环形内火口外径与环形外火口内径的尺寸公差；(2)内套材质。金源公司提供 360 离心机产品时随附的模具涵盖了江苏省科技咨询中心出具的(2012)鉴字 06 号技术鉴定报告中的如下秘密点：燃烧室外模具、内模具的工装。

5. 上海沪港金茂会计师事务所有限公司出具的沪金审财〔2015〕司会鉴字第F524号司法鉴定意见书，鉴定意见为：金源公司2012年度至2013年度单台360离心机生产成本为14,909.68元，销售相应经营成本为18,937.62元，合计360离心机单台成本为33,847.30元。该鉴定书还认定：2012年度金源公司360离心机销售数量为46台，销售收入为6,400,000元；2013年度金源公司360离心机销售数量为88台，销售收入为12,830,000元。

以上证据，均已在法庭中经控辩双方出示、宣读、质证，证据间互相印证，形成完整的证据链，证明本院已查证的事实，本院予以确认。对于被告人王某及其辩护人提供的中国重工集团公司702所出具的证明、702所介绍打印件，叶某龙身份证复印件，中国传播科学研究中心技术图纸，沈某高证言，沈某高身份、个人荣誉、文章发表材料及技术图纸等证据，因上述证据不能达到其证明目的即否认涉案秘密点的非公知性，故本院对上述证据不予认可。

本院认为：

一、关于金源公司360离心机技术方案中是否包含了商业秘密及包含了哪些商业秘密

商业秘密是指不为公众所知悉、能为权利人带来经济利益、具有实用性并经权利人采取保密措施的技术信息和经营信息。因此，判断金源公司360离心机技术方案中是否含有技术秘密，关键应从以下四步骤进行判断。

（一）涉密技术信息范围的确定

在江苏省科技咨询中心出具的（2012）鉴字06号技术鉴定报告中明确了金源公司360离心机技术方案中五点涉密技术信息及其范围：1. 主轴本体内部形状及水循环冷却和加油结构；2. 主燃烧器内部水循环冷却结构；3. 环形内火口外径与环形外火口内径的尺寸公差；4. 内套材质、主轴材质；5. 燃烧室外模具、内模具工装。

（二）相关技术信息非公知性的认定

在江苏省科技咨询中心出具的（2012）鉴字06号技术鉴定报告中明确了上述五点技术信息不为公众所知悉。本案被告人及其辩护人在辩护意见中表示涉案技术信息均为公知技术信息，但未提供充足理据推翻上述鉴定意见。虽庭审中，被告人及其辩护人多次表示全国生产类似离心机产品的厂家有数家，不只被害单

位一家，其也能从其他渠道获得相关技术信息，并提交了部分事后从其他渠道获得的离心机技术图纸；但本院认为商业秘密不同于专利，专利权具有排他性或独占性，而商业秘密的权利并非专有权，完全可以由数个权利人同时拥有，只要技术秘密来源是合法，法律均予以平等保护。因此，即使可以证明有其他的商业秘密权利人和其他的获取渠道，也不足以否定相关技术信息的非公知性，故对两被告人及其辩护人关于涉案技术信息均为公知技术信息的辩护意见，本院不予采纳。

（三）相关技术信息保密性的认定

保密性是商业秘密构成要件之一，即权利人为防止信息泄露采取了一定程度的保密措施。被害单位金源公司在内部管理过程中，针对360离心机等产品的技术图纸，采取了与相关员工签订保密协议、制定公司图纸管理规程、在技术图纸上加盖"受控"字样等保密措施。就涉案的前四项技术信息，金源公司的上述保密措施已经达到了法定的合理程度，但就涉案的最后一项技术信息，即燃烧室外模具、内模具工装，因金源公司确认其在销售360离心机产品时一般会随附燃烧室的外模具和内模具以便于客户维修，综合本案证据材料均未反映出金源公司对此采取过特殊保密手段，故本院认为本案第五项技术信息，即燃烧室外模具、内模具工装因缺乏合理保密措施，不构成商业秘密。另金源公司还确认其在销售360离心机产品时亦会随附说明书及易损件图纸一套。庭审中，鉴定人确认上述说明书及易损件图纸涵盖了涉案的环形内火口外径与环形外火口内径的尺寸公差和内套材质两项技术信息，但上述易损件图纸上均盖有"受控"字样印章，表明金源公司对此采取了一定保密措施，因而上述两项技术信息并不因此丧失保密性，依然构成商业秘密。故对两被告人及其辩护人关于涉案技术信息未采取保密措施的辩护意见，本院仅对第五项技术信息即燃烧室外模具、内模具工装相关意见予以采纳。

（四）相关技术信息价值性和实用性的认定

价值性和实用性是指相关技术信息能为权利人带来经济利益并能实际应用。本案中相关技术信息已经应用于实际生产，实用性毫无疑问。被告人王某的辩护人辩称公诉人提供的证据不足以证明涉案技术信息具有价值性，本院认为，庭审中鉴定人明确表示涉案的五项技术信息为360离心机技术方案的核心技术信息，而2012年至2013年期间金源公司共计销售360离心机134台，总销售收入达到19,230,000元，这些充分说明了涉案相关技术信息不仅能为权利人带来经济利益，而且该经济利益可观。故本院对被告人王某辩护人的上述意见不予采纳。

综上所述,金源公司360离心机技术方案包含了:主轴本体内部形状及水循环冷却和加油结构;主燃烧器内部水循环冷却结构;环形内火口外径与环形外火口内径的尺寸公差;内套材质、主轴材质等四项技术秘密。

二、关于被告人邹某乙是否违反相关保密要求披露、使用或者允许他人使用其所掌握的商业秘密

被告人邹某乙利用其担任金源公司项目经理,具体负责360离心机生产、售后服务的职务之便,违反公司图纸保密管理规定,将公司按工作需要下发的全套360离心机零件图私自截留。离职后擅自将金源公司的360离心机全套图纸提供给被告人王某。后又与叶某甲、被告人王某共谋在上述图纸基础上进行修改,并生产成纤机。被告人邹某乙的上述行为违反权利人金源公司的相关保密要求,实际使用并允许他人使用其获得的相关商业秘密。虽然被告人邹某乙并未与金源公司签订保密协议,但商业秘密的保密义务并非一项约定义务,而是一项法定义务,故被告人邹某乙实施了法定的犯罪行为。对于被告人邹某乙及其辩护人提出其未获得全套图纸的意见,本院认为被告人王某的供述、证人刘某等人的证言及其他相关证据已经足以证明其非法获得全套图纸的事实,故对其上述意见不予采纳。

三、关于被告人王某是否在明知或者应知的情况下,获取、使用了上述商业秘密

被告人邹某乙将金源公司360离心机全套图纸提供给被告人王某,被告人王某明知被告人邹某乙原系金源公司员工,其拿到上述图纸后,明确看到了图纸上盖有"受控"字样印章并标有金源公司名称,其甚至还询问被告人邹某乙是否与金源公司签订保密协议等事宜。后其与被告人邹某乙、叶某甲共谋在该图纸基础上进行修改并用于生产成纤机。可见被告人王某主观上明知相关图纸系不法所得,依然获取并使用他人商业秘密,故被告人王某实施了法定的犯罪行为。对于被告人王某辩护人关于王某并非明知的辩护意见,本院不予采纳。

四、关于两被告人的行为给商业秘密的权利人是否造成重大损失

本院认为:侵犯商业秘密犯罪中权利人"损失数额"的认定,应当按照权利人产品因侵权造成销售量减少的总数×权利人每件产品的合理利润。若权利人销售量减少的总数难以确定时,侵权产品在市场上销售的总数×权利人每件产品的合理利润可以视为权利人因侵权所受损失。

本案中,权利人金源公司360离心机产品因侵权造成销售量减少的总数难以确定,计算损失时,应当将侵权产品在市场上销售的总数×权利人金源公司每件

360离心机的合理利润视为权利人因侵权所受损失。2012年12月至2013年1月期间，百亨公司共向吉曜公司、东响公司销售成纤机13台，销售金额总额共计人民币189万元。经上海沪港金茂会计事务所有限公司出具的沪金审财(2015)司会鉴字第F524号司法鉴定意见书认定：金源公司2012年度至2013年度期间单台360离心机生产成本为14,909.68元，销售相应经营成本为18,937.62元，合计360离心机单台成本为33,847.30元。2012年、2013年金源公司共计销售360离心机134台，总销售收入为19,230,000元，平均每台销售收入为143,507.46元。综上，百亨公司的销售行为造成金源公司损失共计人民币1,425,582.08元。本院认为上述司法鉴定认定金额科学、合理，两被告人及其辩护人认为鉴定认定成本过低的意见，本院不予采纳。关于被告人王某辩护人认为百亨公司成纤机产品除包含权利人金源公司技术秘密外，还涉及其他关键性技术，计算损失数额时，应当考虑涉案技术秘密在整个产品中所起的作用，不宜将依据整个产品利润计算出的数额全部视为权利人的损失的意见，本院不予采纳，理由如下：1. 被告人王某及其辩护人未明确或提交相应证据证明百亨公司成纤机技术方案中还涉及其他关键性技术。2. 被告人的供述及本案其他证据足以证实百亨公司成纤机技术图纸是在金源公司360离心机技术图纸的基础上进行修改而得，江苏省科技咨询中心出具的(2014)鉴字03号技术鉴定报告也佐证了该事实。因此，百亨公司成纤机整体技术方案的形成具有明显的不正当性。

五、关于被告人邹某乙是否构成自首和如实供述情节、被告人王某是否构成自首

(一)关于被告人邹某乙是否构成自首和具有如实供述的情节

犯罪以后自动投案，如实供述自己的罪行的，是自首。本案中被告人邹某乙未有自动投案情节，依法不构成自首，故对其辩护人所提其构成自首的辩护意见不予采纳。对于其辩护人所提其到案后如实供述自己的罪行，具有如实供述情节的辩护意见，本院认为，被告人邹某乙在公安机关与庭审中的部分事实供述前后矛盾，且未如实供述自己全部犯罪事实，故本院对其辩护人所提其具有如实供述情节的辩护意见不予采纳。

(二)关于被告人王某是否构成自首

被告人王某明知被告人邹某乙侵害商业秘密的不法行为依然获取、使用涉案商业秘密。在公安机关和庭审的供述中，被告人王某始终对该“明知”的主观状态

未如实供述。本院认为,犯罪事实是主客观方面的结合,若被告人投案后,对该主观状态进行不符合客观实际的歪曲供述,以掩盖其犯罪事实的主观方面,依法不属于如实供述自己的罪行,亦不属于对行为性质的辩解。故被告人王某不构成自首。本院对其辩护人所提其构成自首的辩护意见不予采纳。

综上所述,本院认为被告人邹某乙违反权利人有关保守商业秘密的要求,使用并允许他人使用其所掌握的商业秘密,被告人王某明知被告人邹某乙违反上述规定,获取并使用其所掌握的商业秘密,给商业秘密的权利人造成重大损失,其行为均已构成侵犯商业秘密罪。其系共同犯罪。公诉机关指控被告人犯罪事实部分清楚,证据确实、充分,定性准确,应予支持。但对权利人损失认定的计算方式不当,予以更正。所提量刑建议恰当,予以采纳。被告人王某与被告人邹某乙共同故意实施侵犯商业秘密行为,为严肃国家法制,规范市场经济秩序,保护知识产权利益不受侵犯,根据被告人邹某乙、王某的犯罪情节、社会危害性及认罪态度等,依照《刑法》第二百一十九条第一款第(三)项、第二款、第三款、第四款,第二十五条第一款、第五十二条、第五十三条,最高人民法院、最高人民检察院《关于办理侵犯知识产权刑事案件具体应用法律若干问题的解释》第七条第一款,最高人民法院、最高人民检察院《关于办理侵犯知识产权刑事案件具体应用法律若干问题的解释(二)》第四条之规定,判决如下:

一、被告人邹某乙犯侵犯商业秘密罪,判处有期徒刑一年六个月,并处罚金人民币十五万元。

(刑期自2013年12月25日起至2015年6月24日止,所判处的罚金自判决生效后一个月内向本院缴纳。)

二、被告人王某犯侵犯商业秘密罪,判处有期徒刑一年六个月,并处罚金人民币十五万元。

(刑期自2014年1月28日起至2015年7月27日止,所判处的罚金自判决生效后一个月内向本院缴纳。)

上列两被告人的刑期从判决执行之日起计算,判决执行前先行羁押的,羁押一日折抵刑期一日。

如不服本判决,可在接到本判决书的第二日起十日内,通过本院或者直接向江苏省常州市中级人民法院提出上诉。书面上诉的,应提交上诉状正本一份,副本二份。

二、案例二：依据“商业秘密＋接触＋同一性－合法来源”推定犯罪行为及对不正当获取技术秘密后尚未使用如何认定侵权损失的典型案例*

本案同样是技术秘密权利人的高级员工害“红眼病”，成立公司利用权利人的技术秘密生产、销售谋取不正当利益的典型案例。像本案这样，侵权人结成团伙精心预谋的犯罪，无论是权利人还是侦察机关都很难取得证明犯罪行为的直接证据，通常都是依据权利人的合法来源＋不为公众所知悉＋合理保密措施＋具有商业价值＋接触＋同一性－被告人没有合法来源，推定犯罪行为。本案是适用这一推定模式认定侵犯商业秘密罪的典型案例，对于学习依据这一模式采用刑事手段保护商业秘密具有示范作用。同时，对于本案中这样的，犯罪嫌疑人不正当获取技术秘密后尚未使用如何认定侵权损失，在司法实务中具有很大争议，有些公安机关甚至以尚未使用没有造成损失为由不以犯罪处理。而本案依据收益法评估的虚拟许可价值认定侵权损失，对处理这类案件具有示范作用。

需要特别说明的是，由于本案被控侵权行为发生于 2019 年 11 月之前，判决作出的时间为 2021 年 4 月 22 日，因此本案适用 2017 年修正的《刑法》第 219 条，《最高人民法院、最高人民检察院关于办理侵犯知识产权刑事案件具体应用法律若干问题的解释》第 7 条、《最高人民法院、最高人民检察院关于办理侵犯知识产权刑事案件具体应用法律若干问题的解释（二）》第 4 条及自 2020 年 9 月 14 日起施行的《侵犯知识产权刑事解释三》。

本案有针对“最佳的压缩器”和针对“卡迪克调音台三项技术信息”的两项独立的犯罪行为。

第一项，被告人郑某林利用离职时违反权利人保密规定带走的存有“最佳的压缩器”技术等相关资料的“加密狗”U 盘，生产侵权数字调音台，属于我国现行《刑法》及 2017 年 11 月 4 日修正实施的《刑法》第 219 条第 1 款第 3 项规定的，违反权利人有关保守商业秘密的要求，使用其所掌握的商业秘密的情形。同时，被告人郑某林指使被告人丘某琦搜集权利人相关资料，伺机窃取乌某研发并保管的“最佳的压缩器”技术的源代码，被告人丘某琦趁乌某到权利人指导工作之机，从其电脑中非法复制了“最佳的压缩器”技术源代码的行为，按照《最高人民法院、最

* 浙江省宁波市中级人民法院（2021）浙 02 刑初 35 号。

高人民检察院关于办理侵犯知识产权刑事案件具体应用法律若干问题的解释(三)》(自2020年9月14日起施行)第3条第1款规定的“采取非法复制、未经授权或者超越授权使用计算机信息系统等方式窃取商业秘密的,应当认定为刑法第二百一十九条第一款第一项规定的‘盗窃’”,属于《刑法》第219条第1款第1项规定的“盗窃”行为。

本案无论对郑某林离职时违反公司保密规定带走存有“最佳的压缩器”技术等相关资料的“加密狗”U盘行为的认定,还是对盗窃技术秘密行为的认定,都不是通过监控录像、目击证人等直接证据认定的。而是依据权利人音王公司对“最佳的压缩器”技术源代码有合法来源、“最佳的压缩器”技术源代码构成不为公众所知悉的鉴定意见、音王公司对“最佳的压缩器”技术源代码采取了合理的保密措施、“最佳的压缩器”技术源代码具有商业价值、被告人有对“最佳的压缩器”技术源代码接触的条件、侦查机关从被告人处查扣的“加密狗”U盘中存有的技术信息及侵权公司生产的侵权数字调音台所使用的技术与权利人的“最佳的压缩器”技术源代码具有同一性的鉴定意见,以及被告人对涉案技术不能提供合法来源,外加被告人自认,认定被告构成侵犯商业秘密罪。需要说明的是,像本案这样被告人的自认或者供述,不是定罪量刑必不可少的。当然,被告的供述使犯罪情节更加清新完整,也印证了该推定的正确,使本案定罪量刑更显公正。

第二项,被告人郑某林指使被告人丘某琦从郑某林保管的硬盘中私自复制“卡迪克调音台三项技术信息”,以不正当手段获取了“卡迪克调音台三项技术信息”,属于我国现行《刑法》及2017年11月4日修正实施的《刑法》第219条第1款第1项规定的,以其他不正当手段获取权利人的商业秘密的行为。同样地,对该行为的认定,也不是通过监控录像、目击证人等直接证据认定的。而是依据权利人有合法来源、构成不为公众所知悉的鉴定意见、采取了合理的保密措施、具有商业价值、被告人有接触的条件、同一性的鉴定意见以及被告人没有合法来源,外加被告人自认或者供述,认定被告人构成侵犯商业秘密罪的。同样需要说明的是,像本案第二项这样被告人的自认或者供述,不是定罪量刑必不可少的。当然,被告的供述使犯罪情节更加清晰完整,也印证了该推定的正确性,使本案定罪量刑更显公正。

由于本案被告人成立公司完全是为了使用权利人的技术秘密谋取不正当利益,因此本案利用侵权产品销售量乘以权利人的销售利润(毛利率)计算侵权损失。而对于“卡迪克调音台三项技术信息”，由于被告没有实际使用，则以评估机构以收益法评估的虚拟许可价值为182万元作为侵权损失。这为不正当获取权利人商业秘密后尚未使用和披露时，如何认定给权利人造成的损失，提供了一个范例，解决了商业秘密维权实务中的一个难题。

本案判决书，内容完整详细、条理清晰、逻辑严谨，论证严密，不论是对企业法务人员还是代理律师都是非常难得的学习材料。笔者选择并原文引用本案判决书的另一个重要原因还在于，商业秘密侵权案例，出于保护商业秘密的考虑，无论是民事判决书还是刑事判决书，往往都“神龙见首不见尾”，读者很难从判决书了解掌握到案件全貌。而本案是对同一侵权团伙的侵权行为，先刑后民，追究刑事责任后又追究民事责任，既公开了刑事判决书，又公开了民事判决书(见本书第五章第一节，该民事判决在刑事罚金200万元的前提下仍然适用了4倍惩罚性赔偿)。读者将刑事判决书和民事判决书结合起来研读，就会了解到更全面的信息，也更能掌握依法维护技术秘密的门道，更快地提升依法维护技术秘密的能力。

附:丘某琦、郑某林侵犯商业秘密罪一审刑事判决书

公诉机关:浙江省宁波市人民检察院。

被告人:郑某林，男，1977年7月20日出生于江西省井冈山市，汉族，大专文化，曾任音王电声股份有限公司(以下简称音王电声公司)副总工程师，户籍地浙江省宁波市。因涉嫌犯侵犯商业秘密罪于2020年6月12日被宁波市公安局刑事拘留，同年7月17日被逮捕。现羁押于宁波市看守所。

辩护人:习江玲，广东习法律师事务所律师。

被告人:丘某琦，男，1982年3月28日出生于广西壮族自治区玉林市陆川县，汉族，大专文化，曾任音王电声公司电子工程师，户籍地广西壮族自治区玉林市陆川县。因涉嫌犯侵犯商业秘密罪于2020年6月12日被宁波市公安局刑事拘留，同年7月17日被逮捕。2021年4月22日被本院变更为取保候审。

辩护人:徐洁颖，浙江合创律师事务所律师，由宁波市法律援助中心指派。

浙江省宁波市人民检察院以甬检刑诉〔2021〕47号起诉书指控被告人郑某林、丘某琦犯侵犯商业秘密罪一案，于2021年3月19日向本院提起公诉。本院受理后，依法组成合议庭，于2021年4月15日召开庭前会议，于2021年4月22日公开开庭审理了本案。浙江省宁波市人民检察院检察长叶伟忠、检察官薛璐璐、

检察官助理孙静翊依法出庭支持公诉;被害单位音王电声股份有限公司执行总裁陈众、被告人郑某林及其辩护人刁江玲、被告人丘某琦及其辩护人徐洁颖、鉴定人秦荪涛、谢殿强、游涛、毛祥根到庭参加诉讼。现已审理终结。

浙江省宁波市人民检察院指控:音王电声公司成立于2010年11月22日,系一家生产数字调音台等专业音响和音视频系统集成设备的企业,其所研发的数字调音台产品于2019年获中华人民共和国工业和信息化部、中国工业经济联合会颁发的“制造业单项冠军产品”证书。2015年,音王电声公司组织研发紧凑型数字调音台的项目,其间由德国工程师乌某(ULRICHPAULHEINRICHHATJE)研发了“最佳的压缩器”技术。2009年起,宁波音王集团有限公司(以下简称音王集团公司)和音王电声公司先后出资并指令音王集团公司全资子公司卡迪克控股有限公司(以下简称卡迪克公司)开发了卡迪克(CADAC)系列调音台项目,其间研发了“DSP多音频混音处理方案”“基于MegaCOMMS低延时音频数据发送步骤方案”“基于MegaCOMMS低延时音频数据接收步骤方案”等技术。2018年,英国SCC有限公司(以下简称SCC公司)收购卡迪克公司,上述技术信息归属SCC公司。SCC公司自成立即授权音王电声公司对于上述技术信息享有排他许可使用权,且授权音王电声公司在中国进行知识产权维权。上述技术信息不为公众所知悉,具有商业价值,且音王电声公司等对此采取了相应的保密措施,构成商业秘密。音王电声公司就上述商业秘密享有相关权利。

1.2016年年底,时任音王电声公司研发部门负责人的被告人郑某林与时任音王电声公司电子工程师的被告人丘某琦以及时任音王电声公司电子辅助设计师的文某伟(另案处理)、郑某林外甥贺某(另案处理)等人商议,共同出资另组公司,利用音王电声公司“最佳的压缩器”技术生产紧凑型数字调音台牟利。随后,郑某林安排贺某在音王电声公司学习数字调音台的安装、生产等相关技术操作。2017年2月至3月期间,文某伟、贺某出资10万元(币种人民币,下同),丘某琦出资3万元,汇入郑某林交通银行账户(尾号5201)。出资到位后,郑某林、丘某琦等人一直利用音王电声公司技术试产样机。同时,郑某林授意丘某琦收集资料,伺机获取乌某掌握的“最佳的压缩器”技术的源代码。丘某琦遂趁乌某来音王电声公司指导工作的间隙,从其电脑中非法复制了“最佳的压缩器”技术源代码。2018年8月至10月,被告人郑某林、丘某琦相继从音王电声公司离职,且郑某林在离职时违反保密规定带离载有“最佳的压缩器”技术等相关资料的“加密狗”U盘。

2019年3月6日，郑某林指使贺某在广东省惠州市注册成立惠州市辉特电子科技有限公司（以下简称辉特公司）。2019年3月8日，文某伟正式从音王电声公司离职并入职辉特公司。公司内由郑某林负责产品规划、原材料采购和销售等工作，丘某琦负责核心技术以外的配套软件设计和更新等工作，文某伟负责管理生产等工作，贺某负责协助生产、发货等工作。至2019年11月案发，郑某林、丘某琦、文某伟、贺某等人利用郑某林带出的“最佳的压缩器”技术信息共生产、销售侵权数字调音台12××台，给音王电声公司造成损失达91.43万元。经鉴定，音王电声公司所主张的紧凑型数字调音台中“最佳的压缩器”技术系不为公众知悉的技术信息，与郑某林等人所使用的被现场查扣的“加密狗”U盘中存有的及辉特公司生产的侵权数字调音台所使用的技术具有同一性。

2.2018年四五月，被告人郑某林隐瞒自己利用音王电声公司核心技术试验、生产同类产品，且即将离职的事实，向音王电声公司董事长王某1及SCC公司法定代表人王某2提出，将卡迪克技术资料放于自己处备份。王某2在不明真相的情况下将包含“DSP多通道音频混音处理方案”“基于MegaCOMMS低延时音频数据发送步骤方案”“基于MegaCOMMS低延时音频数据接收步骤方案”等相关技术资料的U盘交给本无权掌握该项技术的郑某林。郑某林骗取上述资料后，随即交丘某琦进行筛选并备份，以备将来生产相关产品时使用。经鉴定，音王电声公司所主张的“DSP多通道音频混音处理方案”“基于MegaCOMMS低延时音频数据发送步骤方案”“基于MegaCOMMS低延时音频数据接收步骤方案”相关的技术信息系不为公众知悉的技术信息，与现场查扣的郑某林硬盘中存有的技术资料具有同一性，且该三项商业秘密许可使用价值为182万元。

综上所述，公诉机关认定被告人郑某林、丘某琦侵犯音王电声公司商业秘密，其中郑某林造成音王电声公司损失数额达273.43万元，丘某琦造成音王电声公司损失数额达91.43万元。

为证明指控的犯罪事实，公诉机关向法庭提供了物证、书证、证人证言、被告人供述和辩解、鉴定意见、电子数据以及勘验、检查、辨认笔录等相关证据并申请鉴定人出庭。

公诉机关认为，被告人郑某林违反权利人有关保守商业秘密的要求使用权利人商业秘密，又用不正当手段获取权利人商业秘密，造成特别严重后果；被告人丘某琦违反权利人有关保守商业秘密的要求使用权利人商业秘密，造成重大损失，两人行为均触犯了《刑法》第二百一十九条，应当以侵犯商业秘密罪追究其刑事责任。鉴于被告人丘某琦对指控的犯罪事实和罪名均无异议，并自愿认罪认罚，公诉机关建议对被告人丘某琦以侵犯商业秘密罪判处有期徒刑二年，缓刑二年六个月，并处罚金人民币十万元；建议对被告人郑某林以侵犯商业秘密罪判处有期徒刑三年至五年，并处罚金人民币一百五十万元至三百五十万元。提请本院依法判决。

被害单位音王电声公司对起诉书指控的相关事实无异议，请求法院对被告人郑某林依法严惩，请求对被告人丘某琦从轻判处并适用缓刑。

被告人郑某林对起诉书指控的第一笔基本事实无异议，提出在第二笔指控事实中的三项商业秘密并非其骗取，而是被害单位音王电声公司董事长王某1授意王某2在法兰克福展会期间将载有上述商业秘密的移动硬盘交给其保管。其主观上并无使用上述商业秘密的故意，客观上也无法使用上述商业秘密，起诉指控给被害单位造成损失182万元的依据不足。

被告人郑某林的辩护人提出：1. 浙江省科技咨询中心未依法取得司法鉴定许可证，不具有法定的鉴定资格，出具报告的鉴定人员也不具有司法鉴定资质，浙科咨中心(2019)鉴字第49号技术鉴定报告不能作为定案依据。2. 音王电声公司未采取相应的保密措施保护其商业秘密，对具体的商业秘密范围约定不明。3. 音王电声公司未提供相关付款凭证，不能证明其合法、有偿取得商业秘密。4. 起诉书指控被告人郑某林等人利用“最佳的压缩器”技术信息销售侵权数字调音台12××台依据不足。侵权产品的销售数量应以实际销售为准，赠送的数量应予扣减。5. 第二笔指控事实中的三项技术信息并非郑某林骗取，也未实际使用，故不应按照许可使用费的方式评估计算损失金额。6. 连资评鉴字(2020)12215号价值评估鉴定报告中确定的音王电声公司毛利率52.43%不应视为其合理利润率，应以净利润率作为音王电声公司的合理利润率；该鉴定报告确定“最佳的压缩器”技术贡献度为38.74%的计算过程有误。“最佳的压缩器”仅用于两个系列产品，不应当以音王电声公司所有产品的历史销售数据作为计算被侵权产品的平均售价和合理利润率的依据。7. 连资评鉴字(2020)11213号价值评估鉴定报告未考虑其他技术因素，认定卡迪克调音台三项技术信息的技术贡献率为100%明显错误；音王电声公司生产的部分卡迪克调音台已经停产、退货，在无原始销售凭证的情况下，评估鉴定报告据此认定虚拟许可价值为182万元，导致计算结果错误。8. 郑某林系初犯、偶犯，社会危害性不大，且到案后如实供述犯罪事实，系坦白，起诉书指控的郑某林第二笔犯罪事实未给权利人造成实际损失，故可从轻处罚。

被告人丘某琦对起诉书指控的侵犯商业秘密事实和罪名均无异议，并自愿认罪认罚。其辩护人提出，丘某琦系初犯，有坦白情节，能自愿认罪认罚，并取得被害单位的谅解，对丘某琦适用缓刑不致危害社会。请求法庭采纳检察院的量刑建议。

经审理查明：

一、关于侵犯“最佳的压缩器”技术信息的事实

宁波音王集团有限公司（以下简称音王集团公司）、音王电声股份有限公司（以下简称音王电声公司）均系音王品牌旗下的关联公司，主营数字调音台等专业音响和音视频系统集成设备的制造、研发，也是全球音视频智能化集成产业龙头企业。

2015 年，音王集团公司通过其全资控股的英国嘉士博控股有限公司（以下简称嘉士博公司），委托德国 RADONSOFTGMBH 公司研发数字调音台项目，具体研发活动由该公司工程师乌某（ULRICHPAULHEINRICHHATJE）负责，其间，乌某研发了“最佳的压缩器”技术。音王集团公司使用该技术于 2016 年初成功研发出全球首台紧凑型数字调音台。根据研发协议约定，相关技术及成果均属商业秘密，研发成果归嘉士博公司所有。

2016 年 10 月，嘉士博公司通过内部合作协议将上述研发成果的权属转让给音王电声公司，嘉士博公司和音王集团公司可无偿使用。2017 年 5 月，音王电声公司再次委托该德国公司研发相关数字调音台，协议约定研发成果归音王电声公司所有。相关技术及成果均属商业秘密。乌某此后根据上述委托开发协议的约定，将“最佳的压缩器”技术的源代码移交给音王电声公司。上述研发的数字调音台产品于 2019 年获中华人民共和国工业和信息化部、中国工业经济联合会颁发的“制造业单项冠军产品”证书。

2016 年底，时任音王电声公司研发部门负责人的被告人郑某林在参与上述项目期间，见数字调音台市场前景广阔，利润空间可观，遂产生另立公司，利用音王电声公司“最佳的压缩器”技术自行生产紧凑型数字调音台销售牟利的念头，并拉拢时任音王电声公司电子工程师的被告人丘某琦以及电子辅助设计师文某伟、郑某林的外甥贺某（均另案处理）入伙。郑某林、丘某琦、文某伟以及贺某为此建立“苹果树”微信群，就另立公司、出资等进行密谋、策划。郑某林还利用其在音王电

声公司的职务便利，安排贺某到音王电声公司学习数字调音台的安装、生产等相关技术操作。2017年2月至3月，丘某琦转账3万元（币种人民币，下同），文某伟、贺某分别转账10万元，汇给郑某林作为入伙出资。此后，郑某林、丘某琦则利用音王电声公司的技术设备暗地里试产样机，为另立公司做准备。其间，郑某林还指使丘某琦搜集音王电声公司相关资料，伺机窃取乌某研发并保管的"最佳的压缩器"技术的源代码。丘某琦遂趁乌某到音王电声公司指导工作之机，从其电脑中非法复制了"最佳的压缩器"技术源代码。

2018年8月、10月，被告人郑某林、丘某琦见时机成熟，便相继从音王电声公司离职，并在宁波市鄞州区东钱湖附近租赁民宅，利用郑某林离职时违反公司保密规定带走的存有"最佳的压缩器"技术等相关资料的"加密狗"U盘，生产侵权数字调音台。2019年3月6日，贺某受郑某林指使，在广东省惠州市注册成立惠州市辉特电子科技有限公司（以下简称辉特公司），利用上述"最佳的压缩器"技术专门生产、销售侵权数字调音台，并对其外观、标识等非核心功能进行修改。2019年3月8日，文某伟从音王电声公司离职并入职辉特公司。郑某林、丘某琦等人分工合作，由郑某林负责产品规划、原材料采购和销售等全面事务，丘某琦负责核心技术以外的配套软件设计和更新，文某伟负责管理、生产，贺某负责协助生产、发货。至2019年11月案发，共生产、销售侵权数字调音台12××台，给音王电声公司造成损失91.43万元。

经鉴定，音王电声公司所主张的紧凑型数字调音台中"最佳的压缩器"技术系不为公众知悉的技术信息，与郑某林等人所使用的被现场查扣的"加密狗"U盘中存有的及辉特公司生产的侵权数字调音台所使用的技术具有同一性。

被告人郑某林到案后如实供述了上述基本犯罪事实，被告人丘某琦到案后如实供述了上述犯罪事实。

上述事实，有经法庭质证、认证的下列证据予以证实：

1. 证人李某的证言、刑事控告书，证实李某系音王电声公司法务，其代表音王电声公司向公安机关控告郑某林、丘某琦等人侵犯音王电声公司的商业秘密并提交书面控告材料的相关情况。

2. 证人王某3的证言，证实其系音王电声公司制造部总监，音王电声公司使用"最佳的压缩器"技术信息生产的产品有桌面式和机架式两种，涉及DM系列、DB系列、Digilive系列产品。从郑某林处查获的部分产品系音王电声公司生产的调音台产品。

3. 证人乌某的证言,证实其受音王电声公司委托,研发了“最佳的压缩器”技术。该技术源代码最初由其掌握,研发成果归属音王电声公司。其在研发时采取了加密措施,只有使用“加密狗”U盘才能进行生产。其制作的24个“加密狗”U盘,交给了郑某林、文某伟等人用于音王电声公司的生产。

4. 证人魏某的证言、销售合同、收付款凭证、增值税发票、送货单,证实魏某系北京阿瑞斯供应链管理有限公司(以下简称阿瑞斯公司)法定代表人,2019年5月开始,郑某林以辉特公司名义向阿瑞斯公司采购用于生产数字调音台的屏幕共计1261块。双方的交易模式是阿瑞斯公司先发货,后签合同,付款后,再开票。开票时,发票中载明的货物均已全部交付,屏幕配件等如有瑕疵均已更换。

5. 证人欧阳某的证言,证实其系深圳拜德电声有限公司(以下简称拜德公司)法定代表人,其2016年至2018年在音王电声公司深圳分公司任销售,2018年8月成立了拜德公司,其以3380元至3800元不等的价格为郑某林销售了70余台“FEST”“F16”型号的数字调音台。

6. 证人文某、文某1、马某江、詹某群的证言,证实文某系深圳市优特杰科技有限公司(以下简称优特杰公司)法定代表人,文某1、马某江、詹某群系优特杰公司员工,优特杰公司为郑某林的辉特公司贴片加工PCB板。文某为郑某林推广数字调音台,约定利润平分。郑某林带客户到优特杰公司考察时,公司组装流水线上的产品实际是郑某林生产的20台数字调音台,上述调音台已发给美国PEA - VEY公司。优特杰公司账户还将韩国某公司的27万余元预付款转汇给辉特公司。

7. 证人蕾某、周某的证言,证实蕾某、周某分别系宁波启发电子有限公司(以下简称启发公司)总经理、出纳,2019年郑某林找蕾某推销调音台产品,2019年4月蕾某在法兰克福展会期间为郑某林售出6台数字调音台,周某将相应的销售款共20,796元转账给郑某林。

8. 证人屠某的证言,证实其系广州曼哈视听科技有限公司(以下简称曼哈公司)员工,曼哈公司以66,000元的价格向郑某林购买了20台16路台式数字调音台,用于出口给韩国客户。

9. “最佳的压缩器”技术信息、技术开发委托协议、关于数字调音台项目内部合作协议,证实嘉士博公司、音王电声公司先后与德国RADONSOFTGMBH公司签订协议,委托该公司工程师乌某负责技术研发,相关技术成果包括商业秘密、专利、著作权等知识产权均归音王电声公司所有。

10. 音王电声公司知识产权管理办法、生产及办公场所采取保密措施的照片、公证材料、音王电声公司保密制度、劳动合同、保密及竞业限制协议书、音王电声公司月薪制员工工资结算汇总表,证实音王电声公司对其商业秘密采取保密措施的情况。其中,在生产车间张贴知识产权管理办法,在办公室工作电脑张贴"严禁处理内部及涉密信息"标语,公司内部专设有门禁的保密室及阅档人员手机柜。音王电声公司及音王集团公司与被告人郑某林、丘某琦签订的劳动合同以及竞业禁止合同中均规定有保密条款。

11. 音王集团公司、音王电声公司企业登记、变更资料,证实音王集团公司、音王电声公司的基本情况。两公司的法定代表人均为王某1。

12. 辉特公司企业登记材料、产品销售合同、订购合同、报价单、收据、发票、银行账户交易记录、银行开户信息、资金分析报告、快递及物流公司委托运货清单、销售订单合同、送货单等,证实郑某林、丘某琦等人出资成立辉特公司生产、销售侵权数字调音台,并收取货款的情况。

13. 搜查笔录、扣押笔录、扣押决定书、扣押清单及物证,证实侦查机关对郑某林、丘某琦等人的住处、辉特公司及相关涉案公司进行搜查,并扣押侵权数字调音台及其配件、用于制造侵权数字调音台的相关设备、存储设备、"加密狗"U 盘、记账凭证等物品的情况。

14. 公证材料、侵权数字调音台购买记录,证实郑某林等人生产的侵权数字调音台可以通过公开渠道购买。郑某林还通过其微信朋友圈推广侵权数字调音台。音王电声公司向欧阳某购买 2 台侵权数字调音台的情况。

15. 电子数据检查工作记录,证实侦查机关对扣押的被告人郑某林、丘某琦等人的 U 盘、移动硬盘等进行电子证据固定提取的情况。

16. 电子数据提取清单及笔录、微信聊天记录,证实郑某林、丘某琦等人于 2016 年 12 月底建立微信群,商议另立公司的名称、转账出资以及法律责任规避等事宜。

17. 浙江省科技咨询中心出具的浙科咨中心[2019]鉴字第 49 号技术鉴定报告,证实经侦查机关委托,浙江省科技咨询中心认定"最佳的压缩器"技术信息是不为公众所知悉的技术信息。

18. 浙江科证技术咨询服务有限公司〔2020〕鉴字第120号司法鉴定意见书，证实经侦查机关委托鉴定，被扣押的数字调音台、U盘中的有关文件与音王电声公司主张的不为公众所知悉的技术信息“最佳的压缩器”源代码编译后生成的文件内容具有同一性，移动硬盘中的有关源代码文件与“最佳的压缩器”源代码文件具有同一性。

19. 连城资产评估有限公司（以下简称连城公司）连资评鉴字（2020）12215号价值评估鉴定报告，证实经侦查机关委托鉴定，“最佳的压缩器”技术贡献度为38.74%，音王电声公司毛利率为52.43%，2017—2019年音王电声公司销售的使用“最佳的压缩器”技术的产品最低年平均销售单价为3736元。

20. 被告人郑某林、丘某琦及其同案犯文某伟、贺某的供述，证实郑某林、丘某琦、文某伟、贺某对利用音王电声公司“最佳的压缩器”技术生产、销售侵权数字调音台的相关事实均供认不讳。

二、关于侵犯“DSP多通道音频混音处理方案”“基于MegaCOMMS低延时音频数据发送步骤方案”“基于MegaCOMMS低延时音频数据接收步骤方案”技术信息（以下简称卡迪克调音台三项技术信息）的事实

2009年1月，音王集团公司收购了国际知名高端调音台品牌制造商卡迪克公司，随即立项研发卡迪克数字调音台产品。2011年，音王集团公司、音王电声公司出资指令卡迪克公司启动研发卡迪克数字调音台技术。其间研发出“卡迪克调音台三项技术信息”。

2018年2月，音王电声公司旗下的录音大师音响乐器（亚洲）有限公司（以下简称录音大师公司）出资在英国设立SCC公司，用于收购音王集团公司旗下的卡迪克公司。音王电声公司、SCC公司与卡迪克公司协议约定，卡迪克公司将全部资产转让给SCC公司。SCC公司获取上述技术信息所有权后，即授权音王电声公司享有排他许可使用权，由音王电声公司使用上述技术信息生产卡迪克数字调音台，并授权音王电声公司在中国进行知识产权维权。上述技术信息的源代码、目标程序均存储于专门的服务器，音王电声公司员工无权获取，在生产卡迪克数字调音台产品时，亦需硬件解锁、激活等加密程序。

2018年4月至5月，被告人郑某林隐瞒其暗中利用音王电声公司核心技术自行试验、生产音王电声公司同类产品，且准备离职的真相，向音王电声公司董事长王某1及SCC公司法定代表人王某2（王某1之女）谎称可将卡迪克数字调音台

相关技术资料放于其处备份。王某2在不明真相的情况下将含有上述技术信息的资料交给本无权掌管该技术的郑某林。郑某林取得上述资料后，随即指使丘某琦进行筛选并备份于移动硬盘中，以备使用。

经鉴定，音王电声公司所主张的“卡迪克调音台三项技术信息”均系不为公众知悉的技术信息，与现场查扣的郑某林硬盘中存有的技术资料具有同一性。该三项商业秘密许可使用价值为182万元。

上述事实，有经法庭质证、认证的下列证据予以证实。

1. 证人王某2的证言、快递单及单号查询记录，证实王某2系SCC公司法定代表人，SCC公司、卡迪克公司、音王电声公司均系关联公司。“卡迪克调音台三项技术信息”归属于SCC公司，由SCC公司的技术总监彼得(PeterHearl)保管，郑某林等人在生产中无法接触到相关程序。在2018年4月的法兰克福展会期间，郑某林提出SCC公司人员流动大，为防止技术文件丢失，建议将与卡迪克数字调音台相关的软件程序交给他备份。由于王某1信任郑某林，当即让王某2回英国后将相关软件程序交给郑某林，SCC公司的彼得将软件程序载入U盘后，王某2通过快递将U盘寄往音王电声公司给郑某林。快递单号查询显示，寄出的时间是2018年5月8日，签收日期为2018年5月16日。

2. 证人彭某的证言，证实其系音王电声公司员工，其根据侦查机关调取的快递单号查询记录，确认其于2018年5月16日代为签收了一份卡迪克公司寄出的以郑某林为收件人的快递。

3. 证人王某1的证言，证实其系音王电声公司法定代表人，自2017年开始，郑某林以对公司忠诚可信为由，多次向其提议将与生产卡迪克数字调音台相关的核心软件源代码、目标代码等全部技术资料交由他保管。经其同意，王某2将生产卡迪克数字调音台的相关技术资料给了郑某林。

4. 证人彼得的证言，证实其系SCC公司技术总监，SCC公司负责卡迪克数字调音台相关技术研发，音王电声公司负责生产。含有技术信息的源代码、目标程序等均存放于专门的服务器，音王电声公司员工无权下载。其曾应王某2要求，将卡迪克数字调音台的相关技术资料拷入U盘交给王某2。

5. 证人乌某的证言，证实其系卡迪克数字调音台的DSP程序研发人员，卡迪克数字调音台使用的DSP程序与紧凑型数字调音台使用的“最佳的压缩器”技术的源代码不相同，卡迪克数字调音台不存在公用的DSP源代码库。其自2010年起受音王电声公司指令研发卡迪克数字调音台产品，直到2017年9月，研发的技术成熟，产品定型。

6. 证人郑某、仵某的证言，证实郑某、仵某分别系音王电声公司卡迪克数字调音台生产车间主任、员工，音王电声公司员工在生产时接触不到相关技术信息。

7. 证人王某3、宋某的证言，证实王某3、宋某分别系音王电声公司制造部总监、人事总监助理，郑某林2018年7月以亲属病重为由申请离职。王某3还证实郑某林称离职后可继续为音王电声公司服务，王某1考虑其在公司工作多年，以后还可能回来工作，双方于2018年8月签订了顾问协议。2018年9月，有客户称郑某林在推销和音王电声公司同类的数字调音台产品。得知郑某林编造离职理由、欺骗公司后，公司解除了顾问协议，并通过公证提存的方式向郑某林支付了竞业限制补偿金。

8. SCC公司、录音大师公司企业登记资料，证实2018年2月5日，音王电声公司全资设立录音大师公司，2018年2月14日，录音大师公司全资设立SCC公司，法定代表人为王某2。

9. "卡迪克调音台三项技术信息"、权利归属情况说明、公证文书、CA-DAC2009-2020产品研发项目计划书、王某2出具的情况说明、自述情况说明、卡迪克立项说明、境外出资情况、音王电声公司境外注资说明、总裁指令及邮件回复、研发资金汇出单据等，证实音王集团公司、音王电声公司出资，指令音王集团全资设立的卡迪克公司启动研发相关技术。SCC公司成立后，卡迪克公司的全部资产转入SCC公司。"卡迪克调音台三项技术信息"权利归属SCC公司。音王电声公司和SCC公司以电子邮件的形式签署关于授权与许可的情况说明并经公证，确认SCC公司自成立起即授权音王电声公司对上述商业秘密享有排他许可使用权，并授权音王电声公司在中国范围内对上述商业秘密进行知识产权维权。

10. 卡迪克数字调音台销售记录，证实音王电声公司卡迪克系列调音台20××年至2020年的销售情况。

11. 音王电声公司员工离职申请表、员工离职交接表、办理离职手续程序表、高级顾问协议、补充协议，证实郑某林离职时仅与文某伟进行了办公软件交接，未对技术资料交接。音王电声公司与郑某林签订高级顾问协议，约定音王电声公司每月向郑某林支付咨询服务费。后因发现郑某林实施侵权行为，音王电声公司通过补充协议约定不再向郑某林支付上述费用，转为支付竞业限制补偿金。

12. 法兰克福展会资料、会展服务委托合同、费用支付凭证、机票信息等,证实法兰克福展会的时间为2018年4月6日至2018年4月13日,郑某林往返机票时间为2018年4月7日和15日。

13. 电子物证检验报告,证实郑某林、丘某琦移动硬盘中存储的"卡迪克调音台三项技术信息"中的DSP和FPGA文件哈希值相同,文件数据相同。

14. 北京国创鼎诚司法鉴定所国创司鉴〔2020〕知鉴字第238号司法鉴定意见书,证实经侦查机关委托鉴定,"卡迪克调音台三项技术信息"在2019年3月8日以前属于不为公众所知悉的技术信息;上述技术信息与公安机关依法查扣的电子介质载体中的相关目标代码中的技术信息具有同一性。

15. 连城公司连资评鉴字(2020)11213号价值评估鉴定报告,证实经侦查机关委托鉴定,"卡迪克调音台三项技术信息"的许可使用价值为182万元,技术贡献度为100%。

16. 被告人郑某林供述,由于卡迪克公司人员流动大、人员结构不稳定,王某1担心卡迪克公司技术资料遗失,让王某2将卡迪克的技术资料给其保管。2018年在德国法兰克福展会期间,王某2将载有相关技术资料的移动硬盘交给其。当时其已经产生了想要离开音王电声公司自己另立公司生产数字调音台的想法,故将该移动硬盘给丘某琦甄别备份,以备将来使用。

17. 被告人丘某琦供述,在有了利用音王电声公司的技术生产调音台的想法后,郑某林让其和文某伟各自搜集音王电声公司关于数字调音台的资料,以便将来使用。2018年4月到5月,郑某林拿来一个黑色的WD牌移动硬盘,说是王某2给他的卡迪克数字调音台的所有资料,让其确认有无可用的资料,其发现里面存有涉及卡迪克调音台的全部资料,便将该情况告知郑某林。郑某林表示他自己先留着,让其也进行备份。辉特公司成立后,郑某林、文某伟和其商量准备试产32路大型数字调音台,但因成本过高而未能实施。

证实本案相关事实的其他证据有:关于调音台型号的说明事宜、音王电声公司2017—2019年数字调音台销售情况汇总表、音响设备采购协议、数字调音台线上销售价格、优特杰公司及拜德公司的企业登记资料、抓获经过、到案经过、谅解材料、相关技术鉴定书面函询复函、房屋买卖合同、查封清单、查封决定书、户籍资料。

关于控辩意见,根据本案事实、证据和相关法律规定,综合评判如下。

1. 关于本案的法律适用。被告人郑某林等人的行为发生在1997年修订的

《刑法》施行以后，《刑法修正案（十一）》施行之前，且修正前对侵犯商业秘密罪的法定刑较轻，根据从旧兼从轻的刑法适用原则，对郑某林等人应适用1997年修订的《刑法》。同理，据以定罪量刑的标准也应当适用2004年施行的《最高人民法院、最高人民检察院关于办理侵犯知识产权刑事案件具体应用法律若干问题的解释》第7条之规定。关于损失数额计算方式的法律适用。根据《最高人民法院、最高人民检察院关于适用刑事司法解释时间效力问题的规定》第2条的规定，“对于司法解释实施前发生的行为，行为时没有相关司法解释，司法解释施行后尚未处理或者正在处理的案件，依照司法解释的规定办理”，鉴于2020年施行的《最高人民法院、最高人民检察院关于办理侵犯知识产权刑事案件具体应用法律若干问题的解释（三）》（以下简称《司法解释（三）》明确规定了侵犯商业秘密行为给权利人造成损失数额的计算方式，而此前就该问题相关司法解释未明确作出规定，故本案应当依照《司法解释（三）》的相关规定计算权利人的损失数额。

2. 关于被告人郑某林的辩护人对浙江省科技咨询中心及其鉴定人的资质提出的意见。经查，国家仅对法医类、物证类、声像资料鉴定等实行登记管理，鉴于知识产权鉴定不属此范围，故从事知识产权鉴定无须取得司法鉴定许可证。浙江省科技咨询中心是在浙江法院网对外委托机构平台和诉讼资产网对外委托专业机构信息平台公示的鉴定机构，且鉴定人员均具备相应的专业知识和技能，符合相关鉴定资质要求。故对郑某林的辩护人就此提出的辩护意见不予采纳。

3. 关于被告人郑某林的辩护人提出音王电声公司未对本案的技术信息采取相应的保密措施的意见。在案证据证实，音王电声公司制定了知识产权管理办法，明确规定员工离职前须将所掌握的商业秘密资料交回公司，有义务保护公司知识产权，并在工作电脑上张贴警示标语，设置专门的保密室。侦查机关在郑某林的移动硬盘中还提取到名为“保密制度”的文件；音王集团公司、音王电声公司在与郑某林、丘某琦签订的劳动合同中，均约定了郑某林、丘某琦具有保守音王电声公司商业秘密的义务，离职后须继续承担保密义务，不得擅自使用相关技术秘密；音王电声公司根据本案技术信息表现为计算机程序这一特点，有针对性地采取了专人保管、“加密狗”U盘加密、设置初始化程序密钥、硬件解锁、激活等加密程序。上述事实、证据足以证实音王电声公司对本案的技术信息采取了必要保密措施。故对被告人郑某林的辩护人就此提出的辩护意见不予采纳。

4. 关于被告人郑某林的辩护人提出音王电声公司并非“卡迪克调音台三项技术信息”合法权利人的问题。经查,音王集团公司出资收购卡迪克公司后,由音王集团公司、音王电声公司先后出资并指令卡迪克公司研发相关技术,此后,卡迪克公司资产全部转让给 SCC 公司,因卡迪克公司和 SCC 公司均系音王旗下的关联公司,卡迪克公司和音王集团公司已注销,SCC 公司和音王电声公司以协议形式明确上述商业秘密归属于 SCC 公司,音王电声公司享有排他许可使用权并经授权维权。刑法明确规定商业秘密权利人包括商业秘密的所有人和经商业秘密所有人许可的商业秘密使用人,音王电声公司应当被认定为商业秘密权利人。故被告人郑某林的辩护人就此提出的辩护意见不予采纳。

5. 关于侵权产品销售数量的认定。被告人丘某琦及同案犯文某伟、贺某均供述每台数字调音台装配一块显示屏,显示屏损耗较少且损耗均予补发,该供述能得到屏幕供货商魏某的证言及采购合同、发票等证据的印证,辉特公司至少向阿瑞斯公司采购屏幕 1261 块用于调音台生产。侦查机关现场扣押了屏幕 14 块,调音台 42 台,起诉指控将此予以扣减,就低指控侵权产品的销售数量为 1205 台并无不妥。关于应当将赠送给客户的样机、试用机等扣除的辩护意见。经审理认为,赠送给客户的样机、试用机等均属市场推广行为,并未超出郑某林等人制售侵权产品的主观故意,其上述行为在本质上仍侵害了权利人的产品销售机会,故不应扣减。被告人郑某林的辩护人就此提出的辩护意见不予采纳。

6. 关于被告人郑某林对第二笔指控事实提出的相关辩解。经查,证人王某 2、王某 1 的证言均证实郑某林在法兰克福展会期间主动提出要求保管“卡迪克调音台三项技术信息”。王某 2 在展会结束后将载有上述技术信息的 U 盘从英国寄给郑某林。王某 2 的证言能得到快递单号查询结果以及证人彼得的证言印证。侦查机关提取的存储于郑某林移动硬盘中的上述技术信息文件的创建时间晚于法兰克福展会召开的时间,故郑某林提出系王某 2 在法兰克福展会期间直接将载有上述技术信息的移动硬盘交给其的辩解与在案证据反映的情况不符。关于郑某林是否系合法取得上述技术信息的问题。经审理认为,郑某林向音王电声公司董事长王某 1 隐瞒了即将离职,并长期自行试产数字调音台、准备另立公司的真相,以表忠心为由要求“保管”上述技术信息。在得手后,随即将上述技术信息交给丘某琦筛选、备份,以备后续使用。上述事实足以证实郑某林主观上具有获取上述技术信息的不法意图,其行为系以不正当手段取得技术信息的行为。故被告人郑某林的相关辩解不能成立,不予采纳。

7. 关于"最佳的压缩器"商业秘密的损失认定。《司法解释(三)》第5条第1款第3项规定,违反约定、权利人有关保守商业秘密的要求,使用或者允许他人使用其所掌握的商业秘密,损失数额可以根据权利人因侵权造成销售利润的损失确定。同时根据该条第二款的规定,权利人因被侵权造成销售利润的损失,采取递进方式确定,首先可以根据权利人因被侵权造成销售量减少的总数乘以权利人每件产品的合理利润确定;销售量减少的总数无法确定的,可以根据侵权产品销量乘以权利人每件产品的合理利润确定。郑某林、丘某琦等人违反约定及权利人有关保守商业秘密要求,使用"最佳的压缩器"技术生产、销售侵权产品,对权利人造成的损失是减少了其合法产品的市场占有机会。考虑到音王电声公司销售量的减少还可能存在涉案侵权行为以外的其他市场因素,本案中无法准确确定音王电声公司因被侵权造成销售量减少的总数。故音王电声公司因被侵权造成销售利润的损失,可根据侵权产品销售量乘以权利人每件产品的合理利润确定。

权利人每件产品合理利润,应当理解为权利人每件产品因使用了该商业秘密所获的销售利润。《最高人民法院关于审理不正当竞争民事案件应用法律若干问题的解释》第17条第1款规定了侵犯商业秘密行为的损害赔偿额可以参照确定侵犯专利权的损害赔偿额的方法进行,而在《最高人民法院关于审理专利纠纷案件适用法律问题的若干规定》第14条第2款规定了侵权人因侵权所获得的利益一般按照侵权人的营业利润计算,对于完全以侵权为业的侵权人,可以按照销售利润计算。本案被告人郑某林、丘某琦等人生产、销售的调音台产品均使用了"最佳的压缩器"商业秘密,系以侵权为业的侵权人,且考虑音王电声公司为此付出的研发成本,如使用营业利润或净利润计算损失有失公允,故应当将音王电声公司的毛利润作为销售利润来计算损失。关于被告人郑某林及其辩护人对连资评鉴字(2020)12215号价值评估鉴定报告提出的意见。经查,关于技术贡献率38.74%,指评估鉴定的技术对整体技术(公知技术除外)的贡献程度,系鉴定机构依据评估准则采用行业内通行的方法进行评估。音王电声公司的数字调音台每台售价3736元、毛利率52.43%,系鉴定机构针对音王电声公司2017年至2019年销售的使用了"最佳的压缩器"技术的所有型号数字调音台财务资料进行核查后作出,既核查了销售数量、销售收入及相关成本,也核查了音王电声公司的审计报告和研发成本,其鉴定意见中形成的数据客观、真实,本院予以采信。故被告人郑某林的辩护人就此提出的辩护意见不予采纳。

综上所述,被告人郑某林、丘某琦等人侵犯"最佳的压缩器"商业秘密给音王电声公司造成的损失数额为:侵权数字调音台的销售量(1205)×音王电声公司产品单价(3736)×音王电声公司毛利率(52.43%)×技术贡献度(38.74%)=91.43万元。

8. 关于"卡迪克调音台三项技术信息"商业秘密的损失认定。被告人郑某林以不正当手段获取了"卡迪克调音台三项技术信息",上述商业秘密尚未披露、使用,权利人的损失是上述商业秘密合理许可使用费的丧失,应当根据《司法解释(三)》第5条第1款第1项规定确定损失数额。由于上述商业秘密仅由关联公司SCC公司和音王电声公司免费使用,并未对外许可使用,故无实际发生的许可使用费用。连城公司出具连资评鉴字(2020)11213号价值评估鉴定报告,采取成本法和收益法进行评估,成本法评估的虚拟许可价值为1143.5万元,收益法评估的虚拟许可价值为182万元,评估报告采取了收益法认定182万元虚拟许可价值作为鉴定意见。经审理认为,侵犯商业秘密损失的计算依据应当根据侵犯商业秘密的损害结果样态的不同而有所区别。上述商业秘密尚未实际使用,侵权行为未造成商业秘密被公众所知悉,商业秘密的商业价值未丧失,不宜以商业秘密的研发成本评估许可使用价值。就郑某林以不正当手段获取上述商业秘密而言,权利人的损失在于许可侵权人使用商业秘密的机会丧失,评估鉴定采取的收益法,系从一定的产品销售规模产生的收益入手,计算未来可能取得的收益,再通过一定的技术分成率,得出该评估对象在一定的经营规模下于评估基准日的公允价值。通过收益法评估上述商业秘密自评估基准日起未来的许可使用价值,既充分考量了商业秘密剩余经济寿命期、折现率、技术分成率、技术贡献度和未来收益期内的收益额等因素,也考虑了音王电声公司相关产品的技术、市场、经营以及财务等风险因素,且以收益法对许可使用费进行评估与本案案情相符。鉴定意见认定的商业秘密技术贡献度100%系指评估鉴定的技术对整体技术(公知技术除外)的贡献程度,技术贡献度、商业秘密许可使用价值均系根据资产评估基本准则认定,评估方式科学、合理、审慎,本院对上述鉴定意见予以采信。被告人郑某林及其辩护人还提出部分型号的卡迪克调音台已经停产或被退货,据此评估的许可使用费依据不足的辩护意见,与查明的事实不符,不予采纳。

本院认为,被告人郑某林、丘某琦违反保密义务及权利人有关保守商业秘密的要求,使用权利人商业秘密,又以不正当手段获取权利人商业秘密,其中被告人郑某林给权利人造成损失273.43万元，属于造成特别严重后果；被告人丘某琦给权利人造成损失91.43万元，属于造成重大损失。两人的行为均构成侵犯商业秘密罪，且系共犯。公诉机关指控的罪名成立。被告人郑某林系犯意的提出者、犯罪行为的组织者、指挥者，其在共同犯罪中起核心作用。鉴于被告人郑某林庭审中对第一笔基本事实无异议，故可认定其就该笔事实具有坦白情节。被告人郑某林的辩护人就此提出的辩护意见予以采纳。综合全案，被告人郑某林见利忘义、蓄谋结伙并另立公司，肆意侵犯音王电声公司商业秘密，主观恶性较深，悔罪态度一般，被害单位反响强烈。应对其依法从严惩处。被告人丘某琦到案后能如实供述自己的罪行，有悔罪表现，且能自愿认罪认罚，符合缓刑的适用条件，依法予以从轻处罚并适用缓刑。公诉机关的量刑建议适当，予以采纳。被告人丘某琦的辩护人就此提出的辩护意见成立，予以采纳。据此，依照1997年修订的《中华人民共和国刑法》第二百一十九条第一款第(一)项和第(三)项、第三款、第四款；《中华人民共和国刑法》第十二条第一款，第二十五条第一款，第六十七条第三款，第七十二条第一款、第三款，第七十三条第二款、第三款，第六十四条；《最高人民法院、最高人民检察院关于办理侵犯知识产权刑事案件具体应用法律若干问题的解释》第七条；《最高人民法院、最高人民检察院关于办理侵犯知识产权刑事案件具体应用法律若干问题的解释(二)》第四条；《最高人民法院、最高人民检察院关于办理侵犯知识产权刑事案件具体应用法律若干问题的解释(三)》第五条第一款第(一)项和第(三)项、第二款；《刑事诉讼法》第十五条、第二百零一条之规定，判决如下：

一、被告人郑某林犯侵犯商业秘密罪，判处有期徒刑四年，并处罚金人民币二百万元(刑期从判决执行之日起计算。判决执行以前先行羁押的，羁押一日折抵刑期一日，即自2020年6月12日起至2024年6月11日止。罚金限判决生效之日起一个月内缴纳)；

二、被告人丘某琦犯侵犯商业秘密罪，判处有期徒刑二年，缓刑二年六个月，并处罚金人民币十万元(缓刑考验期限，自判决确定之日起计算。罚金限判决生效之日起一个月内缴纳)；

三、扣押在案的相关犯罪工具、侵权产品予以没收(详见清单)，由扣押机关依法处理。

如不服本判决，可在接到判决书的第二日起十日内，通过本院或者直接向浙江省高级人民法院提出上诉。书面上诉的，应提交上诉状正本一份，副本二份。